【基本の４色】

赤

聖霊の炎、
殉教者の血、情熱
ペンテコステ（明るい赤）と
聖週間（深紅）で
色を区別する教会もある

白

純潔、喜び、神とキリストの栄光、
神聖さ、復活、勝利、真理の光
聖木曜日には漂白していない
白を用いる場合もある

紫

悔い改め、懺悔、苦行、節制、
キリストの尊厳、待望、
悲しみ、厳粛さ、祈り

緑

希望、成長、生命、
再生、自然、豊饒、
福音の力

【その他の色】

金

真価、徳、神の栄光、成長
白の代用色。聖木曜日には用いない

黒

光の不在、死、喪、懺悔、悲しみ
灰の水曜日、聖金曜日に用いる教会もある

青

天国、霊的な愛、真実、忠誠、
希望、悔い改め、聖母マリア
アドベントやマリアの祝日に用いる教会もある

## 西方教会の期節と祭色（典礼色）

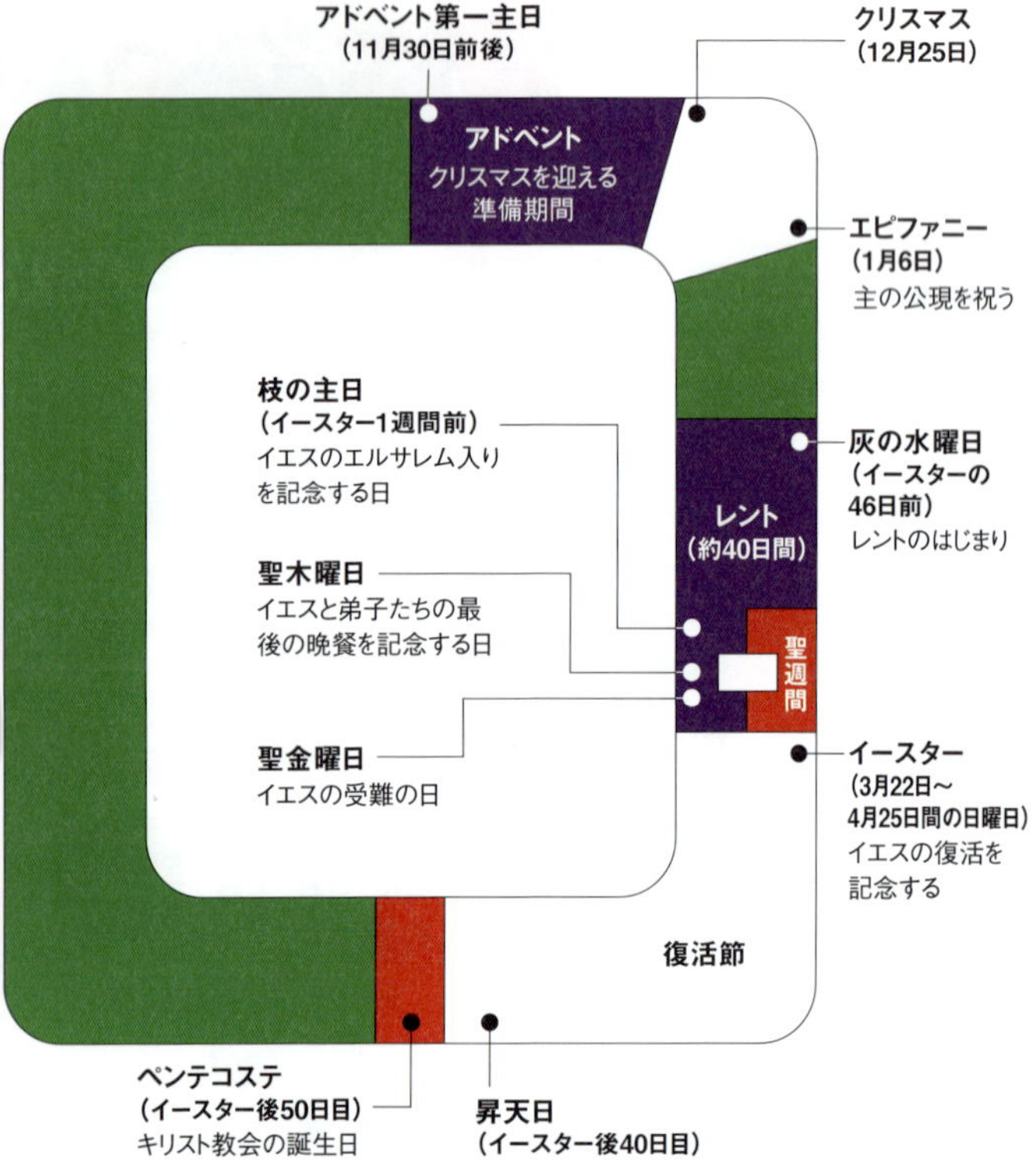


祭色は、アドベント第一主日を基点とする教会暦に沿って、祭服などに用いられる。教派や時代、地域によって幅があるが、ここでは、現在のローマ・カトリック、ルター派、聖公会、そしてメソジストの一部で使用されている代表的な期節のカラーを紹介した。（祝日については附録の祝日対照表も参照）

# なんでもわかるキリスト教大事典

八 木 谷 涼 子

朝日文庫

本書は二〇〇一年十二月、新潮ＯＨ！文庫より刊行された『知って役立つキリスト教大研究』を改題し、加筆・修正したものです。

# 前奏（まえがきのまえがき）

著者は学問を究めた学者ではないし、名の知られた作家でもない。それでも二〇〇一年に刊行され、十刷まで版を重ねた『知って役立つキリスト教大研究』（新潮ＯＨ！文庫）は多くの方の支持を得た。その理由としては、一冊の文庫に意外なほどの情報が詰まっていたこと、図版が多くてわかりやすかった（ように見えた）こと、そして、それまでになかった切り口で情報を整理していたことがあげられるだろう。記述が客観的だという感想は、キリスト教会内部の方々からもいただいた。「洗礼を受けた人には、この本をプレゼントしているんですよ」と教えてくれた牧師もいる。

本書はその増強改訂版である。今回新たに朝日文庫に加えてもらうにあたっては、前作のミスを修正して最新情報を加え、記述事項を増やし、イラストや図表類はすべて制作し直した。五十頁近く増強しているので、前作をおもちの方にも入手価値のある一冊になっていることと思う。

それでは、後奏までごゆっくりとお過ごしください。

# 招きのことば（まえがきに代えて）

この本を手に取ってくれたあなたは、多かれ少なかれ、キリスト教に関心をおもちのことと思う。ことに、西欧を舞台にした小説や映画、報道番組などに親しむ機会が多いのではないかと想像する。聖書もすでに開いたことがあるかもしれない。また、欧米の文化を真に理解するためには、聖書とキリスト教の知識が不可欠、という指摘を耳にしたことがあるかもしれない。あるいは、実際にクリスチャンとの交流をおもちの方もいるかもしれない。もしそうだとしたら、あなたはこれまでにこんな疑問を抱いたことはないだろうか？

「カトリックとプロテスタント以外にどんな教会があるのだろう」

「プロテスタントも内部はいろいろ複雑らしいけれど、具体的にはどんなふうに分かれているの？」

「同じキリスト教とはいっても、A派ではなくB派に属するということは、この時代、この地域において、なにを意味したのかな」

「服装によって聖職者を見分けるには？」

「《神父》と《牧師》は、どういうふうに使い分けたらいいんだろう」
「《ビショップ》は、どう日本語にしたら適切なのか」……

キリスト教は、もちろん聖書（旧約と新約）を土台にした宗教である。信者たちは、同じ唯一の神を礼拝するという意味で、同一の信仰をもち、時間と空間を超えて、ひとつの聖なる普遍的《カトリック》な教会に属している。それは、神の目だけにしか見えない教会だ。いっぽう、人の目に見える教会、すなわち現実に地上に組織された教会を見ていくと、個々の人びとの信仰のあり方は、ひとつの枠組みだけで単純に整理しきれない事例があまりに多い。そもそも、なにを聖書の「正典」とするかは、そのグループによって違う。教義の強調点、聖職者についての考え方、信者のライフスタイルも一様ではない。ようするに、信じ方がそれぞれ異なるのである。

また、日本におけるキリスト教は、異文化圏からもたらされたという意味で、「翻訳の世界」だといえる。教会で使われている多くの用語は翻訳されたもの、あるいは、ある言語での音を日本語で表記したものだ。その訳語は群れごとにまちまちだったり、同じ日本語でも意味する範囲が異なっていたりすることもある。

本書は、そんな教えや特徴、独特の用語を、キリスト教の内部にある複数の流れ、すなわち「教派」ごとにとらえようとした試みである。もちろん、その目的は、それぞれの間に優劣をつけたり、どこが「正統」でどこが「異端」かといったジャッジを下すことではない。また、どこかの教派への入信をすすめたり、逆に、阻もうという意図もない。学問的な研究を意図したわけでもない。あくまで平易な「ガイド本」として、冒頭にあげたような素朴な疑問を解きほぐし、キリスト教圏の文化の理解に役に立つ基礎情報を提供すること、それが本書の目標だ。本文には、あえて表現や表記を統一しなかった部分がたくさんあるが、これは、既存の辞書に収録されることの少ない、その教派特有の用語を可能な限り紹介しようとした結果である。索引や用語の英和対照表も用意したので、とくに、翻訳関係者の方々には便利に使っていただけるのではないかと思う。

それでは、まずはキリスト教の基礎知識から入ってみよう。

# 〈目次〉



## 第1章 初めての人のためのキリスト教Q&A



## 第2章 比べてみよう教派いろいろ

## 第3章 少し違いが見えてきた人のための調べてみようキリスト教

第4章

## クリスチャンライフあれこれ



第5章

## 日本のクリスチャンの言い回しがわかる キリスト教会《きょうかい》用語表現集……351



### コラム



### 附録




本文デザイン……小林祐司（TYPEFACE）
本文イラスト……八木谷涼子

なんでもわかるキリスト教大事典

## 〈本書で用いた表現について〉

■枠組みをさす言葉

| | |
|---|---|
| キリスト教 | ひとつの宗教に対する総括的な名称 |
| 宗派 | 宗教全体のなかの大きな流れ（キリスト教、仏教、イスラームなど） |
| 教派 | キリスト教内部の大きな流れ（聖公会、メソジストなど） |
| 教団 | 教派を構成するいろいろな社会的組織（ルター派のなかの、日本福音ルーテル教会、日本ルーテル教団など）。キリスト教界では「日本基督教団」を示す略称としても使われるが、本書では普通名詞としてだけ用いた |
| 群れ | 教派や教団のなかでさまざまに分化した小さな流れ。必ずしも組織化されていない。なお、日本のプロテスタント教会では「群れ」という表現に軽蔑的なニュアンスはまったくなく、書き言葉でよく使われる |
| 教会 | 最小単位としての個々の教会（各個教会）をさす場合もあるし、教派や教団全体をさして使う場合もある。ただし本書では「教会堂」（建物）の意味では使っていない。なお、現実には、名称として「教会」の語を用いず、「集会」とか「フェローシップ」などと名乗る教会もある |

■教会の奉仕者と信者をさす言葉

| | |
|---|---|
| 教役者 | 教派を問わず、キリスト教界全体で、教会や信徒のために働く人びと全体をさす。教派によっては、教職（聖職）候補者や信徒奉仕者までを含む |
| 教職／教職者 | プロテスタント教会一般で牧会にあたる者。とくに、教職資格が必要な教団における牧師 |
| 聖職／聖職者 | 狭義には、正教会やローマ・カトリック教会、聖公会で按手を受け、聖務にあたる者。キリスト教の教役者一般をさして使う場合もある |
| 牧会者 | 聖公会を含むプロテスタント教会一般、および正教会において、ひとつの教会を率いる指導者 |
| 牧者 | 羊の群を率いる者、転じて教会（会衆）の指導者 |
| 信者 | キリスト教の信仰をもつ者。いわゆる、クリスチャン。必ずしもどこかの組織（教会）に属しているとは限らない |
| 信徒 | 一般に、上記の教職および聖職以外の教会員をさす。ただし厳密には、プロテスタント教会の教職者も、イエス・キリストの体である教会を形づくる者という意味で、「信徒」の一員である。ローマ・カトリック教会においては、叙階の秘跡を受けず修道会にも属していない者だけを「信徒」と呼ぶ |
| 教会員 | 登録された、その教会のメンバー |

（以上の区分けは、必ずしも全教派に共通する、普遍的なものではない）

※本文中の横文字のうち、とくに断りのないものは英語表記である

# 第1章

# 初めての人のための キリスト教Q＆A

そもそもキリスト教って何？
クリスチャンはどういう人なの？
キリスト教の基本の「き」を
Q&A形式でやさしく解説。

## Q キリスト教徒＝《イコール》クリスチャンということでしょうか？

その通り。ただし、日本で「クリスチャン」というと、とくにプロテスタントの信者をさす場合があることは覚えておこう。ローマ・カトリックの信者には、自己紹介するときにまず「カトリックです」といい、「クリスチャンです」という表現を二番目におく人もいる。しかし、もちろん両者ともキリスト教徒である。

「クリスチャン」は新約聖書に登場する言葉で（使徒一一・26、二六・28、Ⅰペテロ四・16）、クリストス（キリスト）に属する者という意味のギリシャ語「クリスティアノス」の英語音表記。ラテン語ではchristianus。聖書の文語訳では「キリステアン」、いくつかの現代語訳では「キリスト者《しゃ》」となっている。この「キリスト者（基督者）」という言い方も、文章のなかではよく使われる。

禁制時代の日本のローマ・カトリック信者をさす言葉としては、「キリシタン」「バテレン」「天主教徒《てんしゅきょうと》」という言葉が知られている。明治時代のプロテスタントは「耶蘇《やそ》教徒《きょうと》」、ローマ・カトリックは「天主教徒」と呼ばれた。自称としては「キリスト信徒」「キリスト教徒」「キリスト者」などがある。戦後に「クリスチャン」という言葉が一般化したのは、一九五五年の口語訳聖書（日本聖書協会）が「クリスチャン」の訳語を採用したことと、アメリカから来日した宣教師の影響が大きい。

## Q では、クリスチャンって具体的にどういう人たちのこと？

基本的には、新約聖書に書かれたイエスを「唯一の救い主《キリスト》」と信じる人びとのこと。

現実には、ただ信じるだけではなく、これに「公にその信仰を告白する」「洗礼を受ける」「教会という信者の共同体に所属する」「キリストの教えに沿って行動する」といった条件がつくことが多い。また、「**三位一体**《さんみいったい》《さんいいったい》」（➡31頁）の教義を認めるかどうかを、正統派とそうでない者との境界線と考える人も少なくない。

クリスチャンの全員が、いわゆる「教会」に属しているとは限らない。そのような枠組み（日本でいえば宗教法人法に基づく組織）はもたないまま、信仰を守り、聖書を読んでいるグループもある。

現代では、極端な場合、教会に足を踏み入れたのは幼児洗礼を受けるときと自分の葬式だけ、というような人でも、書類上は「キリスト教徒」と分類されることがある（日本にいる、多くの「仏教徒」に近い）。

## Q どうすればクリスチャンになれるんでしょうか？

まずは、イエスを救い主と認めるのが基本。その後のことは、信者それぞれの共同体によって必要な形式が異なる。

洗礼と呼ばれる儀式を受けるのが一般的だが、なかには、その形式をもたない教派もある。また、洗礼のやり方にこだわりをもち、一定の形式しか認めない教派もある。

## Q 「洗礼」するってどういうこと？

「洗礼」とは、クリスチャンの共同体に加わるための儀式のひとつ。これによって、ある具体的な地上の共同体だけではなく、神の家族、すなわちキリストを信じる者すべてに連なるとされる。通常は水を使って行う。大きく分けて、全身を浸す形式と、頭部に少々そそぐか濡らす形式があり、時代や教派、個々の教会によって異なる。幼児、すなわち自覚した信仰をもたない者にも授けるか、他派の洗礼の効力を認めるかどうかも、教会によってそれぞれ見解が違う。

公の礼拝で、衆人の前で行うこともあれば、私的な場において一対一で行うこともある。代父母（信仰生活の後見人。いわゆる名づけ親）を立てるかどうかは教派それぞれ。緊急の場合は、意識のない相手に対して、聖職者以外の（たとえば昔でいうところの産婆、極端な場合はクリスチャンでない）人が行った洗礼が認められるケースさえある。

洗礼の有無が「救い」の条件として重視された時代もあったが、いまでは、目に見える儀式としての洗礼を絶対条件と主張する人はあまり多くない。

## Q よく「救い」と聞きますが、具体的にはどういうことですか？

クリスチャンが「救い」というときは、貧しい人がお金もちになったり、病気が治ったり、悩みが解決したりすることをさすわけではない。永遠の滅びから永遠のいのちに移されること、すなわち死後は地獄に堕ちず、天国で永遠に生きられる、という確信をもつことをいう。人によっては、イエスを受け入れて、罪を悔い改め、新たな人生を歩み始めたことも「救われた」と表現する。

人を救うのは、もちろん神であるが、大きく分けて二つの説がある。救いはただ神の一方的な「選び」と恩恵によるもので、人間の意志や行いは無関係とする説。そして、人間の側の行動がなんらかの貢献をしたり、救いを拒否したりできると考える説である。

## Q 「聖書」ってなんでしょうか?

ユダヤ教とキリスト教の聖典。ユダヤ教では、紀元一世紀後半にモーセ五書を含む三十九巻の文書を正典と定めた。キリスト教では、そのユダヤ教の「聖書」を「旧約聖書」と呼び、二十七巻の「新約聖書」とあわせた六十六巻を正典とする。キリスト教会が新約の正典を確定したのは紀元四世紀である。教派によっては、このほかに、アポクリファ(外典/旧約続編)と呼ばれる文書群も正典として扱う。

旧約は、神による天地創造に始まり、紀元前三三一年までのイスラエル民族の歴史が描かれる。このなかで神がイスラエル民族に与えたのが「旧《ふる》い契約」、すなわち旧約である。新約は紀元一世紀を主な舞台とし、イエスの生涯と教え、さらにその弟子たちの足跡や信仰を描く。このイエスが、律法と異なる「新しい契約」(新約)を樹立する。

実際に書かれた年代は、旧約が紀元前一〇〇〇年頃から紀元前一〇〇年代にかけて、新約は紀元五〇年頃以降、二世紀までとされる(ちなみに、イエスが処刑されたのは紀元三〇年頃)。書かれた言語は旧約が主としてヘブライ語(部分的にアラム語)、新約がコイネーと呼ばれるギリシャ語。

## Q クリスチャンは、みんな同じ聖書を読んでいるの？

ある意味では同じともいえるし、別の角度から見ると、違うともいえる。

実は、聖書には唯一の原本、オリジナルテキストがない。現存するのは写本のみ、つまりコピーしか残っていない。写本はすべて手書きだから、当然、テキスト間での食い違いは避けられない。それを学者たちが比較研究し、抽出した「原典（批判本文）」は、時代ごと、学者ごとに精度が違う。それがまた、各国語に翻訳される。底本が変われば、翻訳も変わる。翻訳の翻訳、つまり重訳もある。また、翻訳なのだから、当然訳者の力量や翻訳理論、神学的素養によって言葉の選択が変わる。同じ訳でも、誤植や訳文の訂正が入れば、出版年によって細部が違ってくる。だから同じ言語の聖書でも、単語のレベルで比較すれば、Aヴァージョンにはあって Bヴァージョンには出てこない言葉はたくさんある。また、聖書の構成（外典を含むかどうか、それぞれの書がどの順番に並ぶか）も、時代や版によって違う。さらに、聖書は「本文」だけとは限らない。出版の目的や方針によって、挿絵、引照、注釈、要約、活字の色分けなど、さまざまな工夫をこらした版もある。こうした皮相的な面から見れば、「聖書」とは実にヴァラエティ豊かな書物だといえる。

かつては、教会によって特定の版の使用が義務づけられ、教会の統制外で勝手な翻訳をすると火刑に処せられた時代もあったが、十六世紀の宗教改革以降、プロテスタントを中心に、さまざまな種類の翻訳が出版され続けている。とくに英語訳は種類が豊富なので、どれを選んだらいいか迷うほどだ。宗教的古典として重要なのは、英国王ジェイムズ一世の命を受け一六一一年に刊行された欽定訳（the Authorized Version［AV］）である。アメリカでは King James Version（KJV）と呼ばれるこの聖書は、英語と英語圏の文化の形成に計り知れぬ影響を及ぼした。時代とともに英語が変化した結果、もはや公同の礼拝で用いられる聖書としては役割を終えたが、とくにアメリカではいまだにこれ以外の英訳を認めない人びとがいる。

ひとつの教派が礼拝で用いる版にはおおむね一定の傾向があり、どの版に親しんでいるかで、その人がどういう背景をもつかを推察できることもある。そのいっぽうで、たとえ同一の教派や組織でも個々の教会で用いる版が異なるケースもある。個人が家庭で読む版は、さらにまちまちだ。あらゆる言語の好きな聖書を選んで読めるということが、現代のキリスト教の最大の特徴だともいえる。

## Q イエス・キリストって神さまのことですか？

伝統的なキリスト教の信仰によれば、イエスは父なる神のひとり子として、この世に生まれた人間である。つまり、人となった神であり、すなわち、完全な人であると同時に、完全な神でもある存在だ。

ただし、必ずしもイエスのなかに、この二つの性質を認めない教派もある。

## Q マリアさまって女神さまのようなもの？

マリア（マリヤ）はイエスの母だが、人間であり、神ではない。新約聖書「ルカによる福音書」にあるように、ヨセフとの婚約時代、聖霊により身ごもり、イエスを産んだ。新約の登場人物のなかでは重要な地位にあり、ある教派の人びとからは、特別な崇敬を受けている。呼び名には「神の母」とか「聖母」、「童貞聖マリア」「生神女《しょうしんじょ》」「おとめマリア」などがある。

## Q ローマ法王っていったい何をする人のこと？

よく新聞やテレビなどで使われる「法王」はあくまでも通称で、「ローマ教皇」といったほうが適切。キリストの代理人、使徒ペトロの後継者とされ、ローマ・カトリック教会の首長として、公称十二億の信徒の頂点に立つ。ローマの司教であり、バチカン市国の元首でもある。現在のベネディクト十六世（一九二七年生、二〇〇五年着座）は使徒ペトロから数えて二百六十五代目。

選挙権をもつ枢機卿により、コンクラーベ（conclave：選挙会）を通じて選ばれる。教皇の「被選挙権」は原則としてすべての男性ローマ・カトリック信徒にあるが、実際には十四世紀以来、枢機卿のみが選ばれている。

世界のキリスト教会・教団の首長のなかで、事実上、最高の権威と実力をもつが、ローマ・カトリック以外の教会は、ローマ教皇の首位権を認めない。

## Q 宗教改革ってなんですか？

十六世紀、ヨーロッパの各地で起こった、ローマ・カトリック教会に対する改革（reformation）運動のこと。西洋史の世界では、それまでの教会のあり方を変えたことにとどまらず、国際情勢や文化全般に大変革をもたらした出来事として重視される。

それまで西方はローマ教皇を首長とするひとつの教会の支配下にあり、この教会が経典（聖書）の解釈と人の「救い」をいわば独占管理していた。そこへ、マルティン・ルターによる「信仰によってのみ義とされる」という福音の再発見を通して、新たな救いの道が開かれた。そして今日プロテスタントと呼ばれる人びとが教皇の支配を離れ、それぞれの聖書解釈を基に、新しい教会を立ち上げていくことになる。ローマ・カトリック教会の側でも、その後対抗宗教改革を行い、自己改革を推し進めた。

とくに、宗教改革の結果として聖書がそれぞれの地域の言語で翻訳されたことは大きい。それまでは教会堂や修道院など限られた場所の机に太い鎖でくくりつけられていたラテン語聖書が、庶民の母語で訳され、印刷術の発達とともに書物の形で家庭にも備えられるようになった。これにより、「儀式の宗教」に従っていた中世の民が「書物の宗教」に従う近世の民となった、という指摘もある。

## Q 牧師などの聖職者って結婚できないんでしょうか？

その教派による。同一派内部でも、時代や地域によって違うことがある。ローマ・カトリックでは独身が原則だが、ごく一部に妻帯を認められた司祭もいる。ただし修道院に入るためには、教派がどこであれ、独身（配偶者との死別を含む）であることが鉄則。

## Q 神父や修道士・修道女がいるのがカトリックで、牧師がいるのがプロテスタントですか？

一般にはそう説明されることが多い。ただし、神父と修道士《ブラザー》・修道女《シスター》がいるのは、ローマ・カトリックだけではない。東方正教会や聖公会にもいるし、修道士と修道女ならルター派にもいる。また、日本語で牧師と呼ばれる人はプロテスタントにしかいないが、すべてのプロテスタントの教会に牧師という役職があるわけではない。

## Q 懺悔《ざんげ》とか告白って聞きますが、いったい何をするの？

あなたがたとえクリスチャンでなくても、教会の礼拝に参加したことがあるならば、もしかすると、神への告白をしたことがあるかもしれない。教会によっては、礼拝のたびに、共同で定められた文章を唱えることで、自分たちが犯した罪を神の前に懺悔する形式（共同懺悔）をもつからだ。

いっぽう、信者が聖職者と一対一で向き合って行う形式もある。洗礼後に犯した自分の個人的な罪（刑法上の犯罪《クライム》ではなく、宗教上の罪《シン》）を告白し、聖職者からゆるしを受けて、指示されたつぐないの行為を行う。サクラメント（次項参照）としてこれを受けられるのは、ローマ・カトリックか東方正教会の信者しかいない。前者はこれを「ゆるし（悔悛）の秘跡《ひせき》」、後者は「痛悔機密《つうかいきみつ》」と呼ぶ。

ローマ・カトリックでは、かつて、このゆるしの秘跡にともなう信徒の「つぐない」を免除する赦免状（免罪符）を大量に発行して信徒に売りさばき、これが宗教改革のきっかけのひとつとなった。

## Q サクラメントってなんでしょう？

機密、秘跡（秘蹟）、聖礼典、聖奠《せいてん》ともいう。教会で行われる特別の儀式で、キリスト自身が定めた、目に見えない恵みを目に見える形で表す行為。プロテスタントの多くは洗礼と聖餐の二つだが、儀式としてのサクラメントをもたない教派もある。東方正教会とローマ・カトリックは合わせて七つを認める。

## Q 聖餐式ってどういうもの？

聖体礼儀、聖体拝領、主の晩餐、聖晩餐などともいう。キリストの最後の晩餐を象徴するパンとぶどう酒をいただく儀式。その際にパンとぶどう酒の両方を信者に配るかどうか、パンは醱酵させてあるか、ぶどう酒はアルコール分入りを用いるか、パンとぶどう酒は聖別（祈禱や儀式で神に献げること）によってどうなったと解釈するか、誰が聖別するか、年に何回くらい行うか、どういうポーズで受けるかなど、教派によって理解と実践方法が異なる。また、この儀式にあずかることのできるメンバーは限定されるのがふつうだが、最近では一切資格を問わずに、同席した希望者すべてで分かち合う教会も出てきている。

多くの教派では、これと洗礼をもっとも重要なサクラメントと位置づけ、大切に守っているが、形式としての聖餐式は行わない教派もある。

## Q キリスト教のイベントというと、クリスマスと結婚式くらいしか思い浮かびませんが、ほかにはどんなものがあるの？

結婚式は、挙式をする個人のイベントではあるが、教会のイベントとはいえない。教会のイベント、つまり礼拝のなかでとくに記念する祝日（祭日）としては、クリスマスのほか、イースター、ペンテコステ、三位一体主日などがある。その他、マリアに関する記念日、聖人の殉教日など、教派によっていろいろな祝日がある。また、こうした祝日を一切祝わない教会もある（➡321頁からの「クリスチャンの1年」、➡附録54頁からの「4教派固定祝日・移動祝日対照表」）。

## Q さっきから出てくる「教派」ってなんのことですか？

仏教にも宗派がいろいろあるように、ひと口にキリスト教といっても、年代や地域によってさまざまなグループがある。大きく分けると、東方正教会（ギリシャ正教）、ローマ・カトリック教会、プロテスタント教会の三つ。このうち、プロテスタント教会はさらに多数のグループに分かれている。世界にはあるひとつの教会に宗教上の特権を認める地域があるが、政教分離の下にすべての教会グループがいわば自由競争下にある地域（アメリカや日本など）もある。後者において、それぞれが少しずつ異なった信仰形態をもつこれらのグループを、キリスト教の世界ではとくに「教派」（英語でデノミネーション denomination）という。プロテスタント教派の多くは明文化された独自の信仰箇条（信仰告白）をもち、個々の違いはそれを見ることで判断できる。

なお、ローマ・カトリック教会内部にあるイエズス会やフランシスコ会といった会は修道会であり、設立の目的や生活様式が違うだけで、信仰は同一である。修道会は教派や宗派ではないので、○○教団とか○○（会）派と呼ぶのは正しくない。

以上、キリスト教内部でもさまざまな見解があることがわかっていただけたと思う。

では、具体的にどう違うのか？　どのグループはどういう信仰をもっているのか？　それを探究するのが次章である。

# 第2章

# 比べてみよう 教派いろいろ

キリスト教が生まれて2000年、その内部は実に多様だ。
この章では教派という流れに沿って、教会を考えてみる。
東方正教会からペンテコステ派までの教派については、
附録の9教派対照表も参照。

## 教会の分け方いろいろ

手始めに、キリスト教会を二つの対照的なグループに分けてみよう。ざっと知られている分け方には、以下のものがある。

**正統教会と異端教会（四世紀以降）**

西暦三一三年のローマ帝国によるキリスト教公認後、教会の勢力が拡大するにつれて、教義にばらつきが出てきた。各教会の代表者たちは三二五年以降、公会議を開催して、教義の成文化・体系化を図るようになる。こうした公会議で、多数派から、正統（正しい教え）の枠に入らないと判断されたのが異端である。初期に異端と断じられた代表的な教義は二つあり、ひとつは、三位一体※を否定するもの。もうひとつは、堕落した聖職者が授けたサクラメントは有効でないとするものである。

正統を自任する体制派は、自分たちが認定した教義から外れた者、あるいは教会の制度を否定する者を激しく排斥した。異端はどの時代にも存在したが、ローマ・カトリック教会が異端審問官の職を創設したのは十三世紀。既成の教会の腐敗を告発したり、独自の伝道活動を行った分派に異端宣告を下して葬った。宗教改革以降に現れたプロテスタント諸教会も、長く異端扱いを受けた。

現存するコプト正教会、アルメニア使徒教会、ヤコブ派教会（シリア正教会）、エチオピア正教会などは、キリスト単性論※を取るため、キリスト両性論を正統とする側から見ると異端である。近年では、三つの大きなグループ（エホバの証人、モルモン教、統一教会）が異端の名で呼ばれることが多いが、これは、三位一体を認めない、旧新約聖書以外を聖典とする、など伝統的なキリスト教の枠から外れているにもかかわらず、キリスト教を自称しているためである。

もちろん、「異端」とは必ず自分以外の他者に張るレッテルであり、自らを異端と公言するグループはいまだかつて、どこにも存在していない（➡233頁）。

**※三位一体と単性論**：三位一体とは、唯一の神が「父」と「子」と「聖霊」の三つの位格をもち、それぞれが同格に存在するとする教義。このうち、「子」の位格にあたるのがイエス・キリストである。イエスは人間と同じ肉体をもちながら神である、すなわち「人性」と「神性」の二性をもつとする考え方を「両性論」という。これに対し、イエスの「神性」のみを強調する説を「単性論」という。「三位一体」という表現自体は聖書に登場しないが、聖書の内容から導かれた正統的な概念とされる。

## 東方教会と西方教会（十一世紀以降）

東は、ビザンチン（東ローマ）帝国の首都コンスタンチノープル（現イスタンブール）、西は古代ローマ帝国の首都ローマを中心に発展した教会。両者は五世紀から次第に溝を深めていったが、教義や慣習に関する相違から、一〇五四年に相互に破門して分裂した。見地を異にした具体的な問題は、まず聖霊論である。聖霊は父からのみ発するという立場を変えない東方に対して、西方は父「と子」から発する、と主張した（このため、現在でも東方と西方のニケア信経はこの部分が異なる）。さらに聖職者の髭（東方は生やすべき、西方は剃ってよし）、聖職者の妻帯（東方は在俗司祭には認めたが、西方は独身を主張）、聖餐用のパン（東方は種入り、西方は種なし）、復活祭やクリスマスの日取り、ローマ司教の首位権をめぐっても争った。東方は正教会またはギリシャ教会、西方はカトリック教会またはラテン教会ともいう。ギリシャ語圏の前者は古代ギリシャの遺産を守り、ラテン語圏の後者は古代ローマ文明の継承者となった。

東西双方の教会が認めた最後の公会議は、七八七年の第二ニケア公会議。東方はこの会議まで、すなわち最初から七回目までの決定を教義とするのに対し、西方教会はそれ以降も「公会議」を開いて、教義の発展を認めている。前出のニケア信経（ニケア・コンスタンチノープル信経）は、二回目の公会議（三八一年）で定められたものだ。

地理的には、ロシアや東欧、中東地域が東方圏、それ以外のヨーロッパが西方。概して東方は抽象的な思索に秀で、神秘的な傾きが強い。西方は実践的な活動を得意とし、思想も体系的、現実的といわれる。

**カトリックとプロテスタント（十六世紀以降）**

ルターらによる宗教改革以降の概念。ローマ・カトリックと、そこから抗議（プロテスト）して離れていった種々の教派をさす。日本では前者を旧教、後者を新教と呼ぶこともある。「ローマ」をつけない広義の「カトリック」は、東方正教会も含む。ローマ・カトリックは聖書と伝統（聖伝）を拠りどころにし、救いのためには信仰にくわえて善き行い（業《わざ》）が必要だとする立場。「教会」やサクラメントの権威を重んじ、教皇を頂点とするピラミッド型の位階制度を取る。礼拝は儀式的な典礼が中心で、サクラメントは七つ。信者はサクラメントを通して実体的もしくは神秘的に神と出会う。

いっぽう、プロテスタントは聖書以外の規範を認めず、個々の信仰のみによる救いを説く。聖職者に特別の権威を認めず、信じる各人が直接神の前に立つ「万人祭司主義」を取る。礼拝の中心を聖書の説き明かし、すなわち説教におき、人は説教を通じて間接的に神と出会う。サクラメントは二つ。説教を重視する姿勢は、教会堂の設計様式にも表れている（説教を聴くための音響を考えた構造となり、説教壇の位置が聖餐卓よりも高く、中心的な部分に位置することが多い）。また、礼拝中に自分の聖書を開く信者の姿はカトリックではまず見られないが、プロテスタントではそれがふつうである。

プロテスタントには中央集権的な教権が存在せず、信仰や教理の純粋性にこだわるために意見が一致しないとどんどん分派していく。その結果、実に多種多様となる。これに対し、ローマ・カトリックは現在も教皇を中心にひとつの組織としてまとまっている。

一般に、日本語で神父と呼ばれる人がいるのがカトリックで、牧師がいるのがプロテスタント。カトリックでは文字が読めなくてもあまり問題はないが、神父がいないと信仰を維持するのは難しいだろう。プロテスタントでは牧師がいなくても聖書さえあれば大丈夫だが、読む力がないと困ることが多い。

カトリックには鷹揚、プロテスタントには生《き》まじめというイメージがある。前者は聖人にちなんだ名を子どもにつける。後者は聖書か、あるいは聖書と関係の深い初代教父、所属教派ゆかりの人物などから名を選ぶ傾向がある。プロテスタントのほうが経済活動に熱心で、従ってカトリックに比べて生活水準が高く、近代的・合理的精神に富み、個々の責任感が強いといわれている。また、聖書を「読む」ことが奨励されるため、初等教育や聖書の翻訳出版事業にも関心が高い。

### 法定教会と、それ以外の自由教会（十六世紀以降）

これも宗教改革時代以降の概念。イングランドでは国教会（チャーチ）／非国教会

（チャペル）、ドイツでは領邦教会（州教会）／自由教会という。チャーチ／セクト（分派。ドイツ語でゼクテ）という、宗教学者による分類もある。

法定教会は、国家から公法上の特権を受けた教会のこと。国の行政機構の一部として、多くの場合住民からの税収入を財政的基盤とし、社会や文化の諸側面に支配的な勢力をもつ。暦や時間を管理し、聖職者は洗礼・結婚・葬儀などの儀礼を執行する資格を与えられ、結果的に住民の出生・結婚・死亡記録を管理するとともに、義務教育制度が整う以前の時代には初等教育も担当していた。荘厳な教会堂、よく訓練された聖職者、儀式的な礼拝様式をもつことが多い。しばしば体制側の情報伝達・広報機関、治安維持の安全弁、医療や貧者救済などの社会福祉事業の拠点として機能することもある。

その地域では、誰もが帰属すべき宗教と認識され、自らの意志に関わりなく、誕生とともにその一員となるのが原則とされる。所属教区・教会は、現住所によって振り分けられ、自由に選択できないのがふつうだ。信仰的に未成熟な者も含まれるため、日本の仏教にも見られる「家の宗教」「冠婚葬祭宗教」に近くなり、「通過儀礼」を行うところ、また礼拝は「共同体意識」の確認の場となりがち。具体的にはギリシャや帝政ロシアの正教会、南欧のローマ・カトリック、北欧のルター派、イングランド国教会（聖公会）などがこれに該当する。現在では、この法定教会の力は総じて弱まる傾向にある。

これに対して、自由教会は国家との関係をもたない。自覚した信仰をもち、主体的決断によって信徒になることを選んだ者のみで構成され、任意の献金で運営される、いわば信仰のエリート集団である。教会堂（入れ物）にはこだわりが少なく、特別な訓練を受けていない（ときには文字すら読めない）信徒が指導者に立つこともしばしばある。信徒は一般に伝道に熱心で、生活態度は謹厳実直。

支配体制側から抑圧の対象となり、法律によって種々の権利が制限された地域や時代もあった。社会の諸価値や制度に妥協しがちな法定教会とは対照的に、国家の制度を認めず、公職や兵役を忌避したり、その権威に挑戦する傾向があり、排他的と形容されることもある。信仰の純粋さを追求するあまり、小さなグループに分裂しやすい。

## プロテスタント内部の区分け（リベラル派と福音派）

リベラル派と福音派とは、第二次大戦後、とくにアメリカで用いられるようになった区分け。リベラル派は社会的責任と知識を重んじ進歩的、福音派は伝道と体験を重んじ保守的というイメージがある（福音派については➡198頁からの「福音派&原理主義者」）。

前者は、近代的な聖書批評学・自由主義神学の上に立ち、聖書の記述を何もかもそのまま受け取るとは限らない。従って、必ずしもキリストの復活や地獄の存在を確信している人ばかりではない。教会側から信徒への要求が少なく、価値観の多様性を認め、異端審問的行動を嫌う。この派の礼拝に出ても宗教的神秘性はあまり感じられない。知的鍛錬や、差別撤廃などの社会活動には熱心だが、伝道や個人の宗教体験を共有することには消極的。女性牧師や同性愛者、人工妊娠中絶には理解を示す。

これに対して、後者は聖書を絶対的な真理の書とし、その内容に疑いを差しはさまない。キリストの復活や地獄の存在を確信し、聖書に反する進化論は容認しない。個人的な救いの体験を重視し、福音の宣教に励む。礼拝に出ると、いかにも「宗教」という雰囲気に満ちている。自分たちの価値観にこだわりが強く、他宗教や異文化には関心が薄い。集団への服従と献身、規律や連帯の強さが特徴でもある。女性牧師や同性愛者、中絶には不寛容な態度を示す。いわゆる原理主義者はこの福音派に多いが、すべての福音派が原理主義者というわけではない。

なお、リベラル派とほぼ同じ意味で使われている表現に、主流派《メインライン》(mainline)がある。この区分けはある教派全体に当てはまるわけではなく、たとえば同じルター派教会でも、リベラル派(主流派)・福音派それぞれに区分けできる組織がある。概して、前者は先細りなのに対し、後者の教勢は伸張傾向にある。

# 教会政治

教会の政治形態（組織・運営の考え方）は三つに大別できる。

●**監督制**　英語のエピスコパシー（episcopacy）の訳語。新約聖書に登場する役職エピスコポス、すなわち英語でいうビショップ（bishop：教派によって司教・主教・監督の訳語がある）が教会政治を司り、かつ、三つの「職位」（bishop; priest; deacon）をもつ制度のこと。東方正教会、ローマ・カトリック、聖公会がこの職制を取る。

ビショップは、その管轄地域においてもっとも大きな裁量権をもち、その決定は下位の者に拘束力をもつ。たとえば、この制度をとる教会に洗礼志願者が来た場合、その地域のビショップ、あるいはその代理人である司祭が単独で受け入れを決定することができる。また、どの教会へどの司祭を派遣させるかも、原則としてビショップに決定権がある。ただし、三職位をもつ組織であっても、ビショップ個人には特出した裁治権がなく、諸決定は他の聖職者や信徒を含む代議員の合議によってなされること（いわば立憲ビショップ制）を基本とするところもある。

右にあげた教派のビショップは、イエスの弟子（使徒）から始まり、代々のビショップたちの按手《あんしゅ》によって切れ目なく使命が受け継がれてきた伝統をもつ。これを「使徒継承」という。

日本においては、三職位を保持するかどうか、あるいは役職名がビショップであるかどうかにかかわらず、代表者が単独で強大な指導力を行使できる制度をもつ組織を「監督制」の名で呼ぶことがある。メソジスト、救世軍などだ。

**●長老制**　教会員の選挙で選ばれた長老と呼ばれる役員たちが教会政治を司る。牧師も長老のひとりとして一票の権利をもつ。教会の権威を長老会におく代表民主制。改革長老派など。

まず複数の代表者を決め、その代表者たちが多数決で物事を決定する方式。志願者が洗礼を受けるには、長老会の諮問を経る必要がある。また、牧師の任免についても長老に決定権がある。牧師・長老は職務であって、職位ではない。

同じく代議制をとるが、役員を「長老」とは呼ばない組織は、その政治形態を「**会議制**（合議制）」と称することが多い。

**●会衆制／組合制**　教会員全員が平等に発言投票の権利をもつ直接民主制。会衆派やバプテストなど。

その教会がたとえ大きな組織に属していても、「本部」が指示する事項や、他教会の要請に従う義務はない。その教会のメンバーだけが、すべてを決める権利をもつ。洗礼志願者が来た場合、教会員全員が合議して受け入れを決定する。また、牧師を外部から招聘したり、自分たちから選出する場合も、全員で話し合って決める。

ちなみに、会衆制度を取る教会が集まってできた「教団」は、組織名として「○○教会」という名称を使わないのがふつう。各個教会こそが「教会」だ、という理解があるからだ。

ひとつの教派が、必ずしもすべて同じ政治形態を取るとは限らない。同じ信条を告白しながら、政体の違いが障害となって組織の合同ができない例もままある。また、どのキリスト教組織もすべて右の三形態に分類できるわけでもない。

## ✝ 教会政治の図式

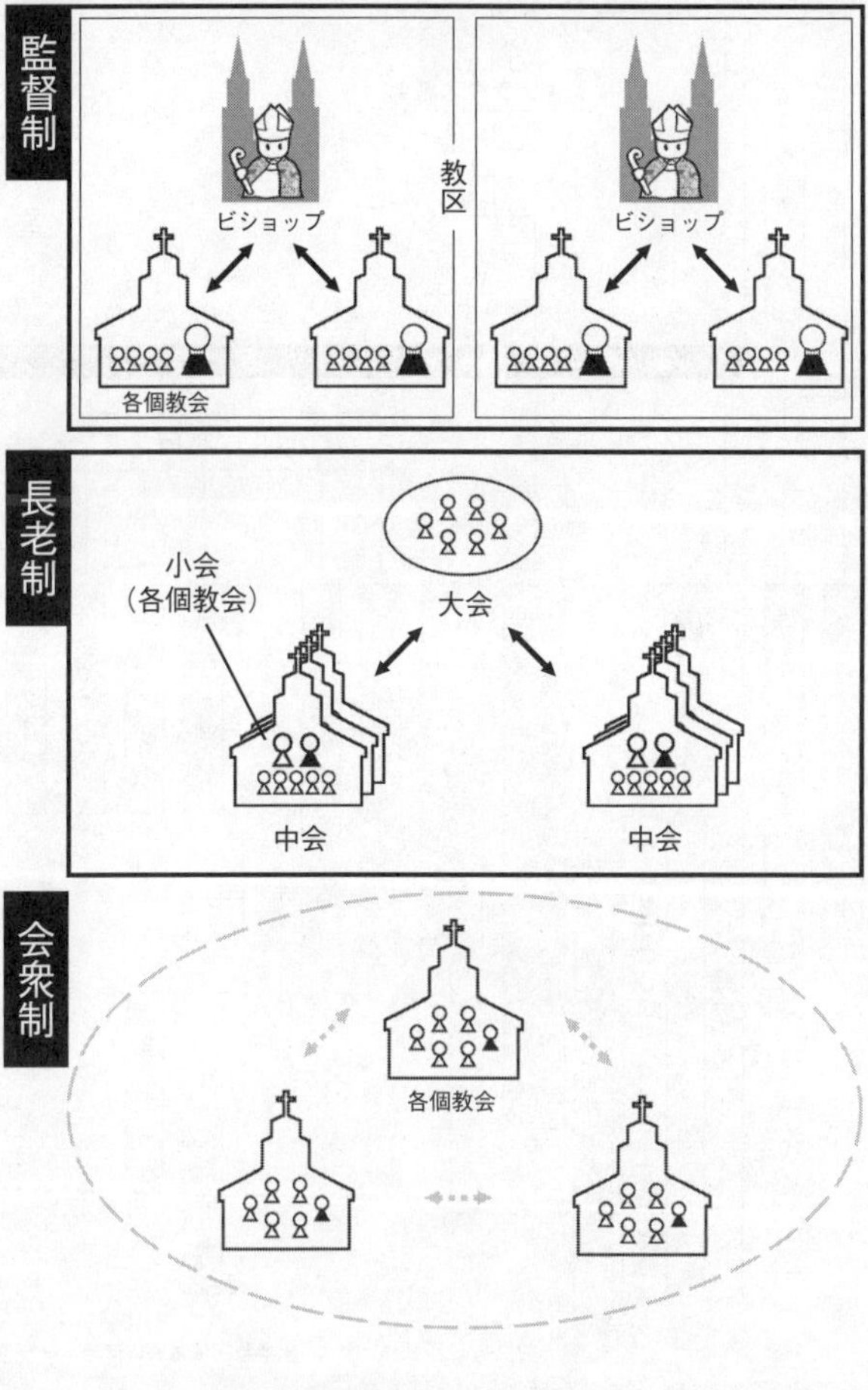
監督制
教区
ビショップ
ビショップ
各個教会
長老制
小会
（各個教会）
大会
中会
中会
会衆制
各個教会

## ✝ 教派の系譜 全国版

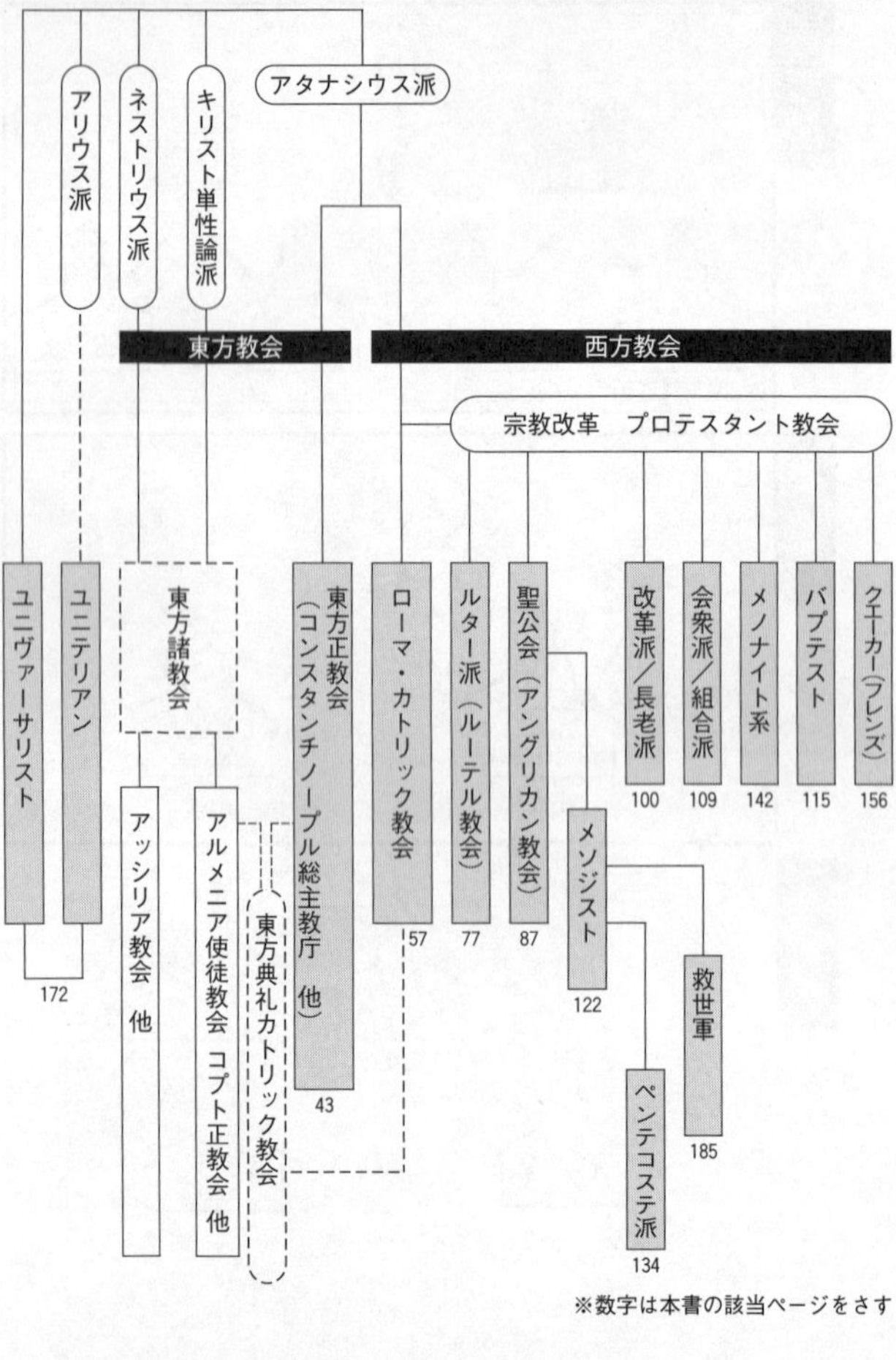
アリウス派
ネストリウス派
キリスト単性論派
アタナシウス派
東方教会
西方教会
宗教改革　プロテスタント教会
ユニヴァーサリスト
ユニテリアン
172
東方諸教会
アッシリア教会 他
アルメニア使徒教会 コプト正教会 他
東方典礼カトリック教会
東方正教会（コンスタンチノープル総主教庁 他）
43
ローマ・カトリック教会
57
ルター派（ルーテル教会）
77
聖公会（アングリカン教会）
87
メソジスト
122
ペンテコステ派
134
救世軍
185
改革派／長老派
100
会衆派／組合派
109
メノナイト系
142
バプテスト
115
クエーカー（フレンズ）
156

※数字は本書の該当ページをさす

# 東方正教会

Eastern Orthodox Church（Orthodox Churches）

初代からの伝統をいまに伝える正統派

◎美しく荘厳で、神秘的な儀式の数々
◎それぞれの民族教会で自治独立
◎地域や民族ぐるみ、家族の宗教
◎飲酒喫煙は罪悪視しない
◎キーワードはイコン、聖体礼儀、イイスス・ハリストス
◎代表地域はロシア、ギリシャ、スラブ系民族の国々
◎イメージとしては神田のニコライ堂、ドストエフスキーの小説『罪と罰』
◎信者は二億人以上

ロシア正教会の総主教は、十字架のついたクーコリ（Koukoulion; Kukol）と呼ばれる白い帽子が目印

## ■名称の由来と起源

東方正教会のほか、正教会、ギリシャ正教、正統カトリック教会、東方教会、ビザンツ教会ともいう。

古代ギリシャの文化的伝統を背景に、コンスタンチノープルを首都とするローマ帝国の東方世界（ビザンチン帝国）で発展した一連の教会の総称。ギリシャ語のOrthodoxは、「正しく（オルソス）」「神を賛美する（ドクサ）」ことを追求する態度に由来する。信条の改変を禁じたエフェソス公会議（四三一年）の原則を厳格に守ることを旨とし、一貫して教父時代以来のならわしを堅持する姿勢を表す。五世紀頃に離脱したいわゆる「異端」の教会に対して、「正統」なキリスト教であることを主張するため、「正教会」の名称が用いられるようになった。

宗教改革後には「ギリシャ正教」ともいわれるが、この「ギリシャ」は国名でなく、言語を意味する。すなわち、ローマ帝国の共通語にして、新約聖書が書かれ、初代教会で用いられた言語のこと。その伝統を継承することを主張した名称である。ギリシャ国の国教としての「ギリシャ正教会」と混同しやすいので要注意。実際に、たとえキリスト教の専門書であっても、ギリシャの正教会の意味で「ギリシャ正教」と記す人もいる。

日本における正教会は日本ハリストス正教会という。正教会側は「ハリストス」を「キリストのギリシャ語読み」で「ギリシャ語原典の発音にもっとも近い」表記としている。ただし、外部からは「ロシア語のキリストを意味する『フリストース』がなまったもの」（『新キリスト教辞典』いのちのことば社・一九九一）、「ロシア語で「キリスト」のこと」（『岩波キリスト教辞典』二〇〇二）という解釈もある。

東方正教会は英語ではEastern Orthodox Churchというが、Oriental Orthodox Churchという表現もある。後者は、アルメニア、コプト、エチオピア、ヤコブ派など、「正統」を自任する側からは異端とされるキリスト単性論（⬇31頁）を取る東方諸教会を呼ぶ、比較的新しい名称。「東方正教会」と区別するため、「東方正統教会」と表記する人もいる。単に「東方教会（Eastern Church）」といったときは、これら単性論派教会も含む場合がある。また、「東方諸教会」の語も人によって示す範囲が異なるので注意したい。

## ■特徴と教義

西方教会（ローマ・カトリック）とは一〇五四年に分離。

信仰の源泉に、まず旧新約聖書をおく。このうち、旧約聖書は入典書（正典三十九巻）以外に不入典書（外典）が含まれる。そして、東西教会の分離前に開催された七つの公会議によって定められた使徒信条、ニケヤ・コンスタンチノープル信経等の信仰規範、ならびに東方教会聖師父の文章などを教義根幹とする。ローマ司教（教皇）の首位権や不《ふ》可謬《かびゅう》性、煉獄《れんごく》の存在、生神女の無原罪懐胎（聖母マリアの無原罪の御宿《おんやど》り）や被昇天を認めない。在俗司祭の妻帯を認める点もローマ・カトリックと異なる。また、イコン（聖像画）を崇敬し、原罪やキリストによる十字架上の贖罪《しょくざい》（人類の身代わりとなってその罪をあがなうこと）よりも、キリストの復活によって実現した救いの喜びを強調する。世界の信者は二億人を超えるといわれる。

■**サクラメント**

**機密**（ミステリオン　mysterion）は、**聖体**（Eucharist）機密を中心に、全部で七つある。入会のための**洗礼**（baptism）と**傅膏**《ふこう》（chrismation; confirmation）、悔い改めの機会を与える**痛悔**（penance）、主教・司祭・輔祭を立てる**神品**《しんぴん》（holy orders）、結婚を成聖する**婚配**（marriage）、病の床にあるものに癒《いや》しをもたらす**聖傅**《せいふ》（anointing of the sick; holy unction）。

正教会では幼児洗礼を認め、洗礼と傅膏を同時にほどこすのが特徴。幼児の場合浸礼《しんれい》が基本だが、灌水式もある。聖体はパンとぶどう酒の両形色（聖爵に一緒に入っている）で、キリストの尊体尊血／聖体聖血に実体変化すると解釈される。痛悔を済ませ、所定の時間禁食した正教徒だけに領聖（聖体にあずかること）が許される。学齢前の子どもは、痛悔なしで領聖できる。主日・祭日ごと、あるいは限られた日を除き毎日聖体礼儀（聖餐式）がある。

■**組織形態**

監督制を取る。国家の管轄領域と教会のそれとを重ねる原則があるため、地域ごとに固有の組織を形成。それぞれの首長のもとに完全な自治を行う。従って、ローマ・カトリックの教皇のような全体を統合する首長はいないが、コンスタンチノープル総主教は「エキュメニカル総主教（ecumenical patriarch）」と呼ばれ、名誉上、すべての主教の首座にある。また、伝統的に、ローマ帝国の東方世界で指導的地位にあった四つの総主教区（patriarchate）、すなわちコンスタンチノープル、アレキサンドリア、アンティオケ、エルサレムは名誉ある特別の地位を占める。

各正教会のトップは、**総主教**（patriarch：アレキサンドリア、アンティオケ、エルサレム、ロシア、グルジア、セルビア、ルーマニア、ブルガリア）、**大主教**（archbishop：キプロス、ギリシャ、アルバニア、シナイ、フィンランド）、**府主教**（metropolitan：ウクライナ、ポーランド、アメリカ、チェコ、日本）らが務め、それぞれが教会の最高議決機関である公会議（council：略して「公会」）の議長となり、所属管区を統轄する。たとえば、ロシアでは総主教の下に府主教、大主教、主教が位置し、それぞれの管区をもつ。時代や地域によって異なるが、主教は投票で選立するのが基本。主教のみが選挙権をもつ地方公会のほか、主教以外の神品（聖職）、または信徒代表も選挙権をもつ地域もある。
神品は**主教・司祭・輔祭**の階級に分かれ、主教は修道士から選ばれる。正教会の輔祭は、必ずしも司祭になるための前段階ではなく、輔祭で一生を終わる者も多い。修道士志願者以外の者は、輔祭叙聖前に妻帯できる。女性の聖職者は認められていない。

## ■礼拝に行ってみると

正教会の聖堂は、イコンがあるのが特徴。イコノスタシス（聖障）と呼ばれる特徴的な仕切りがあり、聖職者およびその補助者・奉仕者しか立ち入れない至聖所《しせいじょ》と、一般信者たちのためのスペースである聖所《せいしょ》とを区切っている。立体の彫像やオルガンは見あたらず、ロシア系正教会では椅子も基本的においていない。一級の文化遺産とされる聖堂も多いが、東西分離以前の五世紀に確立された礼拝儀式自体も、無形の文化遺産といえるだろう。

荘厳、神秘的という形容はこの教派の典礼のためにあるといってもよい。芳香が立ちこめ、ロウソクの光が揺れる聖堂で行われる奉神礼《ほうしんれい》（礼拝）は、オペラをしのぐ芸術性をもつ。聖職者の祭服もゴージャスだ。信徒たちは、ア・カペラの単音または多声で節をつけて祈り、香炉の薫香を身にあび、十字を画《か》き（画《かく》し）、イコンや十字架に接吻し、躬拝《きゅうはい》あるいは伏拝して（⬇249頁）祈りを捧げる。その間にも、聖堂を出たり入ったり、あるいは隅で歓談する信者がいたりして、参禱《さんとう》の仕方はマイペース。

式文や聖書朗読の古語や文語が使われる箇所では、信者といえど、意味を完璧に聞き取れるわけではないという。そのため、五感に訴える、非日常的な儀式としての印象が強い。説教は伝統的な聖書解釈を基本とし、司祭の私的な解釈がされることは少ない。

未信者（「啓蒙《けいもう》者」という）と信者間の区別も大きく、かつて未信者は聖堂の入り口附近しか立ち入りを許されず、礼拝の中途で「啓蒙者出でよ」と退席を求められた。現在では退席は要求されないが、この式文自体は残っている。

教会暦に従い、礼拝中に読まれる式文や祈禱、聖書の朗読箇所は、あらかじめすべての型が決まっている。

## ■人の傾向

地域や民族全体、あるいは家族の宗教という側面があるため、自然体の信者が多い。信仰とは頭だけの問題でなく、生活そのものともとらえ、感性を駆使して神に向き合う。

信仰熱心な地域では、どの家のどの部屋にも必ずイコンがおかれ、ロウソクがともっている。個人の聖名《せいな》祝日（名前をもらった聖人の祝日）を含め、祭日や大斎《おおものいみ》（宗教上の節制）を守ることにも関心が高く、復活祭の七週間も前から節制を始める。ただし、聖書を読むことは、他教派に比べてあまり熱心とはいえないようだ。飲酒喫煙は個々の嗜好

# 東方正教会の聖堂

救世主（イイスス・ハリストス）や生神女（マリヤ）の描かれたイコノスタシスが、聖堂の至聖所と聖所とを隔てている。元来は柵と柱だけだったものが、イコンをかけるようになり、さらにどこにどのイコンを配するかが決められていった。天井に届くほどの大規模な多段のイコノスタシスは、後年ロシアで発達したもの。ロシア語読みではイコノスタスともいう

による。成人後に入信（改宗）した人のなかには、極端な神秘主義に走る人も。聖職者は髭を立てる慣習があり、恰幅のいいイメージがある。

正教徒は土葬するのが原則だが、現在は現地の埋葬に関する法令に従い火葬も行われる。

## ■外から見るとこんな側面も

日本で教えられる世界史はどうしても視点がヨーロッパ中心となり、正教会は視野の外におかれることが多い。正教会司祭の高橋保行師によれば、世界史でビザンチン帝国と東方正教会が正統な位置を占めていないのは、「差別の結果」だという。「現実には、西欧が中世に出現するまでの地中海地域の歴史はビザンチン帝国が中心であった。しかもその帝国の国教が正教とよばれる唯一のキリスト教で、ほかには異端の教会があるのみであった。ローマン・カトリック教会ももとを正せば、中世西欧が出現するまではビザンチン帝国の一総主教区であったにすぎない」（高橋保行『イコンのあゆみ』春秋社・一九九〇）

正教会には、「オリジナルなキリスト教」「初代教会から連綿とつづく伝統的、かつ正統的なキリスト教」「初代からの聖書理解をそのまま守る教会」との自負がある。古代ギリシャの文化遺産（哲学・文学・芸術）を十五世紀まで守ったのは東方の国家と正教会だった。

大航海時代から現在に至るまで、世界各地へ活発な伝道活動を行っている西方の諸教会に比べ、正教会の伝道はぱっとしない。理由のひとつに、正教が伝道を生活伝承と考え、知性で習得する知識の伝承と考えないことがあげられる。また、旧ビザンチン帝国領土が、長くオスマン・トルコ、すなわちイスラームの支配下におかれたこと。それが十九世紀に解き放たれたと思いきや、中東とギリシャを除くいたるところで今度は共産主義革命が勃発し、無神論政府の迫害を受けたこと。そんな過酷な歴史も大きく影響している。

とはいえ、西側の人びとが正教会をある程度正確に認識するようになるのは、ロシア革命や、その後の東欧の社会主義化の結果でもある。それまでの西欧人の目にうつる正教会は、「土俗的なキリスト教、ないし福音とは無縁な、異教的古代の水準に留まるキリスト教」(森安達也『キリスト教史Ⅲ　東方キリスト教』山川出版社・一九七八)といったレベルにとどまっていた。ところが、革命後、聖職者や思想家をはじめ多数の正教徒が西側に逃れ、新しい土地で教会活動を行った。そのため、西側の人びとは東方正教思想をより正確に知る機会が増えたわけである。

正教会の傾向のひとつとして、国家が教会を支配する体制に従順なことがあげられる。とくに、近代のロシア正教会は、権力と結託した官僚機関になっていたことで、批判も多い。ピョートル大帝の時代にあたる一七〇八年からは、なんと、神聖な痛悔（告解）機密が政治的な捜査の手段に使われた。すなわち、痛悔の場で、信徒の反国家言動を察知した司祭は、それを官憲に報告することが法令で義務づけられたのである。痛悔を怠る信徒は報告され、罰金が科せられた。

他教派のなかでは、ローマ・カトリック教会をもっとも強く意識する。

## ■東方正教会四方山話

◆コンスタンチノープル（イスタンブール）といえば、ハギア・ソフィア（アヤ・ソフィア）。十五世紀にモスクにされ、現在は博物館になっているが、もともとは、ビザンチン帝国皇帝ユスティニアヌス一世が六世紀に建造した正教会の聖堂だ。中世の年代記によれば、十世紀末期、キエフのウラジーミル大公がロシア民族にふさわしい宗教を選ぶため、イスラーム、ユダヤ、ローマ、ビザンツの各教会に使節を派遣した。そして、このハギア・ソフィアの奉神礼を体験した使節が、その美に打たれ、天上にいるのか地上にいるのかわからな

ロシア十字（Russian cross; three-bar cross）のついた正教徒の墓
この八端十字架はロシアなどスラブ系の正教会で用いられるもので、ラテン十字（➡261頁）の上部についた短い横棒はキリストの罪状札、下部の斜め棒は足台を示す

いほどの感銘を受けた。その報告を受けたウラジーミルは、正教をキエフ公国の国教に定めたという。この年は九八八年とされ、千年後の一九八八年、ロシア全土で「キリスト教受容千年祭」が盛大に祝われた。

◆ゴーゴリの小説『検察官』（一八三六）には、「イコンをもって逃げだしたくなるようなしかめ面」という表現がある。これは、何か突発事態が起こったら、まず大切なイコンをもって逃げるというロシア人の信心深さを背景にしたものだ。日本だったら、「仏壇の位牌をもって」というところだろうか。

スラブ圏やギリシャの正教徒のイコンへの愛着はひとかたならないものがあり、信仰熱心な土地では、聖堂に限らず建物のあらゆる部屋にも、道端にさえイコンをおいた小さな祭壇がある。部屋に飾る場合には、入り口から見て正面の、ふつうは東側の隅に安置する。この場所はロシアでは「美しい（赤い）」隅とか「前の」隅と呼ばれ、ロシア文学を読んでいると、その隅に御灯明《みあかし》がゆれている、という描写がさりげなく入っていることが多い。「奇跡を行う」とされるイコンも各地にあり、タタール人からモスクワを救ったのはウラジーミルの聖母像のおかげということになっている。

◆ビザンチン聖歌の特徴のひとつは、単旋律（モノフォニー）であること。西方のグレゴリオ聖歌と同じだ。だが、ロシア正教会と、その流れを汲む正教会の聖体礼儀では、見事な多声合唱が聞かれることが多い。これは、十八世紀にロシアが西洋近代音楽を取り入れた結果である。なお、教会の神品のうち、輔祭は典礼のかなりの部分を独唱しなければならないので、朗々たるバスの歌い手であることが望まれる。

◆正教会のほとんどの主日に行われる聖体礼儀は「聖金口《きんこう》イオアンの聖体礼儀」と呼ばれる。金口とは、すばらしい説教をしたところから、金の口をもつという意味でついた名称。イオアンとはヨハネのことで、別の表記ではヨハネ・クリュソストモス（三四四？―四〇七）、ローマ・カトリック教会では聖ヨハネ・クリゾストモ司教教会博士ともいう。

◆革命前夜のロマノフ家に取り入った怪僧ラスプーチン。ロシア正教会の修道士と思っている人が多いが、実は正教会とは無関係。数あるセクトのひとつ、鞭身《べんしん》派の信者だったといわれている。

■**翻訳者や作家へのアドバイス**

日本の正教会では、「イイスス・ハリストス（イエス・キリスト）」や「聖神《せいしん》（聖霊）」を始めとし、あらゆる表現に独特の用語を使用。カタカナ表記には、ギリシャ語、教会スラブ語、ロシア語風、それらの勘案表記、さらに一般的な表記（「イコン」など）が混在しており、教会内部でも完全な統一はされていない。また、つねに伝統的な表記にこだわるわけではなく、一般的な表記も使っている。もちろん聖書にも独自の翻訳があり、ニコライ訳（文語）の『新約』や『聖詠経《せいえいけい》』（詩篇）、式文の『主日奉事式』などは現在も入手可能だが、旧新約を合わせた一巻組の聖書は出ていない。ソビエト連邦解体以降は、主にロシアの正教会を扱った関連出版物が増えている。大主教ニコライの日記は全訳（『宣教師ニコライの全日記』全九巻、教文館、二〇〇七）のほか文庫版の抄訳（『ニコライの日記』全三巻、岩波文庫、二〇一一）も刊行されて、入手しやすくなった。インターネットの情報は比較的豊富で、とりわけ英語圏以外の正教会の英語版サイトの充実ぶりがめざましい。

ロシア正教会モスクワ総主教庁駐日ポドウォリエの教会（東京都文京区）では、主にロシア語、部分的に日本語、ギリシャ語も用いた礼拝が行われている。

ロシアから日本に正教を伝えた大主教
ニコライ（1836—1912）のイコン

# ローマ・カトリック教会

Roman Catholic Church / Roman Catholics

ローマ教皇を頂点に、民族や国家を超えた世界最大のキリスト教組織

◎様式美にあふれる典礼の数々
◎聖母マリアへの崇敬と独自の教義
◎聖堂にはキリスト磔刑像、聖母マリアや聖人の像がある
◎家父長制や伝統的価値観を保持する傾向あり
◎飲酒喫煙は罪悪視しない
◎キーワードはローマ教皇、ミサ、修道会
◎代表地域は南欧、南米ほか
ラテン系民族の国々
◎イメージとしてはマザー・テレサ、
J・F・ケネディ、遠藤周作
◎信者は世界最多、バチカンによると
二〇一〇年に十一億九千六百万人

ストラをつけた教皇ピウス12世（在位1939—58）

## ■名称の由来と起源

カトリック教会、ローマ教会、ロマ教会、ラテン教会（ラテン語典礼を行う教会の総称）、西方教会、公教会、天主公教会、天王教ともいう。

カトリック（catholic）とはギリシャ語の katholikos に由来する形容詞で、一世紀の聖イグナティウスが、特定の教会だけではなくすでに各地に広がっていた教会を全体として示すために使った言葉。普遍的、公同の、万人のためのという意味である。その普遍性の中心をローマの司教座（ローマの司教がすなわちローマ教皇）におくことから、ローマ教会とも呼ばれる。

「ローマ・カトリック」と呼ばれるようになったのは宗教改革以降。ただし、この呼称はローマ教会以外にも「カトリック」教会が存在するという認識を暗に示す。従って、ローマ教会以外に「カトリック」である教会は存在しないと考える立場の者（とくに、「ローマ・カトリック」の信者）は、「ローマ」をつけない。また、一般的にもただの「カトリック」の名称がよく使われる。信者を「教皇主義者（Papist）」と呼ぶこともあるが、侮辱的なニュアンスが含まれるので注意したい。

日本では Catholic Church をかつて「公教会」と訳し、組織名として「天主公教会」「日本天主公教教団」といった名称が使われていた（「天主」とは一八四四年から一九五九年まで用いられた「神」のカトリック訳である）。そのため、要理のことを「公教要理」、カトリック聖堂のことを「天主堂」とする表現も使われた。一九二〇〜三〇年代にカタカナの「カトリック」を冠した定期刊行物や新聞社が現れ、一九四八年以降は組織名に「カトリック」表記が公的に採用されている。一般的には「カソリック」をはじめ、「カトリク」「ローマン・カトリック」といった表記も見られる。「新教」（プロテスタント）と対比させた「旧教」という通称もあるが、「旧」の語が誤解を招くとして、近年はあまり見られなくなった。

## ■特徴と教義

「バチカン市国」という国土をもち、スイスと同様、「常置オブザーバー」として国連に代表を派遣している唯一の教会組織。使徒ペトロの後継者・ローマ教皇を頂点に、一般信徒を底辺にしたヒエラルキー（位階制度）によって秩序づけながら、民族や国家を超える統一体として機能する。

信徒個人の信仰にまかせるのではなく、神のもたらす救いの仲介者として、教会に大きな権威を認めるのが特色。イエス・キリストの十字架上の贖罪がもたらす恩恵に浴するには、信徒は教会が定めた救済の手段、すなわち秘跡《サクラメント》にあずからなければならない。

十一世紀、東方教会との分裂時に明確になった特色は、32頁の「東方教会と西方教会」を参照してほしい。十六世紀の宗教改革期に明確になった特色は、まず、聖書以外の聖伝、すなわち使徒たちが伝えた伝承も重んじること。聖書の範囲もプロテスタントに比べて幅が広く、旧新約聖書のほか、七つの第二正典（外典）も旧約正典の一部として認める。

神の救いに関して、人間の側の自由意志を認め、「善行」や「功徳」を積むことを奨励。天国と地獄との中間に、煉獄の存在を認めている。

比較的新しい教義としては、一八五四年に宣言された聖母マリアの無原罪の御宿《おんやど》り、一八七〇年の教皇の不可謬《ふかびゅう》（不謬《ふびゅう》）性、一九五〇年の聖母マリアの被昇天がある。教皇の不可謬性とは、信仰や道徳に関して教皇が教皇座から教示するとき、誤謬から守られているとするもの。

家父長制や伝統的価値観を擁護する立場にあり、女性司祭、離婚や人工的避妊、中絶を認めない。かといって、伝統にしがみつくばかりではないのが近年のローマ・カトリックだ。第二バチカン公会議（一九六二―六五年）以降は、典礼を大胆に刷新したり、過去の過ちを認めたり、いがみ合っていた教派と和解するなど、時代に合わせて変えるべきところはどんどん変化させていく側面をもつ。

地域を単位とする教会組織のほか、修道会組織があり、後者では修道者が「清貧・貞潔・従順」の三つの誓願を立てて修道生活を送っている。世界の信者は約十二億人。

■**サクラメント**

トリエント公会議（一五四五—六三年）で定めたサクラメントは七つ。古い表現では、**洗礼**（baptism）、**堅振**《けんしん》（confirmation）、**聖体**（Communion; Eucharist）、**悔悛**《かいしゅん》（penance）、**終油**《しゅうゆ》（extreme unction）、**品級**（holy orders）、**婚姻**（matrimony）を「**秘蹟**」とする。準秘蹟として「聖別（consecration）」「祓魔《ふつま》（exorcism）」「祝別（blessing）」がある。

第二バチカン公会議以降の新しい表現では、**洗礼**、**堅信**、**聖体**、**ゆるし**（reconciliation）、**病者の塗油**（anointing of the sick）、**叙階**、**婚姻**（marriage）を「**秘跡**」とする。準秘跡の「祝別」は「祝福」になった。

幼児洗礼を認める。聖体拝領のパンとぶどう酒は、実際にキリストの御体《おんからだ》と御血《おんち》に変化すると解釈する。司祭はパンとぶどう酒の両形態、信徒はパンのみ拝領の時代が長かったが、現在はどちらも拝領できる教会もある。堅信を済ませてから聖体を受けるのが基本。ただし、ローマ・カトリック教会で幼児洗礼を受けた者は、堅信前の**初聖体**《はつせいたい》（First Communion）が許されている。拝領の前には、告解を済ませ、所定の時間断食するのが原則。また、カトリックの洗礼を受けていないと許されない（一九九八年、バプテスト信者のクリントン・米国大統領〔当時〕が南アフリカ訪問中にカトリック教会で聖体を受け、問題になったことがある）。ミサは限られた日を除き毎日行われている。

■組織形態

ローマ司教、すなわちローマ教皇に中央集権的首位権を認めた監督制を取る。教皇はイタリアのローマ市にある独立国、バチカン市国の主権者であり、教会行政の中央機関である教皇庁（聖座／使徒座　Curia Romana; Holy See）と、枢機卿会（Sacred College of Cardinals）の補佐を受ける。教皇の下で大司教や司教たちがそれぞれの管轄区の責任をにない、司教の代理人である司祭が各小教区（parish／旧称：聖堂区）で信徒たちの司牧にあたる。司教はその地域の適任者名簿を元に、教皇庁が任命する。第二バチカン公会議以降、それぞれの地域における司教協議会（bishops' conference）の自立性と統治権が大幅に拡大された。

聖職の品級には、トリエント公会議以降上級聖品《せいひん》（司祭、助祭、副助祭）、下級聖品（侍祭《じさい》、祓魔師《ふつまし》、読師《どくし》、守門《しゅもん》）という区分けがあり、司祭職に至るためには、まず剃髪を受けて守門から順番にこの七つの階級を昇っていく必要があった。一九七二年にはすべての下級聖品が廃止され、現在の位階は**司教**、**司祭**、**助祭**の三つに整理された。長らく、助祭を司祭に至るまでの一過程とする時代が続いたが、近年、終身助祭の制度が復活した。この終身助祭は妻帯できるが、他の聖職は独身が原則。女性の聖職者は認められていない。

## ■礼拝に行ってみると

ミケランジェロの彫像や絵画で彩られたサン・ピエトロ大聖堂のように、芸術的見地から世界一級の聖堂、聖職者の華麗な祭服、魂を揺さぶるグレゴリオ聖歌、美しい動作、美しい言葉（祈禱文）など、美的感覚に訴えてくる。聖堂内部にあるものは、キリスト磔刑《たっけい》像や、十字架の道行《みちゆき》を示す十四枚のプレートなど、受難のイメージが中心。マリアや聖人の彫像をおくところが多い。ひとつの主祭壇（宝座）しかない東方教会とは違って、複数の祭壇（小礼拝堂《チャペル》）をもつ聖堂もある。説教の比重は高くない。一九六〇年代に典礼の大刷新が行われたため、それ以降と以前のミサとではかなりの違いがある。最近では、礼拝中の跪《ひざまず》きを廃止した教会も増えてきた。

　十字架の道行やロザリオの祈り、ロウソクを立てての祈りなど、体で表現する信心行も多い。ミサのある時間以外にも、信者は買い物や仕事の途中にお聖堂《みどう》に立ち寄り、思い思いに祈りを捧げる。

　教会暦に従い、礼拝中に読まれる式文や祈禱、聖書の朗読箇所は、あらかじめすべての型が決まっている。

十字架の道行（stations of the cross）
キリストがゴルゴタの丘で十字架に掛けられるまでの道のりを表す、14の像または絵。信者はこの前で順次祈りを捧げる

■人の傾向

正教会と同じく、地域や民族全部、あるいは家代々の宗教という側面があるため、自然体の信者が多い。「教会のおきて」や自分の通う教会の聖職者の教えに忠実で、上から推奨された「行動」に熱心な人もいる。とくに第二バチカン公会議以前は、個人的な信心行（ロザリオの祈りなど）の実践に価値をおく人が多かった。視覚的な宗教芸術に接する機会が多いため、イエスの姿とか、天国や地獄についてのヴィジュアル的なイメージ、マリアや聖人たちにまつわる豊かな伝承をもつ。

プロテスタントに比較すると、聖書はあまり読まないといわれている。勤労に励むことを至上の美徳としたり、世俗の成功がすべてという考え方はない。飲酒喫煙は個々の嗜好による。聖職者のタイプはいろいろだが、恰幅のいい人が目につく。

■外から見るとこんな側面も

単一の組織を維持している教派のなかで、もっともその歴史が長く、もっとも信徒数が多いのがローマ・カトリック教会だ。振り返ってみれば、古代ローマ文明の遺産を保護し、ゲルマン民族を教化して新しい文明の担い手とした功績は大きい。カトリック教会を抜きにして、西欧の歴史を語ることはできない。

ローマ・カトリックには、安定と連帯感がある。世界的な組織、緻密な法典、背後にある権力と威信。プロテスタント信者を、天国に向かって懸命に手こぎのボートをこぐ人にたとえれば、カトリック信者は巨大な客船の乗客とも形容できる。気にかかることも「ゆるしの秘跡」で告白できる精神安定効果は大きい。カトリックにはプロテスタントに比べて自殺が少ないという。教会の教えに従っている限り、真の「絶望」はない。

当初はエキュメニカル（教会一致）運動に否定的で、一九四八年になっても、ローマ・カトリック教会から離れた側が復帰するのでない限り教会合同はありえないという態度を示したが、風向きが大きく変わったのは六〇年代の第二バチカン公会議以降。他教派との対話を推進し、とくに正教会、聖公会、ルター派との和解接近の動きが著しい。九六年にはローマ教皇自ら、ダーウィンの進化論の科学的妥当性を認める姿勢を打ち出し、科学と宗教の併存を確認した。

大変革を見せたローマ・カトリックだが、変わらない批判もある。まず、聖書から逸脱しているということ。聖書にない伝統を重んじ、異教に起源をもつ慣習に寛大なこと。形式だけの宗教だとか、霊的に空虚だとも指摘される。さらに、化体《かたい》説や煉獄、教皇制度、教皇不可謬説、マリアの無原罪の御宿り、死者への祈りなど、プロテスタント側からの攻撃材料は多い。マリア崇敬や聖人崇敬も「偶像崇拝」と切り捨てられることがある（カトリック側は必ず「崇敬」であって「崇拝」ではないと切り返す）。これに、過去に行ってきた異文化破壊や異教徒迫害などをつけ加えたらきりがない。

全教会中もっとも厳しい、産児制限の禁止も論議を呼んできたが、バチカンのお膝元のイタリアの出生率がきわめて低いことが、建前と現実の差を物語っている。司祭職の男性独占、そして独身制をめぐる論争も盛んだ。

### ■ローマ・カトリック四方山話

◆ヨーロッパでカトリック信仰の篤い国というと、前ローマ教皇ヨハネ・パウロ二世の出身国、ポーランドがあげられる。どの村や町にも道端に小さな聖堂があり、いつも花で飾られているという。とくに聖母マリアには熱烈な崇敬が捧げられ、チェンストホヴァの黒い聖母（Our Lady of Czestochowa; The Black Madonna）のイコンは多くの巡礼者を集めることで有名だ。また、ロシアと同様、霊名祝日（自分と同じ名の聖人の祝日）を盛大に祝う慣習がある。

◆ローマ・カトリックから離れていったものとしては、「プロテスタント」をまず連想する人が多いと思うが、十八〜十九世紀にも分かれたグループがある。「復古カトリック教会（Old Catholic Churches）」がそれだ。オランダではユトレヒト教会（Church of Utrecht）とかオランダ・ヤンセン主義教会（Jansenist Church of Holland）ともいわれ、十八世紀に※ヤンセン主義に共鳴してカトリック教会を離れたグループを母胎とする。ドイツやオーストリア、スイスにある復古カトリック教会は、第一バチカン公会議（一八六九―七〇）で決定された教皇不可謬説の教義に反対して分離したもの。ほかに、アメリカ在住のポーランド人が組織した在米ポーランド国民カトリック教会（Polish National Catholic Church of America）もこのグループに入る。

これらの教会の司教は、ローマ教会や聖公会、一部のルター派教会と同じく、使徒継承に基づく按手を受けており、聖公会とは相互陪餐（サクラメントや教会組織を部分的に承認しあうこと）の関係にある。

◆東方正教会を除き、もっとも一致点が多いのは聖公会といわれており、第二バチカン公会議以降、和解と一致を目ざす公式の会談が重ねられた。貞潔の誓いを保持できず、結婚して聖公会に移籍した司祭も少なくないといわれている。いっぽう、教皇ベネディクト十六世は二〇〇九年に特別な司教区を設置することで既婚司祭を含む聖公会からの転会者を受け入れやすくした。この制度を利用して、女性聖職認否問題で揺れる聖公会からカトリックに移る者も出ている。

◆二十一世紀になってカトリック教会を大きく揺るがしているのは、司祭や修道者による児童への性的虐待事件である。二〇〇二年、ボストンでの新聞報道をきっかけに明るみに出たもので、教会側の対応の手ぬるさと隠蔽体質が強い非難を浴び、司祭の独身制が改めて問題となるとともに、信者の教会離れを招いた。アイルランド、ドイツ、ベルギー、スイス、オーストラリア、メキシコ、チリなどでも同様の事件が発覚し、被害者への賠償のため財政が破綻した教区や修道会もある。

※ヤンセン主義：ローマ・カトリック教会を、アウグスティヌスの教えに従って刷新しようとしたオランダ人司教ヤンセンの名に由来する。一六五三年、異端宣告を受けた。

## ■翻訳者や作家へのアドバイス

「いま」と「昔」のローマ・カトリックは、さまざまな面で異なっている。とくに、「多様性における一致」を認めた第二バチカン公会議の前と後では、礼拝のあり方から用語まで、すべての面で多大な変化がある。とくに、フランスとドイツが典礼刷新の先鞭をつけたため、両国には日本などより一足早く典礼を簡略化した司祭もいる。

日本の信者はふつう「カソリック」とは表記しない。典礼の式文、祈りの文には定型がある。基本はラテン語。聖書日課は全世界共通。専門出版社を多くもち、入門書、カテキズム、祈りの本、教会法典、事典類ともに、全教派のなかでもっとも文献資料が充実しかつ入手しやすい。ただし一九七八年版の『ミサ典礼書』は現在絶版で、新版の刊行が待たれるところだ。

各国語のミサあり。日本にいる外国人司祭のなかで、英語圏出身者の比率はあまり高くない。カトリック中央協議会（ローマ・カトリック教会の日本における宗教法人名）

には広報の部局がある。なお、二〇〇七年にラテン語ミサ（トリエント・ミサ）執行の条件が緩和された。東京で年一回行われている荘厳司教ミサ（カトリック・アクション同志会主催、二〇一一年で二十一回目）の様子は現在YouTubeなどで動画を見ることができる。

ラテン語式文解読には『カトリック聖歌集』（光明社・一九六六）が有益。翻訳されていない用語は、ラテン読みが多い。大規模な事典では、一九四〇年代に刊行された冨山房の『カトリック大辞典』、近年では研究社の『新カトリック大事典』（一九九六―二〇〇九）がある。公会議以前の信仰のありかたについては、岩下壮一『カトリックの信仰』（講談社学術文庫）が参考になる。また、公会議以前の典礼様式や伝統的な祭服は、二十一世紀のいま、アングロ・カトリック（➡87頁からの「聖公会」）のなかに生きていることを指摘しておく。

**【図書館】**聖三木図書館（東京都千代田区）、上智大学（東京都千代田区）、南山大学（愛知県名古屋市）、純心女子学園早坂記念図書館（長崎県長崎市）、聖アントニオ神学院（東京都世田谷区）、日本カトリック神学院東京キャンパス図書室（東京都練馬区）ほか

## ローマ・カトリックいまむかし

一九六〇年代以降、ローマ・カトリックは大きく変化した。その変化の模様を、大ざっぱに見てみよう。

その昔、ローマ・カトリックの聖職者の権威は大きかった。俗人たる信徒は、長上である聖職者から導かれるものであり、その指導なく、勝手に聖書を読んだりしてはいけない。あくまで主導権を取るのは聖職者だった。現在では聖職者と信徒の間の身分の差を強調することはなくなり、信徒の主体的行動や学びを奨励するようになった。

マリア崇敬や聖人崇敬も変化した。かつて、「神の母」マリアはイエスとほとんど同等に敬われていた。マリアによっても救われる、恵みを与えられる、ほとんどマリア「崇拝」といってもよい。現在では、この過剰な崇敬は下火になり、救うのはやはりイエスのみ、マリアはあくまで「崇敬」するもの、取り次ぎをお願いする人間にすぎない、とされている。ロザリオの祈りも、昔ほど熱心にやらなくなった。ただし、マリアは「イエスを生む前も生むときも生んだ後も童貞（処女）だった」とする教義に変化はない。

聖人も熱心に崇敬され、毎日のように聖人のミサが捧げられていた。自分の霊名をもらった聖人のほか、「保護の聖人」にも祈っていた。いまは昔ほど強調しない。

## ミサでの司祭の位置

**対面式**
westward position
方角にこだわらず、司祭が会衆の方を向く

**東面式（背面式）**
eastward position
司祭が東を向き、会衆に背中を見せてミサをあげる

聖人の生涯についても歴史的な検討が加えられ、一九六九年以降、祝日が変更になったり、聖クリストフォルスや聖バルバラ、アレクサンドリアの聖カタリナ、聖ウルスラなど、著名な聖人がカレンダーから消えたりしている。

　昔のミサは、世界のどこでもラテン語、聖書朗読もラテン語で、全世界どこへいっても同じだった。ラテン語のわからない信者は、意味がわからず拝聴するだけ。聖歌は聖歌隊まかせ。司祭は東側の壁際におかれた祭壇に向かって、すなわち信徒に背中を向けてミサをあげていた（だから、祭服は背中側がきれいに見えるようにデザインされていた）。聖体を高く掲げたり、侍者がベルを鳴らさないと、司祭が何をやっているのかよくわからない。所作の意味も言葉もわからないのだから、信者はミサ中、めいめいロザリオの祈りを唱えたりしていたという。祭壇で奉仕する侍者は男性（少年）に限られた。立ったり坐ったりのほか、必ず跪く場面があり、女性は頭に帽子かベールをかぶっていた。私的にミサを頼む人（遺族）も多かった。

いまは、その国の言語で行われるので、信者にも理解できる。また、司祭は信徒の側を向いてミサをあげるため、何をしているかもよくわかる。信徒が聖歌を歌ったり、聖書を朗読したり、ときには聖体を配ったりと、役割をもつ。女性（少女）が侍者を務めることも可能になった。必ずしも跪かなくてよくなり、頭を覆う女性も減少の一途にある。地域によってミサの形式が違うため、昔ほどの連帯感はない。私的なミサの依頼も少なくなった。また、一九五〇年代から、土曜の夕方に日曜の日中ミサと同じ典礼文を使うようになり、必ずしも日曜日のミサにあずからなくてもよくなった。

教会の外に救いなし、ローマ・カトリック信者以外の者（プロテスタント信者も含む）は地獄へ堕ちる。カトリック以外のキリスト教は全部異端か、まったく別の宗教なのだから、宣教すべき対象としてとらえる。対話などない。転会希望のプロテスタント信者がきたら、その人の洗礼は無効とみなして、洗礼をさずけ直す。これが昔はよく見られた態度だった。

いまは、他の宗教にも救いはあるとし、ローマ・カトリック以外の信仰の自由を認める。異質なものでも頭から排斥せず、他のキリスト教教派とも対等な協力関係をめざす。他教派からの転会希望者が来たら、「条件つき洗礼」で対応するケースもあるが、転会式のみで前の洗礼の有効性を認める司祭も多くなった。

かつては、社会の末端にいる人びとに対し、社会的不正に立ち向かうことをすすめる代わりに、現実への忍従を説いた。たとえ慈善事業に取り組んでも、社会の根本的な改革には関心が薄かった。いまは、弱者や抑圧された者の立場に立ち、社会的問題に積極的に関与する姿勢を見せる。ミサの説教の内容も、素朴な信仰の話より、社会的な問題を扱う司祭が増えてきている。

教皇へ一極集中していた権威も、地域の司教団がある程度分担するようになった。聖職者の階級も、かつては細かく分かれていたのが、司教・司祭・助祭の三つに整理された。司祭の妻帯と、女性の叙階を認めない点は変わらない。

サクラメントの理解も変わってきている。

洗礼は、原罪の汚れから潔められ、天国に行くために絶対必要という認識があった。だから、とにかく受けることが肝心で、出産に立ち会う女性や、信者による緊急洗礼も奨励していた。いまは、水による洗礼は救いの絶対条件ではなく、受けなくても救われる場合もあると、認めることを忘れない。緊急洗礼自体は、いまでも認めている。

昔の堅信は司教のみが授けたが、いまは、成人洗礼の場合、洗礼に続いて司祭が授けることもできる。

聖体について、過剰なまでに賛美し崇めた。聖体拝領の前には、遅くとも前夜の十二時から断食する(朝のうがいのとき水を飲み込んだという理由で聖体拝領をあきらめる信者さえいた)。告解も受けていないとだめ。ローマ・カトリックの洗礼を受けていない者には近寄らせない。拝領するときは、司祭に直接口のなかに入れてもらう。決して手で触れてはならぬものであり、歯で砕いたり、床に落としたりするなどとんでもないことだった(万一落としたときのために、侍者が下にお盆のような聖体拝領皿を差し出してガードしていた)。ぶどう酒を拝領できるのは司祭だけで、信者はパンのみだった。

その後、昔ほどの崇敬はなくなった。断食は拝領の一時間前からでよくなった。告解を受けたかどうかもうるさく問われない。司祭によっては、ローマ・カトリック以外の受洗者も拝領させてくれる。手で受け取り、自分で口に入れてよい。信者でもぶどう酒を拝領できる機会が増えた。なお、頻繁な聖体拝領が奨励されるようになったのは、二十世紀に入ってからである。

告解についても、大罪《だいざい》・小罪《しょうざい》の詳細なリストがあった。「裁き」のニュアンスがあり、信徒は頻繁に受けていた。その後、個別ではなく皆で行う共同回心式という形式ができた。ゆるしの秘跡を受ける信者数は減少し、何が罪なのかよくわからない、ともらす人もいる。

非ローマ・カトリック信者との結婚には特別な許可が必要なこと、そして婚姻無効の宣言（その結婚が初めから無効で婚姻の秘跡が成立していないと認定すること）はあっても、離婚というシステムがないことはいまも昔も変わらない。ただし、混宗婚（➡266頁）の許可も婚姻無効の訴えも、昔より認許されやすくなった。

終油の秘跡はかつては臨終の宣告を意味し、生涯一回だけのものだった。油を塗ることより、臨終間際に最後の罪のゆるしと聖体を受けることが肝心とされた。そうすれば天国行きが確実だからだ。そのため、何がなんでも司祭が臨終に間に合うように周囲は心をくだいた（病院に司祭の姿があると誰かが危篤だということを意味するので、不吉だと嫌われることもあった）。事故死が最悪とされるのは、この秘跡が受けられないからである。だから「不慮の死よりわれらを救いたまえ」と諸聖人に熱心に祈った。

病者の塗油という名称に変わってからは、何度でも受けられる。これを受けなくては天国に行けない、と強調する

ご聖体

ことはなくなった。全体的に、「天国に行くため」あれをする、あるいはこれをしない、という考え方があまり表面に出なくなったともいえる。その分、「地獄堕ち」の強調も少なくなった。煉獄や、免償《めんしょう》（贖宥《しょくゆう》）の教義はいまでもあるが、これらもあまり言及されなくなった。

自殺者は教会での葬儀を拒否され、遺体を火葬にするよう遺言した信者は破門された。教会は火葬を禁じていたのである。いまは、事情によっては自殺者を受け入れることもあるし、火葬も許可している。

日本の場合は、言葉の問題も大きい。文語から口語へ、さらに、エキュメニカル運動の影響で、プロテスタントと共通の聖書を用いるために表記も変化した。「天主さま」は「神さま」に、「イエズス・キリスト」は「イエス・キリスト」に、「諸聖人の通功《つうこう》」は「聖徒の交わり」に。主の祈りは「天にましますわれらの父よ」（➡246頁）が二〇〇〇年から「天におられるわたしたちの父よ」（➡248頁）と唱えられるようになった。二〇一一年には口語のアヴェ・マリアの祈りが採用されて、文語の天使祝詞《しゅくし》は以後公式には使用しないことが決定された。かつての「布教」は「宣教」に、いまは「福音化」とも表現される。

これらの変化はまだまだ過渡期にあるといってよい。ローマ・カトリック教会はこれからも変わり続けるだろう。

# ルター派（ルーテル教会）

Lutheran Churches / Lutherans

ルターの宗教改革の伝統を受け継ぐ
プロテスタントの代表格

◎「信仰のみ」で救われる
◎意外に保守的、体制順応型
◎クリスマスツリーゆかりの教派
◎地域ごとに組織はばらばら
◎飲酒喫煙は罪悪視しない
◎キーワードは信仰義認、万人祭司、天職
◎代表地域はドイツ、北欧
◎イメージとしてはJ・S・バッハ、
シュヴァイツァー、アンデルセン『赤い靴』
◎信者はプロテスタント最大クラスの七千万人以上

ルターの紋章、バラと十字架

## ■名称の由来と起源

ルター派教会、ルター教会、ルーテル教会、福音教会ともいう。

ドイツの宗教改革者マルティン・ルター（Martin Luther 一四八三—一五四六）の名前に由来する。ドイツのアウグスティヌス会の修道司祭だったルターは、教会の赦免状販売に反対して、一五一七年、「九十五箇条の提題」を公表。教会内部の改革を目ざしたが、教皇から破門されたため、ルターとその支持者たちはローマ・カトリックから離れた教会を形成せざるを得なくなった。ルターの死後、一五五五年にアウクスブルクの和議が成立。ルター派はカトリックと同権の教会として公認され、ドイツの住民は領主の信仰に従うべきこと（領邦教会制度）が決められた。

「ルター派」は一般的な名称、ドイツ語読みの「ルーテル」は教会関係者が用いる名称で、日本福音ルーテル教会、日本ルーテル教団など、組織名としても使われている。「福音ルーテル」（英語でEvangelical Lutheran）というように、世界各国のルター派の組織名につく「福音」（独語evangelisch、英語evangelical）は、ローマ・カトリックに対する「プロテスタント」という意味である（この「福音」については⬇198頁からの「福音派&原理主義者」）。

「プロテスタント」の名称は、一五二九年ドイツで開かれたシュパイヤー議会において、宗教改革の立場を明らかにしていた少数派の諸侯と都市が、多数派のローマ・カトリッ

## 教派で数え方が違う「十戒」

| ローマ・カトリック&ルーテル | | 東方正教会・聖公会・プロテスタント |
|---|---|---|
| 1 | 唯一神のみ | 1 |
| | 偶像を崇拝するな | 2 |
| 2 | みだりに神の名を唱えるな | 3 |
| 3 | 安息日を守れ | 4 |
| 4 | 父母を敬え | 5 |
| 5 | 殺すな | 6 |
| 6 | 姦淫（みだらな行いを）するな | 7 |
| 7 | 盗むな | 8 |
| 8 | 偽証するな | 9 |
| 9 | 隣人の妻を欲するな | 10 |
| 10 | 隣人のものを欲するな | |

（右欄の10は「隣人のものを欲するな」）

ク側の皇帝に対して『プロテスタティオ』（ラテン語 protestatio）という文書を提出したことに由来する。カトリック側が彼らを「プロテスタント」（抗議する輩《やから》、抗議派）と呼ぶようになり、のちに自称としても用いられるようになった。十六世紀においては、ふつう、ドイツのルター派をさす（スイスのプロテスタントは「改革派」と呼ぶ）。

**■特徴と教義**

ローマ・カトリック教会との大きな相違点は三つある。

まず、教会の伝承（聖伝）を認めず、旧新約聖書だけを信仰の唯一の根源とする聖書中心主義。次に、人間は善行や功徳ではなく、ただ神の恵みのみ、個々の信仰によってのみ救われるという、「**信仰義認**」。そして、神と人の媒介として、キリスト以外の仲介者を認めず、すべての信徒が福音を伝える責任をもつとする「万人祭司（全信徒祭司）」である。ローマ・カトリックの教会ヒエラルキーを否定し、聖職以外の世俗の職業も等しく神に召された「天職」として肯定した。従って、ルター派の聖職者（牧師）にはローマ・カトリックのような「位階」はない。

全プロテスタント教派のなかで、トップクラスの信徒数（ルーテル世界連盟によると七十九ヵ国に七千万人以上）を誇る。

**■サクラメント**

ローマ・カトリック教会が定めた七つの秘跡のうち、洗礼、聖餐の二つのみを聖礼典とした。

幼児洗礼を認める。聖餐式はパンとぶどう酒の両形態。聖体については実体論的な「共在説」を取り、キリストの肉体はパンとぶどう酒「のなかに、とともに、の下に」あると解釈する。信徒は「堅信」後に陪餐《ばいさん》（聖餐にあずかること）が許されるが、近頃は幼児洗礼を受けた者の初陪餐（First Communion）を堅信前に行う教会が多い。聖餐式は主日礼拝ごとが基本だが、地域差がある。

**■組織形態**

代議員による会議制、長老制、会衆制など、教会政治の形態は、地域によってまちまち。宗教改革を戦うためにドイツの領主たちと手を結んだ歴史的経緯から、国家による教会の支配を許容する地域もある。そうした地域でも、法定教会ではない、別個のルター派教会が組織されている。

ドイツや北欧では**監督**（bishop）、パプアニューギニアや、ロシア、バルト三国では大監督（archbishop）、アメリカでは監督をもつ一教団を除いて議長（president）、英国では議長（chairman）がトップ。アメリカの監督は任期が終われば一牧師に戻るが、地域によってはその称号を終身用いることができる。ただし、それは敬称としてであり、「職位」ではない。また、スウェーデン、フィンランドなどの（大）監督には、ローマ・カトリック以来の使徒継承（➡38頁からの「教会政治・監督制」）があると認める人もいるが、これもやはり「職位」ではない。聖職者は信徒と同様結婚でき、女性の牧師や監督を認める教団もある。

### ■礼拝に行ってみると

ルターの時代には、礼拝に民族語を用いたこと、説教を重視したこと、聖歌隊だけでなく会衆全員が賛美歌を斉唱したこと、そして聖餐にパンとぶどう酒の両方を用いたことが革新的だった。ローマ・カトリック側のミサが大幅に刷新された現在では、礼拝様式に関しては、両者にあまり大きな差異は感じられなかったりする。司祭の祭服や、教会堂の雰囲気もよく似ており（キリスト磔刑像を掲げたり、祭壇画やマリア像を飾る教会もある）、信徒が跪く慣習も一部に残っている。聖壇にはロウソクをおく。ただし聖人の彫像をおいたり、崇敬することはない。

バッハを生んだ教派だけに、音楽に関してはうるさく、巨大なパイプ・オルガンが備えてあることも。北欧などでは、ローマ・カトリックそこのけの儀式美を追求する教会もある。ドイツなど、地域によっては会衆が礼拝中に座ったまま賛美歌をうたう。教会暦に従い、礼拝中に読まれる式文や祈禱、聖書の朗読箇所は、あらかじめすべての型が決まっている。

## ■人の傾向

正教会やローマ・カトリックと同じく、地域や民族全部、あるいは家族の宗教という側面があるため、自然体の信者が多い。寛容で近代的、かつ、上には従順な傾向がある。飲酒喫煙は個々の嗜好による。先に触れたように、ルター派では世俗の職業もすべて「天職」とされており、「信仰のみによって義とされる」ゆえに、救いを求める目的で勤労や善行に励む発想はない。神の愛に救われた者は、各々の信仰に導かれるまま、愛の業《わざ》を行う。

一部には、保守的な聖書理解を支持して女性牧師は断固認めない人びともいる。国教会(領邦教会)になっている地域では、牧師は安定した堅実な職業、そして知的専門職として高い敬意が払われている。

## ■外から見るとこんな側面も

宗教改革当時には、第一にローマ・カトリック(教皇主義・教皇派)、第二にカルヴァン主義の改革派と鋭く対立した。現代においても、この両者を何かと意識することが多い。

聖職者と一般信徒との間に本質的な区別はないとする万人祭司説によって、「聖」職より一段低いとみなされていた「世俗」の職業に、積極的な意義を与えた功績は大きい。かくて、神の栄光を表すために、庶民も職業に励むようになったのである。

また、聖書を信仰の唯一の拠りどころとしたところから、聖書を「読む」ための前提となる義務教育の普及に大きく寄与した。十七世紀、世界で最初に国民の就学義務を宣言したのはルター派の国だったことは特筆に値する。

「信仰義認」、すなわち救済の主体は神の側にあるとした認識の転換も画期的だった。だが、この考え方は、ただ神の恵みを感謝するだけで、具体的な善き行いを何もしない静寂主義を導きやすい。また、ルターの改革は、ある面で不完全だったともいわれる。

ローマ・カトリックの教会ヒエラルキーは、信仰や救いに絶対不可欠なものではない。その場所から出発したのに、結局は、宗教改革を進めるため、反ローマ教皇・反神聖ローマ皇帝の領邦諸侯の権力と手を結んだ。そして、新約聖書「ローマの信徒への手紙」第十三章を根拠として、国家は教会を保護し、教会は国家利益に奉仕する構造を肯定、現世の伝統秩序に妥協した。これによって、体制順応型の教会になってしまったのである。フランスに起こったような革命がドイツに起こらなかった理由のひとつに、ルター派教会が国家権力に従順な臣民を育成してきたから、との説さえある。

教皇レオ十三世は、一八八一年の回勅《かいちょく》で、共産主義や社会主義、ニヒリズムの原因は宗教改革にあるとし、一八九七年には、道徳の崩壊はルター派が起こした謀反によって生じたものであり、彼らが責任を負うべきと宣言した。およそ百年を経た一九九九年、ルーテル世界連盟とローマ・カトリック教会は、『義認教義に関する共同宣言』に調印、長らく続いた相互非難をもはや行わないことを宣言して、歴史的な和解を果たした。両者はまだ相互陪餐には至っていないが、すでに洗礼の相互承認をしている地域もある。

■ルター派四方山話

❖現在われわれが使っているグレゴリオ暦。これは、積もり積もったユリウス暦の誤差を修正するため教皇グレゴリオ十三世が一五八二年の勅書で改暦を提唱したものだが、ときはまさに宗教改革の混乱期。教皇と敵対する宗教改革派の領邦や都市はこぞって改暦勅書を無視し、結局ルター派諸地域に導入されたのは一七〇〇年から一七五三年のこと、つまり百年以上の時間がかかった。

◆十七世紀、ルター派教会は霊的枯渇化・形骸化に陥った。これを憂え、教会の内的覚醒を促そうとして起こったのが、「敬虔主義」と呼ばれる運動である。内面的な信仰の深化とキリスト教的生活実践を強調するこの運動は、モラヴィア兄弟団などの流れを生み、英国のジョン・ウェスリー（➡122頁からの「メソジスト」）にも大きな影響を及ぼした。ヘルマン・ヘッセの小説『車輪の下』（一九〇五）において、主人公ハンスのために祈りを欠かさない靴屋のフライクは、この敬虔主義派の心情的な信仰のあり方をよく示している。

◆内部では、ドイツや北欧の国教会（領邦教会）と、そのありように不満をもつ保守的ルター派の自由教会に大きく分かれる。多くの教派が乱立するアメリカのルター派（分離と合同を重ねて、現在の組織は二十以上）は、欧州よりさらに保守的傾向が強いという。

ルター派には、聖公会のアングリカン・コミュニオンのような、共同体としてのルーサラン・コミュニオン（Lutheran Communion）が形成されていない。そのため、同じルター派でも相互陪餐できないことがある。いっぽうで、他教派である聖公会や改革派、メソジスト教会と完全相互陪餐に入った教団もあり、複雑な模様を見せている。
◆「私には夢がある（I Have a Dream）」という演説で知られるアメリカの牧師、マーティン・ルーサー・キング・ジュニア（Martin Luther King Jr.）の名前はそっくり「マルティン・ルター」からきている（かといって、キング牧師がルター派だったわけではない）。なお、クリスマスツリーに、夜空の星を模して、火のついた小さなロウソクを飾ることを考案したのはルターだったという。つまり、日本でもクリスマスの時期になるとチカチカ光っている電飾のルーツは、ルターにあるわけだ。

## ■翻訳者や作家へのアドバイス

同じルター派でも、地域でかなりシステムが異なるので注意。日本では一九九六年に『ルーテル教会式文』が出た。日本のルター派における教会用語の読み方は、あるときはドイツ語的、あるときは英語的で、統一性がない。英語礼拝の教会もある。現在は専門出版社がないこともあって、日本語の関連書の入手はやや困難。賛美歌集には『教会讃美歌』（聖文舎・一九七四、改訂版二〇〇〇）がある。

【図書館】ルーテル学院大学（東京都三鷹市）ほか

# 聖公会（アングリカン教会）

◆Anglican/Episcopal Churches

多様性に富んだ、もっとも
ローマ・カトリックに近いプロテスタント

◎十六世紀に誕生したイングランドの国民教会
◎祈禱書に即した礼拝
◎地域ごとに独立しつつ、全体としてゆるやかに結束
◎飲酒喫煙は罪悪視しない
◎キーワードは祈禱書、
橋渡し的教会、中道
◎代表地域は英連邦諸国、
旧英国植民地、ナイジェリア
◎イメージとしてはエリザベス女王、
聖路加《ルカ》国際病院、ハーディの小説『テス』
◎信者はルター派を上回る約八千五百万人

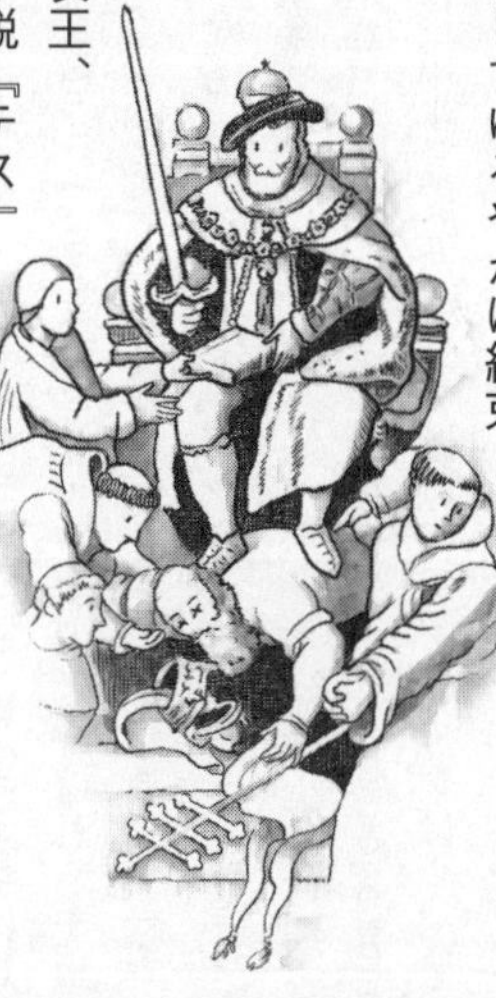

ローマ教皇クレメンス７世を足蹴にする、
イングランド国王ヘンリー８世の図
昔の風刺画ってのはロコツですな……

## ■名称の由来と起源

英国における名称Church of Englandは、一般的には英国国教会かイギリス国教会、イングランド国教会、日本聖公会内部では英国教会またはイングランド聖公会、イングランド教会と訳されることが多い。アングリカン（Anglican）とはEnglishに対応するラテン語形anglicanusに由来し、Anglican Churchはイングランドと呼ばれる土地に住む人びとの教会を意味する。広くはイングランド教会を母教会とする諸教会、厳密にはカンタベリー大主教座と正式な関係をもつ、すなわち「アングリカン・コミュニオン（Anglican Communion）」に属する教会をさす。

日本語の「聖公会」は、使徒信経およびニケヤ信経の一節"holy catholic church（現在の口語訳では「聖なる公会」）"に由来し、漢字文化圏のアングリカンはすべてこの名称を用いている。日本におけるアングリカン・チャーチは一八八七年、公式名を「日本聖公会」とした。

スコットランドやアメリカなどにおける名称Episcopal Churchを「監督教会」（教会政治において監督制を取る教会）とする辞書も多いが、これも聖公会である。一般的には、監督（派）教会、エピスコパル（派）教会、エピスコペリアン教会、英国国教派の教会と書かれる場合もある。

## ■特徴と教義

一五三四年、イングランド国王ヘンリー八世が自らを教会の首長とし、ローマ・カトリック教会から分離して成立した。イングランドでは、現在でも君主（女王）を首長とする国教会である。その後、大英帝国の躍進とともに、世界各地に広まる。そのそれぞれが自治独立して「管区（province）」を構成、アングリカン・コミュニオンのなか、ゆるやかにまとまっている。

聖書のほかに伝統と理性を重んじるアングリカンは、あらゆる絶対主義を受け入れない。そのため特定の教義を定めず、教派的な信仰告白を掲げていない。ここではランベス会議（後述）で一八八八年に可決されたランベス四綱領《こうりょう》を指標としてあげておく。まず、旧新約聖書を拠りどころとすること。ニケヤ信経と使徒信経を認めること。二つのサクラメントと、さらに使徒時代からの歴史的主教制を堅持すること。この主教制を守ることにより、**主教**、**司祭**、**執事**（旧称：監督《エピスコポ》、長老《プレスブテロ》、執事《デアコノ》）の三職位が順守されている。このほかに、共通した「祈禱書」（公同礼拝用式文と聖書日課）を一致の絆とする。ただし、近年は管区ごとに祈禱書の改定が重ねられており、聖公会のまとまりもさらにゆるやかなものになっている。

数あるプロテスタント教派のなかで、もっともローマ教会（聖公会ではこの表現を選ぶ傾向あり）に近く、二派をつなぐブリッジ・チャーチ（橋渡しの教会）とも呼ばれる。

また、聖公会内部には、自分たちはプロテスタントではなくカトリック（しかも、改良されたカトリック）だとか、その両方である、と主張する人びともいる。ローマ教会との違いは、ローマ教皇のような単一の支配者を認めないこと、聖人や聖マリヤを崇敬しないこと。また、離婚や司祭の妻帯、近年は一部で女性の司祭と主教を認めている点も一致しない。いっぽう、使徒継承に基づく職制を保持している点はローマ教会と共通する。

同じ聖公会内部では大きく分けてハイ・チャーチ（高教会）、ブロード・チャーチ（広教会）、ロー・チャーチ（低教会）の流れがある。ハイ・チャーチはアングロ・カトリック、ロー・チャーチは福音派（➡198頁からの「福音派&原理主義者」）とも呼ばれ、前者は教会の権威や伝統的慣習を高く評価する。後者は儀式より個人の回心に重心をおく。ブロード・チャーチはその中間をいく。このように多様なグループの混在する懐の深さと、「中道」路線、そして祈禱書が聖公会を特徴づけている。信徒は百六十五ほどの国におよそ八千五百万人。

## ■サクラメント

救いに必要な聖奠《せいてん》（サクラメント）は、洗礼、聖餐（Holy Communion; Holy Eucharist）の二つ。ほかに聖奠的諸式（Sacramental rites）として、堅信式／信徒按手式、聖

## 1800年前後のイングランド国教会――ある教会区の構造

ジェーン・オースティンやブロンテ姉妹の作品を読む人のために
＊年収はあくまで一例です
年収3万ポンド
主教
Bishop
任命
推薦
縁故者登用
地主
聖職推薦権
保有者
Advowee;
Patron
教会区牧師
Rector; Vicar
年収4千ポンド
聖職禄
Benefice; Living
認可
俸給
副牧師
Curate
年収60ポンド
不安定な
境遇
聖職禄保有者
Incumbent
(Freeholder)
一族の相続財産
聖職禄保有権(Freehold)は
売買可能
聖職禄兼領→裕福な生活
→任地不在
聖務の執行
（日曜毎の早禱・晩禱、年に4回の聖餐式、
洗礼、結婚式、埋葬など）
教会行事の経費支出
教会堂（内陣）・牧師館の維持管理
病者訪問、村落学校での初等教育など
実際の仕事
十分の一税
Tithe
物納
（1836年
から金納）
教会所有地などからの収入
教会区民（非国教徒、
ローマ・カトリック教徒を含む）
教会区教会
Parish Church
教会区 Parish

職按手式、聖婚式、個人懺悔（「ざんげ」ではなく「さんげ」と読む）または告悔《こっかい》、病人の按手および塗油／抹油《まつゆ》がある。

幼児洗礼を認める。聖餐はパンとぶどう酒の二種（両種）陪餐で、その日の礼拝中の共同懺悔と赦しを済ませた受洗者のみが陪餐できる。聖品《せいひん》（聖体・聖血）の解釈はさまざま。原則として「堅信」後に陪餐が許されるが、堅信前に認める場合もある。聖餐式の回数は時代や地域で異なるが（たとえば、二十世紀初頭までのイングランドでは年四回程度）、いまは主日礼拝や祝日ごと、あるいは毎日行われている。

## ■組織形態

全世界の聖公会は管区の連合体であり、全管区がアングリカン・コミュニオンを構成して定期・不定期に会合をもつ。全イングランドの首座主教（Primate of all England）であるカンタベリー大主教は、全聖公会の精神的指導者であり、十年に一度開催されるランベス会議（全世界の主教たちの協議会）や聖公会中央協議会（Anglican Consultative Council）では指導的役割を果たす。ただし、ランベス会議で出される共同声明に、強制力はない。

管区は一国一管区の場合が多いが、二つ以上の管区がある国、複数の国にまたがる管区もある。各管区は独自の教会規則や祈禱書をもち、他管区の干渉を受けない。

教会政治は、主教が独一的権威を主張する監督制の側面がかつては強かった。現在では主教、その他の聖職、信徒代議員からなる総会（General Synod）が立法的権威を保有し、主教は総会の決議に従うかたちの会議制（立憲主教《ビショップ》制）となっている。独立した管区は、原則として三つないし四つ以上の教区（diocese）で構成され、それぞれの教区は主教（bishop）が管轄する。教区のなかには複数の教会区（教会／parish）がおかれ、そのそれぞれの教会を司祭である教会区牧師（rector; vicar）が管理する。各管区を代表するのは、イングランドでは大主教（archbishop）、日本などでは首座主教（primate bishop）、アメリカでは総裁主教（presiding bishop）と呼ばれる。主教は教区ごとに聖職および信徒の代表による投票で選任されるのが基本。

聖職者は信徒と同様結婚でき、女性の司祭や主教も一部で認められている。

## ■礼拝に行ってみると

ハイ・チャーチの礼拝は、司祭の祭服、教会堂の雰囲気ともに、ほとんどローマ教会そっくり。キリスト磔刑像、聖母子の彫像、天使や聖人のステンドグラス、献香《けんこう》、十字架の道行、聖体を受けるため跪く信徒……文語の唱詠、東面式（司祭が東側の祭壇を向き、会衆に背中を向

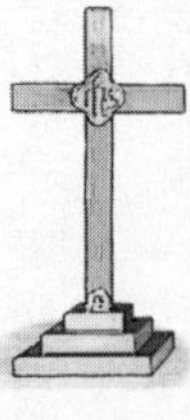

祭壇におかれる十字架
（Altar Cross）

ける）の聖餐式まで、まだ聖公会の一部には残っている。神父（Father）という呼びかけを好む司祭もいるし、ラテン語式文の厳かなハイ・マス（High Mass：唱詠聖餐式）を年間の礼拝予定に入れている教会もある。

いっぽうで、儀式にはあまりこだわらず、祈禱書も用いず、説教に重心をおき、伴奏に現代風の楽器を使ったフォーク調の聖歌やダンスで神を賛美するロー・チャーチの礼拝もある。聖公会の礼拝は、とてもひと口には語れない。

祭壇には小さな十字架とロウソクをおくのが基本。跪きを行うしきたりはまだ残っており、小さな燭台を並べた祈りの場をもつ教会堂もある。マリヤ崇敬はないが、ロザリー（ロザリオ）の祈りは一部で行われている。

教会暦に従い、礼拝中に読まれる式文や祈禱、聖書の朗読箇所は、あらかじめすべての型が決まっている。かつて各地の礼拝は、言語こそ違っていても同一の祈禱書（一六六二年版 Book of Common Prayer）を基盤にしていたため、全世界共通だった。近年は地域ごとに特色のある祈禱書が使われている。

### ■人の傾向

多様なスタイルの混在する聖公会は、もちろん人間も多様。いろいろなタイプがいるが、概して、自然体の信者が多い。飲酒喫煙は個々の嗜好による。

国王／女王を首長とするイングランドにおいては、支配階級、および労働者階級の教派であり、アメリカでは、裕福なWASP《ワスプ》（白人・アングロサクソン・プロテスタント）のイメージをもっともよく体現する教派といわれている。

イングランドにおいては、国教会の牧師は伝統的に「紳士」の職業とされ、英国紳士らしい趣味人も多い。信徒は自分の祈禱書を所持しているのがふつうで、旅先にも聖書の代わりに携帯する。

## ■外から見るとこんな側面も

聖公会の強みであり弱みでもあるのが、中道であるということだ。何かを断定することのない、許容範囲の広さに魅力を感じる人もいるし、逆に、その弾力性がどっちつかずの中途半端、なまぬるい態度につながると懸念する人もいる。ともあれ、教義やシステムに幅がありすぎて、独自の神学体系をもたないのは確かだ。

イングランドでは、政治と教会が結びついて、主教（二十六名が上院に議席を有する）が政治的に任命された時代もあった。とくに、産業革命期以後破綻した、教会区の制度的な古さはよく歴史家から指摘されるところである。聖職者の経済基盤である聖職禄の任命権を地主層がもつことにより、司祭の任命に世俗的な利害がからむことになる。

また、複数の教会区をひとりの司祭が兼職することで、司祭不在の教会区が生じ、礼拝・聖餐式の回数の減少や、宗教活動の停滞をもたらした。この状況は、十八世紀にメソジスト教会（➡122頁からの「メソジスト」）が生まれる背景となった。

聖公会は、その歴史上、ローマ・カトリックおよびメソジスト教会と近い関係にある。前者とは、第二バチカン公会議以降、和解と一致を目ざす公式の会談が重ねられた。また、イングランドでは近年、後者と国教会との合同の動きがある。

■聖公会四方山話

◆イングランドの宗教改革は、政治的事情から合法的にローマ教会から離れたという点で、ルターらの大陸の改革とは性格を異にする。英国君主は「信仰の擁護者（Defender of the Faith）」という称号をもつが、これはそもそもヘンリー八世が論文を書いてルターを批判したことから、ローマ教皇に授与されたもの。教皇の支配を離れた現在でも、この称号は受け継がれている。むろん王室の儀式や国の公式礼拝はすべて国教会が担当するわけだが、実は、イングランド教会の「国教会」度はかなり低い。国王の実質的権限は名誉革命以後失われ、首相と議会が教会の運営に関する決定権をもっていたが、一九六〇年代以降の法改正によりその多くが教会総会に委譲された。首相に残された主教の指名権も、すでに形式上のものに近い。かつては地方行政の単位と一致していた教区・教会区も教会だけのものとなり、十分の一税も全廃され、教会の運営は過去に寄進された教会資産の運用とメンバーの自由献金とによる。これらの状況から、イングランド教会は事実上非国教化されているという解釈もできる。

◆現在、イングランド（注：英国全体ではない）に住む人びとのうち、十人に六人が自分をキリスト教徒と見なし、十人に四人が国教会に属すると考えている。月に一度は国教会の礼拝に出る人は百七十万人、そしてクリスマス礼拝に参加する人はおよそ三百万人。二〇〇九年に聖職按手を受けた五百六十四名のうち、男性は二百九十八名、女性は二百六十六名で、女性司祭の増加が著しい（Church of England ウェブサイトより）。

◆世界の聖公会でもっとも人数が多いのは、一九七九年に発足したナイジェリア教会（Church of Nigeria, Anglican Communion）だ。三つの管区を有し、ナイジェリアの人口一億五千万人に対しておよそ二千万人が信徒とされている。

◆大英帝国の旧植民地では、必ず聖公会のカテドラルが首都の一等地に建っている。これをローマ・カトリックのものと間違えないよう注意しよう。アメリカのワシントンDCにあるワシントン・ナショナル大聖堂も、米国聖公会のものだ。ロンドンにあるウェストミンスター寺院（アビー）とウェストミンスター大聖堂（カテドラル）はよく混同されているが、前者は王室の式典にも使われるイングランド国教会の聖堂で、後者はローマ教会のもの。

◆日本に関わりの深い人としては、日本アルプスの名を広めた登山家ウェストン、ハンセン病患者に奉仕したハンナ・リデルとコンウォール・リー、聖書を琉球語で訳したベッテルハイム、アイヌ語で訳したバチェラーはいずれも聖公会の宣教師だった。立教大学と聖路加《ルカ》国際病院もよく知られている。

**■翻訳者や作家へのアドバイス**

英文学においては欽定訳聖書（⬇20頁）やシェイクスピアからの引用に注意するのは常識だが、一六六二年版祈禱書の句もこれらに並んでよく引用される。とくに聖婚式と埋葬式の式文、そして詩篇（Psalms）が重要。この詩篇はマイルズ・カヴァデール（Miles Coverdale 一四八八頃―一五六九）による最初の完訳英語聖書から採用されたもので、長く英国民の宗教的情操を養ってきた。

祈禱書は世界共通ではなく、とくに二十世紀は改定が重ねられたが、日本の文語版は

平和の挨拶（sign of peace）
礼拝で聖体（聖餐）にあずかる前に、兄弟姉妹との一致や和睦を示す愛のしるし。カトリックのほか、聖公会や一部のルーテル教会などで行う。立ち上がり、「主の平和（Peace be with you）」と声をかけ合いながら、周囲の人と挨拶を交わす。地域によって握手、ハグ、キス、合掌して会釈し合うなどスタイルはさまざま

イングランドの一六六二年版に近いので参考になる。なお、イングランドでは二〇〇〇年の降臨節（十二月）から新しい祈禱書 Common Worship が使用されており、旧版祈禱書とともにネット公開されている。

日本聖公会においては、翻訳されていない教会用語や洗礼名は、英語読みが多い。聖職者の役職や制度上の用語については、イングランド聖公会にあっても日本聖公会にないものがあるため、すべてに日本語の定訳があるわけではない。「三位一体」は「さんいいったい」と読む。英語礼拝を行う教会もある。関連書を扱う出版社としては聖公会出版（東京都新宿区）があり、祈禱書や聖歌集はここで手に入る。聖ヨハネ修士会発行の入門叢書（東北教区発行）は、非常にハイ・チャーチ的な内容で、ローマ教会にきわめて近い。聖歌集は『古今聖歌集』（日本聖公会管区事務所・一九五九）、『日本聖公会聖歌集』（同・二〇〇六）。

多くの管区に公式サイトがある。各地の聖公会の組織名は、英語表記においても統一的表現はないので要注意。英米には、「アングリカン・コミュニオン」には属さない分派も多い。

**【図書館】** 立教大学（東京都豊島区）、聖公会神学院（東京都世田谷区）ほか

# 改革派／長老派

Reformed /Presbyterian Churches / Presbyterians

カルヴァン神学を土台に、長老を代表とする教会政治を行う

◎十六世紀、カルヴァンの宗教改革がルーツ
◎聖書のみを思想と行動の指針にする
◎幼児洗礼だけでは信者と認めない
◎秩序だった礼拝、長い説教、高度な神学
◎謹厳実直、禁欲的
◎キーワードは長老制、カルヴァン主義、予定説
◎代表地域はスイス、オランダ、スコットランド、韓国
◎イメージとしてはヘボン式ローマ字のヘボン、ジッドの小説『狭き門』

カルヴァンというと、どの肖像画を見ても、鶴のように細長くとがった感じ。
実物もそうだったんでしょうねえ

■**名称の由来と起源**

「改革派（Reformed Church[es]）」とは、「神の言《ことば》によって改革された」教会の意。宗教改革当時、「プロテスタント」（抗議する輩《やから》。ローマ・カトリック側から宗教改革者たちを呼んだ通称）、「福音派」（➡77頁からの「ルター派」）とほぼ同義に使われた。だが一五九〇年以降、ルター派と区別し、大陸のカルヴァン主義の教会をさすようになった。

「長老派（Presbyterian Church[es]）」という名称は、長老（語源はギリシャ語のpresby-teros）を代表とする教会政治に由来する。改革派の信仰がスコットランドに伝わったとき、イングランド国教会の「監督制度」に対立して「長老制度」を強調したため、とくに「長老教会」と呼ぶようになった。このため、英国系の改革派教会は「長老派」の名称をもつ。

両者を総合して、改革長老派という表現もある。

■**特徴と教義**

十六世紀、ルターにやや遅れて、スイスで宗教改革を展開したジャン・カルヴァン（Jean Calvin 一五〇九—六四）らの神学を基礎におく。聖書のみを人間の思想と行動の唯一絶対の指針とし、宗教における呪術的要素を徹底的に排除した。

全知全能の神は、最初の人間アダムをも含めて、あらかじめすべての人間を、ある者は救いに、ある者は滅びに予定した。人が天国に行くか地獄に行くかは、その人間の意志や行動には無関係で、すべては一方的に神が決定する、という「（二重）**予定説**」の立場を取る。この教理は、神がこの世に定めた職業生活に励み、かつ禁欲的な生活を送ることが、救いに選ばれた者の確かなしるしだ、とする考えを導いた。中産階級の形成と近代資本主義の発展に関わりが深い。聖書の律法性と教会規律を強調する。

改革派／長老派の連絡機関、改革派教会世界共同体（WCRC）は二〇一一年の構成メンバーを八千万人以上としているが、この人数には会衆派ほかの合同教会も含まれている。

## ■サクラメント

（聖）礼典は、洗礼、聖餐の二つ。幼児洗礼／小児洗礼を受けた者は、信仰告白を経て、初めて聖餐にあずかることができる。聖餐については、ルターの共在説を否定し、主は霊的に臨在すると考える（霊的臨在説）。時代と地域によって聖餐式（聖晩餐）の回数は年一回～数回、または月一回など。

## ■組織形態

長老制を取る。

ひとつの教会は、教職者である牧師（minister; pastor）と、信徒から選ばれた**長老**（elder）が管理する。牧師を宣教長老（teaching elder）、信徒の長老を治会長老（ruling elder）ともいう。

ひとつの教会の牧師と長老で構成されるのが**小会**《しょうかい》（session/ kirk-session）、その上に、一定地域内の全牧師と、各教会（三つ以上）からの長老一名で構成された**中会**《ちゅうかい》（presbytery; classis）が位置する。その上に二つ以上の中会で構成された**大会**《だいかい》（synod）があり、この大会が管轄する諸中会に対して監督権をもつ。さらに、全中会から派遣された代議員による総会（general assembly）という最高機関があって、全教会の一致を表し、組織を代表する。総会の長を総会議長（moderator）という。日本では組織の規模が小さいため、general assemblyを大会と呼んでおり、synodがない。なお、ハンガリーなど、ごく一部の改革派教会には大会議長が監督（bishop）の名称を有するところがある。

右のように、長老教会のシステムは段階的な会議によって成り立つが、中核となるのは中会である。中会が教師の任職権をもち、ひとつの中会が成立したら、「長老教会」が成立したということができる。

改革長老派の教職は、信徒と同様結婚でき、女性の牧師・長老を認める教団もある。なお、長老のほか、信徒からは執事（deacon/ deaconess）が選ばれて、教会員の世話をする。

## ■礼拝に行ってみると

教会によって幅があるが、総じて、説教が中心。感性に訴える要素はほとんどなく、静かで、秩序だっている。教会堂はシンプルで、会堂内部に十字架すらないところもある。観光ガイドブックに載るようなタイプの建築は少ない。

改革派の礼拝は、とにかく説教が長い。連続講解説教という、聖書の特定の書を頭から順番に読み解くスタイルが好まれる。説教の内容は概して知的に洗練されていて、学校の講義を聴いているような気分にさせられることもある。他教派に比べて賛美歌の創作にはあまり熱心とはいえず、なかにはジュネーブ詩篇歌だけを無伴奏で歌う伝統の教会もある。信徒は聖書を持参するのがふつうで、牧師以外の長老や執事が司式を担当することも多い。

礼拝中に読まれる式文はパターンが決まっているが、祈禱に関しては自由。毎礼拝に信仰問答《カテキズム》や十戒を読み上げる教会もある。

## ■人の傾向

聖書の学びに熱心で、生活態度は禁欲的。お金や時間を浪費しない。進取の気性に富み、勤勉で、仕事を通じて社会に何かを還元していこうとする意欲が大きい。たとえ気が進まなくても、自分の義務だと思ったことは必ず果たす。安息日《あんそくにち》も大切に守る。高い道徳的基準をもち、つねに自己の行動を良心に照らして点検することを忘れない。ややもすると、自分の基準を他人にもあてはめ、自分に対する厳しさをひとにも要求してしまうことも。禁酒禁煙の人が多い。

信徒各々の自覚にまかせるというより、共同体単位でなんらかの基準を定めていく傾向があるようだ。牧師は、理屈に強く、信徒の指導に力を注ぐタイプが多い。教会役員である「長老」は、地域社会のリーダーとして尊敬される。

## ■外から見るとこんな側面も

宗教改革において、ルター派よりもさらに完全な改革を行ったという自負がある。だが別にルター派をライバル視はせず、近いきょうだいと思っている。

神の栄光を表すべく、禁欲的に勤労に励んだ彼らは、近代的な中産階級を育成し、資本主義を促進する役目を果たした。この派の人びとがヨーロッパの経済産業界に及ぼした影響は大きく、迫害されてフランスを脱出したユグノー（フランスの改革派信者に対するローマ・カトリック側の蔑称）たちは、世界のさまざまな分野で活躍した。知的鍛錬に費やすエネルギーは大きく、国際政治への広い視野をもつ。

いっぽうで、しばしば指摘されてしまうのが、その律法主義的姿勢だ。厳格に規則を守る、すなわち善き業《わざ》に励むことに熱心。絶対的な神の栄光と権威ばかりが強調され、神の愛が語られることが少ない。また、聖書を絶対視する結果、聖書を解釈する神学者や牧師に強大な権力が集中したり、予定説で補強された優越感と排他性が目につくこともある。ひらたくいうと、傲慢に見えてしまうのだ。

宗教改革の時代まで、カトリック的伝統の理解では、「貧しい者」は神から祝福されていた。「清貧」は幸いだった。だが、カルヴァンの予定説によれば、神に選ばれた者は天職にひたすら励み、その結果、経済的繁栄を得ることができる。となると、「貧しいこと」はよくてたんなる怠惰の結果、悪くすれば、神に見捨てられた人間のしると見なされるようになった。選民思想と結びついた予定説は、人間を人間として見ない差別を生む。地球上で最後まで公式にアパルトヘイト（人種隔離）政策を維持し続けた国といえば南アフリカだが、その主柱となったアフリカーナーは、オランダおよびフランスのカルヴァン主義派移民の子孫たちだった。

もっとも、予定説自体は決してカルヴァンの専売特許ではなく、「宗教改革の共有財産」であることはこの派の人びとも認めている。

### ■改革長老派四方山話

クリスマス（十二月二十五日）というと、キリスト教徒なら誰もが祝うというイメージがあるかもしれないが、必ずしもそうではない。聖書に根拠のない異教の慣習として、厳格なカルヴァン主義派のピューリタンたちが、これを法律で禁じた時代（十七世紀）もあった。現代でも一部には、この姿勢にならう人びとがいる。アメリカのニューイングランド地方でクリスマスが祝われるようになったのは南北戦争以後のことであり、現在のような盛んなお祭り騒ぎは、第一次大戦後の現象だという。長老派の牧師夫人が書いた『赤毛のアン』シリーズでは、『アンの幸福』においてようやくクリスマスツリーが登場するが、これは一九三六年、すなわち著者の晩年に発表されたものである。

長老主義の法定教会をもつスコットランドでは、一八七一年にクリスマスが銀行休日《バンクホリデー》のひとつに定められたものの、銀行以外の商店や会社では普段と同じように仕事が行われていた。クリスマスの祝いが一般的になったのは一九五〇年代以降のこと。ただし、現在でもこの地域のクリスマスはあまり賑やかではなく、むしろ、大晦日（新年）のほうが盛大に祝われている。こちらはホグマネイ（Hogmanay）と呼ばれ、宗教的な色彩はない。

## ■翻訳者や作家へのアドバイス

教会規程や式文を出版している教団もあるが、名称などは組織によって若干異なる。カテキズムや信仰告白、説教集などの出版物も豊富だ。日本基督教団内部の長老主義教会の組織・全国連合長老会にも出版物がある。

独自の賛美歌集には『詩篇抄集』（日本キリスト改革長老教会・二〇〇〇）、『日本語による150のジュネーブ詩編歌』（日本キリスト改革派教会大会憲法委員会第3分科会・二〇〇六）、『みことばをうたう　改革教会礼拝歌集』（『改革教会の礼拝と音楽』編集委員会・二〇〇六）などがある。

【図書館】明治学院大学（東京都港区）、東北学院大学（宮城県仙台市）、東京女子大学比較文化研究所（東京都杉並区）、東京神学大学（東京都三鷹市）、日本キリスト教会神学校（埼玉県川越市）ほか

# 会衆派／組合派

Congregational Churches / Congregationalists

すべての信徒の話し合いに基づく教会運営

◎伝統や枠組みにはこだわらない自由と寛容さ
◎各自の個性を大切にする
◎組織的な行動力は弱い
◎キーワードは会衆制、ピューリタン、非国教徒
◎代表地域は英国、北米
◎イメージとしてはクロムウェル、孫文、ホーソーンの小説『緋文字』

17世紀のピューリタン
左腕にかかえるのは、もちろん聖書

## ■名称の由来と起源

教会員、すなわち会衆（congregations）全体の合意に基づく教会政治に由来する名称。イングランドのエリザベス一世治下において、国教会からの分離を主張した司祭ロバート・ブラウン（Robert Browne 一五五〇頃―一六三三）を最初の指導者とする。ブラウンは一五八〇年、イングランドのノリッジに最初の独立教会を設立した。彼の名前から、十七世紀の会衆派はブラウン主義者（Brownists）と呼ばれた。また、ピューリタン革命時に長老派から分離・独立した人びとという意味合いで、非難の意味合いをこめて分離派（Separatists）あるいは独立派（Independents）と呼ばれるようになった。イングランドではCongregationalists のほかにIndependents が会衆派を示す語としてよく使われている。

日本では「組合派」ともいい、一八八六～一九四一年まで「日本組合基督教会」が存在した。名称が検討された当初は「自治教会」「独立教会」と訳す案も出たが、各地にある独立の教会が協力一致組合をなして伝道・教育・慈善の事業を営むことから、「組合教会」の名となったもの。「コングリゲーショナル教会」と表記する人もいる。

## ■特徴と教義

カルヴァン主義神学を基本とするが、特定の信仰箇条はもたず、その教会のメンバーさえ認めれば、どんな思想でも受容する。そのため、伝統や枠組みにこだわらない、自由寛容な雰囲気がある。同じ会衆制を取るバプテスト教会（➡115頁からの「バプテスト」）とは、幼児洗礼や、浸礼以外の洗礼方式を認める点において異なる。

**■サクラメント**

（聖）礼典は、洗礼、聖餐の二つ。幼児洗礼を認める。聖餐式の回数は、現在は月一、二回のところが多い。

**■組織形態**

一切の外的な統制を受けず、教派名の由来となった「会衆制」を取り、それぞれの教会の自治と独立を尊重する。「自治を主義とし共同を精神とする」という表現もある。牧師の選択・任命権は、その教会の全会衆に属する。信徒から執事（deacon）そのほかの役員を選ぶ場合もある。

会衆派の教職は、信徒と同様結婚でき、女性が牧会する教会もある。

**■礼拝に行ってみると**

個々の教会で異なるが、概して会衆中心の、自由でフランクな雰囲気がある。儀式的な要素はなく、礼拝中に信条や信仰告白を用いない教会も多い。リベラル思想最先端をゆくところ、牧師に代わって信徒が説教するところもある。

牧師は儀式のときだけガウンを着るが、普段から聖職者カラーをつける人、ストールを垂らして説教する人も一部にいる。

礼拝中に読まれる式文はパターンが決まっているところもあるが、祈禱に関しては自由。

**■人の傾向**

伝統や思いこみに縛られず、各自の個性を大切にし、自由に考える傾向が強い。だから、他人に自分のものさしを押しつけることもしない。神学など理屈っぽいことに無関心の人もいれば、最新の聖書批評学を探究する人もいる。人道的な社会活動や政治の分野にも関心が高い。基本的には、相互の連帯感と協同の精神を大切にするが、集団としての結束力はあまり強いほうではない。

植民地時代のアメリカでは、都市部の教養ある中産階級の教派とされ、高度な学識や教理、敬虔さ、高い倫理観などを特色とした。

**■外から見るとこんな側面も**

許容範囲が広すぎるため、教派独自の神学探究がない。全体の合意まで時間がかかる効率の悪さと、組織的行動力の弱さは、ときに衆愚政治と呼ばれることもある。

求心力・拘束力が弱い（逆にいえば包容力が強い）いっぽうで、寛容か厳格かのどちらか極端になりやすい傾向もあるようだ。

教会としての統合力は弱く、ユニテリアン（➡172頁からの「ユニテリアン・ユニヴァーサリスト」）に流れたり、近年は他教派（とくに長老派）と合併する動きが見られる。教会名に「会衆（組合）」の名を掲げる群れは少なくなってきた。

■会衆派四方山話

◆初期アメリカ史上、会衆派の人びとは大きな役割を果たした。メイフラワー号に乗って一六二〇年にプリマスに入植したのは会衆派の人びとである。ホーソーンの小説『緋文字』（一八五〇）に描かれた厳格なピューリタンもそうだ。イングランドのピューリタン革命の推進勢力となり、クロムウェルのもとで共和制を樹立したのも会衆派。一八五三年、キリスト教会で初めての女性牧師、アントワネット・ブラウンを認めたのも会衆派教会だった。ちなみに、会衆派教会の祖ロバート・ブラウンは、弾圧されて一旦オランダに逃れた後、帰国して、国教会に復帰している。
◆一九一四年日本統治下の朝鮮生まれの医師・朝野明夫氏は、組合教会に属した人で、

『死の姿——人間の心と信仰』（彩光社・一九八〇）の著書がある。同書によると、かつて「日本基督教会」（長老派）「メソジスト教会」「組合教会」の三派を形容して、「コンココチンの日基野郎」「アーメン・アーメン・メソジスト」「トックミアイの組合教会」といわれたという。「コンココチン」とは神学にこりかたまった教条主義をさし、「アーメン・アーメン」とは情緒的なこと。組合派の「トックミアイ」とは、それぞれ自由に考えて自説を譲らず、あげくの果てには取っ組み合いをするほどだ、との意味。

■**翻訳者や作家へのアドバイス**

用語にあまりこだわりはない。現在日本では独立した教派としては存在していないため、関連出版物は限られている。また、英米でも合同教会に取りこまれたため、「会衆派」を単独で調べるのは難しくなっている。

【図書館】同志社大学学術情報センター（京都府京都市）、同志社大学人文科学研究所（京都市）、神戸女学院大学図書館ミッション・ライブラリー（兵庫県西宮市）ほか

# バプテスト

Baptist Churches / Baptists

幼児洗礼を認めず、
自覚的な信仰をもつ信者のみで構成

◎大衆的なプロテスタント
◎洗礼（バプテスマ）は、
全身が浸かる方式だけ
◎ひとりひとりが教会を支える
◎ゴスペルで熱狂的に盛り上がる礼拝も
◎キーワードはバプテスマ、
浸礼、新生
◎代表地域は北米とアフリカ
◎イメージとしては、キング牧師、
カーターとクリントン両元米国
大統領
◎信者は四千万人以上

「近代海外宣教の父」と呼ばれた宣教師ウィリアム・ケアリーによるガンジス川でのバプテスマ（1800年）

## ■名称の由来と起源

幼児洗礼を否定し、聖書に示された洗礼、すなわちバプテスマ（ギリシャ語 baptisma）とは、信仰告白に基づく「浸礼《しんれい》」をさすとした教義に由来。この立場に立って、イングランド国教会から分離したグループを、幼児洗礼主義者たちが、アナバプテスト（再洗礼者）あるいはバプテストと呼んだ（アナバプテストについては⬇142頁からの「メノナイト系」）。

一六〇九年、イングランド国教会から離れ、アムステルダムに逃れたジョン・スマイス（John Smyth 一五七〇?—一六一二）によって最初のバプテスト教会が設立された。古くは浸《しず》教会といい、現在でも教会名として「浸礼教会」を使うところがある。一般的には「バプティスト」表記も使われる。

## ■特徴と教義

聖書を信仰と生活の基準とし、自覚的な信仰告白に基づく信者のみを教会員とする。たとえ信者の子どもであっても、自覚のない幼児の洗礼は認めない。また、洗礼（バプテスマ）には、全身を水で浸す「浸礼」を主張する。浸礼は、宗教改革以後も、ある時代まではいくつかの教派で一般的に行われていたが、現在とくにこれを成人の受洗方法のスタンダードとする教派は、バプテストを筆頭とする限られた群れのみとなっている。

浸礼こそが聖書にあるバプテスマの方式であり、これは葬りと復活を象徴するというのが彼らの理解だ。

イングランドでは、まず、アルミニウス主義（➡122頁からの「メソジスト」）に立つ一般《ジェネラル》バプテストが生まれ、遅れて、カルヴァン主義に立つ特定《パティキュラー》バプテストが起こった。前者は、人は誰でも救済されると説き、後者は、救済される人間は限定されているとする。二派は協力関係のないままそれぞれに発展したが、十九世紀、一般バプテストの一部はユニテリアン（➡172頁からの「ユニテリアン・ユニヴァーサリスト」）に流れ、ほかは特定バプテストと合流した。現在、アメリカを含む全世界の主流は、この特定バプテスト派である。

国家と宗教の公的な結びつきには否定的で、信教と良心の自由を重んじる。教派的信条や固定した教理には縛られない。万人祭司を徹底し、個人の新生（罪の悔い改め）と、伝道を強調する。二〇一一年にバプテストの連絡機関であるバプテスト世界連盟（BWA）に属するメンバーは世界百二十ヵ国に約四千百六十万人。受浸前の幼児（信者の家族）を含めると、倍以上の人数の共同体を構成していると推定できる。

### ■サクラメント

礼典は、バプテスマ、主の晩餐（主の食事）の二つ。いずれも、救いの手段ではなく、象徴ととらえる。幼児バプテスマは認めない。原則として、浸礼によるバプテスマを受けた者のみが教会員となる。主の晩餐の回数は、月一回のところが多い。

**■組織形態**

会衆制を取り、各個教会の独立自治。牧師の選択・任命権は、その教会の全会衆に属する。信徒から執事（deacon）その他の役員を選ぶ場合もある。

バプテストの教職は、信徒と同様結婚でき、女性が牧会する教会もある。

**■礼拝に行ってみると**

個々の教会によってかなり幅があるが、フランクな雰囲気のところが多い。教会堂はシンプルで、バプテスマに使うための小さなプールのようなバプテストリー（浸礼槽）を備えているのがふつう。儀式的な要素は一切なく、説教は平易で力強い。ゴスペル音楽で熱狂的に盛り上がる教会もある。子どもだけでなく、全年齢の人を対象にした教会学校がある。

礼拝中に読まれる式文はパターンが決まっているが、祈禱に関しては自由。牧師以外の役員が司式を担当することもある。

## ■人の傾向

どこか中央の見解に従うのではなく、ひとりひとりで考え、自分たちの教会を支えていく意識が高い。個人的な新生体験（ボーン・アゲイン）を強調し、伝道熱心。リベラルな神学理解をもつ穏健な人たちももちろんいるが、一部の人びとは、神学的理解、政治的見解、生活態度、すべてが極端なまでに保守的だ。天地創造、ノアの方舟、イエスの処女降誕やイエスの復活も全部文字通りに信じ、学校教育で進化論を教えることに反対する。道徳や伝統的な家族の価値観を重んじ、近年のアメリカでは政治的活動にも進出する。いわゆる原理主義者（➡198頁からの「福音派&原理主義者」）である。

## ■外から見るとこんな側面も

大衆への伝道志向が高いのがバプテストだ。一般庶民を大切にする姿勢は、たとえば、わが国で最初に出版された聖書の翻訳にも表れている。一八七一年、バプテスト宣教師ジョナサン・ゴーブルが訳した『摩《マ》太《タイ》福音書』は、固有名詞がカタカナであるほかは、ほぼすべてひらがなの分かち書きが使われていた。翌年、長老派のヘボンらが出版した福音書が、知識階級を意識した漢文調（ふりがなつき）だったことと対照的である。また、最初の新約聖書の完訳を一八七九年に出したのも、バプテストのネイサン・ブラウンで、やはり全文ひらがな（ローマ字による傍注つき）の口語体だった。庶民の日常語で、しかもひらがなで聖書を訳そうという発想はバプテストらしいといえる。

もうひとつ、バプテストらしいのは、ブラウンがのちに明治訳（一八八七）として知られる聖書の翻訳委員会に参加しながら、中途で辞任したこと。「浸礼・しずめ」の語を「バプテスマ」の訳語として認められなかったためである。

いっぽうで、会衆派の項目でも触れたように、教会同士の協力体制の弱さは、会衆制を取る教会に共通するところだろう。精緻な神学を組み立てることより、信仰体験の証しに力を注ぎ、知的鍛錬に関心が薄い傾向があることも指摘される。

■バプテスト四方山話

❖マーティン・ルーサー・キング・ジュニア牧師、カーターとクリントン両元米国大統領の教派がこれ。アメリカではプロテスタントのなかでももっとも多数派かつ大衆的な教派で、黒人の間でも信者が多い。とくに南部バプテスト連盟内部の保守派は、手強い宗教最右翼として知られている。一般《ジエネラル》バプテストは自由意志バプテスト派（Free Will Baptists）として存続しているが、教勢は大きくない。

❖バプテストのなかには、「プロテスタントではないバプテスト」の立場を取るグループがいる。イエス自身が建てた初代教会から継承した純正な信仰と、聖書的なバプテスマを保つ唯一の教会と自任し、宗教改革期に起源をもつ他のプロテスタント教会は、ロローマ・カトリック教会の分派として退ける。幼児洗礼や滴礼、灌水礼を認めない点は、いわゆるバプテストと同じだが、彼らは、異質浸礼も認めない。異質浸礼とは、同じ浸礼でも、「誤った信仰や誤った権威」に基づくもの、すなわち自分たち以外の教会で行われた浸礼のこと。女性牧師も非聖書的として否定している（天利信司『バプテスト――その名称、信仰、歴史、使命、特色』バプテスト文書刊行会・一九九五）。

**■翻訳者や作家へのアドバイス**

「洗礼」ではなく「バプテスマ／浸礼」、「受洗者」ではなく「受浸者」と書くことを除き、用語にあまりこだわりはない。日本聖書協会の新共同訳聖書（一九八七）において、「洗礼」の語に〔バプテスマ〕とルビがついているのも、バプテスト派の主張が影響している。

日本のバプテストには、アメリカ人宣教師のいる教会もある。関連出版社としては、ヨルダン社（現存せず）。独自の賛美歌集には『新生讃美歌』（日本バプテスト連盟・二〇〇三）などがある。

**【図書館】** 関東学院大学（神奈川県横浜市）、西南学院大学（福岡県福岡市）ほか

# メソジスト

Methodist Churches / Methodists

聖なる生活を追求する、敬虔な信仰

◎イングランド国教会司祭ジョン・ウェスリーが提唱した信徒運動としてスタート
◎人間の自由意志による救済を説く
◎サーキット・システムによる広域伝道、西部開拓時代の熱狂的な野外集会
◎賛美歌の合唱に熱心
◎商人の教派とも呼ばれる
◎キーワードは聖化、組会、恵みの座
◎代表地域は英国、アメリカ
◎イメージとしては、蔣介石とその妻・宋美齢、元英国首相M・サッチャー、元米国大統領G・W・ブッシュ
◎信者は八千万人以上

エプワースの教会にある、ウェスリー兄弟のステンドグラス。碑文は、ジョンの最期の言葉

## ■名称の由来と起源

Methodist、すなわち「メソッドを重んじる人」という名称は、行動すべてを方法的にきちんとなす几帳面な生活態度に由来する。十八世紀英国の信仰覚醒運動に関係する人びとと全体を揶揄するあだ名であり、とくに、イングランド国教会司祭ジョン・ウェスリー（John Wesley 一七〇三―九一）らを中心とするオクスフォード大学の宗教クラブのメンバーたちが、この名で呼ばれた。ウェスリーは、メソジスト協会(Methodist Society)という名称を国教会内部の自分たちのグループに採用し、メソジストを「聖書にいわれている方法（メソッド）に従って生きる人」と定義した。ただし、ウェスリー本人は最後までイングランド国教会にとどまり、メソジスト教会が正式に分離独立するのは彼の死後、一七九五年のことである。アメリカでは一足早く、一七八四年にメソジスト監督教会（Methodist Episcopal Church）が組織された。

日本の教会名表記は、戦前は「メソヂスト」、戦後は「メソジスト」。一般的には「メソディスト」表記を使う人も多い。Wesley は「ウェスレー」、Wesleyan は「ウェスレアン」と書くのが教会の慣例となっている（ただし本書では「ウェスリー」と記した）。メソジストを総称してウェスレー派教会ともいう。メソジストから派生した群れには、創始者ウェスリーの名前を取って、組織名を Wesleyan 〇〇とするところもある。

第二次大戦前、メソジスト監督教会は、略してM.E.のあて字から「美以《みい》教会」と呼ばれた（現台湾では美以美會という）。Methodist Protestant Churchは「プロ」の字を「普」におきかえて、「美普《みふ》教会」と称した。また、一九〇一年にメソジスト系六派合同が計画されたときは「基督方正教会」が仮呼称となった。

## ■特徴と教義

カルヴァンの予定説とは対照的に、すべての人間の自由意志による救済を説く。これはオランダの改革派神学者アルミニウス（Jacob Arminius　一五六〇―一六〇九）が唱えたもので、アルミニウス主義と呼ばれ、人間は自らの意志で神の救いを受け取ることも、拒絶することもできる、とするもの。

人間の主体的な決断や回心体験、聖霊の働きを重んじ、信仰義認のあとの聖化を強調する。すなわち、信徒には、道徳的で清廉な生活の実践が求められる。

もともとはイングランド国教会内部の改革運動として始まり、その礼拝形式を尊重しつつ、野外での説教と祈禱書にない祈禱（心のままに祈る自由祈禱）、福音の真理が耳から理解できるような親しみやすい創作賛美歌を導入したのが特色。一般信徒を伝道者として積極的に登用し、組会（後述）などの信徒内ネットワークを組織して、大衆層に多くの信奉者を獲得した。近代的な差別撤廃、社会福祉・医療・教育制度の発展に果たした役割は大きい。伝道熱心な教派として知られる。世界の信徒は八千万人以上。

## ■サクラメント

聖礼典は、洗礼、聖餐（主の晩餐）の二つ。幼児洗礼を認める。聖餐式の回数は時代と地域によって異なる。

## ■組織形態

メソジストは組織によって政治形態や職制が異なり、同じ用語でもその概念には差がある。ともあれ、設立当初の日本メソヂスト教会（米国とカナダから伝道された三派が合同、一九〇七〜四一年。以下、「日本メソ教会」と略）も参考にしながら、英米加のメソジスト教会の組織と用語をざっと見てみよう。

まずは、教役者から。日本メソ教会の教職は長老と執事の二職制で、後者は晩餐（聖餐）式の執行ができない以外、ほぼ長老と同じ職務を担っていた（現在の日本基督教団と比較すると、長老は正教師、執事は補教師に相当する）。この長老が、いわゆる牧師（minister; pastor）である。

そのほか、信徒の伝道者（lay preacher）として（巡回）伝道師（travelling preacher; itinerant）、定住伝道師（local preacher）、福音士（lay-evangelist）、勧士《かんし》（exhorter：後述の

組会などで信徒の相談に乗る）、女性では婦人伝道師がいた。伝道師免状を受けた伝道師は、教職試補（preacher on trial）として後述の年会の承認を受け、監督の按手を経て執事、さらに長老（牧師）へ、という段階を踏んだ。

ウェスリーの時代、信徒の集まりをソサエティ（society：会）と称し、その礼拝を行う場所をハウス（[preaching] house）と呼んだ。のちに、ハウスに代わって使われるようになったのが、チャペル（chapel）である。これが、各個教会に相当する。現在は、教会名としては○○チャーチというのがほとんどだが、英国では○○チャペルと称するところもある。日本メソ教会の年会記録を読むと、教会のほかに講義所（いまでいう伝道所）と出張所の名前が見える。ほかに伝道師が派遣されたあらゆる場所（個人宅や野外も含む）をさして説教場（[preaching] appointments）の語も使われた。

メソジスト独特のものに、少人数の信徒で組織したクラス（class：組会）があり、互いに励まし合い、信仰上の訓練を行う単位として用いられた。もともとは、ウェスリーがモラヴィア派の組織から借用したもので、当初はバンド（band：小会）と呼ばれ、信仰の浅深に従って信者をグループ化したものである。一七四二年以降は組会《クラス》に移行し、その長はクラス・リーダー（class leader：組長）、会合はクラス・ミーティング（class meeting）という。北米では、ユニット（unit）という単位もあったようだ。

複数のソサエティ、のちに複数のチャペル（各個教会）や説教場で形成した牧会区

(pastoral charge）を別名サーキット／伝道教区（circuit）といい、ここを信徒伝道者が定期的に巡回指導した。これが、サーキット・システム（巡回制度／巡回区方式）というメソジスト特有の伝道牧会制度である。なお、英国では、サーキットを管理する複数の牧師（minister）の代表者を、スーパーインテンデント・ミニスター（superintendent minister）という。

サーキットでは、牧師を議長とする教会会議（church conference）を設置して、信徒からは役員、すなわち幹事（steward）を選出。さらに、年に四回四季会（quarterly conference）を召集する。ほかにステーション（station）という単位があり、アメリカではサーキットのなかにある説教場が自給教会に成長して独立したものをステーション（教区）と呼ぶ。英国やカナダでは、単に一つのサーキット内で最大の説教場をさす。

複数のサーキット（およびステーション）によって部（district）が構成され、部長（牧師＝主任伝道師）を長とする年に一度以上の部会で管理される。四季会の議長を務めるのもこの部長である。部会と部長は、北米では district conference と district superintendent というが、現在の英国では synod と chairman という。

複数の部を管理するのは、年一回開かれる**年会**（annual conference）である。旧日本メソ教会には東部年会と西部年会があり、四年に一度の総会（general conference）で、長老（年会正会員）のなかから一名の**監督**を選出、この監督が総会と年会の議長に就い

## メソジスト教会の礼拝（1826年、ボストン）

**A** 説教壇で熱弁をふるう牧師

**B** 「恵みの座」で涙ながらに回心の祈りをする男女

**C** ボックス席の信徒たち（あくびや居眠りをしている人もいる）

**D** 二階席はギャラリーまたはバルコニーという。地域・教派によってはここに奴隷専用席を設けた教会もあった

た。英国のトップはプレジデント（president：総理と訳される場合あり）、カナダでは総理（general superintendent）、米国ではビショップ（bishop）という。メソジストのビショップはローマ・カトリックの司教や聖公会の主教のような使徒継承に基づく職位ではないが、按手によって聖別され、終身この敬称を保持する。なお、米国の合同メソジスト教会（UMC）では、土地が広大なために現在ではほぼ州ごとに年会が構成されており、年会と総会との中間には、全体を五区域に分けた地域会（jurisdictional conference・四年おきに開催）が存在する。

メソジストの教職は、信徒と同様結婚でき、女性の牧師や監督のいる教団もある。

## ■礼拝に行ってみると

鮮やかなステンドグラス、聖職者カラーをつけた牧師の服装、祈禱書、ロウソク、聖餐を受ける際に行う「恵みの座」と呼ばれる聖体拝領台への跪《ひざまず》き。そんな、聖公会の伝統を受け継ぐ教会堂もあるし、他のプロテスタントとあまり変わらないところもある。概して、雰囲気はアットホームで、飾り気がない。牧師以外の、信徒による説教が大きな位置を占めている。説教はしばしば感情に訴え、声が大きいのがふつう。賛美歌合唱には熱心で、町一番の歌声を誇る聖歌隊も多い。他人の祈禱に応える「アーメン」の声も目立つ。聖餐式には、ぶどう酒ではなく、アルコール分抜きのぶどうジュースを用いることが多い（旧日本メソ教会の聖餐式の礼文には、なるべく醸造していない、純良なぶどう汁を用いるよう記されている）。

礼拝中に読まれる式文は聖公会に近い形を残すが、祈禱に関しては自由。

## ■人の傾向

「神を信じることで清くなれる」と信じ、心身ともに清潔で質素な生活を心がけ、とくにアルコールには近寄らない。教会員同士が集まる「お交わり」（交流、社交）も盛んだ。メソジスト育ちのマーガレット・サッチャーによると、とくに食事を楽しく取ることに注意が払われたという。音楽を愛する人も多い。

自分の回心の瞬間を（何時何分という時刻まで）克明に覚えている人もいる。発祥地のイングランドでは、当初の信徒は貧しい労働者を中心としていたが、十九世紀にはリスペクタブル（respectable）な中産階級、とくに商人の教派と呼ばれるようになった。欧米では子どもの名前に「ウェスリー」を用いる人も多い。

## ■外から見るとこんな側面も

メソジスト運動は、産業革命による社会変動によって国教会の教会区制度からはみ出た社会的弱者の救済に尽力し、宗教的にも道徳的にも衰えきっていた当時の社会に信仰復興の嵐を巻き起こした。十八世紀のイングランドでフランスのような革命が起こらなかったのは、この運動が大衆を救ったからだとの説もある。また、ジョンの弟チャールズの作った賛美歌の数々（「天《あめ》には栄え」など）は、いまも教派を超えて歌い継がれている。

いっぽうで、メソジズムは人間の想像力と体験に訴えかける宗教ともいわれ、とくに初期の信者が見せた感情の昂揚や狂信に近い敬虔さ、烈々たる賛美歌斉唱は、社会の上層にいた保守的な人びとの眉をひそめさせた。国教会側からメソジストがどう見られていたかは、たとえばブロンテ姉妹や、ジョージ・エリオットの小説からもうかがい知ることができる。

初期メソジストの「年会」は決して民主的な合議機関とはいえず、平信徒の意見が反映されることはほとんどなかった。十九世紀半ばまでに起こったメソジストの分裂は、その中央主導型の組織形態に多く起因している。すなわち、伝道をより活発に行うため地域での自律を求めた平信徒伝道者に対し、それを認めずあくまで統制していこうとする中央指導部との間に、軋轢が生じたのである。「プリミティヴ・メソジスト(Primitive Methodist)」と呼ばれる分派は、指導部が禁じた野外集会(キャンプ・ミーティング)の開催を継続し、年会から追放された人びとを中心に一八一一年に形成された。のちに救世軍(⬇185頁からの「救世軍」)を結成するウィリアム・ブースが、当初属していたメソジスト組織を脱会するのも、彼が望んだ自由な伝道活動に年会が制約を加えようとしたためだった。もっとも、ブース本人も救世軍の組織化にあたっては、やはり中央主導型の軍隊制度を導入した点は興味深い。

イングランドでは第二次大戦以降、国教会との間で合同の動きがある。また、変わったところでは、イタリアでワルドー派(十二世紀に始まり、ローマ・カトリック教会からは弾圧された)と合同し、ワルドー・メソジスト教会を形成した。

■メソジスト四方山話

◆青山学院大学の正門を入ってすぐ右手にある銅像が、ジョン・ウェスリーだ。「世界はわが教区なり（The World is My Parish）」をモットーに、生涯に三十二万キロを踏破、四万回を超える説教を行ったという。メソジストの伝道師たちは広くアメリカ西部も巡回し、教えを広めた。現在ではバプテストと並んで、もっともアメリカ的な教派といわれている。

◆日曜学校、大衆的で感情移入のしやすい賛美歌、皆の前で証しを述べること、求道者に信仰の決断をうながし講壇の前に招くことなど、現代のプロテスタント教会で一般的になっていることは、メソジスト起源のものが多い。アメリカで母の日を提唱した女性も、メソジストだった。

◆一八六〇年、アメリカで組織された北米フリー・メソジスト教会（Free Methodist Church of North America）の「フリー」とは、当時、教会堂の座席を有料化した教会があったのに対して、座席を「無料《フリー》」で提供したことに由来する。

◆児童文学『グリーン・ノウ物語』シリーズの作者ルーシー・M・ボストン（Lucy M. Boston　一八九二―一九九〇）が、自分の育った厳格な上層メソジスト家庭の様子を自伝に書いている。絶対禁酒はもちろん、観劇・トランプ・ダンスも禁止、日曜日に許された本は『新約聖書』『天路《てんろ》歴程《れきてい》』（➡279頁）『殉教者列伝』のみ、積み木は「礼拝堂」

か「ノアの方舟」しか組み立てられないものだったという（『意地っぱりのおばかさん』福音館書店・一九八二）。

■翻訳者や作家へのアドバイス

現在日本では、単独の教派としては存在していない。ただし、日本基督教団内に旧日本メソ教会の流れを汲む「更新伝道会」があり、ここで発行している「ウェスレー研究会パンフレット」シリーズが参考になる。新しい文献としては澤田泰紳『日本メソヂスト教会史研究』（日本キリスト教団出版局・二〇〇六）、清水光雄『メソジストって何ですか──ウェスレーが私たちに訴えること』（教文館・二〇〇七）など。

メソジストまたはウェスリーの教えをルーツとする教団には、フリー・メソジストやホーリネス系諸教会、救世軍（➡185頁からの「救世軍」）などがある。ウェスリー個人の研究会もあり、研究書もそれなりに豊富。これらの研究書は、必ずイングランド国教会にも触れているので、聖公会を知る上でも有益。図書館資料をパソコンで検索する際は「メソジスト」と「メソヂスト」で結果が異なることがあるので要注意。

関連賛美歌集には『ひむなる』（イムマヌエル綜合伝道団出版局・二〇〇一）、『救世軍歌集』（救世軍出版供給部・一九九七）など。

【図書館】青山学院資料センター（東京都渋谷区）ほか

# ペンテコステ派

Pentecostal Churches

二十世紀初頭に登場し、聖霊の働きを祈り求める、いま一番元気な流れ

◎地域文化に適合し、文字に書かれた理論よりも直接的な神体験を重んじる
◎電子楽器使用もあたり前の、活気に満ちた礼拝
◎禁酒禁煙、倫理に厳しい
◎キーワードは聖霊のバプテスマ、カリスマ運動、異言《いげん》
◎代表地域はラテンアメリカ、アジア、アフリカ
◎イメージとしては、アメリカのテレビを媒体にする伝道師、エルヴィス・プレスリー
◎信者は五億人ほどで、カトリックを除くキリスト教の最大グループ

ペンテコステの日、使徒たちの頭上に「炎のような舌」が!(「使徒書」より)

## ■名称の由来と起源

新約聖書の使徒書第二章に描かれた復活祭後五十日目の「五旬祭」、すなわち使徒たちに聖霊が降《くだ》った聖霊降臨の日（Pentecost）に由来する。この日、使徒たちに降ったのと同じ聖霊の働きを強調する立場を示す。

近代のペンテコステ運動は、十九世紀にアメリカで起こったホーリネス運動（メソジスト創始者ウェスリーが唱えた聖化の推進を展開する運動）を背景とし、具体的には一九〇〇年、アメリカのベテル聖書学校（カンザス州トピーカ）の大晦日祈禱会において、数名の学生が「**異言**《いげん》（glossolalia; gift of tongues）」を語りだしたことに端を発する。このなかのメンバーが一九〇六年、ロサンジェルスでアズサ・ストリート・リバイバルと呼ばれる覚醒を呼び起こし、運動は世界中に広がることとなった。

既成の教派において、同じような聖霊理解に基づき、教会内部の刷新をはかるグループを「**カリスマ派**」というが、このカリスマ（charisma）は同じく新約聖書のローマ、コリント、テモテなどの書簡に言及された、神からの「賜物《たまもの》」の意。ここから、神の賜物（spiritual gifts）としての「**聖霊のバプテスマ**」体験（使徒一・5）を基礎として、聖霊のダイナミックな働きを追い求める人びとをさすようになった。

ペンテコステが主として独立した教派名として用いられるのに対し、カリスマ派のほうは、他教派における内部グループをさすことが多い。ペンテコステ主義《ペンテコスタリズム》、カリスマ運動、聖霊の第三の波などを総称して、日本では「聖霊派」の語を用いる場合もある。

## ■特徴と教義

この派にとって重要なのは、先に触れた聖霊降臨《ペンテコステ》だ。同じキリスト教でも、これを一度だけの出来事ととらえる教派が多い。だが、ペンテコステ派の人びとはこれを、すべての時代のクリスチャンに開かれ、いまもなお働きつづける神の恵みと信じ、聖霊のバプテスマと呼んで、人びとが聖霊の働きによって信仰の新しい次元に入る重要な機会ととらえる。そして、多くの場合、異言を語ることが、聖霊が降ること、すなわち聖霊のバプテスマを受けたしるしと考える。

この体験を基本に、聖霊による自己変革と信仰生活の刷新を追求。集団的恍惚状態や神癒の奇跡を積極的に評価する。二十世紀の後半に急速に成長した。信者数の明確な統計はないが、二〇〇六年の『エコノミスト』誌によると、ペンテコステ派と他教派内のカリスマ派を合わせた人数は五億人以上。

## ■サクラメント

礼典は、洗礼、聖餐（主の晩餐）の二つ。幼児洗礼は認めない。水による洗礼のほか、サクラメントには数えないが、聖霊のバプテスマも重視される。聖餐式の回数は教会によってまちまち。

## ■組織形態

教会によって異なる。ビショップを立てる教団もある。

ペンテコステ派の教職は、信徒と同様結婚でき、女性牧師もいる。

## ■礼拝に行ってみると

活気に満ちている。儀式や秩序に重きをおくグループもあるが、まったく自由な形式の教会も多い。後者では、すべてが聖霊の導きのままに進むため、進行は自由自在。事務的な報告をしていたと思ったら、いつの間にか説教になっていたりする。教会堂は概してシンプルだ。

とりわけ音楽で神を讃える賛美のパワーは驚くほど。同じメロディでも、他教派より音程を高くアレンジする傾向があり、聖霊の呼びかけに応えて何度でもリフレインを繰り返す。現代楽器を取り入れたポップな音楽に乗せて、手拍子したり手を高くあげるなど、素直で力強い感情の発露が見られ、しばしば集団的恍惚状態ともいえる雰囲気になる。意味のわからない異言の祈りや、神からの預言が聞かれたり、牧師が人の頭に手をかざして個別の祈りを行う集会もある。突然笑い出す人、泣く人、倒れる人、床を転げ回る人など、その場の展開は予想がつかない。

牧師のメッセージは非常に平易で、感情に訴える語り方をする。自らマイクを手に取ってワーシップソングを熱唱する牧師もめずらしくない。「アーメン」とか「ハレルヤ」「オー、イエス」といった声が礼拝中に飛び交うこともあるし、握手で元気に挨拶し合う教会も多い。

## ■人の傾向

神に関する知識や教義の修得よりも、神の霊による導きを自分の内に感得できる能力を養うことを重視する。

「聖霊は御霊《みたま》の実を結ばせる」(ガラテヤ五・22—23)と聖書にあるため、信徒の生活態度は非常に厳格。禁酒禁煙は絶対で、倫理に厳しい。礼拝では感情を吐露するのをためらわず、サタンや悪霊、罪への言及、そしてローマ・カトリックへの批判が目立つ。

伝道にはエネルギーを注ぐが、社会的な活動にはあまり関心をもたないようだ。日本では、聖霊に「さま」をつけて呼びかける。

## ■外から見るとこんな側面も

衰退気味の主流派教会に比べ、ペンテコステ派の信者は人種や地域に関係なく増加傾向にある。いま、世界でもっとも元気な教派がここだ。

その体験主義的なあり方は、教養的なキリスト教の対極に位置する。シャーマニスティックな要素が濃厚で、土着の宗教と結びつきやすい。よく指摘されるのは、十字架のイエスよりも聖霊体験を重視する姿勢と、知的鍛錬を軽視する傾向だ。

彼らを弱者・貧者の宗教と形容する人もいる。信徒は礼拝で一時的に非日常へ逃避し、仲間同士の連帯感を強化する。ただしそれは毎日を生きるための自信や、小さな個人の幸せを得るためであって、世俗社会に対してはむしろ逃避的。だから社会全体の改善には関心が薄い。キリスト教原理主義（➡198頁からの「福音派&原理主義者」）の主流という声もある。ただし、人種主義的な差別意識や白人優越意識は薄いといわれる。

この派の人びとが、もし何かを気にするとしたら、人の外見や貧富の差ではなく、聖霊のバプテスマを受けたかどうかということだろう。

## ■ペンテコステ派四方山話

❖とにかく、賛美にそそぐエネルギーは特筆もの。そして、音楽が新しい。ドラムやエレキギター、シンセサイザーなどを導入し、オリジナルの賛美CDまで制作している教会もある。あのエルヴィス・プレスリーが育ったのもペンテコステ系の教会だ。

❖新約聖書「コリントの信徒への手紙一」第十二〜十四章に出てくる「異言」。キリスト教徒のなかでも、これを一度も聞いたことがないという人は多い。また、ペンテコステ派/カリスマ派の人全員が、異言で祈るわけでもない。

異言は、日常的な祈り、あるいは教会における祈禱会や主日礼拝での祈りのなかでも用いられる。語っている本人にはその言葉は理解不能で、第三者にも、意味不明な音の羅列に聞こえる。だが、聞く人が聞けば、きちんと意味の通る言葉(外国語)になっている場合もあることが報告されている。教会によっては、聖書にある通り、別の人がその解釈/解き明かしを語る。いずれも、人間が準備した上での行為ではなく、聖霊の働きによるものとされている。

近年では、神から預かった言葉、すなわち「預言」を軸とする教会も出てきた。また、癒《いや》しの賜物をもつ人から按手を受けて、さまざまな肉体的病が癒されたという証しは、あちこちで聞くことができる。ただし、これらも、すべてのキリスト者が肯定的に受け入れているわけではない。

◆現在のペンテコステ派の礼拝を特徴づけるような、参加者の興奮状態は、かつて、十八世紀の初期メソジストの伝道集会などでも見られたことが記録に残っている。回心に先立つ悔い改めのとき、人びとは肉体的な変調をきたすほど強い感情的ゆさぶりを受け、絶叫したり、発作を起こしたり、幻覚を見たりした。また、ウェスリーや初期の説教者たちが、信徒に信仰治療(神癒)を行っていた事実もある。現在のメソジストには、もはや当時の情緒的で感覚的な鋭い感受性は見られないが、それを受け継いだのがペンテコステ派だともいえよう。

◆いま世界でもっとも大きな単一教会は、このペンテコステ派に属する。韓国ソウルにある汝《ヨ》矣島《イド》純福音教会がそれで、一九五八年に趙鏞基(チョー・ヨンギ)牧師が設立、信徒数は八十万人といわれる。

**■翻訳者や作家へのアドバイス**

用語にあまりこだわりはない。教派としては歴史が浅く、関連書籍の入手には努力が必要。

叫ぶ、倒れる、笑う、泣く——1870年代、アメリカ南部の黒人リバイバル集会における聖霊の働き(当時の絵入り新聞より)

# メノナイト系

Mennonites

平和を愛し、
キリストにならうシンプルな生き方

◎相互扶助と結束意識が強い
◎兵役を拒否して迫害された歴史をもつ
◎財産共同体を形成するグループもある
◎キーワードはアナバプテスト、アーミッシュ、平和主義
◎代表地域は北米、南ドイツ、アルザス
◎イメージとしては、良心的兵役拒否者、『刑事ジョン・ブック　目撃者』
◎信者は百六十万人以上

16世紀、迫害を逃れて、海上で礼拝を守るアナバプテストたち
ボートを提供した船頭は火刑に処せられた

■**名称の由来と起源**

一五三六年にアナバプテスト運動に身を投じたオランダ人元ローマ・カトリック司祭、メノー・シモンズ（シーモンス：Memno Simons　一四九六―一五六一）の名前から。狭義には十九世紀まではメニスト（Menist）、メノニスト（Menonist）とも呼ばれた。メノー・シモンズを指導者とする人びととその末裔をさすが、広義には、十六世紀、スイスで起こったアナバプテスト運動を起源とするグループ全体の総称としても使われる（そのため、本書では総称の意味の場合は「メノナイト系」と表記して区別した）。

アナバプテストの「アナ（ana）」とはギリシャ語の接頭辞《再び》を意味し、再び洗礼をほどこす者をさす。「再洗礼派」とも訳される。誰もが幼児洗礼を受けていた時代に、有効な洗礼とは自覚的な信仰に基づく成人洗礼しかないとして、信者同士で洗礼を授け合ったことから、洗礼を再び行った者という意味で反対派からつけられた蔑称。当事者たちから見ると、「再」洗礼ではないのだから、信念に合致しない名称ではあるが、現在では彼らの末裔もこの表現を受け入れている。これは、別のプロテスタント教派であるバプテスト（⬇115頁からの「バプテスト」）と区別するためでもある。ただし、オランダではDoopsgezinden、ドイツではTaufgesinnte（いずれも「洗礼を重んじる者」が原意）とも呼ぶ。

同じくアナバプテスト運動を源とする**フッタライト／フッター派**（Hutterite; Hutterian

Brethren）はヤーコプ・フッター（Jakob Hutter 一五三六没）から、メノナイトから派生したアーミッシュ／アマン派（Amish; Amish Mennonite）はヤーコプ・アマン（Jakob Ammann 一七三〇？没）からと、それぞれスイス出身の指導者の名前に由来する。アーミッシュは、アーミシュとも書く。

## ■特徴と教義

メノナイト系教会は、ルターやカルヴァンのものとは異なる宗教改革運動から生まれた人びと、アナバプテストをルーツとする。新約聖書に描かれた初代教会の姿をこの世に再建しようとしたこの運動は、幼児洗礼を否定し、国家と教会の分離を主張したために社会秩序に対する脅威と見なされ、ローマ・カトリックとプロテスタント（ルター派と改革派）双方から迫害された。当時、二度目の洗礼を受けることは、死刑に値する異端と見なされたのである。十六世紀だけで数千人が殉教し、フッタライトの祖フッターも火刑に処せられた。

信じた者だけの教会（believers' church）、つまり自覚的信徒のみで構成される。幼児洗礼は認めないが、洗礼のやり方にとくにこだわらない点は、浸礼だけを認めるバプテストと異なる。共同体の結束を大切にし、聖書を中心にして、主なるキリストにならう生き方を生活のなかで実践していくディサイプルシップ（discipleship）を重んじる。平和主義を唱え、宣誓や兵役を拒否し、公職にも就かない。ヨーロッパ各地で迫害された彼らは、信仰の自由を求めて集団で移民を繰り返した。とくに、オランダからプロイセンへ、さらにロシアのウクライナ地方、そこからアメリカ、カナダへと移民していったメノナイトも多い。彼らが、小さな共同体での相互扶助を重んじ、固有の文化を守る閉鎖的傾向があるのは、こうした歴史に関係している。ただし二十世紀以降のメノナイトは、一部の保守派を除きこうした傾向は薄れ、社会活動や伝道も活発に行われて、世界のおよそ六十ヵ国に広がっている。

信徒の資格を厳しく問うたアナバプテストには、破門制度（the ban）があり、規律に反した仲間は忌避（shunning）の対象になった。だが、時代とともにそのシステムがゆるんだため、もっと徹底的に忌避を実行すべきだと主張して、一六九三年にメノナイトを離脱したのがアマン、すなわちアーミッシュの群れである。彼らはやはり北米に移民し、宗教的理念に基づく独特の生活規範を守りながら、農業を基本としたセツルメントで暮らしている。とくに、オールド・オーダー・アーミッシュと呼ばれる保守派は、電気や自動車などの現代文明を拒否し、移民した十八世紀当時の服装をしていることで有名。メノナイトのなかでも、オールド・オーダー・メノナイトと呼ばれる一派は同じような生活様式を守っている。ただし、アーミッシュも内部は多様で、なかには現代文明を受け入れたグループもある。

同じくアナバプテストの流れを汲むフッタライトは、財産共同体を形成するのが特色。似たようなものにイスラエルのキブツがあるが、キブツ誕生の四百年近く前から、信徒同士の消費も生産も共同で営んでいるのがこの一派だ。現在はアメリカ中西部とカナダ西部、オーストラリアなどにコロニーがあり、数万人が集団農場を営んでいる。アーミッシュとは異なり、現代文明の恩恵は否定しない。

アーミッシュもフッタライトも、できる限り外部の世界と接触しない方針で、子どもたちには独自の教育を行っている。進歩的アーミッシュは、メノナイトに吸収される傾向がある。現在のメノナイト系の信徒数は、あわせて百六十万人以上。

## ■礼拝で用いる信条・代表的な信仰告白

書かれた信条にはあまり重きをおかず、明文化された信条をもつ教会ともたない教会がある。一五二七年の「シュライトハイム信仰告白」と一六三二年の「ドルトレヒト信仰告白」が有名。後者には、「破門」の教理が書かれており、アーミッシュは洗礼志願者の教育にこれを使う。また、一七四七年の Mennonite Articles of Faith は「われらの信仰箇条」の題で邦訳がある。

## ■サクラメント

礼典は洗礼、聖餐（主の晩餐）の二つ。幼児洗礼は認めず、自覚的な信仰をもつ者だけが洗礼を受ける。洗礼の方式には「浸礼」「注礼」「滴礼」いずれもある。聖餐式は象徴として行い、パンとぶどうジュースを用いる。アーミッシュは年に二回だが、他メノナイト系は教会によって違う。

### ■組織形態

全体を統括する中央組織はなく、個々の教会員が話し合って決める、会衆制が基本。ほかのプロテスタント教会と同様に、固定した教職制度をもつグループもあるいっぽうで、そういう制度にはとらわれず、有給の職業牧師をおかずに、万人祭司を徹底しているところもある。日本でも、全員が互いを○○さんと呼び合い（牧会者を○○先生とは呼ばない）、牧会者をさして「責任者」「リーダー」「代表」などと呼ぶ教会もある。

アーミッシュのあるグループは、二十家族前後でひとつのディストリクト（district）を構成し、責任者に一名のビショップ、説教者に二名のミニスター（minister）、役員として一名のディーコン（deacon）をおく。また、メノナイトの組織のトップの名称にはビショップ、チェア（chair）、チャーチ・チェアマン（church chairman）、エルダー（elder）、モデレイター（moderator）、プレジデントなどがある。教役者の呼び方は、パスター（pastor）やエルダーなど。こうした呼び名は他教派のものと共通していても、実際の働きの内容は必ずしも同じではない（日本語の定訳もない）。教団・教会の名前もチャーチに限らず、カンファレンス（Conference）、フェローシップ（Fellowship）、コミュニティ（Community）といった名称もある。

メノナイト系の教職は、信徒と同様結婚でき、女性の牧会者を認める教会もある。

## ■暦・祭日

教会暦は用いない。とくに祝う日としては、クリスマス、イースター、ペンテコステなど。

## ■礼拝に行ってみると

メノナイト系の教会堂はシンプルで簡素、礼拝にも儀式的なところは一切ない。説教も平易だ。賛美歌を歌うのに楽器を用いる派と、用いない派がある。また、すべての教会で行うわけではないが、信徒が互いの足を洗い合う「洗足《せんそく》（foot-washing）」という行為もメノナイト系の特徴のひとつとされている。

保守派のアーミッシュは、一部のグループを除いて専用の「教会堂」をもたず、二週間に一度、ひとつの家がもち回りで礼拝を担当する。説教は準備してはならず、聖霊の導きのままに語られる。楽器を使わず、『アウスブント（Ausbunt）』という賛美歌集から、口伝のメロディ（楽譜はない）に乗せて歌う。

## ■言語

つながりが深いのはドイツ語。故郷スイスやドイツから各地に散ったメノナイトたちは、共同体のなかで、先祖伝来の言葉を使い続けた。アメリカでは十九世紀半ばまで、ロシアでは革命に至るまで使っていたという。現在では、現地の言葉が基本だが、まだ一部には Plattdeutsch と呼ばれる低地ドイツ語方言を用いる人びとがいる。

北米で共同体を構成するアーミッシュは、日常語には Pennsylvania Dutch というドイツ語方言、礼拝にはまた別の高地ドイツ語を使う。聖書はルター訳。英語を習うのは学校に入ってからで、外部との交渉用にだけ用いる。イングリッシュ（English）とはまた、彼らにとって非アーミッシュの人びとをさす総称でもある。

フッタライトも、群れによってはやはりドイツ語を使用する。

## ■人の傾向

聖書の教えと信仰を、実践のなかに活かそうと努めるのがメノナイト系の人びとだ。それは、プレイン・ピープルとも呼ばれるシンプルな生活態度、勤勉さと実直さ、助け合いの精神に表れている。謙遜を尊び、自分を誇示することを嫌う。平和を愛し、いか

**ちょっと似ている？ ユダヤ教徒とアーミッシュ 服装比較**

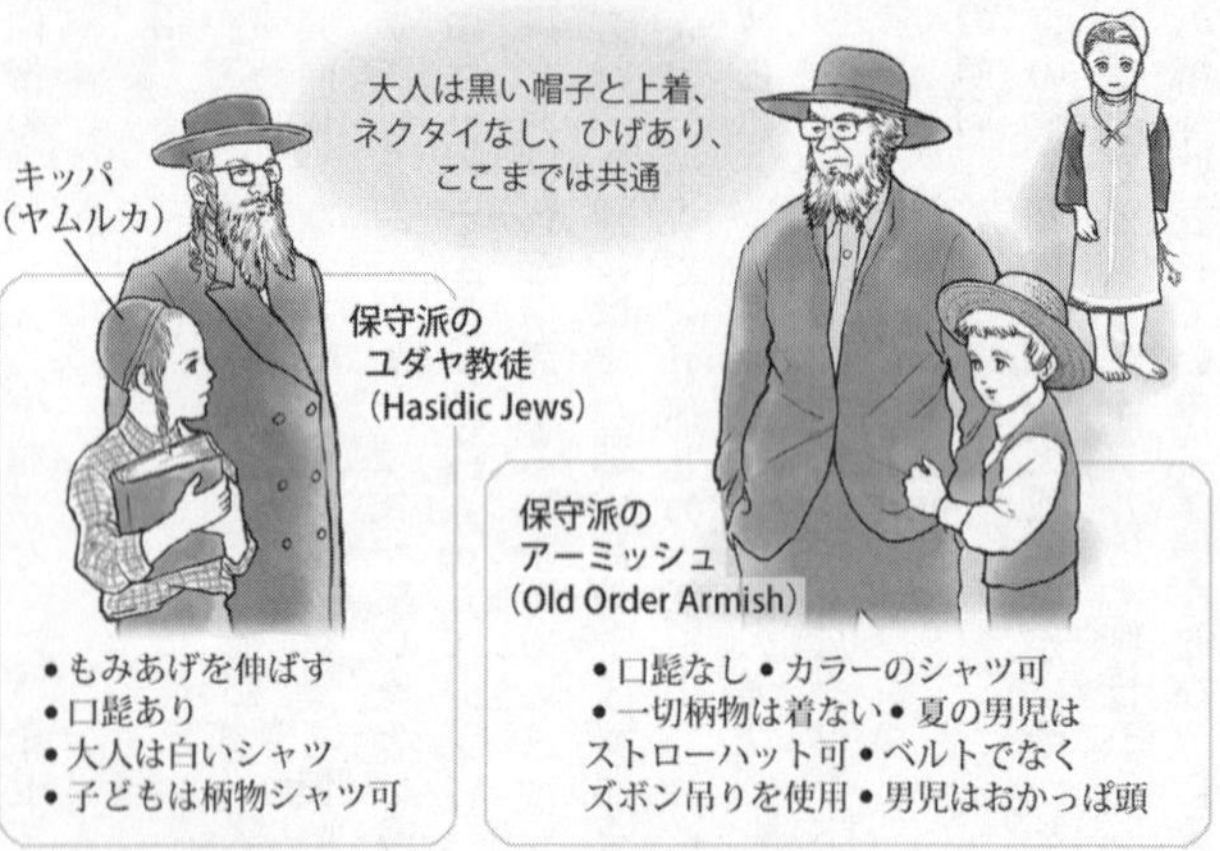
大人は黒い帽子と上着、
ネクタイなし、ひげあり、
ここまでは共通
キッパ
（ヤムルカ）
保守派の
ユダヤ教徒
（Hasidic Jews）
保守派の
アーミッシュ
（Old Order Armish）
• もみあげを伸ばす
• 口髭あり
• 大人は白いシャツ
• 子どもは柄物シャツ可
• 口髭なし • カラーのシャツ可
• 一切柄物は着ない • 夏の男児は
ストローハット可 • ベルトでなく
ズボン吊りを使用 • 男児はおかっぱ頭

なる武力行使も正当化しない。聖書の読み方にしても、個人主義的な、ひとりひとりバラバラの読解を奨励するより、共同体的な神学を大切にする。この、共同体の価値観を重視し、「この世的なもの」（ヨハネの手紙一、第二章）を避ける姿は、アーミッシュとフッタライトの暮らしにもっともよく表れているといえるだろう。だが、それでいて、基本的な信仰の自由を認め、他人の信仰には干渉しない。去るのも自由、来るのも自由だ。

愛と寛容を第一に考える人びともいるし、聖なる生活を重んじる禁欲的な人びともいる。アーミッシュやメノナイトの一部は、二十一世紀のいまも馬車に乗り、電気ではなく灯油《ケロシン》などのランプを使い、グループごとに厳しく定められた生活規定を守っている。

## ■世界的な連絡機関

一九二五年に組織されたMWC／メノナイト世界会議（Mennonite World Conference）

## ■外から見るとこんな側面も

アナバプテストの流れを汲む人びとへの評価は、評価する側の価値観によって変化する。かつて、聖書が教えるままの生活を送ろうとする態度、そして、殺されることも辞さない堅固な信仰は、狂信だと非難された。国家に忠誠を誓わず、戦争になっても誰の味方もしない立場は、裏切り者と見なされた。現世逃避型の共同体が、周囲に不安感を与えてしまうことも否めない。とくに、フッタライトは高い出生率でも知られ、一九六九年には、「いまは一万五千人しかいない彼らも、この出生率を維持し続けたら、百年後には五千五百万人になる」などと報道された。独特の生活様式と、この人口増加は警戒感を招き、なかには、フッタライトのコロニーの拡大を妨げる法律を制定した地域もある。

だが、いま、彼らのシンプルさ、人の輪と平和を愛する心は、競争と暴力に満ちた社会に疲れた人びとに、郷愁にも似た感情をいだかせている。

■ゆかりの人びと

アメリカの小説家セオドア・ドライサーの母

■ゆかりの小説や映画

メノナイト：バーバラ・スマッカー『クマさんのキルトはセリーナのたからもの』『勇気は私たちの祖国』

アーミッシュ：アイビーン・ワイマン『カレジの決断』、ミルドレッド・ジョーダン『アーミッシュに生まれてよかった』、『刑事ジョン・ブック 目撃者』（八五年米国映画）、『キングピン ストライクへの道』（九六年米国映画）

フッタライト：『ホーリー・ウェディング』（九四年米国映画）

■主な地域

メノナイト：南ドイツ、アルザス、オランダ、アメリカ（とくにペンシルヴェニア、オハイオ、インディアナ、アイオワ）、ロシア、カナダ、ザイール、コンゴ、インド、インドネシア、エチオピア、ブラジル、メキシコ、ベリーズ、南アフリカアーミッシュ：アメリカ（とくにペンシルヴェニア、オハイオ、インディアナ、アイオワ、イリノイ、カンザス）、カナダ（とくにオンタリオ）
フッタライト：アメリカ、カナダ、オーストラリア、ナイジェリア

■日本における主な組織

日本メノナイト・キリスト教会協議会、日本メノナイト・ブレザレン教団、日本キリスト兄弟団など。アーミッシュは日本にはいない。フッタライトは、栃木県大田原市に「新フッタライト大輪キリスト教会」があり、五名ほどが養鶏業を営みながら自給自足の共同生活を送っている。

■主な関連学校

Bethel College (IN)、Goshen College、Eastern Mennonite University、Fresno Pacific University（以上アメリカ）など

■メノナイト系四方山話

❖実はメノナイトだったのでは、という説があるのが十七世紀オランダの画家レンブラント（Rembrandt　一六〇六―六九）。実際のところは判然としないが、プロテスタント

だったことは間違いなく、メノナイトとの関係は濃厚だ。彼がアムステルダムに出たとき、援助した画商がメノナイト。さらに、レンブラントはその画商の従妹と結婚し、裕福なメノナイトから多くの肖像画の注文を受けている。この事実から、十七世紀中葉のオランダのメノナイトはもう迫害されるだけの弱者ではなく、社会的地位を築いた者もいたことがわかる。

❖訴訟を起こすことが禁じられているアーミッシュだが、ウィスコンシン州との間で裁判沙汰になったことがある。これは、アーミッシュの定める八年の義務教育が、州法に照らして二年短かったためだ。だが、アメリカ最高裁は、一九七二年、アーミッシュによる独自の教育を認める判決を下した。最高裁が宗教グループにこのような判決を下したのは初めて。

❖電気、電話、自動車を用いない保守派のアーミッシュでも、決して厳密に移民当時の生活を送っているわけではない。部分的に現代文明の恩恵も取り入れている。たとえば、灯油を使ったランプ、天然ガスの冷蔵庫、ガソリン式の洗濯機、グラスファイバー製の馬車、農薬、数気筒のエンジンを動力にした農機具、化繊の衣類、電卓、高性能の眼鏡など。だが、アーミッシュは映画は見ない。だから、洗礼を受けたアーミッシュで、『刑事ジョン・ブック　目撃者』を見た人はいないはず。また、アーミッシュには少数ながら煙草を農作物として作ったり、葉巻を吸ったりする人がいる。聖書で禁じられていないから、という理由のようだ（当然ながら、聖書の時代に煙草はなかった）。

◆二〇〇六年、ランカスター郡ニッケルマインズで武装した非アーミッシュ男性がアーミッシュの小学校に押し入り、五名の少女を殺害、五名に重傷を負わせて自殺するという凄惨な事件が起こった。だがこのアーミッシュのコミュニティは、ただちに犯人とその家族を赦すと表明。「赦し」という彼らの信仰規範を実践したことで世界の人を驚かせた。

**■翻訳者や作家へのアドバイス**

日本にあるメノナイトの組織は、地方ごとにまとまっている。関西地方の日本メノナイト・ブレザレン教団は、教職制度がしっかりしている。榊原巌氏のアナバプテスト関連書は貴重だが、現在はやや入手が困難。アーミッシュに関しては、ハリソン・フォード主演の映画『刑事ジョン・ブック　目撃者』の影響で、現地に取材した本が何種類も出ており、キリスト教のセクトとしては例外的に資料が手に入りやすい。

**【図書室】**東京アナバプテスト・センター附属　フリードマン・榊原図書室（東京都杉並区）

# クエーカー（フレンズ）

Quaker; Friends / Quakers

沈黙のなかで、心に呼びかけてくる
神の声に耳をすます人びと

◎霊性と感性を大切にし、虚栄を嫌う
◎一貫した非戦・非暴力主義
◎あらゆる差別を否定し、社会活動に熱心
◎男女平等に関しては先駆的教派
◎キーワードは内なる光、沈黙、平和主義
◎代表地域はアメリカ、英国、ケニア
◎イメージとしては、
　旧五千円札の新渡戸稲造、
　ニクソン元米国大統領
◎世界の信者はおよそ二十八万人

1650年ころの礼拝会
女性が桶の上で感話を述べている

■名称の由来と起源

一六五〇年、創設者のジョージ・フォックス（George Fox 一六二四―九一）が法廷に立たされたとき、為政者は主の言葉の前に恐れおののくべきだとすめたところから、判事が彼のグループをquaker（恐れおののいて震える者）と嘲笑をこめて名づけたという。また、聖霊に充たされて話すとき、彼らが震えて（quake）いたことから、つけられたともいわれる。現代では蔑称の意味合いはなく、会員の間でも使う。

初期の公式名はFriends of Truth（真理の友）、現在はthe（Religious）Society of Friends（キリスト友会《ゆうかい》）。会員はそのままフレンズ、フレンド、友会徒《ゆうかいと》ともいう。これは、ヨハネによる福音書（一五・14―15）に基づき、お互いを「友」（フレンズ）と呼び合ったことからきている。

日本の友会徒が出版物で用いる表記には「クェーカー」と「クエーカー」があり、いまは後者がふつう。一般的には、クウェイカー、クエイカーとも書く。

■特徴と教義

キリスト・イエスの生涯と、それを土台とする教えを信仰の基盤とするが、聖典や信条は絶対視しない。真理は、それぞれの魂に呼びかける神の声のなかに見出される、と考えるのがクエーカーの立場だ。その神の声を、「内なる光（inward light; light within; inner light）」と呼び、あらゆる人に内在すると考える。従って、カルヴァンの予定説とは対照的に、万人が救済されうると説く。また、形式、象徴、権威を否定し、教職制度をもたない。

国家と教会との結びつきには否定的で、教会税や十分の一税を拒否。メノナイト系と同様、宣誓や兵役も拒否する。「内なる光」に性別や人種はないのだから、あらゆる差別を否定する。初期クエーカーはイングランドのピューリタン運動の最左翼を代表する存在で、秩序を乱す反社会的集団として危険視された。イングランドで数百名が獄死したほか、新大陸でもピューリタンによって処刑された者がいる。彼らのように宗教的理由で宣誓ができない人びとのため、イングランドでは一六九五年に宣誓ぬきの確言、無宣誓証言（affirmation）の有効性を認めた法律が制定された。

男女平等に関しては先駆的な教派で、もっとも早く女性に説教を許し、教会運営上、正式な役割を果たすことを認めた教派のひとつ。知的職業につく女性のなかではクエーカーの比率が高いといわれ、アメリカで最初に博士号を取得した女性もクエーカーである（一八七七年、ヘレン・マギル・ホワイト）。

多くの年会（後述）は印刷されたそれぞれの「修養の手引（Books of Discipline）」あるいは「信仰と実践の手引（Faith and Practice）」をもち、そのなかにある「信仰反省のためのしおり（Advices and Queries）」を各準備月会や月会で読む。その名の通り質問形式のクエリーズ（Queries）には、会員に求められる生き方が示されている。内容は時代ごとに改定されており、ある時期には、非メンバーと結婚した者を除名（disownment）にするなど、極めて厳しいルールが定められていた。英国のクエーカーが独特の「言葉づかい、行動および衣服の簡素」から解放されたのは一八六〇年以降である。

クエーカリズム（友会主義）は、信条であるというより、ひとつの生き方といえよう。一貫した平和主義、種々の差別撤廃、奴隷制廃止、禁酒運動、精神病院や刑務所改革、死刑廃止等、よりよい社会建設のための運動にも大きな足跡を残している。クエーカーの救援事業の特色は、不偏不党にあり、たとえばスペイン内乱時には、政府軍と反乱軍双方に援助が与えられた。英米のフレンズ奉仕団は、戦争中の人道的活動を認められ、一九四七年度ノーベル平和賞を受賞。また、一九四八年から国連の経済社会理事会に代表を送っている。現在、世界におよそ七十カ国に約二十八万人の会員がいる。

**■礼拝で用いる信条・代表的な信仰告白**

一致した信条はもたない。

**■サクラメント**

他教派のような、水の洗礼や、飲食としての聖餐式はない。洗礼（Baptism）や聖餐

(Communion）という言葉は用いるが、前者は聖霊による洗礼（といっても、ペンテコステ派のいう「聖霊のバプテスマ」とは異なる）、後者は礼拝者が神および共に礼拝する人びとと霊的に交わることを意味する。メンバーになるには、既会員の面接を受け、決心や動機について書面に記すことで、会員として登録される。

一部には、一般プロテスタント教会と同じ形式の洗礼や主の晩餐（Lord's Supper）を行う「クエーカー教会」もある。ただし、その場合でも、洗礼はメンバーになるための必須条件とは見なされない。また、主の晩餐にも儀式的な雰囲気はまったくなく、他教派の信者にも開かれている。

## ■組織形態

他教派でいう教会に相当するのが、**月会《げつかい》**（monthly meeting）と呼ばれる集会。英国とケニアでは、準備月会（preparative meeting）がいくつか集まって月会を構成するが、それ以外の地域では、月会が最小単位となる。月会は月に一回事務会（meeting for business）を開く。いくつかの月会の代表が集まって三ヵ月に一度開くのが四季会（quarterly meeting）、ひとつの地方で年に一度開くのが**年会**（yearly meeting）。各会の責任者はクラーク（clerk）といい、（代表）書記とか主事とも訳される。

クエーカーは、すべての人は霊的にまったく平等であるとし、教職制度をもたないのが基本。「内なる光」に導かれた者なら誰でも、そこに集まった人びとを導くことができる。ただし、発祥地のイングランドにおいて激しい弾圧にさらされたことから、会員を守るために全国的な組織が形成された。牧会者と長老の役職が制度化されたのは十八世紀初めで、月会が牧会者と長老の任命権をもった。ただし、これらは他教派でいう「教職」とは異なる。だから、特定の人が「祝福」をしたり、結婚式を執行したりすることはない。

牧会者は英語では minister と（アメリカでは pastor とも）いい、古くは伝教師、現在は教務委員、宣教師（者）、場合によっては牧師とも訳される。この minister をおかない月会もあるが、多くの月会は長老（elder）と執事（overseer）がいて、前者は礼拝会で霊的指導をし、後者は会員に実際的な世話をする。クエーカーの両親をもち、生まれながらに会員籍をもつ人は、「生得会員（birthright member）」と呼ばれた。

■暦・祭日

教会暦は用いない。特別に扱う日があるとすれば、クリスマス、イースター、ペンテコステなど。

■礼拝に行ってみると

クエーカーの礼拝を特徴づけるのは、沈黙の時間である。メンバーは、神と向かい合う沈黙を共有し、ひとつになる。

ミーティング（meeting [for worship]）と呼ばれる**礼拝会**は、大きく分けてプログラムのないもの（unprogrammed/ non-pastoral）と、あるもの（programmed/ pastoral）がある。

前者は伝統的なクエーカーのもので、一般の教会のようにあらかじめ定めたプログラムがなく、神の訪れを待ち望む沈黙のなか、聖霊のうながしのままに進むのが特徴。人びとは向かい合ってベンチに腰掛け、霊感（inspiration）を感じた者が立ち上がって話したり（これを「**感話**《かんわ》」message という）、ときに賛美歌斉唱（伴奏なしのア・カペラ）や聖書朗読を提案したりする。感話は、そのとき心に湧き起こることだけしか口に出さないことになっているので、あらかじめ準備してきた原稿を読み上げたりはしない。口に出す祈りや、「アーメン」の声、席上献金もない。最初から最後まで、沈黙のみで終わる場合もある。解散を告げる役目の人（長老）が隣の人と握手し、それを合図に各人が近くの人と握手して（あるいは手をつないで）終了。現在の礼拝時間は一時間程度。集まる人数はほんの数名、という月会もいまはめずらしくない。こういう礼拝形式を取る会堂（meeting-house）には飾り気がなく、十字架や講壇、ステンドグラスはもちろん、オルガンもないのがふつう。たとえ、誰かの感話に心を打たれても、語り手を褒める慣習はない。それは神の御業《みわざ》であって、人の業ではない、という理解があるからだ。

プログラムのある礼拝形式は十九世紀に福音派のクエーカーが採用したもので、沈黙の時間があるのは前者と同じだが、あとは一般の（福音派）プロテスタント教会とほぼ同じ形式。多くの場合、有給の専任牧師（pastor; minister）がいて、聖歌隊による賛美歌斉唱、聖書朗読、説教、席上献金、感謝祈禱などもある。「前に出て悔い改めの祈りを」と促されることさえある。教会によっては、浸礼による洗礼や、月に一回パンとぶどうジュースによる聖餐式を行う。もっとも、サクラメントとしての意味づけはなく、儀式的なものではない。

彼らは福音派クエーカー（Evangelical Friends）と呼ばれ、「フレンズ教会《チャーチ》（the Friends Church）」というように「教会」を名乗るため、前者とは容易に区別がつく。概して、こちらの集会のほうが伝道熱心で、集まる人数が多い。

19世紀末の絵に描かれた礼拝会の様子。
男女が向かい合わせに腰掛け、女性が感話を述べている

■言語

現地の言葉。世界会議の共通語としては、英語とスペイン語が強い。

英語圏のクエーカーは、独特の言葉づかいで知られた。イングランド国教会の教会堂(church)を「尖塔のある家(steeple-house)」と呼んだり、曜日や月の名に、異教の神話に由来する名前を用いず、数で数える(一月は、ファースト・マンス First Month といい、日曜学校はファースト・デイ・スクール First Day School になる)。そして二人称に thou, thy/thine, thee を使う。後者は、二人称を相手によって使い分けない(敬語を使わない)慣習からきており、夫婦の間でも神に対してもこの二人称を使う。一般社会では完全に古語となった言葉だが、現在でもこれを使うフレンズはいる。

■人の傾向

二十一世紀のクエーカーは実に多様だ。大ざっぱにいって、プログラムのある礼拝を支持する人びとは、聖書中心主義を取り、贖罪や三位一体、イエスの処女降誕などもそのまま受け入れる。同性愛や中絶には否定的。

いっぽう、プログラムのない礼拝を支持する人びとは、概してリベラルで合理的だ。内なる光と体験を重んじ、同性愛や中絶にも寛容である。知的専門職につき、老子やコーラン、とくに禅に関心をもっている人も少なくない。極端な場合、イエス・キリストへの信仰を表明しない者も会員と認めたり、クエーカリズムはキリスト教ではないと主張するグループもある。従って、すべてのクエーカーが「クリスチャン」である、とはいえなくなってきている。

両者に共通しているのは、人間の個々の尊厳、そして霊性と感性を大切にすること、そして虚栄を嫌うことだろう。言葉遣いや、服装にもそれはうかがえる。お世辞や遠回しの表現を避け、形式だけの慣習（帽子を取る、お辞儀をするなど）を拒否したため、周囲に波風を立てた時代もあった。会話での呼びかけや郵便物の宛名にも、敬称（ミスター／ミセス／ドクターなど）をつけない人が多い。信義を重んじ約束を厳守する誠実さ、勤勉で無駄のない生活態度でも知られる。

形式にこだわらないクエーカーは、「お墓」にもこだわらず、墓そのものをもたない主義の人もいる。典型的クエーカーの墓石と呼ばれるものは、小さな「箱枕」型で、碑文もシンプル。

## ■世界的な連絡機関

一九三七年に組織されたＦＷＣＣ／フレンズ世界協議委員会（Friends World Committee for Consultation）

## ■外から見るとこんな側面も

クエーカーの活発な社会活動は高く評価されるが、同時に、エリートだけの閉鎖的集団というイメージもついてまわる。とくに十九世紀はこの傾向が強く、貧しい大衆や黒人に対する伝道活動に消極的だったため、会員数が減少した。現在でもメンバー数は多いとはいえず、とくに、プログラムなしのオーソドックスな伝統を守る月会の衰退傾向が著しい。

聖書を読むことはあまり強調されない。社会活動に熱心な人ほど、信仰や霊の問題には関心が薄い傾向があるようだ。聖書を中心におかず、牧師も信条もなく、ただ沈黙の礼拝だけでは、信仰生活を豊かに成長させ、共同体として精神的なまとまりを保つことは難しい。さらに、事前の打ち合わせなく各々が「感話」を行う形式は、ときとして、クエーカー本来の雰囲気にそぐわない人の闖入を簡単に許し、その場を騒然としたものにしてしまう。思いつきや政治的意見表明としての感話、長話、次々続く感話からも、深い霊性を感じることはできない。

逆に、プログラムがあって、牧師もいる福音派クエーカーに対しては、伝統からはずれた非正統派というレッテルがついてまわる。「一体、これがクエーカーといえるのか？」というわけだ。ただし、いまの世界（とくにアフリカ）で成長しているのは、こちらの非正統派のほうである。静黙のなかで純粋に神と交わることへの追求と、組織の活性化とにどう折り合いをつけるのか、議論は尽きない。

■ゆかりの人びと

「アメリカ小説の父」チャールズ・ブラウン、英国の経済学者デイヴィッド・リカード（ユダヤ教から改宗）、英国の刑務所改革者エリザベス・フライ、アメリカの社会運動家ルクレティア・モット、アメリカの社会改革家グリムケ姉妹、『英国史』の著者トマス・マコーリーの母、アメリカの詩人ジョン・ホイッティア、英国の人類学者エドワード・テイラー、作家ジョージ・ギッシングの生家、作家レックス・スタウトの生家、ノエル・ベイカー男爵（一九五九年ノーベル平和賞）、『南太平洋』の原作者ジェイムズ・ミッチェナー、作家マーガレット・ドラブル、歌手ジョーン・バエズ、俳優ではジェイムズ・ディーン、ベン・キングズリー、ジュディ・デンチ、アメリカ大統領ではハーバート・フーヴァー、リチャード・ニクソン。旧五千円札の新渡戸稲造、マリコ・テラサキ・ミラーの父・寺崎英成、神谷美恵子

■ゆかりの小説や映画

セオドア・ドライサー『とりで』、『友情ある説得』（一九五六年米国映画）、バーバラ・スマッカー『六月のゆり』、チャールズ・ラム『エリア随筆集』

■主な地域

プログラムをもたないクエーカー：英国、アイルランド、アメリカ、カナダ、オーストラリア、ニュージーランド、ノルウェーほかヨーロッパ諸国、香港、韓国など

プログラムをもつクエーカー：アメリカ（とくに中西部と西海岸）、カナダ、メキシコ、ケニア、キューバ、タンザニア、ボリビア、ブルンジ、ルワンダなど

■日本における組織

キリスト友会日本年会

■主な関連学校

Earlham College、Haverford College、Swarthmore College、Bryn Mawr College、Cornell University、Johns Hopkins University（以上アメリカ）、Woodbrooke Quaker Study Centre（以上英国）、普連土学園など

■クエーカー四方山話

◆相手によって商品の値段を変えない、つまり「定価」を導入したのはクエーカー商人

が初めてだったといわれている。「内なる光」に導かれた商人は、公正《フェア》な価格を確定できる、と信じられたのである。

◆英国史に残る謎のクエーカーというと、ハナ・ライトフット（Hannah Lightfoot）という女性。一七五九年、皇太子ジョージ（のちの国王ジョージ三世）と秘密裏に結婚したという説があるが、詳しいことは分かっていない。

◆現天皇の皇太子時代の家庭教師エリザベス・ヴァイニング夫人、そして後任のエスター・ローズ女史は、いずれもクエーカーである。あまり「熱狂的すぎない」クリスチャン、ということで選ばれたという。

◆アメリカでは、クエーカーの学校といえば、教育レベルと学費の高さで知られる。もちろん、信仰を強要することもない。元米国大統領クリントン夫妻も、ひとり娘をクエーカー系の学校に入れていた。田中眞紀子の留学した高校もクエーカー系である。

◆クエーカー・シティといえば、アメリカのフィラデルフィアのこと。イングランド出身のクエーカー、ウィリアム・ペン（William Penn 一六四四―一七一八）が拓いた町だ。オートミールで有名なアメリカの食品会社「クエーカー・オーツ（Quaker Oats）」は、クエーカーが創始者というわけではないが、純正品にふさわしいイメージということでこの名称を選んだという。ただ、このパッケージに書かれた男性は十七世紀の衣装をつけていることから、クエーカーはまだこの時代の服を着ていると誤解されたり、アーミッシュと混同される現象も起きているらしい。その他、しばしばクエーカーと混同されるものに「シェイカー（Shakers）」がある。シェイキング・クエーカーズという、ラディカルなクエーカー分派に属した女性アン・リー（Ann Lee 一七三六―八四）が英国のマンチェスターで創設したもの。アメリカでいっとき二万名ほどのメンバーを有したが、メイン州にある最後の共同体構成員は二〇一〇年に三名と報道されており、ほぼ絶滅に近い。

◆アメリカ大統領ではニクソンがクエーカーとして知られるが、彼が属していたのはカリフォルニア州のプログラムをもつ教会で、福音主義的な伝道集会にもよく参加していた。第二次大戦が始まると兵役免除を辞退して海軍に入隊し、大統領になってからはベトナム戦争において大規模な空爆を指示しているので、非戦をうたうクエーカーにもさまざまなタイプがいたことがわかる。

◆英国では、チョコレートメーカーとして有名なキャドバリーとラウントリー、そしてロイズ銀行とバークレー銀行がクエーカー系。

◆クエーカーの社会奉仕活動は有名で、第一次大戦後は、敗戦国ドイツやオーストリアに物資を送った。映画『サウンド・オブ・ミュージック』のモデルとなったマリア・フォン・トラップは、戦後ウィーンで学生をしていたが、餓死寸前だったところを、クエーカーの提供する食事に助けられたと自伝に記している（『サウンド・オブ・ミュージ

ック　アメリカ編』文溪堂・一九九八)。また、第二次大戦中、アメリカ・フレンズ奉仕団の記章を屋根に描いた車は、絶対にドイツ空軍のパイロットから攻撃されなかったという。この戦争中、強制収容所に送られた日系アメリカ人たちに手を差し伸べたのもクエーカーだった。

◆座禅と、クエーカーの静黙の礼拝とは比較されることが多い。宗教家・鈴木大拙《だいせつ》はクエーカーの集会に参加したことがあり、おもしろい宗派だと感想を語ったという。ただし、「めいめい瞑想に入っているが姿勢がダメだわい」(『友』一九七〇年六月号)。

**■翻訳者や作家へのアドバイス**

先に触れたように、クエーカーといっても礼拝様式に幅があり、すべての礼拝会がプログラムなしとは限らない。日本のクエーカーは、由緒あるフィラデルフィア年会の流れを汲み、プログラムがなく、牧師もいない礼拝会がほとんどだ。日本年会による出版物は比較的豊富で、日本語版の『信仰反省のためのしおり』も出ている。

インターネット上の資料も充実しており、英米各地の年会のクエリーズが手に入る。

**【図書室】**キリスト友会日本年会・東京月会(東京都港区)

# ユニテリアン・ユニヴァーサリスト

Unitarian Universalists / Unitarians

三位一体を教義としない、境界に位置する信仰者たち

◎自由と理性と寛容を重んじ、権威への盲従を嫌う
◎自由主義神学の最先端
◎北米では女性牧師の比率が高く、性的マイノリティを排除しない
◎異宗教間の交流活動にも積極的
◎キーワードは万人救済説、ユニティ、リベラル
◎代表地域はアメリカ、ハンガリー、ルーマニア
◎イメージとしては、アイザック・ニュートン、詩人ラルフ・エマソン、チャールズ・ダーウィン
◎信者は約五十万人

隠れアリウス主義者だった
サー・アイザック・ニュートン(1642―1727)

## ■名称の由来と起源

ユニテリアン（Unitarian）とは、キリスト教正統教理の中心である三位一体論者（Trinitarian）に対し、キリストの神性の教理を否定して神の単一性《ユニティ》（Unity）を強調する人びとをさす。初代教会時代は、アリウスがこの説を唱えたことからアリウス主義者（Arian）、また、十七世紀以降はイタリアの神学者ソッツィーニ（Fausto Sozzini 一五三九―一六〇四）の名からソッツィーニ主義者（Socinians）、英国ではビドル（John Biddle 一六一五―六二）からビドル主義者（Biddellians）とも呼ばれた。英語で「ユニテリアン」の語が初めて使用されるのは、ビドルの死後、十七世紀の末期である。一般的にはユニタリアンの表記も使われる。

日本では大正期に教会名として「統一基督教会」、略して「統一教会」の名前が用いられたこともあった（いうまでもないが、一九五四年に韓国で創設された統一教会とはなんの関係もない）。自称としては、英国でフリー・クリスチャン（Free Christian）、アメリカではリベラル・クリスチャン（Liberal Christian）の語もある。

いっぽう、ユニヴァーサリスト（Universalist）とは、少数の者のみが神に選ばれ救われるとする予定説（⬇100頁からの「改革派／長老派」）とは逆に、すべての者が例外なしに救われるとする万人救済説（Universal restoration）を主張する人びとのこと。こちらの語も、十七世紀から使用されるようになった。

日本におけるこの派の教会名は、一八九一年の「宇宙神教教会」、一九〇六年の「日本ユニヴァーサリスト教会」を経て、一九〇九年に韓愈《かんゆ》の言葉「一視同仁《いっしどうじん》」（すべての人に平等に仁愛を施すこと）から、「同仁基督教会」という名称が採用された。

ユニテリアン・ユニヴァーサリスト協会（後述）の結成以降は、両者を総合してUU《ユーユー》という略称も使う。

なお、英語では、キリスト教以外の一神教徒、とくにムスリムをさしてユニテリアンの語を使う場合もある。

## ■特徴と教義

キリスト教においては、三位一体《トリニティ》説（➡31頁）を取る教派が「正統」とされている。「正統」を自任する側からすると、それが、「異端」との境目なのである。

そのトリニティに対し、神のユニティ、すなわち単一性を唱えてキリストの神性を否定したのが、ユニテリアンと呼ばれる人びとだ。この思想は初代教会時代から存在し、当時はアリウス主義者と呼ばれたが、三二五年の第一ニケア公会議で否定され、以後はいわゆる異端扱いされている。宗教改革の時代にこの反三位一体論はヨーロッパで息を吹き返し、トランシルヴァニア国王がこの教義を公に受け入れた時期もあったが、迫害の時代が長く続いた。宗教改革時代の殉教者としては、カルヴァンによって火刑になったセルヴェトス（Michael Servetus　一五一一―五三）が知られている。英国で、反三位一体論者を死刑に定めた法律が廃止されたのは、一八一三年のことだ。

社会の表面に浮上するのは、啓示や奇跡を疑い、理性のみによる神の認識を主張する理神論（deism）が登場して、人間の合理的思考が尊重されるようになった十八世紀後半から。英国では、バーミンガムなどの新興工業都市の産業資本家層やインテリ層に支持され、ユニテリアンというと、知的で裕福な階層の人びとがイメージされた。

いっぽう、アメリカのユニテリアン主義は、十八世紀のニューイングランドの会衆派の人びとに広まり、人間の罪を糾弾する厳格なピューリタン神学に代わって、裕福な市民層に歓迎されるようになった。十九世紀前半には、あのハーヴァード大学もユニテリアン神学の牙城となる。詩人ラルフ・エマソンも、元はユニテリアン教会の牧師だった。

万人救済説、すなわちユニヴァーサリズムの思想も初代教会時代から存在したものの、キリスト教教義の主流とはならなかった。しかし、十八世紀のドイツ敬虔主義や啓蒙主義の追い風を受け、アルミニウス主義神学（➡124頁）に立つ人びとを中心に、アメリカで発展。彼らも三位一体を信条とせず、ユニテリアンと共通項が多いことから、北米の二者は一九六一年に合同し、UUA／ユニテリアン・ユニヴァーサリスト協会（Unitarian Universalist Association）を結成した。

聖書は、数々の優れた書のひとつとして真価を認める、という立場。聖書の無謬《むびゅう》や逐語霊感説（➡201頁）をはじめ、人の原罪や代替贖罪説（イエスのあがない）、地獄における永遠の罰、処女降誕を含む奇跡、悪魔の存在も認めない。イエスの復活も、肉の復活ではなく、キリスト教信仰の出発点としてとらえる。彼らにとって、イエスは神ではない。わたしたち神の子（ガラテヤ三・26）のなかでもっとも神に近い人間であり、われわれに神聖な生活の仕方を模範的に示した究極の師として信じ、従っていこうとする。人間の善性を強調し、良心の自由と理性と寛容とに価値をおき、国家と教会の結びつきには否定的。科学上の諸発見を尊重し、自由主義神学の最先端にいる。社会改革運動や慈善運動にも熱心。キリスト教だけでなく、他の宗教にも救いはあると考えるため、異宗教間の交流活動にも意欲的だ。とくに北米では、主流派教会が排除してきた性的マイノリティも積極的に受け入れており、同性愛者の牧師も存在する。フェミニズム神学にも関心が高く、女性牧師の割合はキリスト教界トップクラス。

伝道熱心とはいえないが、アメリカを筆頭とした二十以上の国に五十万人ほどの信者がいる。

## ■礼拝で用いる信条・代表的な信仰告白

ユニヴァーサリストのものでは、一八〇三年の「ウィンチェスター信仰告白」が知られている。ただし、すべての信徒が共有する信仰箇条は存在せず、教会で告白する信条もない。

■サクラメント

「サクラメント」という考え方はない。一般教会の幼児洗礼に似たものとして献児式《けんじしき》、また、パンとぶどうジュースによる主の晩餐を行うとしても、それはセレモニーであって、サクラメントではない。「洗礼」と呼ぶ儀式を行う場合でも、「父と子と聖霊の御名《みな》によって」と唱えるとは限らない。

■組織形態

個々の教会が自主独立した会衆制が基本。東欧には、牧師（minister）のほかにビショップがいるが、地域によっては教役者をもたず、レイ・パスター（lay pastor）あるいは信徒が中心になる集いもある。名称としては、チャーチのほか、コングリゲーション（Congregation）、コミュニティ、フェローシップ、ソサエティも使われる。

■暦・祭日

教会暦は用いない。とくに祝う日としては、クリスマス、イースターなど。独特の行事として、年に一度、花の季節にフラワー・コミュニオン（Flower Communion）を行う教会もある。これはチェコのユニテリアン牧師が、伝統的なパンとぶどう酒の聖餐式に代わるものとして一九二〇年代に始めたもので、信徒がもち寄ったさまざまな花を大きな花瓶やバスケットに集め、最後に皆で分かち合う。

■礼拝に行ってみると

教会によって雰囲気は違う。伝統的なキリスト教建築から離れた斬新なデザインの教会堂に、抽象的なアートが飾ってあったりすることも。ある教会では、自分たちはリベラル・クリスチャンと主張するため、十字架などのキリスト教的シンボルをおく。UU信仰のシンボルとして、油を入れたカリス（カップ）に灯をともしておく教会もある。

説教が中心になっているところは、一般的なプロテスタント教会と同じだ。ただし、聖書のほかに他宗教の経典を読んだり、信徒による「感話（奨励）」がメインとなることもある。社会問題を論じたり他宗教の教義を学んだりと、テーマは幅広く、「説教」というより学校の講義に近い場合もある。賛美歌に関しては、イエスは神のひとり子だとか、三位一体をテーマにした歌詞は歌わない。「罪」とか「救い」「地獄」というフレーズもあまり聞かない。礼拝中に祈禱の時間があるかどうかも、ところによって違う。

■言語

現地の言葉。

## ■人の傾向

権威への盲従を嫌い、個人の良心の自由を大事にし、他人の信仰に干渉しない。意見の多様性を尊び、自分を相対的に眺め、少数派の立場に立って考えることができる。信仰者としては、あくまでイエスを師とする道を歩むが、他宗教の信者には、そこに救いの道があることを認め、ともに神の愛のもとに生きる者として尊重する。西洋文化の絶対的優位性を主張したり、不可知論者や無神論者に偏見をもつこともない。ただ、理性を重視するあまり、それに反するものに対して寛仁の心をもてない人もいるようだ。

生活規範は概して寛容で、離婚や飲酒喫煙を罪悪視しない。いっぽうで、革新的な理論をもつ人が、実際の生活スタイルは案外保守的だったりすることもある。死後のことより、現世でどう生きるか、聖書の言葉をただ聞くよりも実行することに比重をおく。隣人愛を実践するため、社会運動には熱心。二十世紀前半まで、ユニテリアンにはホワイトカラー、ユニヴァーサリストにはブルーカラーが多かったが、現在は、ともに高学歴で職業をもつ人というイメージがある。

他人がどういおうと、自分をクリスチャンだと考えている人もいる。ただし、自らをポスト・クリスチャン（post-Christian）とか、ヒューマニスト（humanist）と認識する人も多い。

## ■世界的な連絡機関

一九八七年に組織されたＩＣＵＵ／ユニテリアン・ユニヴァーサリスト国際評議会(International Council of Unitarians and Universalists)

## ■外から見るとこんな側面も

ユニテリアンの評判は、クールなこと。極度に合理的で情緒に乏しく、醒《さ》めている。観念的なことは語り合っても、直接的な体験にはあまり関心がない。富裕層のころよい価値観と結びついた、裕福な教養人の宗教だととらえられている。

また、先に述べたように、いわゆる正統派を自任する人びとからは、自分たちの信仰を脅かす存在として危険視されてきた。体制に公然と異を唱えるラディカルな姿勢も、しばしば大衆の反感を買った。酸素を発見した英国の化学者ジョーゼフ・プリーストリー(Joseph Priestley　一七三三―一八〇四)は、ユニテリアンの指導者としても知られるが、フランス革命支持を公に表明したため暴徒の焼き打ちにあい、一家でアメリカに亡命している。

宗教ではなく道徳に過ぎないとか、あまりに考え方が広く物わかりがよすぎてアイデンティティが不明瞭、神秘的な部分をそぎ落としてしまっているため、宗教としては説得力がないという声も。UUは百パーセント「キリスト教」のカテゴリーに入るとはいえない、と本人たちも認めている（アメリカの国勢調査ではUnitarian/Universalistはキリスト教に含まれず、「その他の宗教」に分類されている）。神に関する理解も人それぞれで、「これを受け入れなければ、メンバーにはなれない」という明確なラインはない。そのためか、他宗教（他教派）からの転向者がかなり高い比率を占め、いろいろな教会を渡り歩いた末に、ここに落ち着いた人も少なくないという。ことに、改革長老派からの転向が目立つのは、カルヴァンの予定説への反動かもしれない。また、統計的な数字としては出てこないが、正統派の教会にとどまりながら神学上のリベラリズム運動を展開するUU共鳴者も存在する。

## ■ゆかりの人びと

アイザック・ニュートン、ベンジャミン・フランクリン、ジョーゼフ・プリーストリー、英国首相第三代グラフトン公爵、蒸気機関車の考案者スティーヴンスン、スコットランドの詩人ロバート・バーンズ、英国の作家サミュエル・コールリッジ、アメリカの思想家・詩人ラルフ・エマソン、『緋文字』のナサニエル・ホーソーン、英国の慈善家メアリー・カーペンター、チャールズ・ダーウィン、小説家エリザベス・ギャスケル、

『白鯨』のハーマン・メルヴィル、フローレンス・ナイチンゲール、アメリカ最初の女性牧師アントワネット・ブラウン・ブラックウェル、『若草物語』のルイザ・メイ・オルコット、電話を発明したアレクサンダー・グレアム・ベル、『ピーター・ラビット』のベアトリクス・ポッター、建築家フランク・ロイド・ライト、英国首相ネヴィル・チェンバレン、作曲家バルトーク、アメリカのペリー元国務長官、アメリカ大統領では、アダムズ父子、トマス・ジェファーソン、ミラード・フィルモア、ウィリアム・タフト。ジョン万次郎、安部磯雄、内ヶ崎作三郎、市川房枝（洗礼は組合派）

■主な地域

アメリカ（とくに北東部、中西部、西海岸）、ハンガリー、ルーマニア、インド、英国、カナダ、フィリピン、チェコ、オーストラリア、ナイジェリア、フランスほか

■日本における主な組織

同仁キリスト教会（ユニヴァーサリスト）

■主な関連学校

Tufts University、St. Lawrence University、Lombard College、Goddard College、California

Institute of Technology（以上アメリカ）、Unitarian College Manchester、Harris Manchester College Oxford（以上英国）など

**■UU四方山話**

◆英国では、科学者アイザック・ニュートン、哲学者ジョン・ロック、詩人ミルトンなどがユニテリアンと関連づけて語られる。ニュートンは、一度はイングランド国教会に従うことを誓約してケンブリッジ大学のルーカス教授職に就いたものの、その後「キリストを神として崇めることは偶像崇拝」と信じるようになり、国教会の聖職按手を拒否。終生、その信仰を秘密のままにした。一六九〇年代には、聖書のなかにある三位一体的な記述は後世の改悪だとする論文を書き、ジョン・ロックに送ったが、反三位一体論者であることが世に知られるのを恐れて、生前に出版することはなかった。

◆一八八七年、アメリカから日本へユニテリアンの宣教師が派遣された。が、この宣教師ナップいわく、自分は名目上は宣教師であっても、日本人をユニテリアンに改宗させるために来たわけではない。日本の諸宗教を学び、友を作るためだ、と語った。そして、本拠にした建物に「教会」の語を用いず、「惟一館」と名づけている。

このナップと親しかった福澤諭吉は、道徳的な力としてのユニテリアン主義を歓迎し、一時期同派の神学校を慶應義塾に吸収合併して神学部を設置することまで考えたという

（土屋博政『ユニテリアンと福澤諭吉』慶應義塾大学出版会・二〇〇四）。

■翻訳者や作家へのアドバイス

「ユニテリアン派は偶像教に勝さる異端なり」と内村鑑三が『基督信徒《キリスト》の慰《なぐさめ》』に書いたのは、一八九三年。当時は、ユニヴァーサリストとともに「自由キリスト教」の名称でも呼ばれ、日本のキリスト教界に無視できない影響力をもっていた。だが、近年、「異端」としてUUが言及される機会はめっきり少なくなった。もっと強力な、いわゆる「三大異端」（エホバの証人、モルモン教、統一教会）が桁《けた》違いに教勢を延ばしているためだろう。

なお、一九六一年のUUAの成立以来、ユニテリアンとユニヴァーサリストの境目はあまり強調されなくなっている。

【図書室】同仁キリスト教会（東京都文京区）

# 救世軍
The Salvation Army

軍隊式の組織で社会事業に献身する
ユニークな教派

◎社会奉仕活動の機動力は
キリスト教界随一

◎ブラスバンドで活発な野外伝道を展開

◎禁酒禁煙を絶対とする清廉な生活

◎キーワードは、神の軍隊、
救いと聖潔《きよめ》、小隊

◎代表地域は英連邦諸国、旧英国植民地

◎イメージとしては、社会鍋、山室軍平、
『ガイズ・アンド・ドールズ』

◎信徒は約百七十万人

1934年に女性初の大将となったエヴァンゼリン・ブース（1865―1950）。
背後は救世軍の紋章（クレスト）

## ■名称の由来と起源

メソジスト（➡122頁からの「メソジスト」）の伝道師だったウィリアム・ブース（William Booth 一八二九―一九一二）を創始者に、一八六五年、ヴィクトリア朝のロンドンに誕生した。当初はメソジストのシステムにならっていたが、秩序を保ちつつ活動するため、もっとも効率的な形態として軍隊組織を導入。一八七八年にThe Salvation Army（救いの軍隊）の名称を採用した。その日本語訳が「救世軍」である。香港や台湾などでも漢字名は同じ。英語圏の略称にS.A.，愛称にはSally Ann(e), the Sally, Sally Army, the Salvosなど。なお、日本では「軍」の字が好ましくないということで、第二次大戦中に強制的に「救世団」と改称させられたことがあった。

## ■特徴と教義

「血と火」、すなわち「救いと聖潔《きよめ》」をモットーとし、罪から赦された者は、聖い生活に導かれるべきことを強調する。また、「救霊事業のない社会事業はなく、社会事業のない救霊事業はない」という理念から、人びとのニーズに応えるため社会福祉や医療の働きをしつつ、救霊（伝道）を行っているのが特色。軍隊ふうの組織を採用し、階級、制服、記章、軍旗等を定め、教職を**士官**（officer）と呼ぶ。タンバリンとブラスバンドを用いて活発な野外伝道を行い、とくに、社会の最下層の人びとに神の愛を伝えてきた。

旧新約聖書のみを信仰の拠りどころとするが、神学的にはシンプルで、サクラメントはもたない。全般に生活の規律は厳しく、とくに飲酒を近代社会の社会悪の象徴と見るため、禁酒は絶対。世界最大の禁酒団体とも呼ばれる。世界の救世軍人（Salvationist）は、二〇一〇年におよそ百七十万人。

**■礼拝で用いる信条・代表的な信仰告白**

明文化された「救世軍の教理」をもつ。『救世軍教理便覧』の付録には「使徒信条」と「ニカイア・コンスタンチノポリス信条」も掲載されている。

**■サクラメント**

目に見える儀式としてのサクラメントはもたない。信徒すなわち**兵士**（soldier）となるには、十四歳を過ぎてから自分の意志で「兵士の誓約（Soldier's Covenant）」という誓約書に署名捺印し、兵士入隊式（Enrollment Ceremony）をあげる。洗礼名に相当するものはない。

また、ふつうの教派のような聖餐式も行わないが、神との交わりという意味の聖餐式なら、恵《めぐみ》の座（⬇192頁）で祈り、神の言葉を聴くことがそれに相当する。

## ■組織形態

中央主導型の軍隊形式。基本的に、上位者に対しては絶対的な服従が求められる。

現在の組織を上から見てみよう。万国本営（International Headquarters; IHQ）はロンドンにあり、最高会議（High Council）で選出された**大将**（general）が、万国総督として全世界の救世軍を統率する。大将の任期は原則として五年、あるいは七十歳まで務める。大将を補佐するのが一名の参謀総長（chief of the staff）で、その下に地区と担当任務に分かれた複数の万国書記官（international secretary）がいる。彼らの階級は中将（commissioner）である。

地区の万国書記官の下に、**各軍国**（Territory）が位置する。通常は一国にひとつだが、オーストラリアとアメリカ、インドには複数の軍国があり、世界の軍国数は四十八（二〇一一年現在）。それぞれの責任者を司令官（territorial commander）といい、階級は大佐補（lieutenant-colonel）以上となっている。これを書記長官（chief secretary）が補佐する。軍国は複数の連隊（division）で成り立ち、その長は連隊長（divisional commander）、階級は大尉（captain）以上。連隊を構成するのは複数の**小隊**（corps）で、これが各個教会に相当する。責任者の小隊長（［corps］commanding officer）には原則として中尉（lieutenant）以上の士官が任命される。小隊の下には分隊（outpost）がある。

他教派の牧師にあたる者が**士官**と呼ばれる。男女を問わず、神と救世軍に全生涯を献げて救世軍の各種事業で奉仕するために、一定期間（現在は二年）士官学校で訓練を受け、司令官によって任官された者をさす。神学生は士官候補生（cadet）といい、任官されると中尉になる（二〇〇一年、任官後の最初の階級が大尉に変更となったが、二〇〇八年に再び中尉に戻った）。階級章は、赤い肩章に星が一つ。任官五年で大尉に昇任（昇進のこと）、肩の星は二つに増える。任官十五年で少佐（major）となり、肩には星の代わりにクレスト（crest）という救世軍のマークが入る。その上には大佐補、大佐（colonel）、中将の位があり、これらの階級は二〇〇一年からは軍国の書記長官もしくは司令官のみに与えられることになった。最高位は大将で、現役では世界に一名しかいない。

一般信徒にあたるのを**兵士**といい、所属小隊において役員として責任ある地位に任命されると、**下士官**（local officer）と呼ばれる。三役である書記・会計・曹長以外の下士官はほとんどが軍曹（sergeant）の階級。フルタイムで奉仕する下士官をかつては特務曹長（envoy）と呼んでいたが、二〇〇八年より一定期間（最低三年）の奉仕を願う下士官を、日本軍国では准尉と呼ぶことになった。

設立当初から女性は男性と同等の資格をもち、女性士官の比率は高い。士官は士官と結婚する（牧師の配偶者は必ず牧師）のも特徴だ。二〇一一年には三人目の女性大将が誕生した。

軍隊ふうとはいっても、欧米では中将くらいまでファーストネームで呼び合い、大将のみ「大将」と役職名を使うことが多い。日本では、司令官や書記長官は役職名で呼び、上官に対しては○○少佐というように姓に階級名をつけ、大佐補は通常は「大佐」と略す。下士官以下では一般社会と同じで、さん・くんづけ。聖別会などの公的な紹介のときは、「○○兵士」と呼ぶ。かつて士官の妻は夫の階級に「夫人」をつけ、たとえば「少佐夫人」と呼ばれた。その例外が大将の妻で、大将夫人には中将の階級が与えられた。一九九六年からは階級の異なる士官が結婚した場合、どちらか高い方の階級に合わせることになり、「夫人」の呼称が消えて「少佐夫人」は「少佐」となった。二〇〇一年以降は、夫婦であっても階級はそれぞれの奉仕年限による。従って、妻の方が夫より階級が高いカップルも存在する。

なお、准兵士以上の救世軍人同士は「戦友（comrade）」、救世軍以外からの援助者は「軍友」と呼ぶ。また、禁酒禁煙を守ることには縛られないが、それ以外の救世軍の主義に共鳴し、実際の礼拝の場に救世軍を選び、月定献金もしている人は「同友者（adherent）」という。同友者は救世軍の一員として数える。

**■暦・祭日**

教会暦は用いない。とくに祝う日としては、クリスマス、イースターなど。

## 救世軍の士官たち

女性士官のボンネット（1930年代）　旧タイプの制服（立襟）　現代の制服（295頁も参照）

### ■礼拝に行ってみると

名称のすべては軍隊調。通常の教会は「小隊」、教会堂は「小隊会館（citadel; corps hall）」といい、紋章《クレスト》と三色の軍旗がおかれている。集う兵士（信徒）は地味な制服制帽姿がふつう。士官（牧師）は赤い階級章をつけており、ポケットの位置も兵士とは違うので、一目で分かる。女性はかつてはボンネット、現在はハット（いわゆる山高帽に相当）をかぶる人がほとんどだ（礼拝中でも女性はハットをかぶったままだったが、いまは上官が要求しない限り、室内では着用しなくてもよくなった）。右手人差し指を上にあげて「ハレルヤ！」と明るく敬礼する人が多い。

聖別会（他教派でいう主日礼拝）は音楽を多用し、聖霊の働きに支配された感覚的な雰囲気だ。儀式ばっていたり、難解なところはない。見事なブラスバンドの演奏やタンバリン隊の操練《ドリル》が見られることもある。ほぼ必ず証言《あかし》と呼ばれる時間があり、イエスを救い主として受け入れたことで自分の人生がどう変わったか、また、日々の生活のなかで受けた恩恵《めぐみ》などが具体的に語られる。

高壇の下にある細長いベンチ（あるいは椅子）を**恵の座**（mercy seat; penitent form）と呼び、説教の後の祈禱会のとき、キリストを信じたいと願う求道者は、自分の席を離れ、このベンチの前に進み出て、跪いて悔い改めの祈りをすることにより、罪が赦され、回心者となる。

以上の表現でもわかるように、内部ではかなり特殊な用語が使われているが、訴えているメッセージ自体は、シンプルでわかりやすい。ほかの主流派教会ではあまり見られないような、さまざまな階層の人が集うのも特徴。

## ■言語

現地の言葉。公用語は英語。

## ■人の傾向

信仰生活における清潔さや、メンバー相互の交わりを大切にする点はメソジストと共通している。「軍令及び軍律（Orders and Regulations）」と呼ばれる規律（とくに禁酒禁煙は絶対）を守るには、何より謙虚さと克己心が要求される。理屈より行動を重視し、考えている暇に実践に移す。とくに社会的弱者へ視線をそそぐ。神学用語をちりばめた高度な聖書解釈より、回心体験の素朴な語りで人の心を揺り動かす。兵士たちは、神の愛に生きるという誓いの証しとして制服を身につけ、奉仕のため町へ出ていく。

なお、軍隊ふう組織とはいっても、「イエス・サー」のように、英語圏で上官に「サー」を使うことはない。

## ■外から見るとこんな側面も

教派はいろいろあれど、これだけの（少ない）人数で、これだけ広範囲に社会福祉事業を展開しているのは、救世軍をおいてほかにない。女性や児童、救貧者の保護施設運営、酒害者や麻薬中毒患者、犯罪更生者への支援活動など、社会事業の歴史に果たした役割には多大なものがあり、ノーベル平和賞の候補にもノミネートされた。

だが、救世軍は「教会」なのだろうか？　一九九八年に英国で行われた調査では、救世軍を歌ったり音楽を演奏する軍隊式の組織と見ている人が多く、慈善団体や教会と考えている人は一割に満たなかったという。教会なのか、それとも何か別の団体なのか？　この定義をめぐっては、救世軍の内部でもしばしば論議になることもあるようだ。

救世軍のすべての活動の根源が、神への信仰にあることは明らかである。だが、初期にはその教理の神学的弱さが指摘され、他教派から差別的扱いを受けたこともあった。また、彼らの禁酒運動や廃娼運動をこころよく思わない者たちからも、暴力をもって迫害された。英国では、救世軍やチャーチ・アーミー（後述）の活動を妨害するため、骸骨団（Skeleton Army）というグループが組織されたこともある。十九世紀末期から二十世紀はじめの英国や北米の下層労働者の生活を描いた作品には、よく救世軍が言及されているが、必ずしも好意的描写ばかりではない。

本国英国でも、他教派に劣らず教勢は退潮ぎみ。制服の着用を求めない小隊も出てきており、新しい方向を模索している様子がうかがえる。

**■ゆかりの人びと**

ブラムウェル・ブース大将、エヴァンゼリン・ブース大将、山室軍平、村松愛蔵

**■ゆかりの小説や映画**

『野郎どもと女たち（ガイズ・アンド・ドールズ）』（五五年米国映画）、『渚にて』（五九年米国映画）、『吉原炎上』（八七年日本映画）、『メリー・クリスマス、ミスター・ビーン』（九二年英国ドラマ）、『過去のない男』（二〇〇二年フィンランド・独・仏映画）

G・B・ショウ『バーバラ少佐』、ブレヒト『屠場の聖ヨハンナ（ジャンヌ・ダルク）』、ジャック・ロンドン『どん底の人びと』、ラーゲルレーフ『幻の馬車』、ジョージ・オーウェル『パリ・ロンドンどん底生活』、ウイリアム・ウッドラフ『社会史の証人』、瀬戸内寂聴『余白の春』

**■主な地域**

世界の百二十を超える国と地域で活動。アメリカ、インド、英国、オーストラリア、カナダ、インドネシア、ニュージーランド、スウェーデン、ラトビア、ノルウェー、ジンバブエ、オランダ、コンゴ、アンゴラ、ナイジェリア、パキスタンほか

**■日本における組織**

救世軍日本軍国

**■救世軍四方山話**

◈救世軍がヴィクトリア朝の英国にもたらしたインパクトは大きく、イングランド国教会は対抗して一八八二年にチャーチ・アーミー（Church Army）と呼ばれる信徒の伝道組織を作ったほどだ。代表的な分派としては、ブースの次男バーリントンとその妻モー

ドが一八九六年ニューヨークで設立したボランティアーズ・オブ・アメリカ（Volunteers of America）、そしてトマス・ムーア少佐によるアメリカン・レスキュー・ワーカーズ（American Rescue Workers）があり、いずれも社会的弱者への奉仕活動を行っている。

◆日本ではどうしても明治大正時代のイメージ（廃娼運動、山室軍平）がついてまわるが、一九九五年の阪神淡路大震災、二〇一一年の東日本大震災でも真っ先に支援活動を開始した機動力はキリスト教界随一。命令系統がはっきりしているため、行動が早い。冬の風物詩・社会鍋（季語にもなっている）は二〇〇九年に百周年を迎えた。

◆アメリカでは、民間から寄せられた大規模慈善団体への寄附金の額で、つねに首位かそれに近い場所をキープしているのが救世軍だ。一九九九年に受けた寄附金は、現金その他で十四億ドル（約千五百十二億円）、二〇一〇年には感謝祭から大晦日の間のクリスマス募金だけで一億四千二百万ドル（約百十六億円）を集めた。救世軍ならば有効に使ってくれる、という信頼のあかしだろう。マクドナルド社創業者の妻だったジョーン・クロックからは、二〇〇三年になんと十五億ドル（約千六百億円）を遺贈されている。

◆一八八五年から続く有名なサービスに、Family Tracing Service（Missing Persons Service）という、行方不明家族を探索するものがあり、現在までに一万を超える人びとが家族の行方を捜しあてた。また、アメリカやオーストラリアなどでは、中古家具や衣料などのリサイクル拠点として多くの人に親しまれている。

❖英国の正規軍の将校は、退役後も敬称として生涯その階級を名乗ることができるが、救世軍にも同じ慣習がある。士官を引退しても、士官をやめたことにはならないからだ。

■翻訳者や作家へのアドバイス

組織に関する独自用語の多さは群を抜いている。何もかもすべてに軍隊用語をあてはめるわけではなく、たとえば「軍服」や「軍医」「軍法会議」の語は使わないし、「進軍」「行軍」「夜襲」「出陣」はあっても「突撃」はない。「士官」と呼んでも、「将校」とは呼ばない。救世軍人は「戦死」ではなく「召天(promotion to Glory：略してpG)」する。軍律の改定により変更・廃止となった階級も多い。用語の確認には、必ず救世軍の出版物にあたるか、本営(東京都千代田区)に問い合わせよう。英語版のYearbookは用語集もついていて、必携。英語にはあっても、日本では用いないために、定まった邦訳のない用語もある。

賛美歌集には『救世軍歌集』(救世軍出版供給部・一九九七)など。

【資料館】山室軍平記念救世軍資料館(東京都杉並区)

# 福音派＆原理主義者

Evangelicals, Fundamentalists

「教派」ではない、ほぼすべての教会を縦断する保守勢力

◎聖書を絶対の規範とし、文字通りに解釈する
◎伝統的価値観を重んじ、伝道に熱心
◎対抗相手はリベラル派、ローマ・カトリック、世俗主義
◎政治的主張の強いアメリカの福音派＝原理主義者
◎キーワードはボーン・アゲイン、天啓史観、前千年王国説
◎イメージとしては、スコープス裁判、アメリカの大衆伝道師、「○○クルセード」
◎アメリカのキリスト教を考察する際に重要だが、その政治信条は流動的

聖書は歴史的・科学的に見ても誤りはない、と信じるのがこの派の人びとだ

## ■名称の由来と起源

福音派（福音主義者：Evangelicals）とは、古くは、そしてドイツを中心とするヨーロッパにおいては、ローマ・カトリックに対するプロテスタントの意である。

宗教改革当時、後にルター派（➡77頁からの「ルター派」）と呼ばれる人びとは、自分たちをカトリック教会の一員と考えていたため、相手に（独語で）papistisch（教皇派または教皇主義派）という分派的名称を与え、自らをevangelisch（福音派または福音主義派）と呼んだ。これは、カトリック教会（普遍的教会）である根拠を、教会の権威に対する従順と見るのが教皇主義派であり、福音（聖書）との関係に見るのが自分たち福音主義派である、という理解に基づく。このため、現在でも世界各国のルター派の教会名には、「福音ルーテル」（英語でEvangelical Lutheran）というように「福音」（独語 evangelisch、英語 evangelical）の名称がつくことが多い。一八一七年にプロイセンでルター派と改革派が合同して誕生した教会も、福音教会（英語でthe Evangelical Church）と呼ばれた。

いっぽう、近年のアメリカや日本では、進歩的なリベラル派（主流派）に対して、保守的な信仰理解をもつプロテスタントが自らを福音派（福音主義者）と呼ぶ。アメリカでは、そのなかの強硬派が原理主義者《ファンダメンタリスト》（根本主義者／Fundamentalists）と形容され、その考え方を原理主義《ファンダメンタリズム》（Fundamentalism）という。

「ファンダメンタリスト」は一九一〇～一五年に刊行された『The Fundamentals』という十二巻の論文と評論を内容とする小冊子のタイトルに由来する。一九二〇年に開催されたバプテストの会合では、聖書のファンダメンタルズ（根本的教え）のために忠実に戦うクリスチャンが「ファンダメンタリスト」と呼ばれ、超保守的なキリスト教を強力に宣揚する者の代名詞として、広く使われるようになった。

だが近年イスラーム原理主義という言葉がネガティブなイメージで流布するにつれ、キリスト教徒が自称として用いる機会は減り、逆にリベラル派やマスコミが頑迷な保守派をひとまとめにする他称・蔑称として使われるようになった。穏健な原理主義者は自らを福音派と呼ぶ。アメリカではキリスト教右派（Christian right）と呼ばれる人びとの中心にいるのが、この福音派と原理主義者である。

## ■特徴

福音主義運動は、特定の教会論をもたない。福音派はある特定の教派だけではなく、今日ではほぼすべてのキリスト教会を縦断する流れとなっている。まずそこを踏まえたうえで、右に述べたアメリカにおける福音派、および原理主義者の特徴を見てみよう。

彼らが登場してきた背景には、ダーウィンの進化論に代表される科学や、文献批評学の発達がある。社会の世俗化や道徳的退廃も加速してきた。自由主義（liberalism）とか近代主義（modernism）と呼ばれる合理的な思想に順応した、他宗教や個人主義に寛大なキリスト教が広まり、聖書をただの〝物語〟として扱う傾向が出てくる。十九世紀も半ばになると、そうしたリベラルな動きが主流派教会に浸透するようになった。

これに反発し、伝統的な価値観や信仰理解を取り戻そうとしたのが、福音派（福音主義者）と呼ばれる人びとである。彼らは「聖書は誤りなき神の言葉であり、信仰と生活の唯一の規範である」との信条をもつ。聖書六十六巻は一字一句がすべて神の霊感によって書かれたとする逐語霊感説（verbal inspiration）を取り、聖書の無誤性（inerrancy）と無謬性《むびゅうせい》（infallibility）を疑わない。他の人びとが隠喩としてとらえる箇所を、文字通りに解釈する。当然、世界は聖書の記述通りに造られたとする創造説（creationism）を受け入れ、ノアの方舟の実在やイエスの処女降誕や復活も信じている。イエスの十字架上の贖罪を救済の唯一の拠り所とし、個人の回心・新生（ボーン・アゲイン）体験を重んじる。リベラル派陣営が社会改革や政治的活動、教会一致運動《エキュメニカル》に熱心なのに比べ、福音派は孤立をいとわず、もっぱら個人の魂の救済、つまり伝道にエネルギーを注ぐ。政治問題には深入りしない。

原理主義者とは、こうした福音主義者たちのなかで、自分たちと違う価値観の者に社会が支配される状況に怒り、それを変えようと行動する人びとをさす。いわば、プロテスタントの最右翼である。二十世紀初頭においては、自由主義神学、文献批評学、進化論、さらに無神論の温床たる共産主義などが彼らの敵だった。それを象徴するのが、進化論を教えた高校教師を裁いた一九二五年のスコープス裁判（Scopes Trial）である。裁判には勝ったものの、原理主義者＝偏狭で時代遅れというイメージが定着。やがて勢力を弱め、アメリカの宗教界の主流からは脱落した。だが、六〇年代以降急速に世俗化した社会への反動から、盛り返しを見せる。新しい時代の原理主義者たちは外部団体との協働や政治に無関心だったかつての態度を改め、自分たちの価値観をアピールするため教派の枠を超えて連携し、政治へ積極的に参与するのを特色とする。

彼らを含む多くの福音派がもつ終末信仰は、天啓史観《ディスペンセーショナリズム》（dispensationalism）に基づく千年期前再臨説（前千年王国説 premillennialism）だといわれている。この説にも種々の解釈があるが、よく知られているのは、艱難《かんなん》時代の前に自分たちは携挙《けいきょ》（rapture：一テサロニケ四・17）されて空中で再臨のキリストと出会い、ハルマゲドンの戦いが終わるとキリストと一緒に地上に降り立ち、千年王国を建設するというもの。従って、世界の終末は彼らにとって恐れるべきものではなく、キリストの再臨を熱心に待ち望む者も少なくない。

マスコミに登場する「原理主義（者）」は、排他的、独善的、戦闘的なイメージが強く、頑迷の代名詞のように扱われ、いわゆるレッテルや蔑称として用いられることが多い。教会関係者の間でも同様である。「福音派」は差別用語ではないが、一部のリベラル派やローマ・カトリック陣営が彼らをあからさまに無視したり、感情的とか無教養、貧しい敗者の宗教というイメージに結びつけがちなのは否定できない。逆に福音派のほうでは、リベラルやローマ・カトリックが悪魔《サタン》と同義語だったりする。カリスマ派も福音派に含めて考える人がいるいっぽうで、福音派内部ではカリスマ派警戒の動きもあるなど、人それぞれ、あるいは時代・地域によって認識が異なる。これらの言葉を見たら、辞書的な定義にとらわれず、相手がどういう意味で使っているのかをよく吟味したほうがよい。

■**歴史的文書**

ローザンヌ誓約（一九七四）など

■**礼拝に行ってみると**

説教はわかりやすい。ただし、悪魔や悪霊への言及、相違や対立を強調する言葉が多かったり、人の罪をあばいたり、とにかく怒りのパワーが充満したメッセージになることも。早口で起伏の大きい話し方の牧師が多く、高いトーンで賛美歌を歌うことにも熱心だ。よく「〇〇クルセード」の名で大衆伝道大会をやっている。儀式的なことよりも、個人の回心・新生（ボーン・アゲイン）体験を強調し、罪を克服する方法を示して人び

とを励ます。「悔い改めた人は前に出なさい」と促されたり、信仰体験の証しなど、個人の信仰の核心に触れるような機会が多い。祈禱会では、癒しのための祈りを含むことがある。

**■言語**　現地の言葉。

**■人の傾向**

家庭を社会の基礎として重んじる（pro-family）。そのため、伝統的な男女の役割分担（男は仕事、女性は家庭）を支持する人が多い。嫌悪するのは、ヒューマニズム（secular humanism：世俗的人間中心主義）、社会主義、進歩主義、道徳的退廃、中央政府による統制など。だから公立学校での進化論教育や祈禱の時間の廃止、妊娠中絶、同性愛、ポルノ、男女同権にも強く反対し、飲酒喫煙、ドラッグや婚前交渉はむろんのこと、ダンスやロック音楽（とくにヘヴィメタ）、映画や演劇すら禁じる人びともいる。同性愛者を雇用している遊園地への出入りも禁止。服装も保守的で、髪を切らず、スカートしかはかない女性もいる。毎日のデボーション（devotion：聖書を読んで祈る、個人的な礼拝の時間。家族やグループ単位で行われる場合もある）も欠かさない。

ひとりでも多くの他者を救いに導くことが重要と考え、極端な場合、飛行機で隣り合わせた人にまで「あなたは救われてますか？」と信仰の話を始めたりする。ただし、その人の（現在属しているかもしれない）宗教や文化背景にはあまり関心を示さない。

キリストの再臨、すなわち世界滅亡の時期は、すぐ間近に迫っていると信じる人も少なくない。原理主義者と呼ばれる人びとは、光と闇、善と悪というように二元論的にものごとを区分し、敵と定めた相手には不寛容な態度をつらぬく傾向がある。また、聖書から都合のいい句だけを抜き出し、文脈から切り離して用いるという指摘も聞かれる。

### ■世界的な連絡機関

一八四六年に英国で結成された福音主義同盟（Evangelical Alliance）に起源をもつWEA／世界福音同盟（World Evangelical Alliance）。

ファンダメンタリスト系では、一九四八年創設のＩＣＣＣ／国際キリスト教会協議会(International Council of Christian Churches)。

## ■外から見るとこんな側面も

聖書を重んじ、伝道熱心ということにおいて、クリスチャンの王道を行く人びとともいえる。これだけ文明化、世俗化が進んだ現代社会において、新しい価値観に容易に迎合せず、厳しい道徳基準を保っている点はむしろ尊敬に値するだろう。

だが、リベラル派陣営にいわせれば、福音派、とくに原理主義者の考え方はあまりに時代に逆行している。傲慢で独善的に見え、思想や表現の自由を脅かす圧力団体、あるいは全体主義を思わせる。反ローマ・カトリック、とくにアメリカの場合は人種差別と結びついた白人至上主義、反イスラーム、親イスラエル傾向も指摘される。

とはいえ、福音派と原理主義者を右のような形容で一緒にくることは適切ではない。もちろん、原理主義者にも幅があり、信念のためなら暴力も辞さない極端なグループもいれば、暴力絶対反対派もいる。福音派にも、視野が広く、穏健で、社会的な問題に関心が高い人びともいる。ある人は、福音派を十四の類型に分類するほどだ。ともあれ、現在の福音派は、教勢（信徒数）のみならず、神学の分野でも決して無視できない力をもっている。

■ゆかりの人びと

ビリー・グレアム（グラハム）牧師、パット・ロバートスン牧師、ジェリー・ファルウェル牧師、ジミー・スワッガート牧師、リック・ウォレン牧師

■ゆかりの小説や映画

シンクレア・ルイス『エルマー・ガントリー』（一九六〇年米国映画）、フラナリー・オコナー『賢い血』、ジェームズ・ヤッフェ『ママのクリスマス』、ウィルトン・バーンハート『ゴスペル』、『ネオン・バイブル』（九五年英国映画）、ティム・ラヘイ&ジェリー・ジェンキンズ『レフトビハインド』、『アメイジング・グレイス』（二〇〇六年英国映画）

■主な地域

アメリカをはじめとする世界各地

■主な関連学校

Bob Jones University、Liberty University、Oral Roberts University、Patrick Henry College、

Regent University, Wheaton College（以上アメリカ）など

**■福音派&原理主義者四方山話**

◆アメリカで有名なエヴァンジェリスト（evangelist：専門職業化した大衆伝道師）や、テレヴァンジェリスト（televangelist：テレビを媒体にする伝道師）も、福音派か原理主義者のどちらかに分類できることが多い。

◆架空のキャラクターとしてよく言及されるのは、アメリカの作家シンクレア・ルイスの創作した伝道師『エルマー・ガントリー』（一九二七）。この小説は一九六〇年に映画化され、主演のバート・ランカスターと助演のシャーリー・ジョーンズはいずれもアカデミー賞を獲得している。

◆一九二七年に伝道師のボブ・ジョーンズが設立した米サウスカロライナ州のボブ・ジョーンズ大学は、ウルトラ・ファンダメンタリストの私立大学として有名。異人種間の交際を禁止する学則があり、「人種差別」と批判を浴びていたが、二〇〇〇年三月に廃止された。

◆千年期前再臨説の立場に立つと、将来のことをあまり心配しなくなる傾向がある。極端な場合、人間の社会変革など無意味と考え、地球環境の破壊も意に介さない。イエスがほどなくして再臨し、自分たちに新しい天と地とを提供してくれるのだから、いま現

在われわれが生きているこの地球を大切にする必然性がないのだ。地震などの天変地異や疫病、飢饉、戦争による混乱も、彼らにとっては世界の終末が近づいた予兆である。現世での生活をつらいと感じる貧困層にとって、イエスの再臨こそが明るい希望であることは間違いない。

◆聖公会ではロー・チャーチが福音派と呼ばれ、クエーカーにも福音派があることはすでに述べた。いっぽう、ローマ・カトリック教会内部でも「福音派」「原理主義者」の語が使われることがある。前者は本項目で説明した保守的信仰理解をもつ人びとをさし、後者は第二バチカン公会議による改革（⬇70頁からの「ローマ・カトリック　いまむかし」）に反発する伝統主義者を呼んだもの。

■翻訳者や作家へのアドバイス

ヨーロッパにおける「福音主義教会」＝プロテスタント教会と、現代アメリカにおける「福音派」を混同しないよう要注意。

英語版の聖書では、一九〇九年に出版されたスコフィールド注釈つき聖書（The Scofield Reference Bible）が原理主義者御用達として有名。百年足らずの間におよそ八百万冊を売ったという。福音派の間では、一九七三年に出版されたＮＩＶことNew International Version、日本語では新改訳聖書（初版一九七〇年、第三版二〇〇三年）がよく使われている。

原理主義者にとって、ローマ・カトリック教会は最大の標的のひとつ。そのカトリックの側から、自分たちの信仰をどう原理主義者に説明するかを解説した本として、レイモンド・エドワード・ブラウン著『聖書についての101の質問と答え』(女子パウロ会・一九九五)がおすすめ。アメリカの福音派的男女の価値観を知るにはヘレン・アンデリン『新・良妻賢母のすすめ――愛としあわせを約束する26章』(コスモトゥーワン・一九九八)が参考になる。

【十九世紀のアメリカで生まれたグループ】

## セブンスデー・アドベンチスト
Seventh-day Adventist

聖書はキリストの再臨《アドベント》（天から地上に戻ること）を約束している。広義の再臨待望信仰はどの時代にも存在したが、なかでも一八三〇年代に始まったバプテスト派のウィリアム・ミラー（William Miller　一七八二―一八四九）が主導する再臨運動は、北米で大きな盛り上がりを見せた。一八四四年のミラーの再臨日予告は「大失望」に終わったものの、その影響により誕生したのが、アドベンチスト派（アドヴェンティスト／再臨派）と呼ばれるグループである。

このうち、ミラーの信奉者だったエレン・G・ホワイト夫人（Ellen Gould White　一八二七―一九一五）を中心とする人びとは、新たな聖書解釈と彼女の啓示の証言により、当時セブンスデー・バプテスト※が提唱していた週の第七日である土曜日の安息日遵守を受け入れた。一八六〇年に彼らはセブンスデー・アドベンチスト（Seventh-day Adventist）の名称を採択して組織化され、三年後にはミシガン州に本拠をおく世界年会を発足。日本での名称は、第七日《だいなのか》安《あん》息日基督再臨《そくにちきりすとさいりん》教会、戦後の安息日再臨教団、セブンスデー・アドベンチスト日本連合伝道部会を経て、現在はセブンスデー・アドベンチスト教団と称する。英語での略称はAdventistで、日本ではSDA、もしくは「セブンスデー」と縮める人が多い（以下SDAと略）。

※セブンスデー・バプテスト（Seventh Day Baptist [S.D.B.]; Sabbatarian）　十七世紀半ばに英国で誕生し、アメリカでは一六七一年に最初の教会が設立された。北米で土曜日の安息日を守るもっとも古いグループ。現在は世界

二十二ヵ国に五万人ほどの信徒がいる。

聖書を絶対の規範とし、三位一体や処女降誕、十字架の贖罪を認めること、また千年期前再臨説に立つ再臨信仰など、多くの点は福音派教会と同じ信仰に立つ（ただし「携挙」という言葉は使わない）。救いは人間が選ぶことも拒むこともできると理解する。彼らを他教会と大きく隔てるのは、先述のように、土曜日《セブンスデー》を安息日として聖日礼拝を固守していることだ。モーセの十戒（➡79頁）を各時代すべての人間が守るべき不変の道徳律ととらえ、その第四戒に従ったもので、聖書を信仰と行為の基準とする限り、土曜日こそが聖書の教える聖日であると主張する。

霊魂は不滅ではなく、条件的不死と考える。すなわち、霊と肉体は一体であり、人はその肉体が死ねば、キリスト再臨の日によみがえる時まで霊も眠り続ける（伝道の書九・5、ヨハネ五・28—29）。死者は世の中のことに一切関知しない。地獄での永遠の責め苦も信じない。キリストの福音と再臨を人びとに告げる「三天使の使命」（黙示録一四）を重んじ、キリストは天の聖所においていまも、誰が復活にふさわしいか調査審判を行っていると理解する。

収入の一割を教会に捧げる什一《じゅういち》献金を信徒に厳しく指導し、土曜の安息日を遵守して仕事はもちろん公立学校の授業も休み、試験も受けないという態度は、ときに律法主義と批判された。日曜休業令が施行された地域では、日曜日に働いて逮捕された信徒もいる。旧約レビ記に準じた食物規定を重視することでも知られ、聖霊の宮であるからだを健康的に保つため、飲酒喫煙・麻薬類や刺激物（カフェイン類や香辛料をこれに含める人も一部にいる）を避け、菜食主義を取るメンバーが多い。とはいえ全員ではないし、こうした律法に従うことが受浸や救いの条件となっているわけでもない。教会暦を意識するようになったのはごく近年のことで、宣教目的からクリスマスを記念したプログラムを行う教会は増えてきたが、イースターを祝う教会はまだ少数派。かつては十字架をシンボルとして用いることにも消極的だった。

こうした特異な教理や生活様式から、長い間他のキリスト教会からセクト扱いを受けてきた。SDA側も日曜教会（日曜日に聖日礼拝を行う教会のこと）、とくに安息日を日曜日に変更した（と彼らが理解する）ローマ・カトリック教会に対して否定的・対立的な態度を隠さなかったが、いまは他教派との相互理解の道を探る方向に向いている。エレン・ホワイトを現代の唯一の預言者として認め、その著作を礼拝で読むこともあるが、過度に祭り上げる傾向はもうない（少なくともモルモン教における預言者のような扱いはしていない）。世界の終末は切迫していると考えつつも、その期日を予告したり、この世を敵視することもない。教育、医療、とくに健康改革を提唱する食品事業の働きは、現在のSDAのイメージを大きく形成している。朝食シリアルを開発したことで知られるケロッグ兄弟は、SDA保養所の医師だった。

教会政治は会議制。現在の組織形態を下から説明すると、各個教会が複数集まって地域の教区を構成する。人事権をもつ自給教区は地方年会《カンファレンス》（local conference）といい、それ以外は伝道部会（local mission/field）かユニオン・オブ・チャーチズ（union of churches）という。教区がまとまって複数の州や国ごとに教団（連合年会［union conference］もしくは連合伝道部会［union mission/field］）を組む。それらの連合が世界十三の支部（division）に分けられ、全体の合議は世界総理（president）を代表とする世界総会（general conference）で行われる。日本のセブンスデー・アドベンチスト教団（Japan Union Conference of Seventh-day Adventists）の代表であるpresidentは一九〇七年設立当初の名称が監督、次に総理、理事長を経て二〇一一年から再び総理と呼ばれている。

教職としては、按手礼を受けた牧師（ordained pastor）と証認状《ライセンス》を交付された教師（牧師補 licensed minister）、伝道師（Bible instructors）がある。牧師補は、教会長老（church elder）に任じられることによって、ひとつの教会の牧師や副牧師として働くことができる。ほかに信徒の役員としては教会長老と男執事（deacon）・女執事（deaconess）があり、一部の地域にのみ女性の牧師と長老がいる。なお、バプテスマ式は按手礼を受けた牧師のみ、聖餐式は上記の牧師のほか教会長老もつかさどることができる。幼児洗礼はなく、自覚的信仰をもつ者が沈めのバプテスマ（浸礼）を行う。年四回（三・六・九・十二月）の洗足聖餐式には種なしパンとぶどうジュースによる聖餐の前に、信徒同士の洗足式があるのが特徴。現在では、聖餐はキリストを信じる者には誰にでも開かれている。礼拝のスタイルは教会によりさまざまだが、祈禱のときに床に跪《ひざまず》く人が多い。

他の教派でいう主日礼拝は安息日礼拝、日曜学校は安息日学校（Sabbath school[SS]）という。信徒は礼拝前の安息日学校からの出席を推

聖餐式に先立ち行われる洗《せん》足《そく》式（foot-washing）では、祈禱のあと、ペアを組んで足を洗い合う

奨され、子どもに限らずすべての年齢層の人びとが聖書を学ぶ。信徒の手引きとして五年ごとに発行される『教会指針 *Church Manual*』、独自の賛美歌集には『希望の讃美歌』(福音社・二〇〇六)がある。二〇一一年現在、世界の二百三十を超える国と地域に千七百万人以上の信徒がおり、アドベンチスト派としては最大。そのうち白人の信徒は一割あまりで、アフリカ系とヒスパニック系が七割を占めている。

## エホバの証人
Jehovah's Witnesses

先に述べた再臨運動を特異なかたちで受け継ぐまた別のグループが、エホバの証人だ。法人名はものみの塔聖書冊子協会(The Watch Tower Bible and Tract Society)という。

今は終わりの日にある。まもなく聖書の預言通りに、王イエスが天と同じように地上においても支配を開始し、悪魔の支配下にあるこの世を終わらせ、地をパラダイスに変える。聖書の真理を伝える唯一の組織、すなわちものみの塔の教えを受け入れ、神の王国の良いたよりを宣べ伝えれば、永遠の滅びではなく永遠のいのちが得られる——それが彼らのメッセージだ。

すべての教義の典拠を旧新約聖書のみに求め、クリスマスなど聖書にないと見なしたものは一切退ける。兵役や政治への関与を拒否して公選による職業には就かない。また信徒に対して自派の組織や規範への絶対的な服従を要求し、既成の他教会をすべて偽りの宗教、大いなるバビロン、サタンの組織などと呼んで退ける。そのような排他的傾向は、ほかにも例がないわけではない。だが、輸血拒否(一九四〇年代以降)と、信徒が冊子をたずさえて割り当てられた区域を回る訪問伝道は彼ら特有のものだ。

創設者である米国人チャールズ・ラッセル(Charles Taze Russell 一八五二―一九一六)は長老派の家庭で育ち、アドベンチスト派(➡211頁)の教えを学びつつ一八七二年にInternational Bible Students Associationを設立。一八七九年にアドベンチストを離れて、現在『ものみの塔 *Watchtower*』という名前で知られる雑誌を創刊し、一八八四年に正式な組織を作った。信徒はラッセル主義者(Russellites)、千年期黎明者(Millennial Dawn People)、国際聖書研究者(International Bible Students)などと呼ばれたが、二代目会長J・F・ラザフォードが一九三一年にJehovah's Witnesses(イザヤ四三・10―12)を採用してからはその名称で知られている。日本では戦前、アメリカで入信した明石順三(一八八九―一九六五)が帰国して支部を作り、「灯台社」を協会名とし「エホバの証者」と自称した。「エホバの証人」は一九六〇年代以降の名称である。

三位一体を否定し、キリストと聖霊の神性を認めない。神の名の音訳としては過去のものになった「エホバ」を用い、逆に「エホバ」の名を放棄した他教会を非難する。イエスは神の子だが神ではなく、天使長ミカエルと同一人物で、その処刑は杭(torture stake)の上で行われたと主張し、十字架を強く否定する。地獄における永遠の責め苦や、人間の霊の不滅を認めない点はSDAと共通するが、安息日に関しては、特定の曜日を聖日とするよう聖書は命じてはいないと解釈する。ハルマゲドンの予告を繰り返し、一九一四年という年に特別な意味をもたせてきたこと、折々に調整される教理や禁忌の範囲(たとえば兵役、ワクチン療法、臓器移植ほか)、新世界訳The New World Translationという独自の聖書(全訳一九六一年。旧約をヘブライ語聖書、新約をクリスチャン・ギリシャ語聖書と称する）に見られる偏向などがよく指摘されるところだ。独自の歌集として『エホバに歌う』（二〇〇九）がある。

成員には生活全般に関するきめ細かい指導が行われており、その道徳基準は福音派並みに厳しいが、絶対禁酒主義は取っていない。内部の結束は固く、ルールに反した者には排斥（disfellowshipping）処分がある。自ら脱会することは断絶（disassociation）といい、一度協会の教えを学んで離れた者は背教者（apostate）と呼ばれ、一切の接触を断たれる。伝道者以上は互いを兄弟、姉妹と呼びあい、総じて清楚な身なり、礼儀正しく穏やかな印象の人が多い。だが、彼らを特色づけるのは、「世の人」のただなかで生活しながらも固有の規範を守ろうとする一徹さだ。ある時代から異教に由来する行事は一切拒否し、誕生日も祝わない。国歌・校歌の斉唱、あらゆる選挙、格闘技の授業、「乾杯」にすら参加しない。兵役や国旗儀礼を拒否して（日本では、前掲の灯台社の戦時下抵抗がよく知られる）、法廷闘争にも訴えながら信教や伝道の自由を主張している。差し迫った（と彼らが信じる）ハルマゲドンを生き延びるために宣教奉仕を優先させる結果として、フルタイムでの就労や子弟への高等教育、結婚の自由を制限した時代もあった。これに頻繁な戸別訪問と断固とした輸血拒否が加わって、一般社会からはきわめて特異な存在と見なされている。

他派でいう各個教会は会衆（congregation）

杭にかけられたイエス（参考:『永遠の命に導く知識』 ものみの塔聖書冊子協会・1995）（➡261頁の磔刑像と比較）

といい、ひとつの会衆は数名から二百名ほどの証人たちで構成される。内部は群れと呼ばれる複数の班に分かれ、野外奉仕はこの群れ単位で行われている。専任教役者はおかず、各会衆を導くのは信徒から選ばれた数名の長老（elder）である。その長は長老団の調整者（coordinator of the body of elders、旧称・主宰監督 presiding overseer）といい、長老団を補佐する者（他教派でいう執事）は奉仕の僕《しもべ》（ministerial servant）という。二十ほどの会衆が巡回区（circuit）を形成して巡回監督（circuit overseer）がこれを管理する。十ほどの巡回区は地域区（district）として地域監督（district overseer）が、地域区は全世界で百十六の支部（branch）にまとめられ支部委員会（branch committee）が、支部は三十ほどの地帯区（zone）に分かれて地帯監督（zone overseer）が統制する。これらの監督たちは各地を回るため、旅行する監督（traveling overseer）とも呼ばれ、巡回監督以上は専任職で手当てが出る。

　このトップダウン組織の頂点に立つ会長（president）が大きな力をもっていたが、一九七六年以降は、神から特別に油そそがれた「忠実で思慮深い奴隷級」（マタイ二四・45）と呼ばれる人びと、すなわち統治体（Governing Body／二〇一一年現在七名）にその権限が移った。エホバの代弁者とされるこの統治体の指導力は強大で、忠節を尽くす成員の姿を組織崇拝と呼ぶ人もいるほどだ。各地の支部事務所はベテル（Bethel）と呼ばれ、世界本部はニューヨーク市ブルックリンにある。

　証人たちはエホバ神《かみ》を崇拝する場所を、教会ではなく王国会館（Kingdom Hall）と呼ぶ。週二回の集会のうち、主に週末に行われる集会では、長老による三十分ほどの公開講演につづいて、『ものみの塔』誌をテキストにした約一時間の研究（勉強会）が行われる。集会には賛美の歌（「賛美歌」とはいわない）と祈りがあるが、献金の時間はなく、会館内におかれた箱へ好きなときに匿名で寄附をするシステムになっている。集会のプログラムと教材は全世界で統一されており、雰囲気の均質度はきわめて高い。

求道者は研究生（student）といい、聖書の基準にかなった生活をしていると認められる者は、神権宣教学校（Theocratic Ministry School／平日夜の集会における研修会）で布教に関する徹底した訓練を受けてから伝道者（publisher）となる。その後、浸礼によるバプテスマを経て正規の成員として認められる。伝道者のうち月五十時間を野外奉仕に費やす者を補助開拓者（auxiliary pioneer）と呼び、月七十時間は正規開拓者（regular pioneer）、組織から払い戻し金（refund／手当てのこと）を受けつつ月百三十時間以上奉仕する者を特別開拓者（special pioneer）という（時間は一九九九年以降の基本的な要求時間）。女性は原則として会衆に教えることには参加しない（一コリ一四・34）。

式典としては年に一回、「ニサンの十四日」の日没後にイエスの死の記念式（Memorial of Christ's death）、すなわち主の晩さん（Lord's Evening Meal）を守る。無酵母パンが乗った皿とぶどう酒の入ったグラスが回され、自分が十四万四千人（黙示録七・4、一四・3／キリストとともに新しい神の王国に入り、地を支配する者。前述の「奴隷級」もここに含まれる）のひとりだと神から示された者のみがこの表象物にあずかる。残りの人たち（キリストらの支配を受けながら、地上の楽園で永遠に生きる大群衆）は、手をつけずにただ見守ることになっている。前者、後者の人数はともに数えられ、伝道者たちが毎月奉仕した時間合計などとともに集計されて、毎年年鑑に掲載される。

エホバの証人は自らを、カトリック・プロテスタント・キリスト教根本主義者《ファンダメンタリスト》・分派《セクト》のいずれでもない「クリスチャン」と呼び、真のキリスト教（それゆえに迫害を受ける存在）だと確信しているが、外部からはキリスト教系新宗教に分類され、キリスト教と認める人は少ない。組織による信者の統制をマインドコントロールと形容する向きもあり、フランスでは議会のカルト対策委員会によって「カルト」リストにあげられている。日本でも救出のための手引き書や脱会者の手記など、さまざまな文献が出版・ネット公開されている。

二〇一一年現在、アメリカ、メキシコ、ブラジル、ナイジェリア、イタリアほか、二百三十六の国と地域に約七百六十六万人の証人がいる。このうち日本の信徒は二十二万人弱。

## 末日聖徒イエス・キリスト教会（モルモン教）
The Church of Jesus Christ of Latter-day Saints

アメリカで生まれた教派のなかでもきわめて成長が著しいのが、俗にモルモン（Mormons）と呼ばれる人びとだ。イエス・キリストを教会の頭《かしら》とし、その贖いを救いの中心におくことから、自らをクリスチャンと呼ぶ。また、厳格な道徳律に従い、家族の絆を大事にする点は保守的な福音派と共通する。だが決定的な違いは、その通称に表れているように、『モルモン書 *Book of Mormon*』（旧称『モルモン経《けい》』／初版一八三〇年、英語版の最終改訂一九八一年）という聖典をもつ点にある。

同書は紀元前六〇〇年から紀元四〇〇年の間にアメリカ大陸に生きた預言者たち（モルモンもそのひとりである）や先住民の記録であり、

復活後のイエスがアメリカを訪れて福音を伝えたことが記されている。この書を真実と認め、さらに同書を翻訳したジョセフ・スミス・ジュニア（Joseph Smith Jr. 一八〇五—四四）を、旧約のアブラハムやモーセらと同じ意味での預言者として認めるのが彼らの信仰の特色だ。標準聖典にはほかに『教義と聖約 *Doctrine and Covenants*』と『高価な真珠 *Pearl of Great Price*』（旧称『高価なる真珠』）があるが、もっとも重視される聖文とは、生ける預言者であるスミス以降の大管長（president）たちが霊感を受けたことば（神からの啓示）だ。自分たちの教会はカトリックでもプロテスタントでもない。キリスト紀元後数世紀の間に背教した原始キリスト教会が地上に回復されたものであり、原始教会の教えと組織を正確に受け継ぐ「全地の面《おもて》に（おける）唯一まことの生ける教会」（『教義と聖約』一・30）と主張する。

ヴァーモント州生まれのスミスに最初の示現《じげん》（vision）が与えられたのは十四歳のときである。天使モロナイの訪れにより文字の記された金板を発見し、『モルモン書』として出版。一八三〇年にニューヨーク州で教会を設立した。当初はChurch of Christ（現存する同名の教派とは無関係）と称したが、八年後にThe Church of Jesus Christ of Latter-day Saintsと改称した（以下LDSと略）。啓示によって地上に神の王国を築こうとする共同体は周辺住民との軋轢を招き、スミスがイリノイ州で暴徒に殺害されたのち、後継者ブリガム・ヤング（Brigham Young 一八〇一—七七）は聖徒を率いて西部に向かう。一八四七年に現在のユタ州ソルトレークシティーに到着し、神権制的共同体を築いた。教義の変更をめぐって教会はいくつかに分裂したが、今日最大のものがソルトレークシティーに本部をおくLDSである。

一般にはモルモン教（会）（Mormon Church）やLDS［Church］の名で呼ばれることが多いが、教会側は「モルモン」を個々の会員を呼ぶニックネームとして受け入れつつも、決して正式名称ではないと強調している。日本では、宣教当時の末日聖徒《まつじつせいと》耶蘇《やそ》基督《きりすと》教会を経て、末日聖徒イエス・キリスト教会と称する。末日とは終わりの日、すなわちキリストの再臨が迫った時代を意味する。

三位一体については、父なる神、その御子イエス・キリスト、聖霊は神会（the Godhead）を構成し、目的において一つだがそれぞれ別個の存在と考える。多妻結婚や神権（priesthood）、神殿（temple）など、旧約聖書に登場する事象を回復させたのもLDSの特色のひとつだ（このうち多妻結婚は一八九〇年に廃止）。神権、すなわち神の力と権能はふさわしい男性会員に授与され、一度聖任（ordination）されると教会員でいる限り生涯消えない。ひとつはアロン神権（Aaronic Priesthood／小神権 the lesser priesthood）、もうひとつはメルキゼデク神権（Melchizedek Priesthood／大神権 the greater priesthood）という。

アロン神権には、十二歳以上に与えられる執事（deacon）、十四歳以上の教師（teacher）、十六歳以上の祭司（priest）、およびビショップ（bishop／旧称：監督）がある。祭司になるとバプテスマと聖餐を執行し、祭司以下の職を聖任することができる。ビショップはアロン神権を管理し、信徒を指導する。

十八歳以上に与えられるメルキゼデク神権には、長老（elder）、大祭司（high priest）、祝福師（patriarch）、七十人（seventy）、使徒（apostle）があり、教会を管理するほか、病人への癒しを含む全儀式を執行する権能が含まれている。

LDSの各個教会はワード（ward／旧称：ワ

ード部）といい、最大で六百人ほど。専任教役者はもたず、無給で管理の任に就くのは地元の教会員たちだ。その役職は既述の神権と密接に関わっており、ビショップと二名の顧問で構成されるビショップリック（Bishopric／旧称：監督会）がワードの運営責任をもつ（長一名に補佐二名がLDS管理職の基本となる）。六つ前後のワードが集まるとステーク（stake／旧称：ステーキ部）、複数のステークは地区（region）を構成する。また、ステークとは違う枠組みに伝道部（mission）があり、伝道部会長（中央幹部以外で唯一手当てが支給される専任職）のもとで宣教師を統括している。ワードを組めない小会衆、すなわち支部（branch）と、それらを包括する地方部（district）は、この伝道部の管轄である。男性宣教師は長老に、ビショップやステーク会長、伝道部会長など教会の指導者は必ず大祭司に聖任される。

地区をまとめるのは地域（area）で、メルキゼデク神権の七十人をもつ地域七十人（Area Seventy）が指導にあたる。七十人には二〇一一年現在八つの定員会（the Quorums of the Seventy）があり、その第一と第二定員会のメンバーは中央幹部と呼ばれる専任職。教会のヒエラルキーの最上段には、使徒の職をもつ十五名、すなわち十二使徒定員会（the Quorum of the Twelve）の十二名、そして大管長および二名の顧問（副管長）で構成された大管長会（the First Presidency）の三名が奉職する。この十五名全員が預言者、聖見者（seer）、啓示者（revelator）とされるが、教会全体に関する啓示を神から受ける者は大管長ただひとりだ。選挙はなく、その座には先任順の使徒が就くことになっている。責任者の役職名にはpresidentが多用されるが、トップにいる三名の管長以外は会長と訳す。

幼児洗礼はなく、八歳を超えると浸礼でバプテスマを行う。続いてメルキゼデク神権者たちの按手によって聖霊の賜物を受け、教会の会員に確認（confirm）される。

末日聖徒の最終目標は昇栄《しょうえい》（exaltation）することだ。これは人間が死後に到達できる三つの段階の栄え（glory／一コリ一五・41）のうち、一番目に位置する日の栄えの王国（Celestial Kingdom）の最高の階級において、永遠に家族とともに暮らし、無数の子孫を得て、神（god）になることを意味する。他の王国には月の栄え（Terrestrial Kingdom）と星の栄え（Telestial Kingdom）があり、聖霊を否定する滅びの子は外の暗闇（outer darkness）、すなわち地獄に行くことになっている。

昇栄には神殿での儀式が不可欠とされ、エンダウメント（endowment）という儀式のほか、神殿結婚や家族の結び固め（sealing）の儀式を受け、これらと無縁で世を去った者のためには代理で死者のためのバプテスマを受ける。そのため、先祖を探求する家族歴史活動が盛んだ。神殿に関することは口外無用とされており、日曜日の集会所は万人歓迎でも、神殿にはたとえ教会員といえど推薦状を受けた模範聖徒しか参入できない。

昇栄のために守るべき戒めには、教会に什分の一（➡285頁）その他の献金を納めることと、知恵の言葉（The Word of Wisdom）と呼ばれる健康に関する律法が含まれる。禁酒禁煙のほかに熱い飲み物（コーヒーやお茶）の摂取、安息日の買い物や外食も禁じられているが、遵守の度合いは人さまざま。聖徒は互いを兄弟、姉妹と呼び合い、結束意識が強くて愛国的、概して清潔でフレンドリーな印象がある。国家の主権者には従う教義があり、兵役は否定せず、米軍付チャプレンもいる。宣教は義務ではないが、若い独身者に強く推奨されているもので、費用は自弁が基本。男性（十九～二十五歳）は二年間、女性（二十一歳以上）は十八ヵ月、シニアは六～二十三ヵ月の奉仕となっている。なお、ＬＤＳ宣教師は必ず名札をつけているのでエホバの証人の伝道者と見分けがつく。

ＬＤＳの集会所（meetinghouse）はシンプルな内装で、どこにも十字架がない。礼拝堂（chapel）には奥に一段高くなった壇（stand）があり、後方の一般信徒用の座席と向き合う形で役職者やその日責任を受けた人びとが座る。

安息日（ほとんどの地域では日曜日）に行われる礼拝プログラムには三種類の集会があり、そのスタイルは世界共通。中心となるのはすべての教会員が参加する一時間ほどの聖餐会（Sacrament Meeting）で、聖徒たちはバプテスマのときに交わした聖約を新たにするために、日曜日ごとにパンと水による聖餐を受ける。これには八歳以下の子どもも参加でき、一部の教派のような厳格な陪餐制限はない。つづいて数名の教会員による証《あかし》や発表、事務報告なども行われるが、説教や聖典朗読、献金の時間はない。聖餐会の前後には年齢別に開かれる日曜学校ほかの集会があり、参加者は三時間ほどを教会で過ごす。英語圏ではＫＪＶ聖書を使う。独自の賛美歌集には『末日聖徒イエス・キリスト教会賛美歌』（一九八九）がある。

祝う日としてはクリスマスとイースター、さらにはハロウィーンに関連した行事を教会で行うことも。末日聖徒が最初にソルトレークシティーに到着した七月二十四日はPioneer Dayと呼ばれ、ユタ州では公定休日。

ＬＤＳは聖書のみを規範とする他教会からの風当たりが強く、アンチ派の活動も活発だ。一般的にはキリスト教系新宗教に分類され、『モルモン書』は原本も考古学的証拠も発見されていないことから、教会外でこれを歴史書として扱う学者は皆無に近い。フリーメーソンを模した神殿儀礼はカルト的ともいわれ、多神教的教義や選民思想の強さ、過去の多妻結婚や人種差別（黒人への神権授与は一九七八年から）、女性に神権を認めない女性差別、家父長的権威主義もよく批判の対象になっている。アメリカでは共和党から大統領選の候補者を出したことで話題になった。

二〇一一年現在世界に百三十六の神殿があり、二〇一〇年の報告では千四百万人以上の信徒がいる。とくにアメリカ、メキシコ、ブラジル、チリ、フィリピンに多く、人口比で高いのは米国ユタ州（州人口の七割弱）とアイダホ州（三割弱）、トンガ、サモアなど（二〇〇九年現在）。十二万人あまりの信徒を有する日本では、東京、福岡に次いで三つ目の神殿が札幌に建設中。

## キリスト教科学（クリスチャン・サイエンス）
The Church of Christ, Scientist (Christian Science)

アメリカのニューイングランドに生まれ、会衆派の家庭で育ったメアリー・ベイカー・エディ（Mary Baker Eddy 一八二一—一九一〇）は、長年脊椎の病気に苦しんでいた。フィニアス・P・クインビー（Phineas Parkhurst Quimby 一八〇二—六六）という心理療法家の治療を受け、病気は誤った信念を取り除くことで治癒するという彼の療法に強い関心を抱く。そして一八六六年、転倒して床に就いているとき新約聖書を読み、自らの病いが癒されるのを感じた。その霊的体験を体系化し、一八七九年、原始キリスト教とその失われた癒しの要素を復帰することを目的に創設されたのがクリスチャン・サイエンス（以下CSと略）である。キリスト教科学、また漢字圏では基督科學教會ともいう。一八九二年にボストンに設立した第一科学者キリスト教会（The First Church of Christ, Scientist）を母教会とし、その支教会とで構成される。個々の支教会はそれぞれ自律運営され、他教会の干渉は受けない。信徒はChristian Scientist（キリスト教科学者）という。

三位一体を認め、処女降誕、十字架上の受難、贖罪、復活を信じる点は他のプロテスタント教会と変わらない。特色としては、神を男性のみとしてではなく、Our Father-Mother God, God the Father-Motherというように「父―母」の両性で理解すること。聖書を第一の指針としながらも、創設者エディ夫人の著書（後述）に重きをおくこと。そして「神の似姿である人間は、完全である」という理解をもつことだ。

神の創ったものはすべて永遠に善なのだから、罪、病気、死などは存在しない。キリスト・イエスの弟子として生きることにより経験する神の力を通して、罪ばかりでなく肉体の病気も癒されると説く。だから、会員は身体的な不調にあっても、基本的に医学の力を借りず、ただ祈りに頼る道を選ぶ。この理念の上に医薬を用いない療養所も運営されており、教会で定めた資格を有しフルタイムで信仰療法を行う者を実践士（practitioner）という。

もっとも、たとえばエホバの証人の輸血拒否のような厳しさで通常医療を否定しているわけではない。信徒はまず祈りによる癒しを選択することを強調しつつも、それ以外の医療行為を受ける者がいることを認めている。歯科医や助産師の手も借りるし、むろん予防接種や伝染病などの際は法令で定められた医療処置を拒むことはない。ただし、治療が手遅れとなって遺族から訴えられたり、子どもへの医療拒否が児童虐待にあたると通報された事例もある。

入信儀礼としての洗礼や、目に見えるかたちでの聖餐式、教職制度がないところはクエーカーなどと共通している。CSにとって牧師（pastor）とは、聖書とエディ夫人の著書『科学と健康――付聖書の鍵 *Science and Health with Key to the Scriptures*』（初版一八七五年、最終版一九〇六年）、そして人間では名誉牧師（the Pastor Emeritus）と呼ばれるエディ夫人ひとりしかいない。日曜礼拝では、信徒から選ばれた男女各一名の朗読者（First Reader, Second Reader）が進行を担当する。説教にあたるものはなく、中心となるのは聖書（英語圏ではKJV）と『科学と健康』の朗読である。それぞれの朗読箇所はあらかじめ決まっており、世界中のCS教会が同じ日課に従う。復活祭やクリスマスの扱いは他教派に比べると控えめ。年に二回の聖餐式では「聖餐の黙禱」を捧げて、頌栄を歌うほかは、普段の礼拝とほぼ同じ内容となっている。

水曜集会では、主に癒しの体験の分かち合いが行われる。信徒の役職としては、CSの教えを伝える教師（teacher）があり、学びや祈りの場として、各教会には必ず読書室（reading room）がもうけられている。独自の賛美歌集に『キリスト教科学讃美歌抄』（一九七一）。

信徒は禁酒禁煙が基本で、高い道徳律を保つ。カフェインを摂らない人もいる。今日の「精神世界」探求ブームの先駆ともいわれ、とくに英語圏とドイツ語圏に信徒が多く、世界の七十あまりの国に千七百の支教会をもつ。二十世紀の前半に教勢を伸ばしたが、その後は衰退気味。会員数の公開は内規書『母教会の規範 *Manual of The Mother Church*』によって禁止されているが、アメリカ国内の信徒数は二〇〇八年の国勢調査によると約三十四万人で、軍隊や刑務所のチャプレンとして働く実践士もいる。日本では東京に支教会、京都に小教会がある。

一九〇八年創刊の『クリスチャン・サイエンス・モニター *The Christian Science Monitor*』（平日発行の日刊紙、二〇〇九年から週刊のオンライン新聞）は、宗教団体の発行紙にありがちな偏向がなく、世界のニュースを正確・公正に扱った新聞として高い評価を受けている。なお、新宗教のサイエントロジー（Scientology）は名前が似ているが、CSとはまったく関係がない。

## 【日本で生まれたグループ】

### 無教会《むきょうかい》主義

内村鑑三（一八六一―一九三〇）によって提唱され、「信仰のみ」のプロテスタント原理を徹底させることをめざした日本独自のキリスト教。英語では一般的にNonchurch［Non-Church］movementという。

儀式も信条も組織も、いずれも人の救いにとって不可欠ではない。キリスト者の条件はただ、キリストの福音を信じることのみ。無教会信徒にとって信仰とは、ただ、キリストによって与えられた新しいいのちを生きることを意味する。従って、無教会主義は個々の人間の主体的信仰告白としてのみ存在しうる。

無教会は理論的反省から出発したのではなく、内村鑑三個人の体験を背景に生まれた。そこには彼がアメリカ留学中に受けたクエーカー主義

内村鑑三

の影響、外国人宣教師および彼らの発言力の強い既成教会との間に生じた軋轢、教会籍の喪失、さらにキリスト教界や教育界からの孤立などがある。独立した文筆家となった内村は、聖書の研究を信仰生活の中心とし、その研究雑誌の刊行と講義とによって伝道をすすめた。彼が初めて「無教会」の語を用いたのは一八九三年の『基督信徒の慰《なぐさめ》』、意識して論じたのは一九〇一年に創刊した雑誌『無教会』の「無教会論」が最初である。無教会とは教会の無い者の教会であり、「無」は「無にする・無視する」でなく「ナイ」と訓《よ》むべきだと述べた。彼のめざした「日本的基督教」は当時の青年学徒らに支持され、内村没後も門下生らによって受け継がれた。

無教会信徒とは、制度教会の枠組みの外で信仰を守る人びとである。かといって、教会組織や洗礼・聖餐をまったく無意味だと否定するわけではない（内村は、切望する志願者には洗礼を授けた）。ただ、救いは教会のなかだけではない、外にもある。水の洗礼を受けずとも、十字架上の贖罪による罪の赦しを信じ、神により召し出された者が互いに信仰を表白して愛の交わりを行うところに神の教会《エクレシア》は成り立つ。旧約の預言者も、イエスも、無教会主義者であった。それが彼らの理解である。

「予算と人事と組織」がない無教会には、職業的な教役者や礼拝堂がない。多くの場合公共施設や個人宅を会場とし、教える賜物をもった「先生」と、その講義に耳を傾ける聴衆で成り立つ「集会」あるいは「聖書研究会」という形を取る。内村はピューリタン的伝統に沿って、賛美歌斉唱、聖書朗読、説教または聖書の講解、祈禱からなる集会形式を採用した。これにならう弟子たちは多いが、必ずしも固定した形式はなく、集う時間も日曜日午前とは限らない。

家庭や病院で開かれるごく小規模な集会もあ

るし、百名単位の人が集う大学の授業のような研究会、教える人を限定せずに参加者が持ち回りで聖書や信仰の話をする会など、時代や地域によりスタイルは多様だ。「主日礼拝」「夕拝」という言葉を使う集会、定期刊行物を出す集会、少数派だが宗教法人格と固有の礼拝堂をもち、聖餐式や洗礼を行う集会もある（そうした集会にも、牧師はいない）。指導者が没するとその記念会が開催され、師との縦方向の関係を軸に人がつながるのも特色。信仰仲間は教友と呼ぶ。「先生」は別の職業で生計を立てるか、独立伝道者として自分の著作（雑誌）からの収入で生活するのが一般的。内村の『聖書之研究』を筆頭に、塚本虎二の『聖書知識』や黒崎幸吉の『永遠の生命』など、無教会の質の高い伝道雑誌は多くの購読者をもち、日本全国に福音を伝える役割を果たした。ことに聖書の研究・翻訳と平和運動の分野での評価が高く、日本のプロテスタント教会に少なからぬ影響を与えた。戦後、無教会主義者（南原繁、矢内原忠雄）が二代続いて東京大学総長になったこともよく知られている。

内村は既成教会を「愛即ちおなさけに依る」「仏寺的基督教」、無教会主義を「道義に依る」「儒者的基督教」と考え、「我等は厳格なる道義的の、純ピューリタン的の基督教の発達を計らなければならない」（一九二六年十二月二十一日付日記）とした。「教会信者」と一線を画したこの厳格さは、一部において、唯我独尊的孤高を誇る「無教会信者」を生んだ。その排他性、教える人間の権威が強調される「先生」中心主義はよく指摘されるところだ。あまりに個人主義的だとか、気難しいインテリ高齢者の集まりといった声も聞かれ、集会の輪は縮小傾向にある。受洗者、もしくは登録された団体の構成員数を記した宗教統計において、無教会信徒がキリスト者としてカウントされることはほとんどないし、人数の類推も難しい。現在、国外では韓国やブラジルなどに集会がある。

全集会を把握する連絡機関はないが、内村ゆかりの今井館聖書講堂および資料館を管理運営し、内外に無教会の情報提供を行うNPO法人として今井館教友会（東京都目黒区）がある。

大分県のある信徒が一九二四年に記した集会への案内が無教会の姿勢をよく表していると思われるので、最後に紹介しておこう。

お知らせ

キリストの真の福音を聴かんとするお方は本会にお申込み下さい。喜んでよい書物をお貸し申し、またこの「糧の友」を毎月無代で差し上げます。

本会は他の会と違って会員組織の会ではありません。唯キリスト教の事に就て御照会下され、又はおたずね下さる時の便宜のため会名をつけてあるだけで、会則、会費、権利、義務、束縛、制限、信条、教派、階級、宣教師、牧師、外国伝道、会社、その他の補助後援、入会、退会、洗礼、献金と言う様なものは一切ありません。来る者は喜んで迎え、往く者は強いて追わずの主義です。

本会は毎日曜日の夜八時から市場の中で神を讃美し、神に祈り、聖書の研究をして居ります。御希望のお方はどなたでもお出で下さい。求道者のお名前を聴いたり献金を求めたりは致しません。唯お祈り中だけ動かず、入らず、出らず、音させず、静粛にお願いしたいと思って居るだけです。

大分市公設市場内　十字架研究会

（『糧の友』三〇号より～渡辺信雄「釘宮徳太郎」～稲場満・山下幸夫編『内村鑑三の継承者たち――無教会信徒の歩み』教文館・一九九五）

*COLUMN*

## 〈異端〉について

およそ宗教における「異端」という評価ほど、相対的なものはない。その人の立つ場所や、時代・地域的状況によって、まったく異なるからだ（➡30−31頁）。

東方正教会とローマ・カトリック教会が下した異端認定はおびただしい数にのぼる。18世紀のニューイングランドでピューリタンの視界に入った異端とは、クエーカーやアナバプテストだった。20世紀、福音派と呼ばれる人びとの一部は、ローマ・カトリック教会を「異端」と呼んだ（いまでも呼ぶ人はいる）。その異端リストには、ほかにモルモン教、エホバの証人、ユニテリアン、クリスチャン・サイエンス、クエーカーなどもあがっている（ポーロ・B・スミス著『異端について』1971年、杉本智俊監修、田川佐和子著『クリスチャン英会話ハンドブック　信仰生活篇』2001年、いずれもいのちのことば社）。これらのリストにセブンスデー・アドベンチストを入れる人もいる。また、無教会を異端とする評価もある。

いっぽう、ローマ・カトリックのペトロ・ネメシェギ司祭は、『諸教派のあかしするキリスト』（百瀬文晃編、中央出版社／現社名サンパウロ 1991年）において、モルモン教、エホバの証人、統一教会を「キリスト教の風土で生まれた新宗教」とし、その問題点を列挙した。

21世紀の現在、上にあげたモルモン教、エホバの証人、統一教会の３派を、他教会とはっきり区別して扱うキリスト教会は多い。現在、『キリスト教年鑑』（キリスト新聞社）にはこの３組織の連絡先が載っていないし、これらの組織の洗礼を有効と認める外部教会はほとんどない。ウェブサイトや伝道用印刷物に「私たちの教会はエホバの証人・モルモン教・統一教会ではありません」という断り書きを入れる教会もよく見受けられる。この３組織の名前がよくあがるのは、彼らが活発な伝道活動を行い、無視できないほどの教勢をもつからだ。1995年のオウム真理教によるサリン事件以降は、「カルト」という問題もクローズアップされてきた。ここで詳細は触れないが、教義的な異端と、信者個人やその家族の人生を破壊するカルトを区別して対応を考えるのがいまでは一般的になってきている。

いかなる理由から異端と判断するかを述べた「正統派」の見解やアンチグループの主張、脱会者の証言、さらには異端とされる側の公式声明も、いまはインターネットで容易に手に入る。さまざまな情報があふれる現代においては、それぞれの声を冷静に吟味する姿勢が求められるだろう。

ＲＣ他：プレゼピオ（Presepio/Nativity set; Créche）
聖公会：クリブ（Crib）
日本ではクリスマス・セットとかメインジャー・セット（Manger set）ともいう。
アッシジの聖フランシスコが考案したとされる、イエス降誕の場面を描いた人形のセット。キャラクターの種類やサイズ、趣向はさまざま。アドベントに入ると、教会堂に限らず、商店や家庭などでも飾られる。日本の「世相びな」のように、ときの有名人を模した人形を造る職人もいる。

# 第3章

# 少し違いが見えてきた人のための調べてみようキリスト教

洗礼のやり方、お祈りの言葉、礼拝中のポーズや祭具、
聖職者の祭服などなど、教会にまつわるあれこれを紹介。
神父や牧師、修道士やシスターになるには？
同性愛者や女性の牧師を容認する教派はあるの？
教派によって異なるキリスト教の様相を例解する。

## Q 赤ちゃんのときに洗礼を受けると誰でもクリスチャンになるの？ また、洗礼って誰でも受けられるもの？

自覚的な信仰をもたない幼児に洗礼を行う教派は、二つに分けられる。まず、それだけをもってクリスチャンと見なすところ。このような教派では、子どもでも聖餐式のパンが受けられる。ただし、幼児洗礼を受けただけで、その後一度も教会に足を踏み入れず、神に祈る習慣もない人を「クリスチャン」と呼べるかどうかは、意見が分かれるところだろう。

いっぽう、幼児洗礼だけではだめで、本人の自覚的な信仰告白が必要とされる教派もある。その場合は、信仰告白後に初めてパンの陪餐《ばいさん》が可能になる。近年では、信仰告白を必須としてきた教派のなかでも、牧会者の判断で、幼児の陪餐を認める例が出てきている。

また、幼児洗礼そのものを一切認めない教派もある。

洗礼は、原則として誰でも受けられる。別の宗教に入信したことのある人、刑法上の犯罪者、たとえ瀕死の病人でも、資格なしと見なされることはない。ただし、洗礼は生涯にただ一度のこととされるので、「有効な洗礼」が繰り返し行われることはない。再度行われるとしたら、それは前回のものが「有効」と見なされなかった場合に限られる。

# ✝ 洗礼いろいろ

浸礼《しんれい》／浸水礼

immersion/ full [total] immersion; dipping

洗礼盤か浸礼槽（バプテストリー）、あるいは河川等に
おいて全身を（一度、または三度）水に浸す
（左はプロテスタントのバプテスマ、右は東方正教会の幼児洗礼）

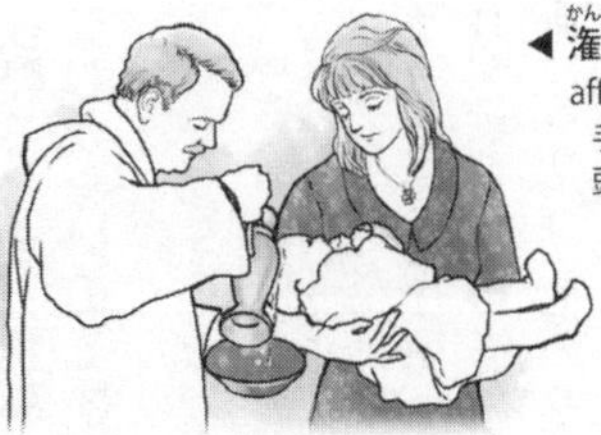

◀ 潅礼《かんれい》／灌礼《かんれい》／灌水礼《かんすいれい》／注水／注水礼

affusion; infusion; moistening; pouring

手のひら、または貝殻や水差しで
頭に三度水を注ぐ方式

滴礼《てきれい》／滴水礼 ▶

aspersion; sprinkling

教職者が三本の指を水に浸して、
受洗者の額に三回軽く
水をつけるやり方もある

## Q クリスチャンって何をするの？ 夜寝るときと食事のときに必ずお祈りをするっていうイメージしかないのですが

ひと口にクリスチャンといっても、信仰熱心な人とそうでない人とではかなり行動に幅があるし、フルタイムで教会のために働いているか一般の信徒か、世俗の人か修道者かでも違う。これが平均的な行動、というのを示すのは難しい。

それでもあえて例をあげるなら、毎日祈ること（起床時、就寝前、食事の前後など）。毎日聖書を読むこと。毎週日曜日には礼拝に行くこと。この三つを実行している人は、かなり自覚的で模範的なクリスチャンといえるだろう。一部の教会の信者は、これに食事の節制が加わる。

教会によっては、平日にも礼拝のほかにいろいろな集まりや奉仕活動がある。また、役員や教会学校の教師、聖歌隊員、オルガニスト、祭具や食事を用意する係など、さまざまな役目がある。こうしたものに全部参加し、奉仕を引き受けていくと、教会で費やす時間は相当長いものになる。

ただし地理的な条件などによって、近くに「教会」（集まる場所）がない、同じ信仰をもつ仲間もいない、というケースもある。そういう人は、近くに所属する教会がある人と比べて、信仰生活の送り方がかなり違ってくるだろう。むろん、教会でいわば「公的に」行う奉仕だけが、即、敬虔さのバロメータになるわけではない。他人の目に触れないところで（私的に）行う祈りに時間を費やす人も、もちろんいる。

なお、いくつかの教派では、信徒として果たすべき最低の義務を定めている。

◆正教徒の勤めは次の通り。

一　主日（日曜日）と諸祭日には聖体礼儀に与り、痛悔領聖する。聖書を開いて毎日祈禱する

二　教会の定めた斎期《ものいみ》（ある期間、特定の食物を取らない、ないしは完全に断食すること）を守る

三　原則として毎主日に痛悔する。年四回以上、少なくとも年に一度は受ける

四　領聖も右と同様

（参考：ルーマニア正教会主教トリファン師『誰でも知っておきたい正教会の奉事と諸習慣』）

◆ローマ・カトリック教会の伝統的な「教会のおきて」は次の通り。

一　主日と守るべき祭日にミサにあずかり、肉体労働を休むこと

二　毎年少なくとも一度罪を告白すること

三　少なくとも復活節の間に聖体の秘跡を受けること

四　教会が定めた大斎《だいさい》と小斎《しょうさい》（➡326頁）の日を守ること

五　教会の維持費を負担すること

（参考：新要理書編纂特別委員会編『カトリック教会の教え』）

◆日本聖公会では次の五つを信徒の心得（聖公会の訓則）にあげている。

一　毎日、規則的に聖書の一節を読む

二　毎日、規則的に祈る

三　主日の礼拝、ユーカリスト（聖餐式）に規則的に参加する

四　献金を熱心に行う

五　悔い改めの業を実行する

（参考：竹内謙太郎『教会に聞く――新祈祷書による教会問答』）

## Q　クリスチャンは禁酒禁煙で、離婚も禁止？

その教派による。プロテスタントの、とくにメソジストの流れを汲む教会では、清い（聖い）生活態度を重んじるため、酒や煙草に関する規律が厳しい。聖餐式のぶどう酒でさえ、発酵させていないぶどうジュースを用いることが多い。酒類を飲むことはもちろん、その醸造・販売に関わることさえ禁じる教会もある。なかでも救世軍は厳格で、誰であっても兵士になるときに禁酒を誓約させられる。たとえ祝いの席でも、絶対にア

い。ただし、すべてのプロテスタントがそうだというわけではないし、たとえ禁酒禁煙でも、離婚は（理由によって）容認する教派もある。

いっぽう、ローマ・カトリックは離婚や産児制限を固く禁じているが、酒や煙草に関してはとくに規制はない。カトリックと同じように、礼拝で純粋なぶどう酒（当然アルコール分の入ったもの）を用いる教派、すなわち東方正教会、ルター派、聖公会などでも、信者に禁酒を奨励する伝統はない。教会主催のパーティでも、アルコール類が出るのがふつうで、ヘビースモーカーの教役者もまれではない。これらの教派の教役者は、ある程度アルコールに強い体質であることが求められる。というのは、礼拝で用いられたぶどう酒は、もしあまった場合でも捨てたりせず、司式者がその場で飲み干すしきたりだからだ。加えて、教派によってはこの式の前に厳格な断食が要求されるため、空腹のままぶどう酒が胃に入ることになる。また、正教会では幼児の領聖を認めているので、信者の子どもは赤ん坊のころからぶどう酒を口にして育つ（むろん、大量摂取するわけではない）。

ちなみに、一部のプロテスタント教会が信徒に指導してきた「避けるべきもの」のなかには、観劇（劇場や映画館、日本なら寄席に行くこと）、トランプ（賭事）、ダンス、ロック音楽、現代的な服装（たとえば、女性のジーンズ）なども含まれている。

Q 「神を礼拝する」ことのほかにも、人びとが教会のメンバーになる理由はあるのでしょうか?

教会は礼拝以外にもさまざまな機能を担っており、たとえば次のようなものがある。

◆「帰属する」場所として　民族や言語でまとまった共同体。自分のルーツ、ソーシャル・アイデンティティ確認の場。その地域における素性や身分を保証する。

◆社交・娯楽の場として　女性が外出でき、男女がおおっぴらに会える場所であり、娯楽の少なかった時代に健全な楽しみを提供した。行事や通過儀礼を通じて豊かな生活実感を得ることも。

◆知的啓発の場として　読み書きなどの初等教育を始め、教会によってはさらに上級学校への進学機会を提供。教会企画の講演会や音楽会などを通じて教養を高めたり、芸術に触れることも。

◆身近な相互扶助の場として　衣食住、就労、保育や介護などの具体的サポート、同じ問題をかかえる人同士の連帯と支え合い。

◆神の教えをこの世に反映させる、組織的活動の

**場として**　地球規模のあらゆる支援、社会問題改革や公共事業など、個人や地域の枠を超えた活動に関わることができる。

## Q お祈りの言葉はみんな同じなの？ それとも仏教のように違っているの？

祈り（祈禱）には、あらかじめ用意された成文と、自由な祈りがある。成文化された祈りの代表格は、新約聖書を元にした「主の祈り」。ただし文章自体は教派や時代によって異なる（➡245〜248頁）。また、節をつけて（歌って）唱える慣習の教派もある。

教会の礼拝中に唱えられる祈りには、祈禱書や式文に基づく成文だけを使う教派と、少数の成文（主の祈りなど）を祈りの中心に据えつつも、これに加えて自由祈禱を用いる教派がある。自由祈禱とは、何かを読み上げるのではなく、心から湧き出るままの言葉で祈るもので、文章や長さなどは人それぞれだ。「祈りの課題」または「とりなしの祈り」として、具体的な項目（人の名前や教会名など）を織りこむ祈りもある。とくに、祈禱書を用いる慣習の教派では、家庭などで個人的に祈る際にも、決まった定型句しか使わない人もいる。また別の教派に行けば、すらすらと自分の言葉だけで何十分でも祈る人がいて、キリスト者もさまざまだ。

「わたし（たち）は……を信じます」という信仰告白には、「使徒信経」や「ニケア信経」と呼ばれるものがあり、翻訳文は各教派でまったく同じとはいえないが、基本的内容は共通している（ただし、東方と西方のニケア信経には、決定的な相違点が一箇所ある）。

クリスチャンならば、「主の祈り」はそらんじているのがふつうだ。ローマ・カトリック信者ならば、これに「アヴェ・マリアの祈り（天使祝詞《しゅくし》）」も入る。

また、アッシジの聖フランシスコの「平和の祈り」は、教派を超えて多くのクリスチャンに愛されている。ダイアナ元英国皇太子妃の葬儀にも、この平和の祈りが聖歌として歌われた。

なお、祈りは、必ずしも声に出す（人に聞かせる）とは限らない。アーミッシュは食事の祈りなどは無言が基本で、もし声に出す場合でも最後に「アーメン」とはいわない。伝統的なクエーカーも、口に出して祈る慣習はない。クエーカーの聖女と呼ばれたニクソン元米国大統領の母親はマタイ六・6にならって、家族にも見られないように、家では私室に入って祈っていたという。

祈禱台（prie-dieu）

### ● *The Lord's Prayer*（文語）

*The Book of Common Prayer, The Church of England*
1662年　イングランド国教会（聖公会）

Our Father which art in heaven,
Hallowed be thy Name, Thy kingdom come,
Thy will be done, in earth as it is in heaven.
Give us this day our daily bread;
And forgive us our trespasses,
As we forgive them that trespass against us;
And lead us not into temptation,
But deliver us from evil.
For thine is the kingdom, the power,
and the glory,
For ever and ever. Amen.

### ● *The Lord's Prayer*（口語）

*The Book of Common Prayer, The Episcopal Church*
1990年　米国聖公会

Our Father in heaven,
　hallowed be your Name,
　your kingdom come,
　your will be done, on earth as in heaven.
Give us today our daily bread.
Forgive us our sins
　as we forgive those who sin against us.
Save us from the time of trial,
　and deliver us from evil.
For the kingdom, the power,
　and the glory are yours,
　now and for ever. Amen.

## ●天主経《てんしゅけい》

日本ハリストス正教会

天にいます我等《われら》の父や
願わくは汝《なんじ》の名は聖とせられ
汝の国は来たり
汝の旨《むね》は天に行わるるが如《ごと》く
地にも行われん
我が日用《にちよう》の糧《かて》を
今日《こんにち》我等に與え給《たま》え
我等に債《おいめ》ある者を、我等、赦《ゆる》すが如く
我等の債を赦し給え
我等を誘《いざな》いに導かず
なお我等を凶悪《きょうあく》より救い給え
蓋《けだし》、国と権能《けんのう》と光栄は
汝に世々《よよ》に帰す、アミン

(参考『正教会の手引』二〇〇四年より)

## ●主禱文《しゅとうぶん》(文語)

日本のローマ・カトリック教会

天にましますわれらの父よ、
願わくは御名《みな》の尊《とうと》まれんことを、
御国《みくに》の来《きた》らんことを、
御旨《みむね》の天に行わるる如く
地にも行われんことを。
われらの日用の糧《かて》を、
今日《こんにち》われらに与え給え。
われらが人に赦す如く、
われらの罪を赦し給え。
われらを試みに引き給わざれ、
われらを悪より救い給え。
アーメン。

## ●主の祈り　一八八〇年（頌栄は一八九二年）訳

天にまします我《われ》らの父よ、
願は《(わ)》くはみ名を崇《あが》めさせたまへ《(え)》。
み国を来らせたまへ《(え)》。
みこころの天になる如《ごと》く
地にもなさせたまへ《(え)》。
我らの日用の糧《かて》を今日《きょう》も与へ《(え)》たまへ《(え)》。
我らに罪を犯す者を我らが赦《ゆる》すごとく、
我らの罪をも赦したまへ《(え)》。
我らを試みにあは《(わ)》せず、
悪より救ひ《(い)》出《いだ》したまへ《(え)》。
国と力と栄《さかえ》とは限りなく汝《なんじ》のものなればなり。
アーメン。

（参考：日本基督教団『信徒必携　新改訂版』）

## ●主の祈り　一九九一年
日本聖公会口語祈祷書

天にいますわたしたちの父よ、
み名が聖とされますように。
み国が来ますように。
み心が天に行われるとおり、
地にも行われますように。
日ごとの食物《しょくもつ》を今日《きょう》も与えてください。
わたしたちに対して
罪のある者を赦していますから、
わたしたちの罪も赦してください。
わたしたちを試みに陥らせずに、
悪から救い出してください。
み国も力も栄光も、
世々《よよ》に限りなく主のものだからです
アーメン

## ●主の祈り　一九九六年

ルーテル教会式文

天の父よ、
み名があがめられますように。
み国が来ますように。
み心が天で行なわれるように、
地上でも行なわれますように。
私たちに今日もこの日の糧をお与えください。
私たちに罪を犯した者を赦しましたから、
私たちの犯した罪をお赦しください。
私たちを誘惑から導き出して、
悪からお救いください。
（み国も力も栄光も
とこしえにあなたのものだからです。）
（アーメン）

## ●主の祈り　二〇〇〇年

日本聖公会／ローマ・カトリック教会
共通口語訳

天におられるわたしたちの父よ、
み名が聖とされますように。
み国が来ますように。
みこころが天に行われるとおり
地にも行われますように。
わたしたちの日ごとの糧を
今日《きょう》もお与えください。
わたしたちの罪をおゆるしください。
わたしたちも人をゆるします。
わたしたちを誘惑におちいらせず、
悪からお救いください。
（国と力と栄光は、永遠にあなたのものです。）
アーメン

## 十 祈り・礼拝・儀式時のポーズいろいろ

初代教会の祈り
(Orans position)

軽く頭を屈める黙礼
(simple bow)

正教徒が腰を曲げる
弓拝／躬拝(metania)
(小拝[deep bow;
profound bow])

正教徒が額を地につける伏拝(full prostration)
(大拝／叩拝とも呼ぶ)

立つ(standing)
もっとも基本の姿勢

手のひらを上にあげる
（ペンテコステ／カリスマ派）

跪《ひざまず》き
（kneeling）

片膝をつく
（genuflection ➡289頁）

食前の祈り（saying grace）

「サムエル」の祈り

救世軍の「恵《めぐみ》の座」
（➡192頁）での祈り

ゲッセマネの祈り

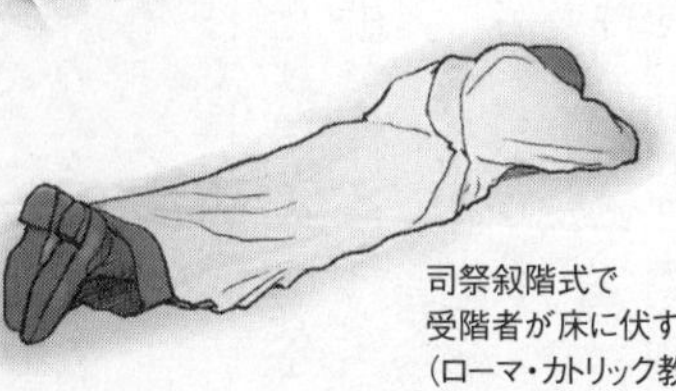

司祭叙階式で
受階者が床に伏す
（ローマ・カトリック教会）

## Q 礼拝で歌う賛美歌（聖歌）も教派ごとに特色があるのですか？

賛美歌というと、プロテスタント教会で歌う「いつくしみ深き」などを連想する人が多いかもしれない。いわば、会衆一同が合唱して神を讃《たた》え、神に祈る宗教的叙情詩だ。概してメロディは親しみやすく、詞の内容は個人的な信仰体験だったり、聖書の内容や、具体的な神学的教義を韻文化したものだったりする。譜面がきちんとできているので、教会に縁のない人が歌っても、それなりにさまになる。これらは、礼拝の式文とは独立して成立したものだ。

だが、キリスト教のすべての教派で、礼拝にその種の歌を用いるわけではない。

東方正教会の聖歌は、祈禱書にある祈りの言葉を典礼の中で音楽的に詠《よ》むもの。音を添えた祈りといってもよい。だから、信仰のない者が歌っても、教会側から見たら、さして意味はない。ローマ・カトリック教会のミサ曲もこれに近く、あらかじめ決まっている典礼式文をグレゴリオ聖歌などの曲で聖歌隊が朗唱する。聖公会のアングリカン・チャントも同じ形式だ。これらには無数の曲がついており（つまり、時代や地域でメロディが違う）、譜面も一応あるが、そのときどきで音符の長さや高さを自由にアレンジして歌うのがふつう。こうした聖歌は、たとえば、教会員を駅のプラットホームで見送るときにみんなで歌うような性質のものではない。あくまで、礼拝のなかで神を讃える聖なる歌である。

実は、四世紀から十六世紀まで、西方教会の礼拝中の聖歌は、聖歌隊が独占していた。会衆は歌わずにただ拝聴していたのである。その伝統を破り、礼拝の中で会衆に賛美歌を斉唱させたのが、かの宗教改革者ルターだった。しかも、それまでのラテン語に代わり、民衆語、つまりドイツ語を用いたのである。ルターは旧約聖書の詩篇などをもとに何曲もの賛美歌を創作し、そのいくつかは現在でも愛唱されている。宗教改革以後のドイツを中心とするルター派の賛美歌曲のことを、「コラール（独語 Choral）」という。

宗教改革のもうひとりの雄、カルヴァンといえば、「ジュネーブ詩篇歌（Genevan Psalter）」。神の言葉をあくまで重んじたカルヴァンは、人間の創作した歌詞を用いず、もっぱら詩篇をパラフレーズ（paraphrase＝韻文に翻訳）した詞を、伴奏なしの単調な旋律で詠《うた》った。現代のカルヴァン主義の教会では、創作賛美歌を取り入れた人びとも多いが、無伴奏の詩篇歌誦詠のみを固く守っているグループもある。

宗教改革後のイングランドでも、聖書に基づく賛美の歌として、もっぱら詩篇歌が用いられた。これには、国教会の祈禱書に詩篇以外の詞がほとんど収められていなかったことも関係している。十八世紀になると、会衆派牧師のアイザック・ワッツ（Isaac Watts 一六七四―一七四八）、そしてジョンとチャールズのウェスリー兄弟（メソジスト）によって創作賛美歌の時代が花開く。メソジストの信仰復興運動に、彼らが作った親しみやすい賛美歌が大きく寄与したのは疑いがない。イングランド国教会がこうした創作賛美歌を公式に認めたのは十九世紀に入ってからで、以後は国教会系の人びともどんどん新しい歌を産みだしていった。

アメリカでも、やはり十九世紀に詩篇歌から創作賛美歌へと重心が移り、とくに大衆伝道集会やフロンティアの野外集会において歌いやすい福音的な賛美歌が用いられた。黒人霊歌(negro spiritual)が生み出されるのもこの時期で、二十世紀になると多くの賛美歌集に収録されるようになった。ゴスペル音楽(gospel music)というと、バプテストやペンテコステ派とのつながりが深い。こうした創作賛美歌は、主日礼拝以外の伝道集会や日曜学校、キャンプなどでも盛んに歌われている。

なお、ローマ・カトリック教会のミサにおいて、会衆が聖歌を歌うようになったのは、二十世紀以降である。最近では、プロテスタントの創った賛美歌を用いることも、そうまれではなくなった。

創作賛美歌は教派や地域によってさまざまな種類があり、教派を超えて歌われるものもあれば、地域・教会限定のものもある。現代でも創作活動は盛んで、賛美歌集の改訂に力を入れている教団も多い。グレゴリオ聖歌のような中世的なイメージのものから、いわゆるソウル調、ポップス調、フォーク調のものまでメロディは多種多様。伝統的なオルガンのみならず、伴奏にギターやドラム、電気楽器などを取り入れた教会もある。

通常は、同じ教団に属している教会は同じ賛美歌集を使っているが、会衆制度を取るところは教会によってまちまちだ。日本でも多くの歌集が出ており、翻訳物の場合は本によって訳詞が違うし、楽譜の調さえ異なる場合がある。教会暦を使う教派では、その日、どの教会でも聖書の同じ箇所を朗読するが、その日に歌う賛美歌までが完全に同じとは限らない。

日本において、「賛美歌」「讃美歌」「聖歌」は普通名詞としてはほぼ同じ意味で使われるが、普段どの言葉を用いるかは、教派で分かれる。これは、礼拝で用いる歌集のタイトルとも関連している。「聖歌」を使うのは正教会、ローマ・カトリック(『カトリック聖歌集』『典礼聖歌』)、聖公会(『古今聖歌集』『日本聖公会聖歌集』)、および福音派の教会(『聖歌』)など。いっぽう、「讃美歌」を用いるのはルター派(『教会讃美歌』)を含むプロテスタント系の教会(『讃美歌』『新生讃美歌』『インマヌエル讃美歌』など)だ。救世軍は「軍歌」という(『救世軍歌集』)。

教派と賛美歌の関係については原恵《めぐみ》著『賛美歌——その歴史と背景』(日本基督教団出版局・一九八〇)、教会の音楽全般については、今橋朗《あきら》ほか編『よくわかるキリスト教の音楽』(キリスト新聞社・二〇〇〇)がわかりやすい。

*COLUMN*

## もっとも愛唱されている定番賛美歌とは？

教会人には無論のこと、教会に行ったことのない人でも耳にしたことがあると思われるのは「What a friend we have in Jesus／いつくしみ深き」と「Amazing Grace!／驚くばかりの（アメージング・グレース）」ではないだろうか。クリスマスシーズンの定番は「Adeste, fideles／神の御子《みこ》は今宵しも」「Les anges dans nos campagnes／荒野《あらの》の果てに」「O Lux beata, Trinitas／まきびと羊を」「Stille Nacht, heilige Nacht!／きよしこの夜」「O little town of Bethlehem／ああベツレヘムよ」など。

プロテスタントを代表する一曲をあげるとしたら、文句なく「Ein feste Burg ist unser Gott／神はわがやぐら」。詩篇46を元にマルティン・ルターが作詞作曲したもので、別名 Battle Hymn of the Reformation（宗教改革賛歌）と呼ばれる。バッハのカンタータ第80番、メンデルスゾーンの交響曲第五番『宗教改革』、マイアベーアの歌劇『ユグノー教徒』、ドビュッシーのピアノ曲「白と黒で」などにもこの旋律が現れる。「ドイツ的」な音楽の代表として、ナチス時代には戦意高揚の行進曲として用いられたこともあった。いまやローマ・カトリックでさえこの曲を収録している聖歌集がある。

その他、各教派の賛美歌／聖歌集に共通して掲載されている定番を紹介すると、17世紀のものでは「Salve caput cruentatum／血潮したたる」「Lobe den Herren den machtigen Konig／力の主を」「Schonster Herr Jesu／イエスきみは」、18〜19世紀のものではアイザック・ワッツの「When I survey the wondrous Cross／栄えの主イエスの」、チャールズ・ウェスリーの「Hark! the herald Angels sing／天《あめ》には栄え」「Jesu, Lover of my soul／わが魂を愛するイエスよ」、さらに「All hail the power of Jesus' name／天《あま》つみ使いよ」「Holy, holy, holy!／聖なる聖なる」、「Saviour, like a shepherd lead us／飼い主わが主よ」「Nearer, my God, to thee／主よ、御許《みもと》に近づかん」「God be with you till we meet again／神ともにいまして」などがあげられる。

## Q 自分とは違う教派の教会の礼拝に参加したり、教会を移ることは可能なのですか？

時代や地域、個々の事情によってケースバイケース。他の教会はすべて邪教で、そこへ足を踏み入れるなど問題外、と教えられた信徒もいれば、日曜日の午前には国教会、午後には非国教会の礼拝に出席していた人びともいる。カナダの作家L・M・モンゴメリの独身時代の日記を見ても、機会があればさまざまなプロテスタント教派の礼拝に顔を出していたことがわかる。

通常は、教籍（教会籍ともいう。信徒にとって住民票のようなもの）をもつ教会の礼拝にできるだけ参加し、定期的に献金し、さらになんらかの役割を果たすことが信徒のあるべき姿と認識されている。そのため、自分の教会の礼拝がある時間に、別の教会に行くことは「一般的」ではない。ただし、旅行とか引っ越しといった事情があるときは別で、そこに同じ教派の教会が見あたらない場合、別の教派の教会を訪ねて礼拝を守ることはむしろ推奨される。受け入れる側も、こころよく迎えるのがふつう。

ただし、聖体拝領／聖餐式への参加は、必ずしも無条件ではない。同じ教派の洗礼を受けていなければ認めないとか、幼児洗礼だけで信仰告白（堅信礼）がまだの人は駄目だとか、条件がつく教会も多いからだ。そのため、旅先では、自分の教派と相互陪餐の関係を結んでいるところや、礼拝様式の似通った教派を選んで参加する人が多い。

信教の自由が保障されている地域では、教派を移ることも原則自由。たとえば、現在のローマ・カトリック教会東京大司教区の大司教（二〇〇〇年着座）にとって、カトリックは三つ目の教会だという。教籍移動にともなう手続きや儀式は、それぞれの教会で異なり、場合によっては洗礼の受け直しが要求されることもある。なお、自分が洗礼を受けた教会のことを「母教会」という。

ちなみに、東方正教会では、ローマ・カトリックやプロテスタントを「異端の教会」と見るため、これらの教会から移籍して正教徒になる場合、厳密には「異端者帰正《きせい》式」が適用される。日本のローマ・カトリック教会でも、かつて、正教会や聖公会からの信者が自派に転会すること（conversion）を「帰正」といい、それ以外の信者には「回心」「改宗」といった語を用いていた。

## ✝ ローマ・カトリック、ルター派、聖公会の用いる祭具

RC＝ローマ・カトリック教会　ル＝ルター派教会　聖＝聖公会
*のついた欧文はラテン語を示す

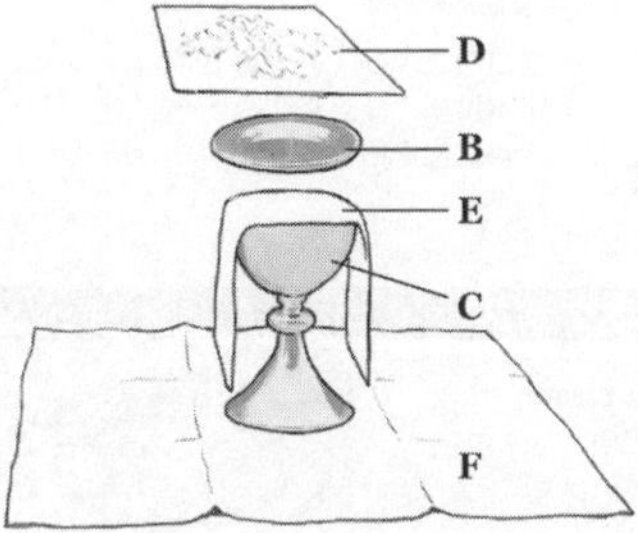


**A** ciborium*
信者用の小さな聖体を入れる器
（RC）聖体器／チボリウム／
聖櫃〔せいひつ〕
（ル）シボリウム
（聖）チボリウム／シボリウム／
サイボリウム

**B** paten/ patena*
聖別した聖体を載せる皿
（RC）パテナ
（ル・聖）パテン

**C** chalice/ calix*
聖別したぶどう酒を入れる杯
（RC）カリス
（ル）チャリス／カリス
（聖）チャリス

**D** pall/ palla*
カリスのなかに異物が入らない
よう、フタの役目をする
（RC）パラ／爵蓋／聖杯布
（ル・聖）ポール

**E** purificator/ purificatorium*
カリスについた拝領者の口の
あとや、ぶどう酒のしずくを
ぬぐうための布
（RC）プリフィカトリウム／
清浄巾／清浄布
（ル・聖）ピュリフィケータ（ー）

**F** corporal/ corporale*
白い麻布
（RC）コルポラーレ／聖体布
（ル・聖）コーポラル

**G** monstrance; ostensorium*
（RC）モンストランス／聖体顕示台
聖公会でも用いることがある

## ✚ プロテスタントの用いる聖餐用具と陪餐

A グラス受け皿
(wine tray)
B ぶどう液用のグラス／グラス／カップ／盃／聖餐杯〔せいさんはい〕
(glass communion cup; communion glass)
C パン皿
(bread plate)

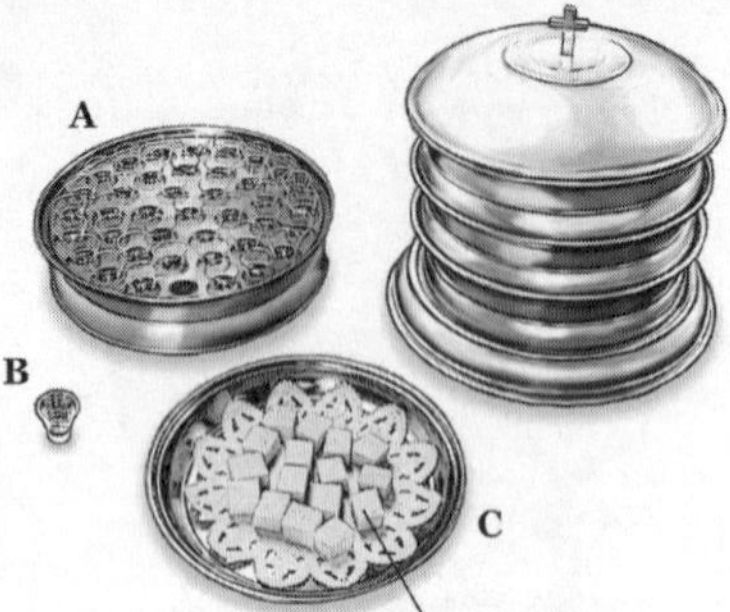
サイコロ状に切ったパン
（大きなかたまりを手で割いて分ける場合もある）

◀プロテスタントの聖餐式では、座席に坐った信徒のもとへ係がお皿をもって廻る

## ✚ 献金の時間に用いられるグッズ

D 献金皿 (offering plate; collection plate)
聖公会では信施皿ともいう
ほかにもかご (basket) や布製の袋 (bag)、ボックスなどが使われる

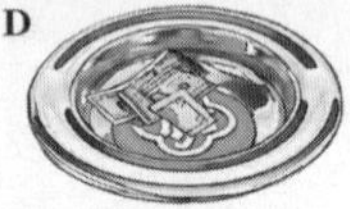

## ✚ ローマ・カトリック教会　ミサでの聖体拝領

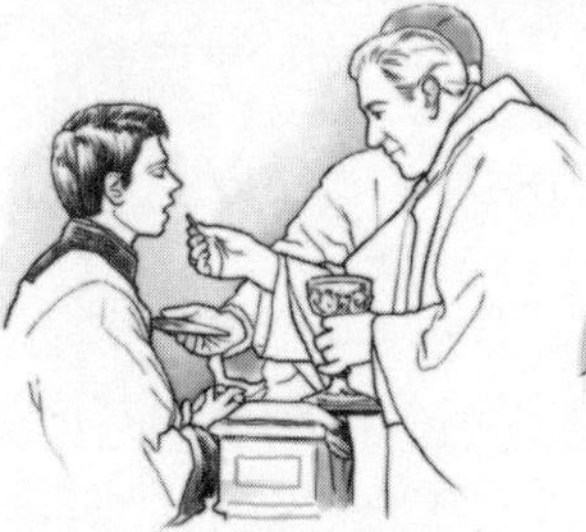

御聖体《ごせいたい》／ホスチア／ホスティア／ウェファー (Host/ Hostia; wafer)
大きさは500円玉くらい。中央に十字が刻んであることも。食感は、固い「もなか」の皮に似ている

▲御聖体を口で受ける古い作法

手のひらで受ける現代の作法 ▶
ルター派や聖公会でも
同じように陪餐する

## ✚ 十字架いろいろ

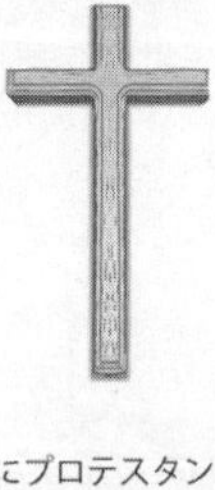

主にプロテスタント
教会が用いる
ラテン十字
(Latin cross)

キリスト磔刑像
(crucifix)
主にRC教会で
見られる

復活のキリスト像
(Risen Christ crucifix)
近年RC教会で
増えつつある

# ✝ 東方正教会の祭具と領聖

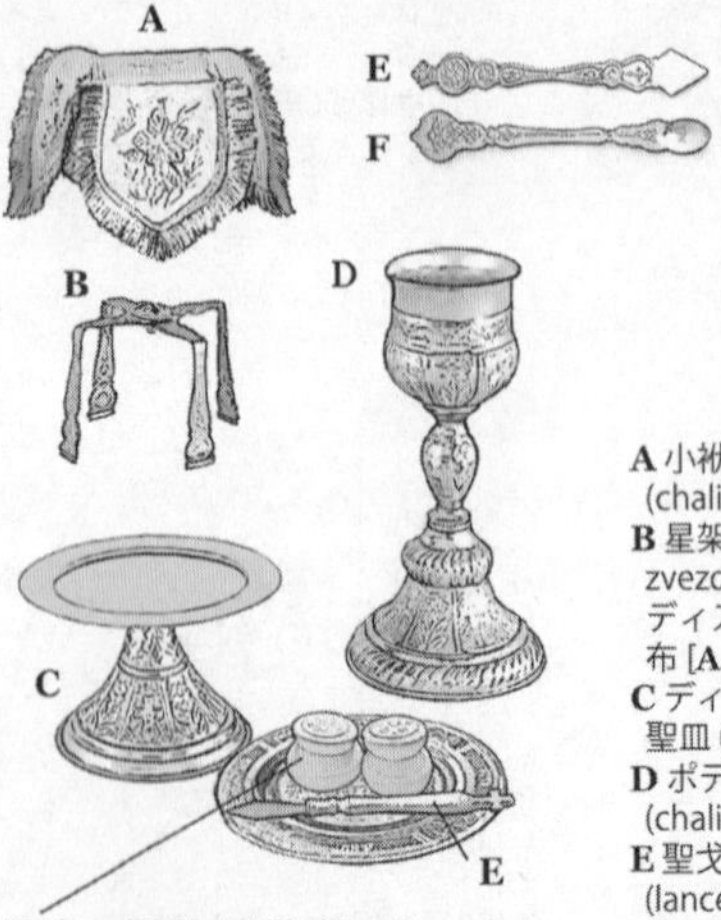


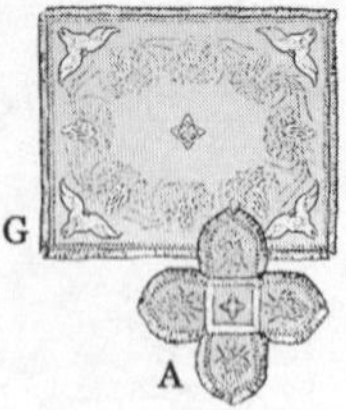


聖パン／聖餅／供餅〔きょうへい〕／プロスフォラ
(prosfora/ prosforo/ prosphora/ prosphoro)

**A** 小袱〔しょうふく〕
(chalice cover; chalice veil)
**B** 星架〔せいか〕(asterisk; star; zvezditsa)
ディスコス [**C**] の上のパンを布 [**A**と**G**] の接触から守る道具
**C** ディスコス／聖盂〔せいう〕／聖皿 (diskos; paten)
**D** ポティール／聖爵〔せいしゃく〕
(chalice; potirion; vozduh)
**E** 聖戈〔せいか〕／ほこ
(lance/ lonche; spear)
槍の形をした両刃のナイフ
**F** 聖匙〔せいひ〕／さじ／ルジツァ
(communion spoon; labis; lzhitsa)
**G** 太気〔たいき〕(aer)

*ディスコス [**C**] とポティール [**D**] はそれぞれ小袱 [**A**] で覆い、さらに太気 [**G**] で覆う

【正教会の領聖】

御聖体を司祭から聖匙 [**F**] で受ける ▶

聖爵 [**D**] には赤ぶどう酒（キリストの尊血）と小さく切られた聖パン（キリストの尊体）が入っている

* 正教会は学齢前の子どもも領聖可

## 一般的なプロテスタント教会の聖壇

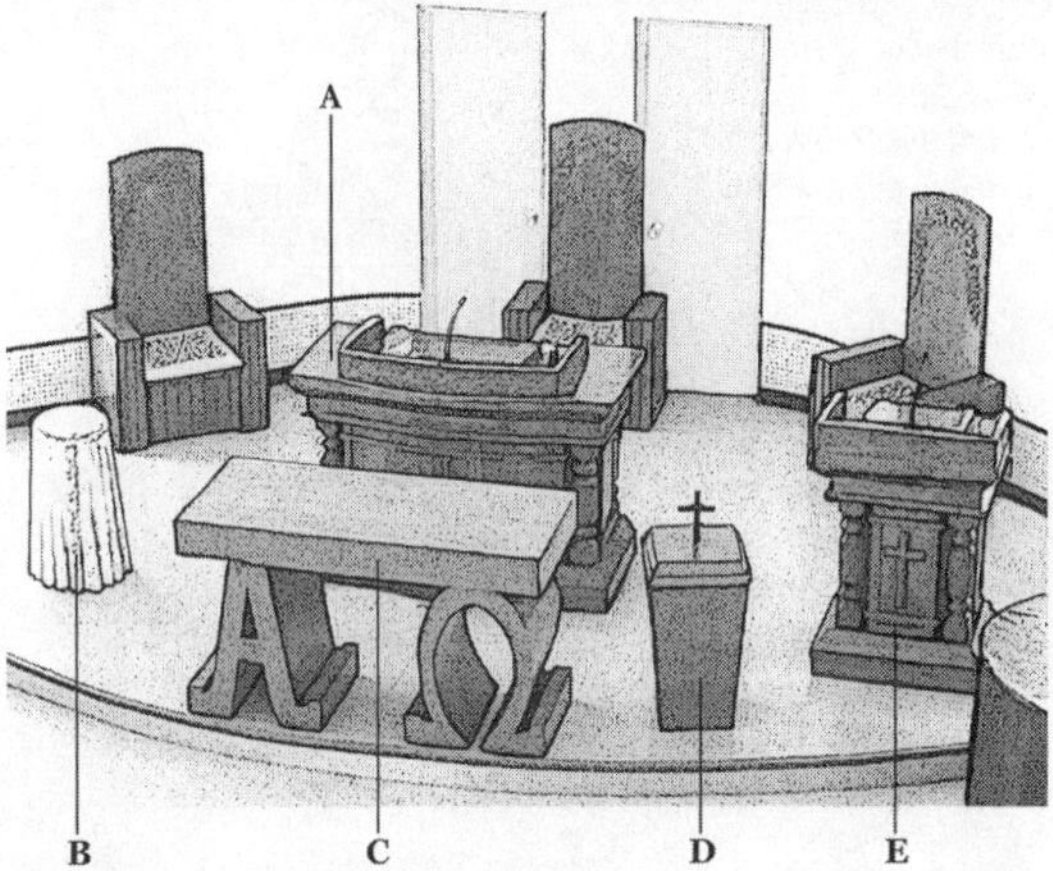


## 東面式（➡71頁）の聖公会の祭壇

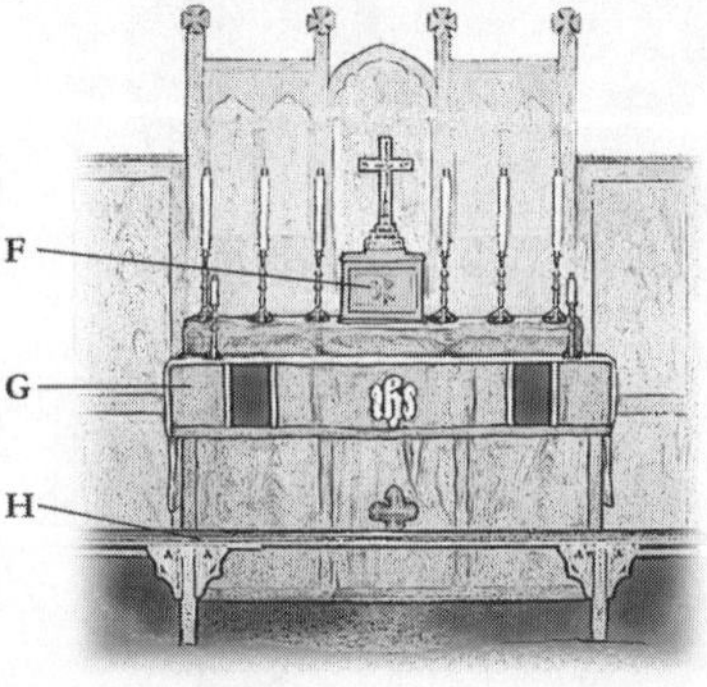


A 講壇／説教壇／説教台
B 花台
C 聖餐テーブル／聖餐卓
(communion table)
D 洗礼盤
E 司会台

F タバナクル
G 祭壇 (altar)
H コミュニオン・レール／
聖体拝領台
(communion rail)
信徒はここに跪いて
聖体を受ける

(baptismal) font
洗礼盤／洗礼台
幼児の全身が浸かる大きさのものもある。図は、蓋をした状態

pulpit
（RC・聖）説教壇
（ル）説教壇／説教台／講壇
音響設備のなかった昔は、高い位置にあった。
現代の教会堂では簡易な講壇になっている

pew
ベンチ／会衆席
背中に聖書や賛美歌集をおくことができる。
これは、跪き台がついたタイプ

lectern
聖書朗読台／聖書台
福音記者ヨハネのシンボルである鷲をデザインしたもの

# ✝ 西方教会 教会堂内部のグッズいろいろ

candlestick
ロウソク立て

sanctuary lamp
（ご）聖体ランプ
RC・聖公会などの聖堂において、
聖体があることを示すランプ。
24時間、赤い光がともっている
のがふつう。(a) は吊り下げ型、
(b) は据え置き型

a

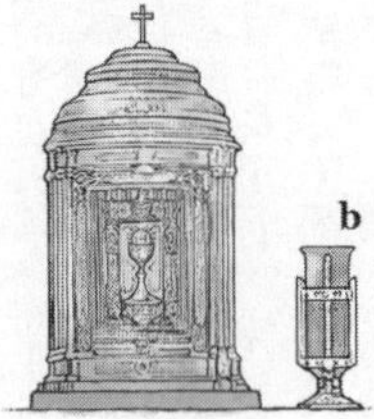

b

tabernacle
聖櫃〔せいひつ〕／タバナクル
聖体を保管する鍵つきの容器。デザインや
材質はさまざま。正教会、RC、聖公会などで
用いる（図は西方教会の聖堂におくタイプ）

hymn board
聖歌（表示）板
その日の礼拝で用いる聖歌の番号を示す。
数字ははめ込み式になっている。最近では
電光掲示板を使う教会も増えてきた

holy water font; stoup
聖水盤
RCや聖公会の教会堂の入り口近くにある。
信者はこのなかの聖水に右手の指を軽くひたし、十字を
切って出入りする。これを自宅に備える信者もいる

## Q 同じクリスチャンでも、教派が違う人同士で結婚はできるの？

時代と地域で異なるが、一般的にいって、第二次大戦前まではかなり難しかったといっていい。現在でも、「夫婦双方、あるいは片方がこちら側の礼拝に出席する」「生まれた子どもをこちら側の信仰で育てる」ことを約束しない限り、こうした結婚を無条件に歓迎してくれる教会は、そう多くはないだろう。同じ信仰をもたない者と結婚した教会員を、除名処分にする教会も現実に存在する。ただし、もちろん、結婚式と葬式のときしか教会に行かない、というレベルの人びとには、教派の違いはさほど深刻な障害とはならないはず。

英語でいう「mixed marriage」とは、宗教の違う結婚（ムスリムとキリスト教徒など）、または国籍や人種の違う結婚（アメリカ人と日本人、黒人と白人など）のことだが、この「ミックスト」には、キリスト教徒同士のケースも含まれる。たとえ同じ神を信仰していても、ローマ・カトリック教徒とプロテスタント教徒では「宗教が違う」と認識され、家族からも教会からも結婚を反対された時代が長かった。こうした「混宗婚」を選んだ信徒を破門の対象にした教会もあるし、地域によってはこうした結婚そのものを法的に禁じたり、「混宗婚」から生まれた子どもの宗教を指定していた時代もある。トラブルを避けるため、どちらかが改宗（転会）して信仰を同一にした上で結婚するか、結婚自体を断念するカップルも多かったようだ。周囲をすべて別の教派の地域に囲まれた小村や、規模の小さい信仰共同体などでは、結婚相手の選択肢が限られてしまい、近親結婚が増える弊害も出たという。なお、非キリスト教徒との結婚には「異宗婚」の語を使う教派もある。

混宗婚の実例をいくつか紹介すると、興味深いのは、一七七七年アイルランド生まれのパトリック・ブロンテ、すなわち小説家ブロンテ姉妹の父親だ。彼はプロテスタント（おそらく聖公会）の父と、ローマ・カトリックの母の間に生まれ、ケンブリッジ大学に進んでイングランド国教会（聖公会）の司祭となった。そして、メソジストの女性と結婚している。

作家ラフカディオ・ハーン（小泉八雲。一八五〇年生）の父はアイルランド人で聖公会信徒、母はギリシャ正教徒で、彼は正教会の洗礼を受ける。アイルランドに渡り厳格なローマ・カトリックの大叔母に育てられ、イングランドのカトリック学校に進んだ。

COLUMN

## 一夫多妻のクリスチャンはいる？

答えはイエス。アフリカの一部など、一夫多妻の慣習がある地域においては、複数の妻をもったままでクリスチャンになることを容認する教会がある。ただし、教会員になったあとでさらに妻を迎えることは認めないのが原則だ。聖職者の場合は、一般信徒と違って多妻を認めない教会組織がほとんどだが、なかには容認しているところもある。

また、柳田邦男のノンフィクション『マリコ』の主人公ともなったマリコ・テラサキ・ミラー（一九三二年生）の場合、父は日本人仏教徒でのちクエーカーに改宗、母はアメリカ人長老派。本人はユニテリアンのアメリカ人と結婚した。

ちなみに、欧米では、結婚式は花嫁側の教会または屋敷であげる慣例がある。スケジュールも花嫁に決定権があり、英米では挙式費用の支払い義務も花嫁側（花嫁の父）にあるという。

## Q 一番結婚式が派手／地味な教派はどこ？

派手というのが儀式的という意味なら、「戴冠式」のある東方正教会が一番だろう。聘定式《へいていしき》と呼ばれる婚約の儀式の直後、婚配機密《こんぱいきみつ》（結婚式）を行う。「神の僕《ぼく》○○、神の婢《ひ》○○に婚配《こんぱい》せらる、父と子と聖神《せいしん》の名によりてなり、アミン」といって司祭がふたりの頭上に栄冠（crown）をのせる瞬間がクライマックス。ロシア正教会はこれに宝冠を使い、ギリシャ正教会はオレンジの花冠を使う。その後、ふたりが証人（仲人）とともに祭台の周りを三度廻るのも独特だ。

ローマ・カトリック教徒が教会で行うミサつきの結婚式も壮麗だ。正教会とローマ・カトリックの結婚式が「宗教儀式」的なのは、結婚を教会の礼典、「サクラメント」としてとらえるからである。ルター派や聖公会では、結婚式はサクラメントではなく、当事者に神の祝福を祈る式という位置づけだが、形式としてはローマ・カトリックに近い。両派とも、聖餐式つきの結婚式も行う。ビショップ以上の聖職者の司式になると、さらに荘厳さが増す。ヨーロッパの王族の結婚式は、右にあげた教派のどれかで行われることが多い。

いっぽう、比較的地味なのがプロテスタントの自由教会（➡34頁）だ。もともと「儀式」と縁が薄いうえに、結婚式を宗教的な礼典とは見なさない。挙式を教会堂で行うことが一般的になったのも、二十世紀に入ってからである。

なかでももっとも地味なのは、伝統派クエーカーの式だろう。会衆の前でカップルが結婚に同意する（「誓約」ではない）だけで、儀式めいたところは一切ない。また、男女は平等で、どちらも相手に「従順」を約束することもない。アーミッシュの結婚式も、日本人がイメージするような「キリスト教的」結婚式とは違う。彼らの式を考察すると、純白のドレスにベール、指輪の交換といった儀式は、決して「キリスト教」全体の伝統ではないことがよくわかる。

救世軍人の結婚式（1970年代）

※キリスト教の結婚式については、木田砂雪『結婚式の解剖実習——誰も知らなかったキリスト教結婚式の真実と愛』（日本図書刊行会・一九九八）に詳しい。

## Q 西洋史をひもとくと、キリスト教徒が起こした戦争の話ばかりが目につきます。絶対に暴力を否定し、文字通りに「右の頬を打たれたら、左の頬を向ける」クリスチャンというのは存在するのですか？

教派全体で非戦・非暴力をつらぬく、代表的な平和教会は三つある。本書でも紹介したメノナイト系（アナバプテスト）とクエーカー、そしてブレザレン※である。メノナイト系は十六世紀に大陸各地で、クエーカーは十七世紀のイングランドで、そしてブレザレンは十八世紀にその無抵抗の戦いを開始した。

また、ロシアではドゥホボル派（Doukhobors; Spirit Wrestlers）と呼ばれる人びとも兵役を拒否して投獄された。十九世紀末に彼らの多くがカナダへ移住したが、そのために助力をしたのは文豪トルストイ（『復活』の印税を寄附）と、イングランドのクエーカーだった。彼らはUnion of Spiritual Communities of Christと名称を変えて、現在もカナダで活動している。同じくロシアの逃亡派あるいは遍歴派と呼ばれたセクトも、世俗権力に絶対に服従しない立場から、兵役を拒んで、政治犯収容所に送られた。

彼らはいずれも、教会と国家の結びつきを否定する点が共通している。兵役はもちろん、たとえ正当防衛であろうと暴力は否定し、無抵抗で抵抗する。アナバプテストを見分けるのに、「剣をもっていない」ことが目印になった時代もあった。十八世紀に多くのメノナイトがウクライナに移住したのは、当時の女帝エカテリーナが兵役からの自由を約束したからである。

良心的兵役拒否者（conscientious objector、略してC.O.）という表現が盛んに使用されるようになったのは、第一次大戦時から。前線任務の代わりに後方支援に従事することを許されたケースもあったが、軍隊でも一般社会でも差別を受けて、いのちを落とした者もいる。一九四〇年、ついにアメリカにおいて兵役拒否の権利が法制化されたのは、メノナイト、クエーカー、ブレザレン三派が結束した運動によるところが大きい。アメリカでは政府や議会に働きかける「ロビー活動」が公に認められているが、一九四三年に宗教ロビーの第一号となったのは、ワシントンで良心的兵役拒否者の身分確立を訴えたクエーカーのものだった。日本でも、一九七〇年代に良心的軍事費不払運動を展開したグループの中核には、メノナイトとクエーカー、そして無教会の人びとがいた。エホバの証人では、兵役やその代わりとなる労役に応じた者は排斥処分にされる。そのため、証人の成員でいつづけることを選んだ若者の多くが投獄された（兵役代替業務禁止の教理は一九九六年に変更）。

なお、もちろん、右にあげた派以外のクリスチャンにも兵役を拒否する者はいたこと、そして、これらの平和教会代表三派のなかにも、少数ながら武器を取った者がいた事実があることを書き添えておく。

※ブレザレン：ドイツの敬虔主義運動から生まれた、いわゆるダンカー派、別名ジャーマン・バプテストのこと。同じ「ブレザレン」でも、プリマス・ブレザレンとは異なる。日本にはこの流れを受け継ぐ教団はない。

**Q 教会はどんな人でも受け入れると聞いています。でも、実際問題として、人種や出身地、財産の有無などと、教派はどのように関わっているのですか？ 教会内部でそういうことを理由にした差別や区別はあるのでしょうか**

理論上は、もちろん教会は誰にでも開かれている。だが、生身の人間の集まりである個々の教会は、結局のところ、価値観を共有する人びと、すなわち同じ言語や文化を背景にもつ人びとで固まる傾向があることは否定できない。多くの人種が交じり合って住む地域や、戦争のたびに国境線が変わってしまうような地域では、どの教会に所属するかが、自分のアイデンティティの表明に直結するようなケースもある。

これがもっとも端的に表れているのが、移民で構成される国、アメリカだ。たとえば、アメリカで長老派といえばスコットランド系かスコッチアイリッシュ、改革派ならオランダ系かドイツ系、ルター派ならドイツ系かスカンジナビア系、聖公会はイングランド系、正教会はスラブ系かギリシャ系、ローマ・カトリックであればアイルランド系、ラテン系やヒスパニック系などを連想させる。

また、同じ教派でも、礼拝で使用する言語によって会衆が分かれるケースも散見される。移民一世が多く集まる教会は、とくにこの傾向が強い。

たとえ使用する言語は同じでも、人種で組織が分かれる場合もある。同じメソジストやバプテストでも、白人と黒人で、所属する教団が違うのだ（黒人系の組織は、名称にAfricanの語がつく）。南北戦争以前は、多くの教会で両者はともに礼拝をしていたが、これはむろん平等意識や同胞愛からではない。自分たちの統制を受けずに黒人が教会を組織運営することを、白人が許さなかっただけの話である。今日、バプテスト教会に黒人が多いのは、バプテストが会衆制であることと大きく関係している。すなわち、自分たちの教会で誰かを牧師にしたいと思ったとき、遠くからやってくるビショップや、よその教会の長老たちの会議を待つことなく、当事者たちだけで按手礼をほどこすことができるからだ。また、信徒説教者の役割を重んじるメソジストでも、黒人の比率が高い。

裕福かそうでないかも、教派と関連づけられることがある。アメリカにおいて、富裕層がメンバーに多いと見なされているのは、聖公会やユニテリアン、クエーカー。逆に、貧者の宗教と形容されるのがペンテコステ派、そしてバプテストやメソジストだ。アメリカでは、階級（年収）の上昇によって、まるで車でも乗り換えるように教派を移る例が多いことはよく知られている。住む地域、住宅、車、学校、服装などと同じように、所属教派もその人のステータスと無関係ではない。マーク・トウェインのシニカルな短篇『三万ドルの遺産』（一九〇四）では、長老派教会の忠実な信徒だった夫妻が、巨額の遺産が手に入る期待から、あれこれ白昼夢にふける。そのなかには、教会に専用席（後述）をもつこと、そして教会を長老派から聖公会、とくにロウソクのあるハイ・チャーチ（聖公会のなかで儀式を重んじる派）、さらには枢機卿のいるもっと儀式が派手なローマ・カトリックに移ることも含まれていた。

そんなアメリカ人だが、彼らが外国に赴任したとき、頼りにするのは「アメリカ人教会」である。世界の大都市には、プロテスタント超教派のこうした国籍または言語共同体がいくつもあり、母国語で礼拝に参加でき、同国人と生活情報が交換できる貴重な場として、大いに活用されている。本国ではまったくキリスト教に縁がなかったのに、外国で初めてこうした同国人の教会に参加し、信仰ばかりか、住む場所、職、結婚相手まで獲得する人もいる。むろん、日本人のためにも日系人教会がある。

さて、実際に教会に足を運んだときに、まず直面する「区別」は、どの入り口から入るかということだろう。かつては、肌の色によって出入り口が区別されていた時代があった。宣教師でさえ、白人は表門から出入りするのに、アジア人は裏門からの出入りしか許されなかった教会もあったという。そして次の問題は、どこに坐るか（あるいは立つか）だ。通常は、前のほう、すなわち出入り口から遠く、祭壇または説教壇に近いほう、そして中央寄りが上席とされている。平等をうたうクエーカーでさえ、牧会者や長老といった指導者的立場にある人は、正面席（一番奥）に坐ることになっていた。専用のファミリー・ボックス席を備えた古いタイプの教会堂では、必ず前のほうを中心にその席がもうけてあるはずだ。この、教会のなかに一族専用の席（有料）をもつというのも、裕福な信徒の特権のひとつに数えられた。もちろん、その席に坐るのは一家の主人と家族だけで、使用人には別の場所が用意されている。地域によっては、現在でも人種によって区分けした専用席があるか、または特定の場所に固まって坐ることを暗黙のうちに要求される教会がある。また、単純に男女で座席を区分けする慣習の教会もある（女性は正面に向かって左側、もしくは二階席《ギャラリー》など）。観光地にある教会で礼拝に参列しようとした場合、信者なら前のほう、ただの観光客ならば一番後ろか、横の隅のほうに案内されることもあるが、これは仕方のないところだろう。

前のほうに坐ることができれば、説教がよく聞こえる。行っている儀式がよく見える。そして、聖餐式のパンを早く受けることができる。この、「パンを受ける順序」というのも区別のひとつで、陪餐順序が早ければ早いほど、その人の序列が高いことを意味した時代もあった。かつては、すべての白人が受けてからでないと、黒人の陪餐を許さな

*COLUMN*

## アメリカの教派ジョーク

メソジストとは？　文字が読めるバプテストのこと。
長老派とは？　裕福なメソジストのこと。
聖公会とは？　ラテン語の苦手なカトリックのこと。

——＊——＊——＊——

―各教派の働き―
あなたをどん底生活から救い上げてくれるのはメソジスト。
あなたの魂を救ってくれるのはバプテスト。
あなたを教育してくれるのは長老派。
あなたを上流階級に導いてくれるのは聖公会。
そして、あなたを再度どん底生活から救い上げてくれるのがメソジスト。

——＊——＊——＊——

聖公会の信徒とは？
ラテン語の苦手なカトリック、あるいは株で大儲けした長老派のこと。

——＊——＊——＊——

キリストの福音を西部に伝えるため、バプテストは歩いていった。
メソジストは馬に乗っていった。
聖公会信徒は鉄道の特別客車を待っていた。

以上の出典：Denomination Humor
（http://javacasa.com/humor/denom.htm）

——＊——＊——＊——

アメリカのロシア系正教徒が思い当たること〔説明〕
・水曜と金曜は日本食〔年間を通して水曜と金曜には斎で肉を食べない〕
・今日の日付から自動的に13日引くことができる〔旧暦を使うため〕
・クリスマスツリーやイースターのお菓子を大量に買ってしまう〔東方教会では西方教会より大抵遅く祝うので、その頃にはバーゲンになっている〕
・服についたロウを取るのに慣れている〔礼拝中に大量のロウソクを使う〕
・２時間かからない礼拝は短い、もしくはふつうだと思う〔普段の礼拝でも２時間以上があたり前。しかも立ちっぱなし〕
・祈る以前に祈りの言葉が出てくる〔祈禱文が体にしみ込んでいるから〕
・トップレス（上半身が裸）の女の子とは、頭にスカーフをかぶっていない子のこと〔ロシア系正教会では女性は頭を覆うのがふつう〕

出典：Top Ten Signs You're Russian Orthodox
（http://www.orthodoxchristianity.net/forum/index.php?topic=4568.0）

かった教会もあったという。逆に、教会委員（役員）が最後に陪餐するしきたりのところもある。

## Q 子ども向けの物語などにも、そういう教派がはっきりわかるお話はありますか？

ヨーロッパが舞台で、宗教改革前のお話ならばもちろん、そこに出てくる教会・聖職者はすべてローマ・カトリックのはず。『ロビン・フッド』に登場する「坊主」もそうだ。『フランダースの犬』もローマ・カトリック教会を背景にしたお話である（ついでながら、お話の最後で、主人公の少年と犬は一緒のお墓に葬られる。キリスト教では動物に魂はないとされるため、現実にはこんな展開はありえない。そのありえないお話を書いてしまった著者ウィーダの、犬によせる尋常ではない情愛の濃さがしのばれる）。「牧師」の登場する『赤い靴』は、ルター派。著者のアンデルセン（アナセン）は、自分の堅信礼の日に新しいブーツを履いていき、式の間ブーツのことばかり考えていた。その思い出が、『赤い靴』の原型となったという。

ジェイムズ・バリの『ピーター・パンとウェンディ』に登場する海賊たちは「国教徒」、すなわちイングランド国教会の信仰をもつ。なぜなら、フック船長の手下で唯一の非国教徒（Nonconformist）はアイルランド人水夫長のスミーだという記述があるからだ。フック船長にはピューリタン的なところがあるのがおもしろい。また、バーネット夫人の『小公子』に登場する牧師もイングランド国教会と考えて間違いない。ほかにイングランド国教会系ではノエル・ストレトフィールドの『ファミリー・シューズ』、フィリップ・ターナーの『シェパートン大佐の時計』以下のシリーズ、ロバート・ウェストール『クリスマスの猫』がおすすめ。ルーマ・ゴッデンの作品では、『台所のマリアさま』が亡命ウクライナ人女性のイコンへの崇敬、『ラヴジョイの庭』が階級問題を背景としたローマ・カトリック対イングランド国教会の軋轢を描いている。

スピリの『アルプスの少女ハイジ』の信仰は、改革派だろう。この物語は、一度神から離れてしまった老人が、孫娘に支えられて、聖書に出てくる放蕩息子のように神の元に帰る、というお話でもある。『ハイジ』は、『ロビンソン・クルーソー』と並んで、キリスト教信仰を土台にした代表的な児童文学。その『クルーソー』の著者デフォーは、当初は長老派の牧師となる教育を受けた。あの『グリム童話』のグリム兄弟も、ドイツの改革派である。

北米で長老派の背景をもつ作品というと、まずはマーク・トウェインの『トム・ソーヤの冒険』など。また、スコットランド系長老派の牧師夫人となったL・M・モンゴメリの『赤毛のアン』シリーズも、この派の信仰抜きには理解できないだろう。ルイザ・メイ・オルコットの『若草物語』やエレナ・ポーターの『少女パレアナ』もプロテスタントの牧師を父にもつ少女（たち）を主人公にした物語。オルコットの信仰はユニテリアンといわれているが、『若草物語』にはとくにその影響は感じられない。ただ、同書には『天路歴程《※てんろれきてい》』からの引用が多いことは覚えておこう。

**※『天路歴程』**：*The Pilgrim's Progress*（正編一六七八年、続編一六八四年）

バプテストの説教師ジョン・バニヤン（John Bunyan　一六二八―八八）による寓意物語。主人公「クリスチャン」が、いくつもの試練を乗り越えながら天の都をめざして旅をする。英語圏ではとくにプロテスタントの間で非常によく知られた作品で、ベストセラーを形容する際、聖書とシェイクスピアの作品に並んで、この『天路歴程』が引き合いに出されることも多い。

## Q 神父や牧師、修道士や修道女になるには何年くらいかかるのですか？

いちがいにはいえないが、現在、西方でもっとも時間がかかるのはローマ・カトリック教会だろう。志願者にはまず、受洗後数年（二〜三年）以上の信仰生活をしていること、という条件がつく。志願してから助祭となり、司祭の叙階を受けるまでには、第二バチカン公会議以前で十年前後、いまは最短で六年。また、修道院の門をたたいて終生誓願（一生、修道者として生きるという神との誓い）を立てるまでに、修道会にもよるが、やはり同じくらいの時間がかかる。

プロテスタント教会ではまちまちだ。どこの学校を卒業、といった資格をまったく要求せず、教会員が承認さえすれば、誰でも「牧師」になれる教会もある。この「牧師」は「資格」ではなく、「職務」という位置づけである。

いっぽう、試験に合格した者だけ、あるいは特定の学位（神学修士号）をもつ者だけに教職資格を与える教団もある。多くの場合、教職候補者は専門の学校に進んで神学を学ぶ。特有の信仰告白をもつ教派の場合は、その教派の指定神学校に進まなくてはならない。期間は最短でも二年とするところが多い。

ある教団の例をあげてみよう。召命を受け、一定の期間まじめに教会生活を送った者が、審査を受けたのち、教職候補者として神学校に入学が許される。学ぶ期間は三年半から四年。在学中に試験を受けて、合格すれば説教免許を取得できる。免許保持者は、神学校卒業後、半年から一年の間どこかの教会に定住し、伝道者として実習を積む。そして、さらなる試験に合格すると、「教師」となり、ここで初めて聖礼典《サクラメント》を執行する資格が得られる。按手式の後、招聘《しょうへい》された教会に着任して「牧師」となるわけだ。神学校に入学してここまで来るのに、最短で四年数ヵ月。肝心なのは神学校で学ぶことではなく、試験に合格することなので、学校抜きの教職免許取得も可能だ。なお、ここでいう「教師」とは資格であり、「牧師」は職務である（教団によっては、説教免許保持者の資格を「補教師」と呼び、職務を「伝道師」という。そして、按手礼を受けた教師を「正教師」と呼んでいる）。

別の教団では、試験はない。ただ、神学修士号を取得した人が、一年間、教会の推薦を受けて教区の教職候補者として登録され、監督指導を受けた後、どこかの教会に牧師として招聘されれば、教職按手を受けることができる。この場合は、大学に入って最短四年で牧師になれるわけだ。

いっぽう、英国の紳士録で二十世紀前半のイングランド国教会聖職者を見てみると、オクスフォードあるいはケンブリッジ大学を卒業後、一年で執事按手。その翌年に司祭按手を受け、副牧師を一年以上（ふつう五年くらい、長い人は二十年近く）務めるとい

## ローマ・カトリック教会　修道会　修道者コースの一例

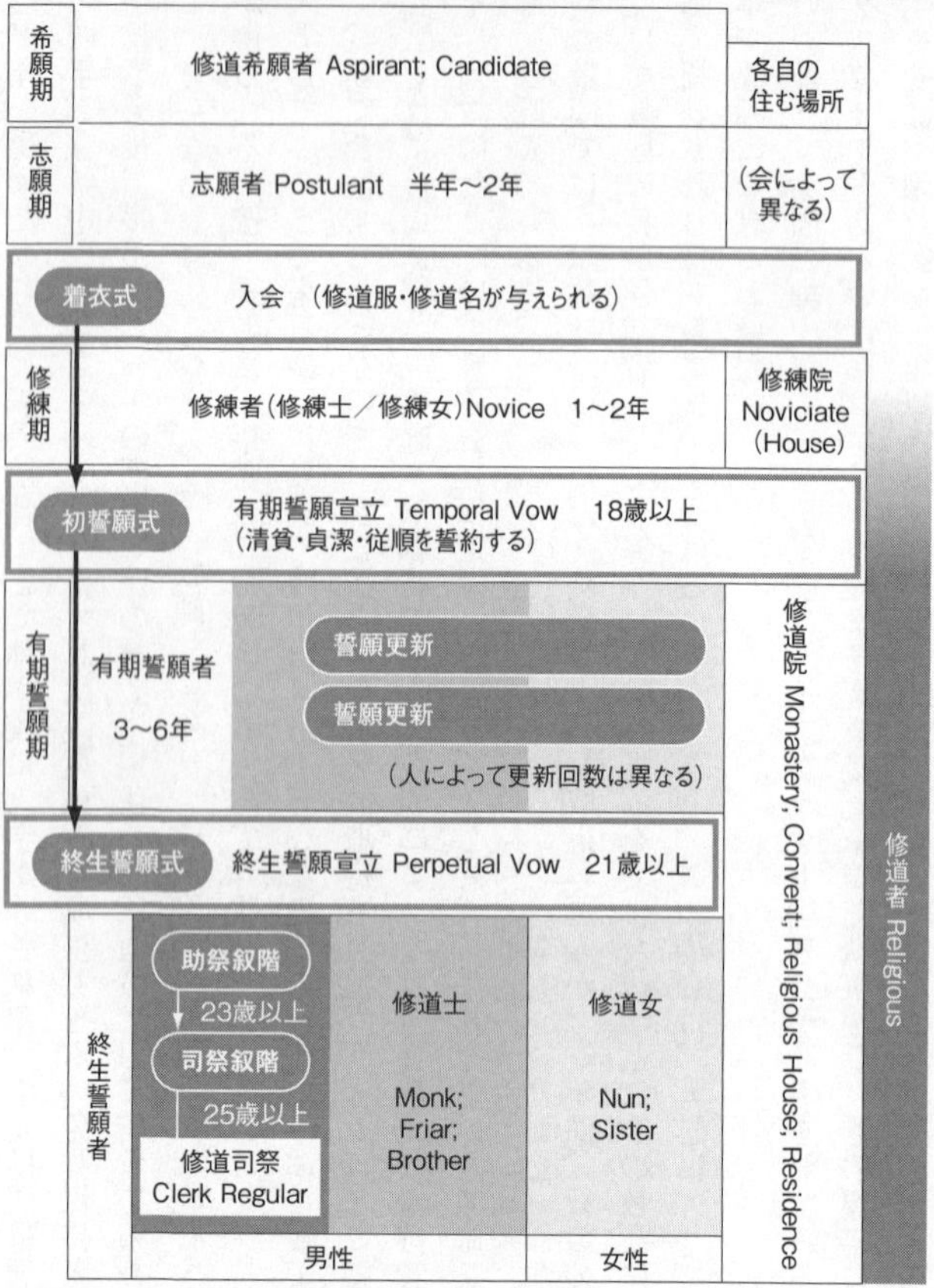


※このコースは、すべての修道会にあてはまるわけではない。
たとえば、入会してから志願者となる会もあるし、有期誓願期のない修道会もある。

うパターンが多い。従って、二十代は副牧師を務め、三十代は教会区牧師、という経歴が一般的。主教は五十代以上が多い。現在は、原則として執事は二十三歳以上、司祭は二十四歳以上、主教は三十歳以上であることが必要。

## Q 教会の神父や牧師はどうやって生計を立てているの？

これも教派や時代・地域によってまったく異なるので、ひと口にはいえない。しいて単純化してみると、生活費に充てる謝儀（給料、俸給ともいう）の出所は三つに分けられる。

まず、所属する教団（全体組織）の本部から支給される場合。年齢や家族構成などの条件が同じなら、教役者への手当ては一律なのがふつう。

二つ目は、赴任先の教会（各個教会）から支給される場合。その教会がもつ資産や、所属する信徒からの献金が基礎となる。会計は個々の教会で独立採算性を取るので、たとえ同じ組織に属している教役者でも、受け取る金額は人によってまちまちになる。教団によっては、謝儀の最低ラインをもうけ、それに達しない教会を他教会が援助するシステムのところもある。

三つ目は、本人の自活だ。個人的資産（相続財産や、すでに公的年金生活に入っている人は、その年金など)、あるいは、学校で教えるなどして教会外で働いて得た収入を生活費に充てる。本部からの支給金、あるいは信徒からの献金だけでは生活できないため、副業に就かざるを得ない教役者も世界には少なくない。週日にはバスやタクシーの運転手をしている牧師もいる。また、教団によっては、そもそも有給の教役者をおかないところがあり、そういう組織では、全員自活があたり前になる。こうして自らを養いながら福音を伝える方法は、天幕《テント》づくりで生活の糧を得ていたパウロ(使徒書ほか)になぞらえて、テントメーキング(tentmaking)と呼ばれる。

角度を変えて信徒の側から見てみると、教会への献金は、税金納付に近いものと、自主的なものがある。前者の例としては、かつてのヨーロッパにあった十分の一税がある。信徒は(ときには、非信徒であっても)半ば強制的に、収穫した農作物の「十分の一」を教会に寄進させられた。これを拒否して、軋轢を引き起こした人びとがいたことは、本書の第二章でも触れた。現在でもドイツやスイス、北欧などでは教会

*COLUMN*

**アーメン・コーナー**

礼拝中、頻繁に「アーメン」「アーメン」「ハレルヤ」などと声をあげて説教者に応答する熱心な信徒が、説教壇の近くに固まって坐っている。アメリカの一部の教会ではめずらしくない光景だが、そんな一角を、米語でアーメン・コーナー(amen corner)、またはアーメン・シート(amen seat)という。19世紀半ば、メソジスト教会で使われたのが起源のようだ。

税があり、国民の所得に応じて税金（たとえば、所得税の八〜九パーセント）を課している。納税者は所属教会を指定し、各教会はその人数に応じて税金の配分を受けるシステムだ。こうした財政基盤をもつ教会の教役者は、一種の地方公務員といっていいだろう。ただ近年では教会税納付は選択制になった国が多く、納付を避けるため書類上は教会を脱会する人も増えているという。

後者の自主的な献金とは、信徒の自由意志によるもので、金額は自由。ただしプロテスタントのなかには、「十一《じゅういち》（什一）献金」といって、旧約聖書「マラキ書」第三章を根拠に「収入の十分の一」という基準を厳しく指導しているところがある。ちなみに、地域によっては、このような教会への献金は寄附金控除の対象となり、税金がかからない。

## Q 聖職者は階級によって服装が違うのですか？ また、一般の信徒でも、どこの教派に属しているのか、服装によって見分けることができますか？

教派によっては、明確に規定された服装規程をもち、なかには執務中かどうかを問わず、つねにその身分と信仰を明らかにする服を着用する伝統のところがある。その場合は、職位や職務によって祭服の形態や色が違うため、一度その教派・教団のルールを飲みこむと、容易に区別がつく。東方正教会、ローマ・カトリック教会、ルター派、聖公会、救世軍などは服装規定のある代表的な教派である。

ローマ・カトリック教会においては、中世に教会法典で聖職者の服に関する規定ができた。スータン（キャソック）が聖職者専用となったのは十三世紀頃のことで、一五八九年には、スータンを着用しない聖職者への罰則が定められた。また、一七二五年には聖職者が一般市民の服装をすることが禁じられた。現在ではこの規定は緩和され、ミサではスータン、それ以外のときは通常の背広に聖職者カラー（ローマン・カラー）姿の司祭も多い。

ローマ・カトリックの職位や職務は、服の色で区別できる。真っ黒なスータンが基本で、通常の教区司祭はこれを着用する。他の人びとは同じ黒いスータンでも、ボタンやへりの部分に色がつく。枢機卿は緋色。総大司教、大司教、司教、使徒座書記官などは赤紫色。ローマ教皇のチャプレンは紫となっている。典礼や公の儀式におけるスータンは一色で、教皇は白、枢機卿は緋色、司教らは紫、司祭は黒。熱帯地方では例外的に白のスータンが認められており、へりの色が職位を示す。

修道者が奉献のしるしおよび清貧の証しとして着用する修道服も、修道会によって違う。女性の修道者は、頭をベールなどで覆うのが基本だが、現在では映画に出てくるような大仰な修道服は少なくなり、修道服そのものを廃止した修道会も出てきた。

通常、聖職者とそれ以外の人を見分ける一番の目印はカラー（襟の部分）である。二十世紀の初頭まで、多くの聖職者たちが、教派を問わず、そして執務中であるかを問わず、聖職者用カラーを着用していた。その人が聖職者かどうかは、襟元を見れば一目でわかったわけである。現在では、このカラーを用いるプロテスタント教役者は減少傾向にあるが、それでも、（男性ならば）黒っぽい背広に黒いネクタイと、「礼服」に近い服装で説教壇に立つ牧師は多い。

時代によっては、特定の教派の教役者だとわかるような服装をするだけで、生命が危険にさらされるような地域もあった（現在でもある）。そのため、あえて特別な服装はしないこともある。また、プロテスタントには「万人祭司」の教義がある。この観点から見ると、すべての人間は直接神と交わることができるのであり、イエス・キリスト以外の仲介者はいらない。なのに、教役者を神と人間との特別な仲介者として格づけるような、特別な衣服を認めるのは矛盾している。十六世紀、イングランド国教会からローマ・カトリック教会の残滓を取り除こうとしたピューリタンたちは、そうした視点に立って、国教会の司祭の祭服（式服）に異を唱えた。

いっぽう、一般信徒にとって、普段どんな服装をするかは、身分（職位／資格）と

フランシスコ会修道士

いうより、自分自身の信仰のあり方をもっとも端的に表明する機会となる。一般的に、敬虔で簡素な生活を送るプロテスタントは、地味な身なりをし、装身具も控えめだ。十七世紀のピューリタンたちのまったく飾り気のない服装はよく知られている。たとえば、グリム兄弟の兄ヤーコプはドイツの厳格な改革派の家に生まれたが、町を訪れたローマ・カトリック教徒のことを「一般にその色鮮やかな服装からすぐにそれと分かった」と記している（ガブリエーレ・ザイツ『グリム兄弟』青土社・一九九九）。

また、イングランドのクエーカーは一八六〇年まで、言葉づかいや行動のほかにも「簡素な衣服」（plain dress）が要求されたため、信徒は独特の地味な服装（十七世紀の平民の服）をしていた。英語でクエーカー色（quaker-colour）といえば、くすんだ茶色か灰色をさす。十九世紀前半の英文学では、時代遅れで風変わりな服装の人をさして「クエーカーのような」という表現がよく見られる。

十八世紀以降のロシアでは、正教会から分離した「旧教徒」が、独特の衣装ですぐそれと見分けられた。また、十九世紀、救世軍人が制服を着用したのは、自分の身を守るためでもあった（女性が安酒場に入って伝道するとき、娼婦と間違えられないため）。

現代のプロテスタントのなかで、宗教的信条に基づく独特の服装で知られるのは、アメリカのオールド・オーダー派（保守派）のアーミッシュや、同じくオールド・オーダー派のメノナイト、そしてオールド・ジャーマン・バプテスト・ブレザレンなど。黒い服につば広の帽子、そして口髭ははやさず顎鬚だけをたくわえる男性や、独特のキャップに地味なスカート姿の女性の姿は映画や写真でご存じの方も多いだろう。また、非常に保守的な福音派のなかには、「装いも見た目も聖でなければならない」として、ズボン着用を拒否する女性もいる。そうした女性のひとりが工場勤務の際にもズボンを拒否して解雇され、会社を訴えた例がアメリカで報告されている。

なお、かつては、日曜日の礼拝には盛装で出席する慣習があった。平日に着るのとは違う、一番上等な服を着たのである。晴れ着やよそ行きをサンデー・ベスト（Sunday best）と呼ぶ所以である。服を新調するのは、イースターの時期とされ（あるいは、聖餐式が年一回の教会の場合は、その日に合わせる）、イースター・パレード（Easter Parade）とは、イースターに新調した服に身を包んで町を闊歩する人びとをさす。

上半身は傾けずに右足を引く　genuflection。日本でいえば「お辞儀」に相当するしぐさ。ローマ・カトリック、また聖公会の一部には、男女を問わず教会堂に出入りするときなどに、この動作をする人がいる。なお、膝を床につける敬意のしぐさ（➡250頁）は跪拝〔きはい〕という

**01**◆ミトラ／主教冠／宝冠／王冠／祭冠 (mitra/ mitre) 主教が着用。天辺の十字架なしのものは露系司祭にも授与

**02**◆ジェズル／権杖〔けんじょう〕(crosier; paterissa; zhezl) 主教の象徴

**03**◆オモフォル／肩衣〔けんい〕(omofor/ omophor[ion]; pall) 長いもの(**a**)と、祈祷中の脱着に便利な短いもの(**b**)がある

**04**◆クロブーク／修道帽 (klobuk) 修道士用の円帽子。黒色(**b**)で背面が薄い布で覆われている。地域と位により白色(**a**)の修道帽も用いられる

**05**◆パナギヤ／胸間聖像 (encolpion/ engolpion/ enkolpion; panag[h]ia) 主教が着用するペンダント。生神女（聖母）が描かれていることが多い

**06**◆マンティヤ／長袍〔ちょうほう〕(mandias/ mandyas/manti[y]a; mantle) 主教が準公式の場で着用。修道士（主に露系）は正装として用いる

**07**◆パーリツァ／方佩〔ほうはい〕(epigonation; palitsa) 希系では司祭の叙聖時、露系では功労として与えられる

**08**◆サッコス／聖衣 (sakkos) 西方の dalmatic [**42**] に相当

**09**◆オルレツ／鷲氈〔しゅうせん〕(eagle [rug]; orlets/ orletz) 露系主教専用の円形絨毯

**10**◆振り香炉 (censer)

**11**◆スクフィヤ／球帽子 (skoufos/ skufi[y]a/ skuphia ) 聖職者が日常かぶる。露系は丸く(**a**)、希系は縁なし円筒状(**b**)

**12**◆ラソ（エクソラソン）／リヤサ（リャサ） (exorason; raso/ ryas[s]a) 聖職者が普段着にする袖のたっぷりした黒い上衣（アウター・カソック）

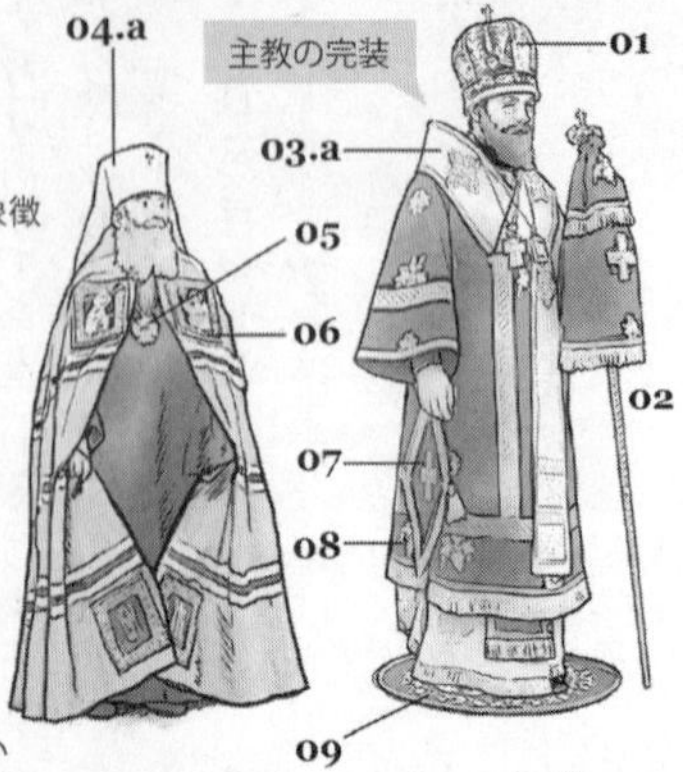

希系＝ビザンチン（ギリシャ）系
露系＝スラブ（ロシア）系

# ✝ 東方正教会の祭服いろいろ

司祭は痛悔する信者の頭にエピタラヒリ [17] をかぶせ、赦しの祈りを唱える

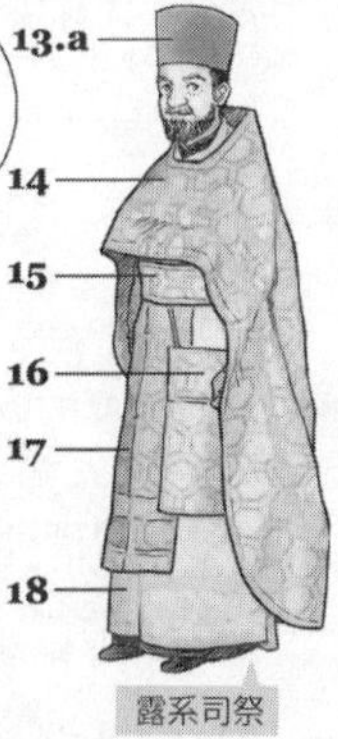

**13**◆カミラフカ／カラフマキオン／円帽子 (kalimavkion/ kalymauki/ kalymmavchi/ kamilafki/ kamilavka/ kamilavkion) 露系(**a**)では栄誉として与えられ奉神礼で着用する。縁付き(**b**) は希系の妻帯司祭・輔祭や主教が日常かぶることも

**14**◆フェロン／祭袍〔さいほう〕(felon[ion]/ phelonion) 司祭が着用。西方の chasuble [**29**] に相当

**15**◆ポヤス／帯 (belt; poyas; zone)

**16**◆ナベドレニク／股衣〔こい〕(nabedrennik) 露系司祭のみに与えられる功労の証

**17**◆エピタラヒリ／領帯〔りょうたい〕(epitrachelion/ epitrachi[lion]/ epitrakhilion) 主教と司祭が着用。西方の stole [**28**] に相当

**18**◆ステハリ／祭衣 (stichar[rion]/ stichari[on]/ stikharion; podriznik) 堂役から主教まで、至聖所に務める者が着用。西方の alb [**26**] に相当

**19**◆ポル(ー)チ／籠手〔こて〕／套袖〔とうしゅう〕／掩腆 (epimanikia; porutchi) 袖口を固定する着脱可能なカフス

**20**◆オラリ／大帯／聖帯 (orar[ion]/ orarium) 露系のみ長輔祭は左肩に斜めがけ(**a**)、輔祭はまっすぐ(**b**)、副輔祭はたすきがけ(**c**)。他地域の全輔祭は斜めがけ。希系では堂役もまっすぐ下ろした形で着用する (**d** ➡298頁)

**21**◆アンテリ／ポドリヤサ (anteri[on]; cassock; podriasnik/podr[y]asnik; rason)正教会の聖職者が着る下衣(インナー・カソック)。「ラソ[**12**]」と呼ぶ場合もある

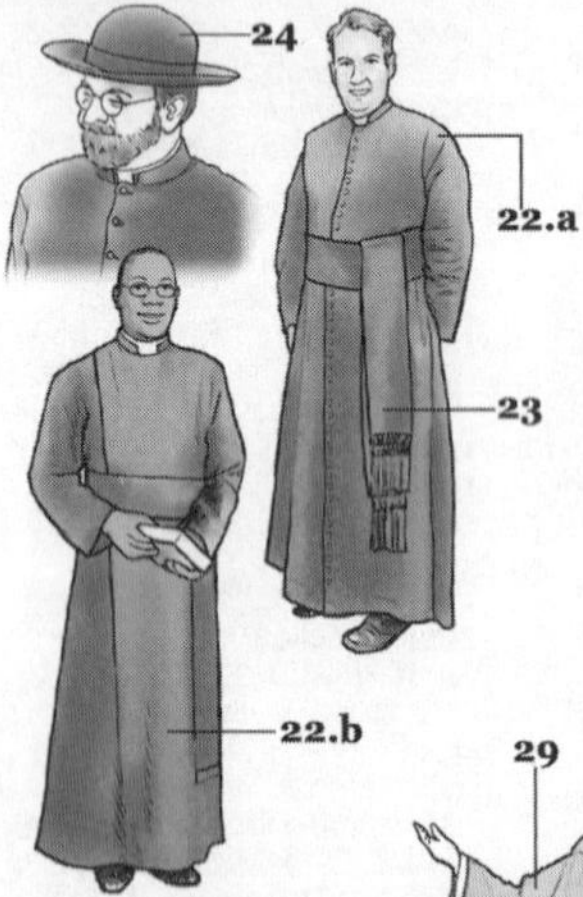


RC＝ローマ・カトリック教会
ル＝ルター派教会　聖＝聖公会
*のついた欧文はラテン語を示す

**22◆**cassock; [仏語] soutane
（RC）スータン
（ル・聖）キャソック／カソック
礼拝時、また普段着としても着用する聖職者の通常服。裾までボタンがついた Roman cassock (**a**) と身頃を左右に合わせる Anglican cassock (**b**) がある。黒色のほか、地位により色が異なる(➡287頁)。礼拝に奉仕する信徒も着用する(➡298頁)

**23◆**band cincture; fascia; sash 帯
（聖）バンド・シンクチャー

**24◆**shovel hat シャベル帽（英国）
cassock に合わせて外出時に着用

【祭服の着用の仕方】

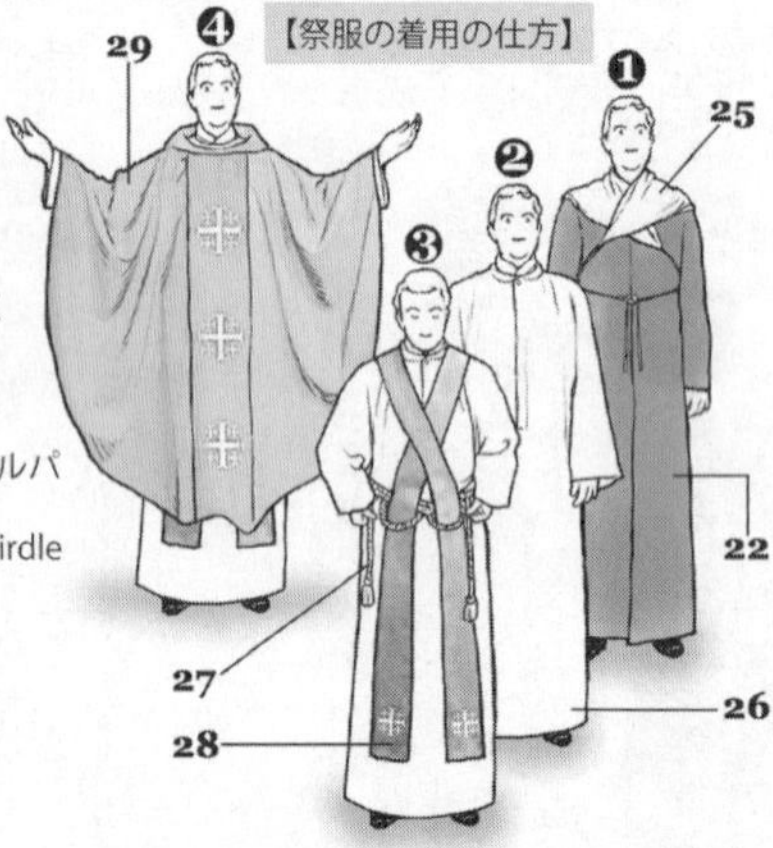


**25◆**amice/ amictus*
（RC）アミクトゥス／肩衣
（ル・聖）アミス

**26◆**alb/ alba*
（RC）アルバ
（ル）アルブ／アルバ／アルパ
（聖）アルブ

**27◆**cincture/ cingulum*; girdle
（RC）チングルム／紐帯
（ル）シンクチャー
（聖）ガードル

**28◆**stole/ stola*
（RC）ストラ
（ル）ストール／ストラ
（聖）ストール

**29◆**chasuble/ casula*
（RC）カズラ／幄衣〔あくい〕
（ル）カズラ／チャズブル
（聖）チャジ（ュ）ブル／チャズブル

※現代では chasuble[**29**] を着用しない場合、stole[**28**] はX型ではなく、まっすぐにたらして礼拝にのぞむ司祭／牧師が多い

# ✝ 西方三教派の祭服いろいろ

**30**◆crosier; pastoral staff; baculus*
（RC）司教杖／バクルス
（聖）牧杖〔ぼくじょう〕／主教杖

**31**◆miter/ mitre/ mitra*
（RC）司教冠／ミトラ
（聖）マイター

**32**◆cope; cappa*; pluviale*
（RC）カッパ／プルヴィアーレ
（聖）コープ

**33**◆rochet/ rochetum*
（RC）ロシェトウム
（聖）ロチェット（ふくらんだ袖をとくに lawn sleeves という）

**34**◆pectoral cross; crux pectoralis*; pectorale
佩用十字架
（RC）ペクトラ／クルス・ペクトラーリス
（聖）ペクトラルクロス

**35**◆scarf; tippet
（聖）スカーフ／ティペット
準公式の場でストール[**28**]の代わりに使用する

**36**◆chimere
（聖）シミアー（赤または黒色の、長いチョッキのようなローブ）

**37**◆zucchetto; calotte*
カロッタ（小型球帽）

**38**◆mozzetta; shoulder cape
モゼ(ッ)タ

**39**◆biretta
ビレタ（四角帽）

**40**◆pallium
（RC）パリウム
教皇の権威の象徴となる、ストラ[**28**]に似た白いバンド(**a**)。短いタイプ(**b**)は管区大司教にも与えられる

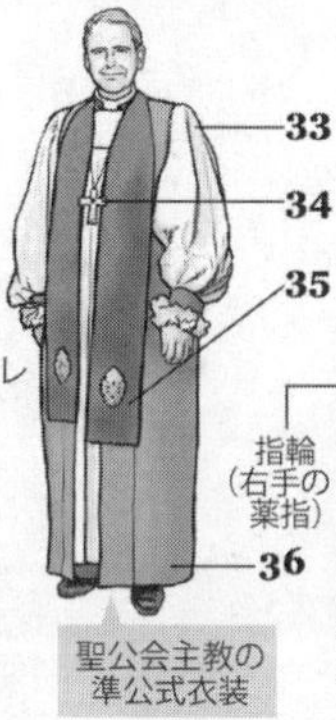

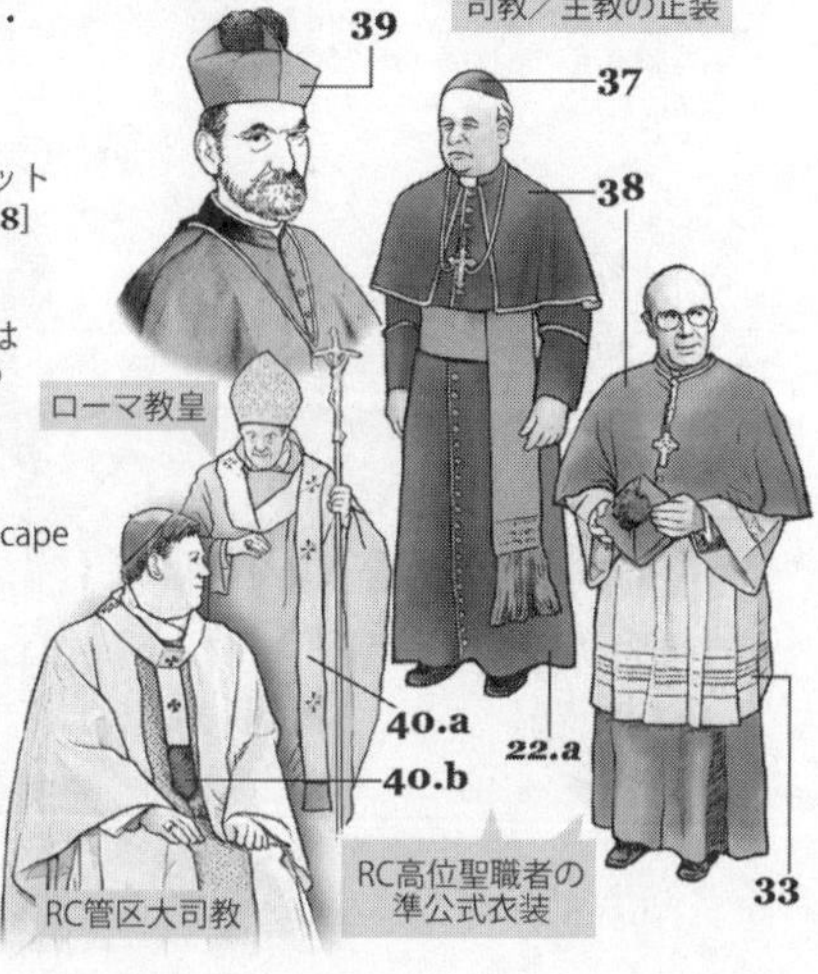

【伝統的な祭服（RC／聖公会）】

RCでは第二バチカン公会議以前、または現代でも伝統的な様式の礼拝時に着用される。とくにchasuble [29] のデザインが大きく異なる

**41**◆maniple/ manipulus*
（RC）マニプルス／腕帛〔わんぱく〕
（聖）マニプル

**42**◆dalmatic/ dalmatica*
（RC）ダルマチカ／帷衣〔いい〕
（聖）ダルマチック／ダルマティック

**43**◆surplice/ superpellicium*
（RC）スルプリ／スペルペリチェウム
（ル）サープレス／サープリス
（聖）サープリス

**44**◆clerical collar
（聖職者用）カラー（➡297頁）

**45**◆Geneva bands; preaching bands
（聖職者用）垂れ襟（➡296頁）

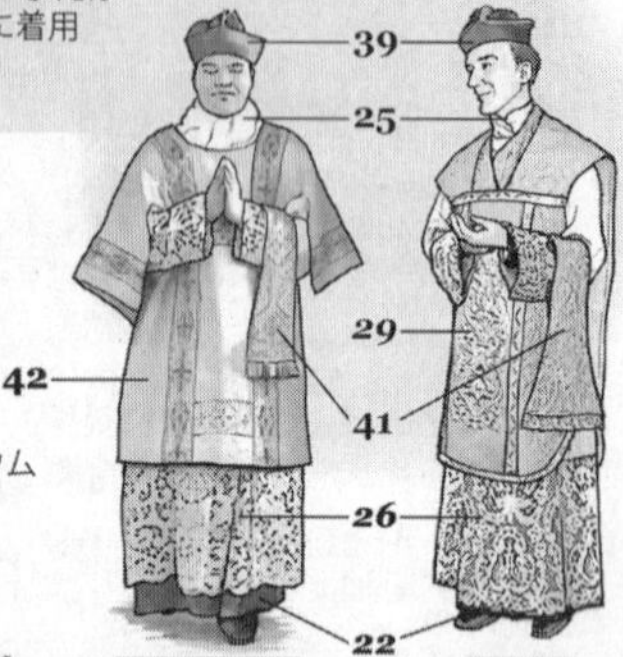


助祭／執事　司祭

【Stole [28] 着用姿いろいろ】

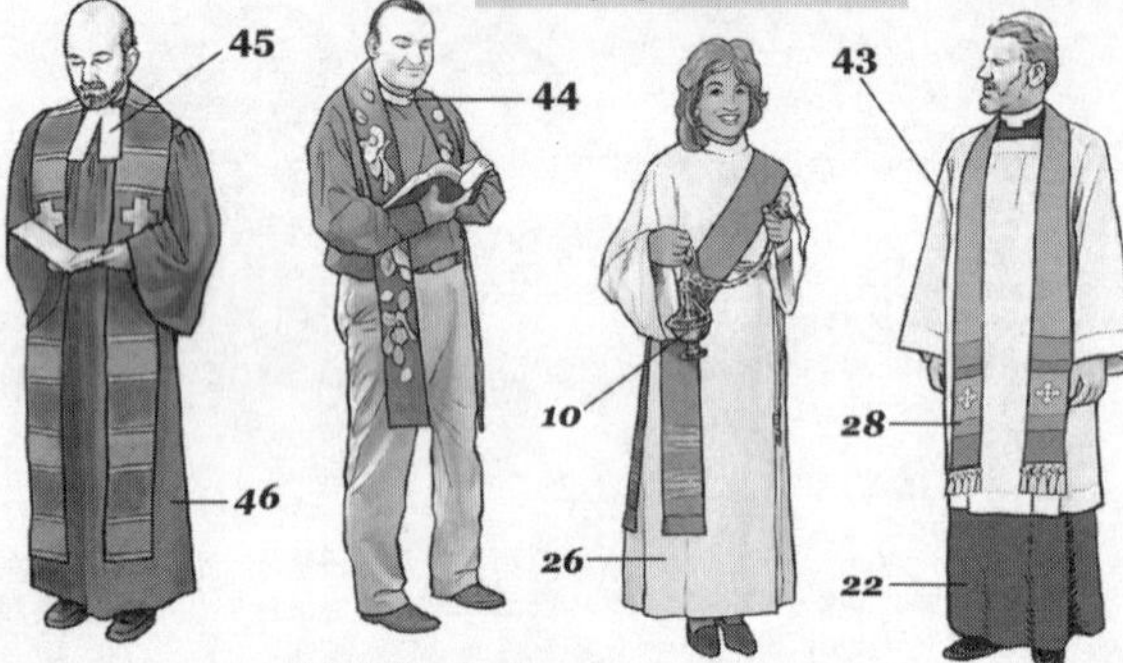


ルター派牧師（ドイツ）　野外礼拝などでは聖職者シャツの上に直接かけることも　助祭／執事は斜めがけ　司祭／牧師

# ✝ プロテスタント牧師服いろいろ

**46**◆牧師ガウン
clergy [preaching/ pulpit] robe [gown]
色・デザインともにさまざまなタイプがある

**47**◆ジュネーブ・ガウン
Geneva gown [robe]
黒一色のシンプルなタイプ。聖餐式の時のみ着用する牧師も

**48**◆洗礼着／バプテスマ・ローブ
baptismal robe
浸礼のバプテスマ式に着用する。図は教職用のもの

北米などでポピュラーなスタイル。袖の3本ラインは博士号のしるし

【救世軍の制服】

1930年代の女性兵士

現代の士官夫妻（熱帯地方）

現代では、特別な衣装はつけない牧師も多い

聖職者のしるしは
襟元にあり！
オクスフォード
大学の神学博士
(D.D.)
35
白い2本のリネン製
リボンに注目！
この垂れ襟（バンド）が
聖職者の印です
19世紀前半の
長老派牧師
（オーストラリア）
ウェスリーの時代の
牧師ガウン（英国）
17世紀のプロテス
タント神学者
（オランダ）
現代のルター派
牧師（ドイツ）
RC司祭の黒い垂れ襟
（フランス）
ひだ襟（ruffle collar）を
つけた現代のルター派
牧師（デンマーク）
※ガウンや垂れ襟は、学校関係者や
法律家が着用することもある

## ✝ 聖職者のシャツのカラーはこうなっている!

【襟元の見え方】

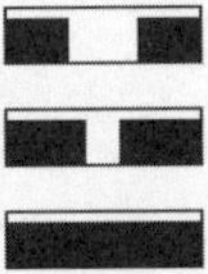

カラレット
(collarette)

a) アングリカン（Anglican collar）
b) ローマン（Roman collar）、
俗称トンスラ（Tonsure collar）
c) ブラザーズ（Brothers collar）または
モラヴィアン（Moravian collar）

※ 聖職者カラー（clerical collar）のことを俗にドッグ・カラー（dog collar)、ローマン・カラー（Roman collar）ともいう。これらは、聖職者シャツ（clergy shirt）をさす表現としても使われる

カラーボタン (collar button) でとめる

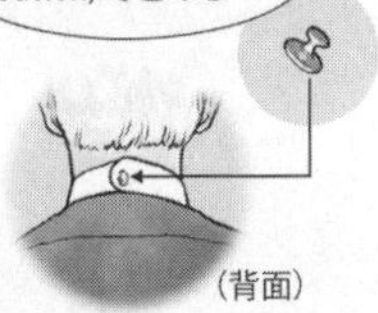

（背面）

近年主流になりつつある
差し込み式のミニカラー
(tab collar)

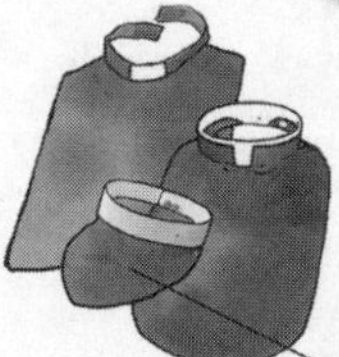

ジャケット着用時は、
ラビ（rabat; Rabbi）と
呼ばれるカラーつきの
胸当て（shirt front）を
使用していることもある

軍隊のチャプレン

# ✝ 侍者・聖歌隊員の服いろいろ

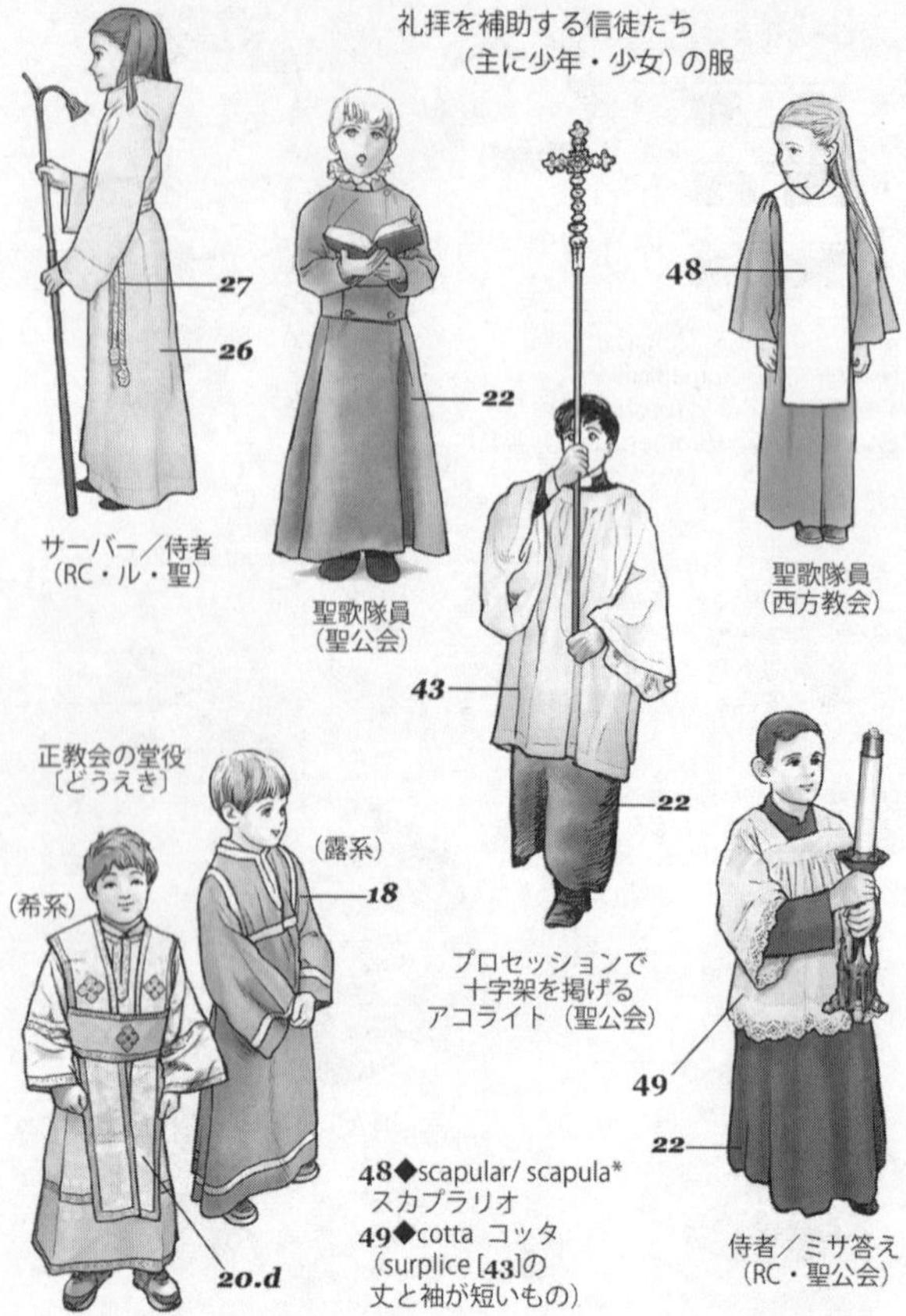

礼拝を補助する信徒たち
（主に少年・少女）の服
27
26
サーバー／侍者
（RC・ル・聖）
22
聖歌隊員
（聖公会）
48
聖歌隊員
（西方教会）
43
22
プロセッションで
十字架を掲げる
アコライト（聖公会）
正教会の堂役
〔どうえき〕
（希系）
（露系）
18
20.d
49
22
侍者／ミサ答え
（RC・聖公会）
48◆scapular/ scapula*
スカプラリオ
49◆cotta コッタ
（surplice [43]の
丈と袖が短いもの）

## Q 聖職者は結婚できるのでしょうか。また、世襲もあるのですか?

聖職者の独身制をとる教派の代表は、西方のローマ・カトリック教会。四世紀から司祭の妻帯は避けるべきものとされ、一一三九年の第二ラテラノ公会議で司祭の結婚は禁じられた。ただしこの原則が定着するのは、十六世紀のトリエント公会議以降だったといわれる。教会法で成文化されたのは意外に遅く、一九一八年のこと。

ただし、ローマ教皇の下にいる司祭たちがひとり残らず独身というわけではない。ごく一部の地域と、東方典礼カトリック教会※(帰一教会)の司祭は、叙階前の妻帯が認められている。近年、聖公会から転会した妻帯司祭が受け入れられた例もある(日本でも、妻子をもつイングランド聖公会司祭がローマ・カトリックに転会し、カトリックの叙階式を経て二〇一一年から司祭として働き始めた)。また、助祭には、妻帯できる終身助祭(permanent deacon; married deacon)の制度があり、十世紀以降途絶えていたが、第二バチカン公会議後に復活した。アメリカには現在二万人を超える妻帯助祭がいて、聖体の聖別と告解のほかは、ほぼ司祭と同じ仕事をこなしている。

ローマから分離した復古カトリック教会でも、一部に独身制を廃止した教会がある。東方正教会では、在俗司祭は妻帯できる伝統がある。ただし、結婚は輔祭(ローマ・

カトリック教会の助祭に相当）叙聖前に限られ、妻と死別しても再婚はできない。独身で輔祭や司祭になった者は、生涯結婚はできない。修道者ももちろん独身。主教は修道士から選出されるため、必然的に独身。ロシア正教会では、四十歳以下の司祭に妻帯を義務づけた時代もあった。

いっぽう、プロテスタント教会では、万人祭司、すなわち教職者と一般信徒との間にはなんら区別はないと考えるため、牧師も信徒と同様に結婚できる。ただし、修道者の場合は貞潔の誓願を立てるため、独身が原則。

東方正教会では、在俗司祭が事実上世襲の職業となっていた地域もあった。ロシア正教会では、司祭は自分の息子か親族に司祭職を譲り、聖職者の娘は聖職者の家庭に嫁ぐことで、閉鎖的な聖職者階級が構成されていた（この世襲制度は一八六七年に廃止）。

また、イングランド国教会では、聖職推薦権（advowson：教会区などに聖職者を推薦する権利）を、相続・譲渡可能な個人の財産として認めていた。従って、その推薦権をもつ者（司祭本人の場合もある）が、代々自分の息子や親族を、特定の教会区司祭に指名することも可能だった。二十世紀の初頭まで、貴族や地主の次男、三男に聖職者が多かったのは、この聖職推薦権で就職先と一定の年収が保障されていたことも理由のひとつにあげられるだろう。

一般のプロテスタント教会でも、「世襲」ということではないが、牧師の息子が牧師になるケースはよく見受けられる。そこが会衆制の教会で、教会員さえ認めるならば、代々同じ一族から牧師が就任することも可能だ。

**※東方典礼カトリック教会（帰一教会）**：東方式（ビザンチン式）典礼や独自の教会法を保ちながら、ローマ・カトリックに帰属する諸教会のこと。

## Q 女性を聖職者として認める教派はどこですか？

これは、認めていない教派を探したほうが早い。現在、大きな教派で、聖職者を男性だけに限定しているのは、ローマ・カトリック教会、東方正教会のみ。これ以外の教派は、すでに女性の聖職者を受け入れている。

本書で取り上げた教派のなかで、女性教職があたり前、というところは、救世軍、ユニテリアン・ユニヴァーサリストなど。アメリカのユニテリアン・ユニヴァーサリスト協会（UUA）ではすでに牧師の半分が女性である。クエーカーも男女同権で、多くの女性が責任ある地位についているが、教職者制度は基本的にない。

会衆派も比較的比率が高いようだ。初めての女性牧師が誕生したのは一八五三年、ニューヨーク州のある教会が受け入れた。もっとも、この女性アントワネット・ブラウンは翌年辞任し、のちにユニテリアンに移っている。次にアメリカの会衆派が女性牧師を認めるのは一八九三年、英国では一九一七年と、主流派プロテスタントでは比較的早い。たとえば、会衆派が参加しているカナダ合同教会（UCC）は、一九三六年に最初の女性牧師が誕生。二〇〇九年の時点で、牧師の三分の一が女性と報告されている。あとの教派では、バプテスト、メソジスト、長老派の一部教会が十九世紀に女性牧師を容認している。

ルター派初の女性牧師は、一九二九年、オランダで誕生した。同じルター派でも、使徒継承（➡39頁）のあるスウェーデン国教会が六〇年に女性牧師を認めたのは画期的だった。アメリカでは七〇年からだが、現在でも女性は認めないグループもある。女性監督《ビショップ》が誕生したのは九二年である。

聖公会では、女性への按手はつねに論争の火種となってきた。一九四四年に香港で女性司祭を按手した主教《ビショップ》は非難の矢面に立たされ、この按手が正式に教区で認められたのは戦後の七〇年である。七一年やはり香港で二名の女性司祭、七四年と七五年にアメリカでも按手が実力行使され、七六年にこれが合法化された。イングランドやスコットランドでは九四年、ウェイルズでは九七年と、本国で受容されたのは比較的近年のこと。使徒継承のある聖公会において、初の女性、しかもアフリカ系の主教（補佐主教）が誕生したときは話題になった（八九年、米国聖公会）。その後、カナダ、ニュージーランド、オーストラリアで女性主教が生まれており、イングランドでも登場の日が近いと見られている。だが、女性司祭・主教は聖公会の一致に深刻な影を投げかけており、この問題をきっかけに一部の管区で分裂も起きている。また、保守派の主教が夫人とともにローマ・カトリック教会に転会する事例も起きた。

アメリカの長老派では、小さな群れで一八八九年に女性が最初の牧師按手を受けた。大きな組織では一九三〇年に長老、五六年に牧師が誕生している。イングランドの長老派は一九二一年に教憲で容認したが、実際に按手されたのは六五年。スコットランド国教会では長老として認めたのが一九六六年、牧師が六八年である。

アメリカのメソジストでは、一八六九年に初の女性牧師が誕生したものの、大手の教団で定住伝道師が認められたのは一九二四年、牧師は五六年のこと。英国ではやっと七四年に牧師が受容された。ただし監督《ビショップ》は八〇年と、主要教派のなかでもっとも早い。

バプテストは、一六一一年の信仰宣言で女性の「執事」就任を認めており、これが記録としては最古のものだ（ただし、実際に就任した女性がいたとしても、名前は伝わっていない）。初の女性「牧師」はアメリカの自由意志バプテ

カリスマ的な女性牧師の草分けエイミー・マクファースン（1890—1944）

スト派で一八一五年に誕生、英国では百年ほど遅れて一九一八年から。保守派のバプテストではまだまだ数は多いとはいえず、一九六〇年代に一度許容した女性への按手を中止した組織もある。

アメリカのメノナイトでは一九七三年。復古カトリック教会では、ドイツ、スイス、オーストリア、オランダに女性司祭がいる。

## Q 同性愛者の聖職者がいる教派、同性同士の結婚を祝福してくれる教派はありますか？

実は、女性司祭とこの同性愛者の問題をめぐって、現代のキリスト教界は深刻な対立と分裂の危機に直面している。いまの段階では、同性愛を聖書の教えに反するものととらえる解釈が教会の主流だ。本書で取り上げたような教派の「全体」で、同性愛者を受容しているところはまだない。ただし、同性愛者差別こそが聖書の教えに反するという立場から、彼らを受け入れる教団や各個教会は、北米やヨーロッパの各地に存在する。

もっとも寛容な教団として知られるのは、アメリカのユニテリアン・ユニヴァーサリスト協会と、MCCことメトロポリタン・コミュニティ教会（Metropolitan Community Churches）。ゲイ、レズビアン、バイセクシャル、トランスジェンダーの受容を表明している。カナダ合同教会も一九八八年に同性愛者の牧師を受容。米国キリスト合同教会

（UCC）も積極的で、同性愛者の教職志願者を対象とした特別奨学金制度まである。クエーカー、復古カトリック教会の一部にも、明確に受け入れを表明した教会がある。

ほかに、長い議論の末に同性愛教職容認を決めたアメリカの主流派教会組織には、米国聖公会、米国福音ルーテル教会、米国長老教会（PCUSA）などがある。

二十一世紀の聖公会では、米国やカナダなどの容認派と、アフリカや中東、東南アジアなどの保守派との間の亀裂がますます広がった。リベラルなことで知られる米国聖公会では、二〇〇三年と二〇一〇年に同性愛を公言する主教が誕生。同性愛者の結合を法的に認知している州において、その結合を司祭が祝福することを認めた。こうした動きはついに教会の分裂を引き起こし、保守派教会は米国聖公会を離脱して、北米聖公会（ACNA）という新しい組織を作った（二〇一一年現在で千近くの教会が二十一教区を構成）。この組織はアングリカン・コミュニオンには属さないが、アフリカの一部の聖公会とは交わりをもっている。

ルター派も一部で同性愛の聖職者、長老などを承認したが（二〇〇〇年にノルウェー国教会、二〇〇九年に米国福音ルーテル教会など）、絶対に同性愛は認めない保守派もいる。バプテストでは認めないほうが圧倒的に多数派。メソジスト組織としては世界最大の米国合同メソジスト教会でも、同性愛者は教職や役職には就けない。

はっきり拒絶しているのは、ローマ・カトリック教会。同性と性的関係をもっている者には、聖体拝領が許されない。ただし、個々の司教、司祭、修道者のなかには擁護者もおり、しばしば彼らが処分されたことが報じられている。東方正教会、救世軍、また末日聖徒イエス・キリスト教会（モルモン教）なども非容認の立場だ。アフリカ系のプロテスタント、いわゆる第三世界の教会もこの問題に関しては概して保守的。宗教右翼と呼ばれる過激な福音派の人びとは、積極的に排斥運動を展開しており、許容派との歩み寄りは容易には進みそうにない。

ちなみに、国家のレベルで同性愛のカップルに法律的な保護を与えているのは一九八九年のデンマークを筆頭に、オランダ、ハンガリー、フランス、ドイツ、英国などがある。二〇〇一年にはオランダが同性同士の結婚に異性間のものと完全な同権を認め、つづいてベルギー、スペイン、ノルウェー、スウェーデンなどの国で同性間の結婚を認める法律が成立している。アメリカでは州によって法律が異なるが、同性のパートナーシップに法的な保護を与えている州はハワイ、ヴァーモント、カリフォルニア、ニュージャージー、メイン、マサチューセッツ、コネチカットなど。同性結婚を合法とする州が増えつつある（二〇一一年現在で六州とワシントンＤＣ）いっぽうで、同性結婚を禁止する州も存在する。

## Q キリスト教圏の国に長期滞在します。気をつけたほうがいいことってありますか？

最初に注意すべきは、各地域の祝日、とくに移動祭日だ。十二月の「クリスマス休暇」ならイメージしやすいが、うっかりしやすいのは春の「イースター休暇」。多くの国では、イースター（復活祭）の日曜日前後に学校やオフィスが休みになる。また、北半球では、イースターを過ぎないとオープンしない観光施設も多い。イースターはクリスマスに比べるとまだ日本ではあまり知られていないし、毎年日付が変わるので（西方では三月下旬から四月下旬の間）、注意したいところだ。

キリスト教最大のイベントは、実はクリスマスではなく、このイースター。十字架にかけられたイエス・キリストが、復活したことを記念する日である。ローマ・カトリック教会などでは、その四十六日前の水曜日を灰の水曜日と呼び、この日に始まる四旬節（レント）の間、信者は食事を節制し、華やかなことを慎んで、イエスの受難をしのぶ。結婚式のような祝い事も避ける。南米やヴェネチアで有名な「カーニバル」とは、この節制の時期であるレントに入る前に、思い切り飲み食いして騒いでおこう、というお祭だ。レントの節制はとくに守らない教派でも、イースター前の一週間、とくに二日前の金曜日（聖金曜日・受苦日）は、十字架にかけられたイエスの苦しみを悼んで礼拝や祈禱会が行われる。とくに、午後三時はイエスが息を引き取ったとされる神聖な時間。あなたが反キリスト教運動家でもない限り、この日のこの時間にパーティを開いてぱーっと騒ごう、などと提案するのは避けたほうが賢明だ。ただし、厳粛なレクイエムを初演する日としてはふさわしいのかもしれない。

イースターに合わせて毎年日付が動く平日の祝日には、主の昇天日（Ascension Day）と、キリストの聖体日（Corpus Christi）がある。前者はイースターから四十日目の木曜日、そして後者はイースター後の第八日曜日直後の木曜日。ローマ・カトリック圏ではやはり公休日となる場合があるので、とくに注意したい（➡附録60頁からの「4教派移動祝日対照表2012年版」）。なお、毎年十一月一日の全聖徒の日（All Saints' Day）は、日本のお盆のような、お墓参りの日とされており、これも祝日にしている地域が多い（郊外に向かう道路では大渋滞が起こる）。

以上は主としてローマ・カトリック圏の話だが、東方正教会圏では、カレンダーに旧暦を使っている地域が少なくない。クリスマスも、十三日うしろにずれるわけだ。これをうまく（？）利用して、まず西方教会でクリスマスを祝い、次に東方教会で祝う人びともいる。

いっぽう、プロテスタントのほうでは、「聖書に書かれていないことは一切退ける」という信条から、ごく一部ではあるが、クリスマスやイースターさえ祝わない教会もある。ただし、安息日、すなわち日曜日は「主の日」として労働を休み、厳格に礼拝を守る。安息日厳守はとくにカルヴァン主義の影響力の強い土地の特色で、近年はかなり緩んだとはいえ、地域によってはまだ守られているので要注意。そんな土地では、主婦は日曜日に料理をせず、前日の作りおきだけを食卓に載せる。商店はのきなみ閉店し、交通機関すら休止することも。なかには、世俗の法律で明確に安息日の労働を禁じ、破ると（冗談抜きで）告訴される地域、日曜日にサインした書類を無効とする地域もある。また、福音派の影響力が強い地域では、いまでもアルコールの売買を違法とするところがあるので、これにも注意が必要。

相手がキリスト教徒かどうかに限らず、信仰をもっている人の前で、不用意に神の名を口にしたり、その人の属する教派を批判したり、宗

*COLUMN*

## 「合同教会」あれこれ

合同教会とは、複数の教派が寄り集まった組織のこと。その教派の幅の広さで最大なのは、1970年に誕生したパキスタン教会（Church of Pakistan）だ。聖公会、メソジスト、スコットランド系長老教会、ルター派教会ほかが合同し、パキスタン国内でもっとも大きなキリスト教組織を形成した。この合同教会はアングリカン・コミュニオン（➡88頁）に属している。

人数の面で大規模なのはUCCこと米国キリスト合同教会（United Church of Christ）で、2010年のメンバーは約108万人。カナダのUCC（United Church of Canada）は1999年に約175万人の会員がいたが、2009年には約51万人と激減した。

日本における最大の合同教会は1941年に成立した日本基督教団（United Church of Christ in Japan）である。信徒数は2010年に約12万人。

教的に大事にされているもの（聖書、祈禱書、イコン、ロザリオ、聖水など）を粗末に扱ったりしないことは、最低限のマナーだ。とくに、クリスチャンに対して気をつけたいトピックは、自殺、安楽死、離婚、産児制限、中絶、同性愛、女性の聖職者、聖書の無謬性、進化論など。とくに、自殺はキリスト教では創造主に背く行為ととらえられており、現在でも教会での葬儀や教会墓地への埋葬を拒否されることがある。他のトピックについても、保守的な信仰をもつ人の前で、生半可な気持で取り上げるべきものではない。相手によっては大論争に発展することもある。

ヨーロッパに関する手頃な歳時記としては、紅山雪夫著『ヨーロッパの旅とキリスト教』（創元社・一九九六）を、正教会とローマ・カトリック、プロテスタントの代表的祭日を扱ったハンディな本としては拙著『キリスト教歳時記』（平凡社新書・二〇〇三）をおすすめしたい。

## Q 実際にキリスト教の教会に行ってみたくなりました。どうすれば探すことができますか？

インターネットを利用できる環境にある人は、地域名と「キリスト教会」というキーワードで検索するのがもっとも簡単な方法。ただし、キーワードが単純だと、いわゆる「異端」（⬇233頁）の教会や別の宗教組織もヒットして、玉石混淆な結果が出る。検索精度を上げるには、「教会」に加えて「カトリック」「プロテスタント」、さらには「バプテスト」「聖公会」といった教派名・組織名を入れてみるのがコツ。その教会がウェブサイトやブログを運営していれば、礼拝時間やアクセス方法、設立からの歴史など、細かい情報が手に入る。サイトはもたない教会でも、Googleマップなどで位置は確認できるはずだ。もし教会の公式サイトを見て訪問したときは、一言「インターネットで知りました」と告げると、ホームページ担当者の励みになるだろう。

ネットを利用できず、かつ日本にいる場合に一番簡単なのは、探している地域のディリータウンページ（職業別電話帳）で「教会（キリスト教）」のページを開いてみることだ。所在地については、直接電話して聞いてもいいし、電話帳に記載された住所を手がかりに、地図帳で確認する手もある。自宅に電話帳や地図がない場合は、公立図書館にあたるとよい。日本全国のものを備えている図書館もある。

電話帳にもやはり「異端」の教会が混じることは避けられない。その教会がどの教派に属するか、名称から判断できなければ、電話で尋ねてみるとよい。また、訪問前には、やはり電話で礼拝の開始時間と、おおよその終了時間などを聞いておくのがベター。

もし手に入るなら、『キリスト教年鑑』（キリスト新聞社）に掲載されているリストがもっとも網羅的で詳しい。地域ごと、また、組織ごとに教会の場所や担当教役者の名前などを知ることができる。また、カトリック中央協議会では毎年『カトリック教会ハンドブック』という冊子を発行しており、全国のカトリック施設の情報を知るのに便利。これらは、キリスト教専門書店で手に入る。

海外で探す場合も、電話帳は役に立つ。キリスト教圏のホテルに泊まっているときは、フロントで尋ねてみよう。きちんと教派別にリストや案内図が用意されていることがある。タクシーの運転手も、情報源として頼りになる。

## Q 教会というのは、いつ行ってもいいのですか？

かつて、とくにローマ・カトリックの聖堂の扉は二十四時間開いていて、誰でもいつでも入って祈ることができた。現在、そのような聖堂はどんどん減ってきており、ミサのある時間以外は鍵がかかっているところも少なくない。管理者の不在と、治安の悪化が主な原因である。

あなたが礼拝に参加したいのならば、日曜日に訪ねてみよう。ほとんどの教会では午前中に主日礼拝（ミサ）を行っている。午後に夕拝（夕べの祈り）を行う教会もある。日曜日以外でも、聖書勉強会や祈禱会などがある時間には、教会の扉は開いている。また、定住教役者がなく、月に数回しか礼拝のない教会もある。いっぽうで、文字通りいつでも出入り自由な礼拝堂も存在する。事情はそれぞれ異なるので、訪ねる前には、教会堂の外の表示やインターネットで提供されている情報を見るか、直接電話で確認するのが確実だ。なかには定まった教会堂をもたず、いろいろな場所を借りて礼拝を行う「会衆」もいる。

神父や牧師と個人的に話をしたければ、礼拝の後に直接、あるいは電話で先方の都合を尋ねてみるとよい。教役者は、二十四時間教会で執務しているわけではない。礼拝終了後に時間を作ってもらえる場合もあるが、礼拝後は新来者よりも教会の既存メンバーへの対応を優先させたいと思っている人も多い。時間を約束して出直したほうが、ゆっくりと話ができるはずだ（もちろん、必ず事前に約束しないと話ができない、ということではない）。

「初めて」教会を訪問する時期としては、クリスマスかイースターがよいチャンスだといえる。教会側も、さまざまな工夫を凝らして新しい人の来会を待っている。ただし、忘れてはならないのは、この両日は「特別な」日ということだ。普段は教会に来ない信者や、（あなたと同じように）まったく初めての人で、会堂は一杯になる（なかには、ならない教会もあるが）。普段の日曜日には行わない飾りつけやパーティ（祝会）を行う教会も多い。従って、教会の「普段の」姿を見たい方には、クリスマスとイースター以外の日に訪ねることをおすすめする。一般のプロテスタントでは、第一日曜日に聖餐式を行う教会が多いことも覚えておこう。

ちょっとひと休み

## あなたに向いているのはどの教派？

**スタート**

◆あなたが礼拝に一番求めるものは

充実した説教　A
儀式的な要素　B
聖霊の臨在　C

◆説教は

長くて学術的なほうがありがたい　A
必ずしもそうとはいえない　B

◆教会で何かを決めるときは

役員の間で話し合うべき　A
メンバー全員で話し合うべき　B

◆洗礼は

全身を水につける浸礼に限る　A
形式にこだわりはない　B

◆禁酒禁煙は

クリスチャンなら当然だ
スタートに戻って、AかCに進む
個人の自由にまかせる　B

◆罪の告白は

司祭に個人的に告解したい　A
礼拝中の共同懺悔で充分　B

◆信仰の軸となるのは

聖潔な生活　A
聖潔な生活と社会奉仕活動　B

◆聖霊の働きに

異言や癒しは不可欠　A
異言は強調しない　B

A ----------
B ――――――
C ══════

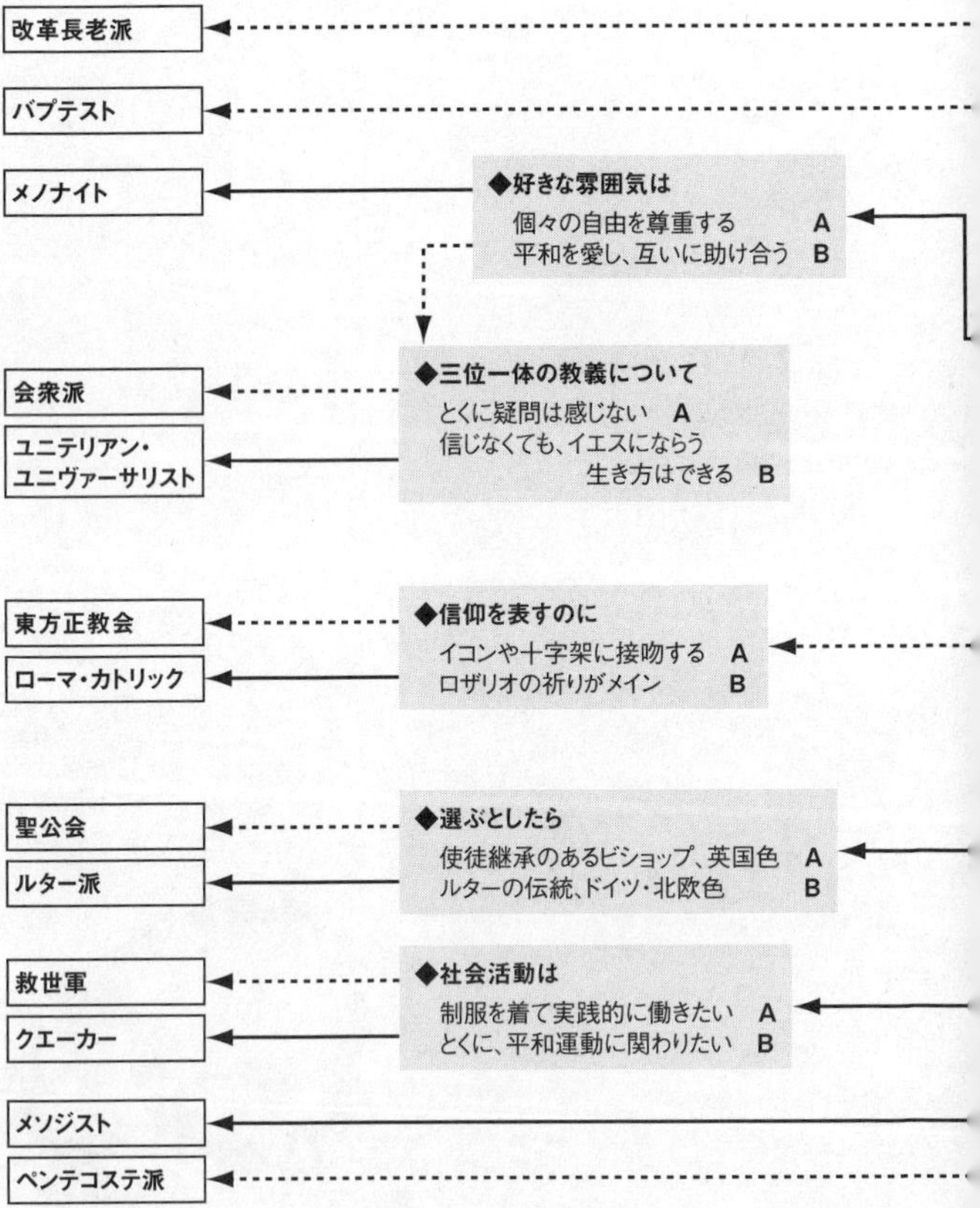
改革長老派
バプテスト
メノナイト
◆好きな雰囲気は
個々の自由を尊重する A
平和を愛し、互いに助け合う B
会衆派
ユニテリアン・ユニヴァーサリスト
◆三位一体の教義について
とくに疑問は感じない A
信じなくても、イエスにならう生き方はできる B
東方正教会
ローマ・カトリック
◆信仰を表すのに
イコンや十字架に接吻する A
ロザリオの祈りがメイン B
聖公会
ルター派
◆選ぶとしたら
使徒継承のあるビショップ、英国色 A
ルターの伝統、ドイツ・北欧色 B
救世軍
クエーカー
◆社会活動は
制服を着て実践的に働きたい A
とくに、平和運動に関わりたい B
メソジスト
ペンテコステ派

# 第4章

# クリスチャンライフあれこれ

キリスト教を信仰し、教会に所属する人びとは、
どんな生活を送っているのだろうか？
日曜日をはじめ、普段の日に何をしているのか。
一年の行事、そして、人生の通過儀礼とは？
牧師やシスターのインタビューなども交えながら、
クリスチャンの暮らしぶりを紹介してみよう。

## イングランドの田舎に住む上層中流階級の子どもの日曜（1920年代）

| | |
|---|---|
| 7：30 | 起床して洗顔ののち、乳母に日曜日の晴れ着を着せてもらう |
| | 両親と朝食 |
| | 庭で遊ぶ（ただし木登りや川遊びは不可） |
| 10：45 | 祈禱書、献金用の１ペニーをもって両親と教会へ |
| 13：00頃 | 教会区牧師を交えて、自宅でランチョン（サーロインステーキ） |
| | 〈１時間昼寝〉 |
| 14：30 | 乳母やメイドたちは、バスで町へ外出 |
| | 散歩用の服に着替えて、父と野原を散策 |
| 16：00頃 | ティー（日曜日のみ、両親と一緒に取る） |
| | 父に聖書物語を読んでもらう |
| | 母のピアノ伴奏に合わせて賛美歌を歌う |
| 17：30 | 入浴後、サパー（ミルクとビスケット） |
| | 両親の見守るなか、お祈りをしてから就寝 |
| 22：00 | 乳母やメイドたちが帰宅 |

（参考： *This England*, Summer 1986）

## 北米プロテスタント家庭のある日曜日（19世紀後半〜20世紀前半）

・朝食のあと、家族そろって聖書を開く
・晴れ着に着替えて教会へ。馬車や自転車は使わず歩いていく
・子どもは日曜学校へ。暗唱聖句の数に応じてカードがもらえる
・新聞、ラジオには触れない
・洗濯や料理をしない（食卓には前日の作りおきを冷たいまま出す）
・母親が料理をする家庭では、普段より
　やや豪華な、温かい昼食を楽しむ
・外食や交通機関の利用は避ける
　（他の人を働かせることになるため）
・子どもの遊びは屋内で（スポーツ不可）
・学校の宿題もしてはいけない
・夕食後に再び教会の夕拝へ

## ある日本の正教徒の一日（現代）

置き香炉と
ランパート
（ロウソク立て）

・起床後、心を静めて十字を画《か》く
・着替えてから家族全員で、祭壇（イコンがある）の前に立ち、ロウソクをともし、炭に火をつけて乳香を燻《くゆ》らせる。祈禱書の「朝の祈り」を祈禱する（祭日や大斎などには、その祭日や期間にふさわしいイコンをおく。また、祭壇覆いや、ロウソク立てのカップの色も変わる）
・食事の前後、仕事の開始・終了時に祈禱
・車を動かす前には十字を画く
・夕食後、家族でテーブルにつき、ひとりが読み上げる聖書を家族全員が聞く
・朝と同じく祭壇の前に全員集い、ロウソク、乳香に火を入れ、祈禱書の「暮の祈禱文」を読む
・祈禱書の「床につくときの祝文」を祈禱してから就寝

イコン

北米の子どもの
サンデー・ベスト
（教会に着ていく盛装）

（19世紀末）

（1960年頃）

（1900年頃）

英語圏のプロテスタント
家庭で日曜日に読む本は、
聖書か『天路歴程』（➡279頁）

おもちゃは
「ノアの方舟」

# ✝ 正教徒の動作いろいろ

十字の画《か》き方は
ローマ・カトリック教徒と
ちょっと違う

祝福のときの右手

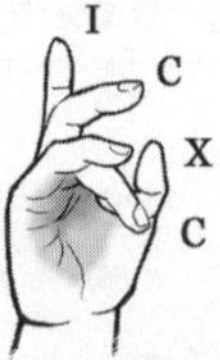


指でイイスス・ハリストスの
イニシャルを作り、十字を画く
（祝福の場合は左上の図で①②④③の順）

接吻も多い

イコンに、聖書に、十字架に、
聖爵に、聖職者の右手にキス……

## ✝クリスチャンの1年（ヨーロッパのローマ・カトリックを中心に）

○印は移動祝日。詳しくは⬇「4教派 移動祝日対照表2012年版」

**待降節（アドベント）**
→クリスマスを迎える準備期間
11月30日か、その日にもっとも近い日曜日に始まる

12月6日 ◎ **聖ニコラオの日**
→ミュラの司教を記念する。
サンタ・クロースの原型といわれる
この日に子どもたちがプレゼントをもらう地方も

12月13日 ◎ **聖ルチアの日**
→暗い世界に光をもたらす聖女を記念。
とくにスウェーデンで重要な祝日

12月25日 ◎ **降誕祭（クリスマス）**
→イエス・キリストの誕生を祝い、家族全員が集う

1月6日 ◎ **主の公現（エピファニー）**
→幼子イエスがベツレヘムで東方の三博士の訪問を受けたことを記念する。
この前日でクリスマスの季節は終わり。三博士に扮した子どもが家々を廻ったり、豆を入れた「王さまのケーキ」を食べて祝う地方もある

2月2日 ◎ **主の奉献（聖マリアの御潔めの祝日）**
→ロウソクを清める日

**カーニバル（謝肉祭）**
四旬節を控え、肉を食いだめ、陽気に騒ぎだめをする。期間は地域によって異なる

**四旬節（レント）**
悔い改めの40日間。肉、卵、乳製品などを絶ち、祝い事も避ける

2月

**灰の水曜日**
四旬節が始まる日。ローマ・カトリック信者は額に灰のしるしを受ける。この灰は前年の枝の主日に用いた枝を焼いたもの

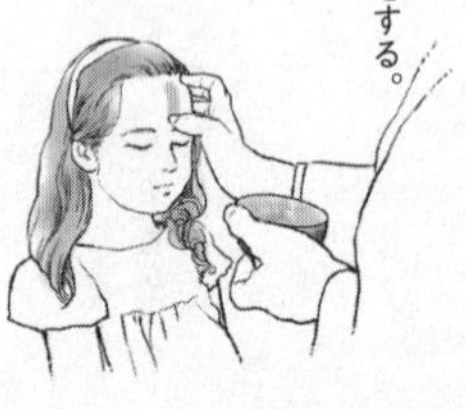

**聖週間**

**受難の主日（枝の主日）**
イエスのエルサレム入りを記念する日。信者は教会で祝別された枝（地域によってシュロ、ネコヤナギ、オリーブなど）を家にもち帰る

**聖木曜日**
イエスが弟子たちとともに最後の晩餐を取り、弟子たちの足を洗ったことを記念する

**聖金曜日**
イエス受難の日。受難劇などが行われる地方も

**聖土曜日**

**復活祭（イースター）**
イエスの復活を記念するとともに、春の訪れを告げる祭。教会のイベントとしては最大。彩色した玉子やうさぎのグッズがつきもの。この日とクリスマスだけには帰省する人も多い

4月〜

○ **白衣の主日**（復活祭の次の日曜日）→ 初聖体や堅信式が行われる

○ **主の昇天祭**

○ **聖霊降臨祭（ペンタコステ）** → キリスト教会の誕生日。イエスの昇天後、使徒たちに聖霊が降ったことを記念する

〜6月

○ **キリストの聖体**

○ **イエズスのみ心**

8月15日 ◎ **聖母の被昇天** → 聖母マリアが霊魂も肉体も天国にあげられたことを記念する

11月1日 ◎ **諸聖人祭** → 天国にいる聖人やすべての死者を記念して、墓地を訪問する日（花は菊が好まれる）。翌日の死者の日に墓参りする地域もある

11月2日 ◎ **死者の日（万霊節）**

11月11日 ◎ **聖マルチノの日** → この日を境に冬じたくに入る地方も

# 七つの秘跡でたどる　ローマ・カトリック教徒の一生

## 洗礼　Baptism

●生後数日以上

　ローマ・カトリック信者を親にもつ子どもは、生まれて数日から数週間のうちに幼児洗礼を受け、神の民の共同体の一員になる。

　司祭が「父と子と聖霊の御名《みな》によって」と唱えつつ、受洗者の額に三度水を注ぎ（全身を三度、水中に沈める地域もある）、さらに聖香油《せいこうゆ》を額に塗る。かくして霊魂に見えない霊印《カラクテル》が刻みつけ

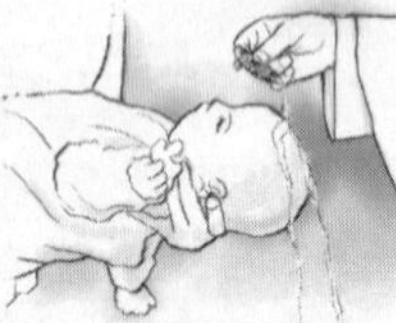

られ、原罪を含むすべての罪がゆるされて神の恩恵と加護のもとに入る。受洗者には霊名（クリスチャン・ネーム）が与えられ、信仰の保証人として代父母（代父《だいふ》・代母《だいぼ》）が立てられる。

　生涯に一度だけの秘跡。

## ゆるし　Reconciliation

●七～八歳以上

　次の節目は、初聖体。ただし、聖体を受ける前には、ゆるしの秘跡（告解）を受けなくてはならない。洗礼後に犯した罪のゆるしをいただき、神に立ち帰り、教会と和解する秘跡である。

　まず、自分の罪を痛悔《つうかい》し（深く悔いる）、次

に告解場で司祭に罪を告白してゆるしを受けてから、命じられたつぐないを果たす。司祭はこの秘跡を受ける者から告白された内容を、ほかにもらすことはできない。

ゆるしの秘跡は繰り返し受けることができ、信者は少なくとも年に一回の告白が義務づけられている（司祭本人も、むろん別の司祭からこの秘跡を受ける）。

## 聖体 Communion

●七〜八歳以上

初めての告解を済ませたら、いよいよ初聖体。ミサのなかで司祭が聖別したパン、すなわちキリストの体を拝領することでキリストのいのちにあずかり、共同体との交わりと一致を確認する。

女の子は白衣にベール、男の子も腕に白いリボンを結んで式にのぞむ慣習の地域もある。ある教会では、復活祭の次の日曜日（白衣《びゃくい》の主日）を初聖体の日と定めている。

聖体の秘跡は繰り返し受けることができ、信者は少なくとも年に一回の拝領が義務づけられている。

## 堅信 Confirmation

●分別のつく年齢以上
（日本では原則として十〜十五歳）

次の節目は堅信。聖霊のたまものを受け、教会といっそう堅固に結ばれるための秘跡だ。

司教（または司祭）が、受堅者の頭に手をおいて祈り、さらに額に聖香油を塗って、「父のたまものである聖霊のしるしを受けなさい」と唱える。

これで、キリスト者として一人前。かつて受堅者は、香油を塗られたあとに司教から頬を軽く打たれて、「キリストの兵士」となったことが宣言された。堅信のときにも、代父母を立て、新しい霊名をもらう習慣がある。

生涯に一度だけの秘跡。

※なお、十四歳を過ぎると生涯、教会が定めた斎日に「小斎《しょうさい》」の掟（肉類を食べない）を、そして満六十歳に達するまでは「大斎《だいさい》」の掟（一日一回だけの充分な食事と、そのほかに朝ともう一回わずかな食事を取る）を守る。ただし病人や妊婦などは免除される。

## 婚姻 Marriage

●男性十六歳・女性十四歳以上、またはその地域で法的に婚姻可能な年齢以上

聖職者を証人に、花婿と花嫁が互いに授けあう秘跡。これによりふたりは神の前で結ばれ、どんな状況でも助け合えるよう、特別な恵みを受けることになる。

ローマ・カトリック信者の男女が、自由意志に基づく同意の上で誓約を交わし、肉体的に交わったときに、この秘跡が成立する。そのあとで結婚の絆を解

消することを、教会はゆるしていない。従って離婚はできないが、配偶者と死別した後に再婚することはできる。

## 叙階 Ordination

●男性二十三歳（助祭）、または二十五歳（司祭）、三十五歳（司教）以上

教会の聖職者になる資格と、これをふさわしく行うための恩恵を与える秘跡。司教が受階者の頭に手をおいて聖別の祈りを唱え、神の民に奉仕する権能を授ける。現在は、司教・司祭・助祭の三つの位階がある。司教叙階の場合は教皇から委任された司教のみが、少なくとも他二名の司教と共同で執行する。

男性信者のみ、それぞれの位階につき生涯に一度の秘跡。叙階後に結婚することはできない。

## 病者の塗油《とゆ》 Anointing of the Sick

●罪を犯しうる年齢以上

病床にある人や死の危険が迫っている人に、力と慰め、そして罪のゆるしを与える秘跡。司祭は病人の頭に按手し、式文を唱えながら病人の額と両手に油を塗り、健康の回復を祈る。ついで聖体拝領と祝福が行われる。

この秘跡に先立って、別にゆるしの秘跡を受けるのが望ましい。病者の塗油は繰り返し受けることができる。

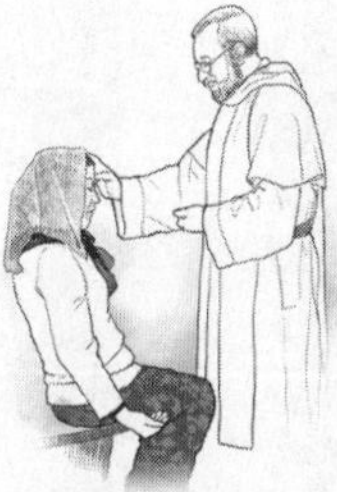

# 牧師インタビュー　牧会者の生活

J司祭は、日本聖公会の若手牧師（二〇〇一年当時）。最初に赴任した教会で伝道師から執事になり、次に移った教会で司祭按手を受け、現在の赴任先は四ヵ所目にあたる。礼拝堂に隣接した一戸建ての牧師館に家族と住みながら、管理を担当する複数の教会を行き来している。

**――仕事は二十四時間、三百六十五日お休みなしですか？**

休みは必要に応じて自分で取ります。週一回特定の曜日というより、不定期ですね。日曜日は必ずどこかで聖餐式を担当し、ほかの日に祈禱会、聖書研究会の枠を取っています。

わたしが属する日本聖公会の教区では、教区主教の方針として、主教がひとつの教会で原則月に三回聖餐式ができるよう司祭を配置し、スケジュールを決めています。上で一括管理する方式です。この教区では、教会の数に対して司祭の数が少ない

ため、退職司祭や別教区の司祭に手伝いをお願いしてやりくりしている状況です。まとまった休暇を取りたいときは、教会委員会の会議を経て主教の許可を得なければなりません。そうなると、信徒が朝の礼拝をやるか、どこからか手の空いた司祭に聖餐式をお願いすることになります。

**――礼拝の時間以外、牧師ってどんなお仕事をしているのでしょうか?**

信徒訪問、お知らせ等の配布(郵送)、週報(⬇360頁)作成、説教作成、記念日カード作成および配布、雑務、庭の草取り、園芸、訪問者の接待、教区の業務、地域活動などです。

**――書類の職業欄にはどのように書くのでしょう?**

「キリスト教牧師」、もしくは「牧師」。英語の書類では、はっきり記憶にないですがpriestと書いたかもしれません。

**――所属されている「聖公会」を一言で説明すると?**

カトリックとプロテスタントの良い面を併せもった教会です。

**――日本聖公会の司祭になるには?**

まず、神さまがお許しにならなければ牧師にはなれません(笑)。

聖公会のシステムは、教区、時代、人によって幅があるので、簡単に説明することは難しいですね。神学校に入る前に聖職候補生にならなければならないわけですが、最短ですと、神学校三年、その後一年半で司祭になれます。

**――司祭の異動が頻繁にあるようですが、単身赴任もありうるんでしょうか。**

異動の多さは、わたしたちの教区では、司祭不足と関係しています。原則として、家族全員の異動ですが、それぞれの事情によっては単身赴任もありうるでしょうね。

**――お給料など、同世代のサラリーマンと比べてどうですか？**

ある面から見ると、サラリーマンと同じですね。教区で決めた給与表があり、基本給に年功給、扶養家族手当が加算されて、各教会から給料が出ます。源泉徴収もされます。ボーナスは年に二度で、一度に二ヵ月分。ただし、世間的に見ると、金額は低いでしょう。住む場所などの保証はされていますけれども。車に関しては、教会によって補助が出たり、いろいろです。いまは自家用車はもっていないので、移動は自転車か電車です。

牧師というと、世間一般からは職業のひとつに見えるかも知れませんが、わたしはそういうつもりで職に就いているわけではありません。この仕事に身を捧げるという思いでやっています。

定年（日本聖公会では、全教役者が七十歳定年）後のことは……考えてはいますが。現状では、老後に向けて一軒家を買えるように貯金するのは至難のわざでしょう。そういう面ではふつうのサラリーマン以下の収入だと思います。

## ――主教について教えてください。まず、どうやって選出されるのでしょう。リコールもできるのですか？

日本聖公会法憲法規により、教区主教が欠けるなど新たな教区主教を選出する必要が生じたときには、当該教区の教区会で主教選挙を行います。教区の全教役者（聖職と伝道師、実習聖職候補生）と各教会・礼拝堂から選出された信徒代議員が選挙権をもち、当選には聖職と信徒それぞれ三分の二以上の得票を同時に獲得しなければなりません（伝道師と実習聖職候補生は信徒票とする）。投票は規定時間内に決定するまで繰り返されます。どうしても当選者を得られない場合、もしくは当選者が教区主教就任を断った場合には、もう一度教区会を開いて二度目の主教選挙を行います。二度の教区会で、当選者を得られない場合、もしくは二度目の当選者が主教就任を断った場合は、日本聖公会総会で選挙を行います。こちらで選挙権をもつのは、全教区主教および各教区から選出された聖職と信徒の代議員で、当選には、主教と代議員それぞれの過半数の得票が必要です。教区会での当選者は、全教区主教の過半数の承認を経たのち（総会での当選者はこの手続きは省く）、本人の承諾を経て主教被選者となります。その後、主教按手式および教区主教就任式が行われることになります。

主教という職位が失われることはありませんが、病気その他の理由で、教区主教の職を退任することはできます。また、法規に照らしてふさわしくないと訴えられた場合、日本聖公会法規の懲戒規定にある審判廷の審判によるもの以外で、リコールはあり得ません（注・主教選挙については、二〇一一年現在の法憲法規による）。

**――主教にはどの程度の裁量権（権力）があるんでしょう。**

非常にお答えしにくいご質問です。原則として日本聖公会の法憲法規と日本聖公会総会決議に従うべきですが、信仰的良心に従って超法規的に行動されるのは、ある程度許されるべきだと思います。が、それが行き過ぎると、一般の聖職信徒に理解を得られなくなるでしょう。

**――司祭は、主教の指示には絶対に従わなくてはいけないんでしょうか。**

原則として従わなければなりません。しかし、もし司祭の本意ではない場合は、決定がなされるまでに主教との信頼関係のもとに充分話し合いがなされなければならないでしょう。お互い納得できるところまで話し合えば、最終的に従うことができるでしょう。どうしても納得できないときも、不本意ながらも従わざるを得ません。そのことを条件として司祭になったわけです。

**――定年後、引退した主教は司祭の仕事に戻るのですか？**

聖公会の聖職位は、終身です。現職の聖職は、執事は〇〇教会牧師補として、司祭は〇〇教会牧師または副牧師として、主教は〇〇教区主教として派遣されているわけです。もちろん教会に派遣されていない聖職もいます（学校や病院のチャプレンとして出向など)。定年になれば、これらの派遣先が解除されるわけです。解除されれば、たとえ終身といえども教区主教の許可なしには、その権限を行使することはできません。

教区主教は、退職司祭および退職主教を嘱託として委嘱することができます。その際には、それぞれの職位の権限に準ずる仕事を行うことができますが、牧師または教区主教としての責任ある職務を行うことはできません。


**――毎日の祈りとか、聖餐式、説教を考える時間について聞かせてください。**


毎日必ず、というわけではありませんが、朝食の前、七時台にデボーション(⬇205頁)の専門雑誌を見つつ、礼拝堂で聖書を読んで黙想して、祈ります。最低二十分、三十分~一時間でしょうか。

聖餐式の所要時間は、主日なら一~二時間、祝日(平日に行われる聖徒日)は三十分くらい。その前に服を着たりするなどの準備に二十分程度、終わってから当番(信徒。女性とは限らない)が洗い物をするのに二十分ですね。

説教は原稿を作るときもありますし、原稿なしのときもあります。練るのに何時間かかるとはいえません。礼拝堂などで黙想しながら考えるのですが、電車のなかで考えていることもありますし。机に坐っているときは、もう構想ができあがっている段階ですね。

――食べ物に関する規定はありますか？

宗教上、食べてはいけないものはありません。斎日とは、食べる量を節制することで、種類のことではないです。種類のことがいわれるのは、地域性、時代性、経済状況も関係していると思いますが。

――煙草やお酒に関する規定はどうでしょう。

聖公会では、ありません。プロテスタントの一部の人がいうように、信仰があれば煙草や酒が必要なくなるというのは本当だろうな、と個人的には思います。わたしがどちらもやるのは、信仰が足りないからでしょう（笑）。

信徒のなかにも、煙草を好まない人はいるので、教会の執務室以外のところでは吸わないようにしてます。喫煙していることは、信徒はみんな知ってますよ（笑）。

酒は飲んで悪いとは思っていません。ただ、酒の弊害は聖書でも指摘されてます。酒がコミュニケーションを円滑にするとか理屈をこねないで、飲みたいから飲む、そして飲みたい仲間で飲む、と認めるべきです。飲めない人に無理強いしたり、排除したりするのはよくないことです（注・現在は煙草はやめました）。

――携帯電話や、パソコンの利用度はいかがでしょうか。

世間一般で比較しても、高いほうだと思います。携帯は、司祭はおおかたもっています。わたしの場合は、留守中の連絡事項を伝えてもらうため、家から頻繁にかかってきますね。番号は週報にも載せてるんですが、教会員がかけてくるのはふつうの教会の電話のほうです。わたしたちの教区で電子メールが通じている司祭の割合は、主教を含めて七割くらい（注・現在は全教役者がメールアドレスを保持）。教区の事務的な連絡は電話とメール、また、教会に対しての連絡事項、事務的な依頼はほとんど郵便です。

教会で出す印刷物はみなパソコン（教会ではなく個人所有のもの）で製作していて、週報も自分で作っています。神学校卒業と同時にワープロ専用機を買い、その後パソコンに移行しました。教会のホームページを立ち上げたのは一九九六年ですね。

**――個人的な楽しみ、気晴らしはありますか？**

パソコンが趣味と仕事を兼ねています。頭が理科系なので、プログラムを組むことなどが好きで。温泉にも行きたいけれども……家族でゆっくり、という機会はなかなかないですね。いろいろ事情があって。

聖公会の司祭全般についていえば、趣味に関してはふつうの人と一緒です。もたない人もいます。ただ、牧師という仕事は、基本的に人の苦しみや悲しみに共感してともに祈る仕事です。そのため、大きなストレスがたまることもあります。自分なりの気晴らしの方法をもつことがベストでしょう。

**――聖公会では、普段から牧師がきちっとカラーをつけてますよね。**

司祭の立場によっていろいろです。もう亡くなった方ですが、お風呂に入るとき以外は必ずカラー、という司祭もいました。司祭按手のとき、指導してくださったある主教からは、外に出るときはカラーに背広でかまわないが、教会の敷地内にいるときは黒いキャソックでいなさいといわれました。わかりました、と答えましたが、実行していません（笑）。服装は、教区というより、人によるんじゃないでしょうか。

ふつうのワイシャツ、ネクタイのときもありますよ。牧師として動くのではないとき、人に会うときなどで。ネクタイなしのラフなシャツも着ます。

**――祭服などは教会のものですか、それとも自前？**

教会備えつけのものもありますが、最低限の祭服はサイズの問題もあるので、自前のものをもっていないと困ります。いまあるのは、キャソック三着、サープリス二、アルブ三、ストールが白色二本、赤一、紫二、緑一、黒一。やはり黒のスカーフが二本かな。チャリスも自前という人もいますね。わたしも携帯用聖餐セットをもっています。ちなみに、一部の服はクリーニング店に出すのですが、キャソックやアルブを「ワンピース」、サープリスを「割烹着」といって出したこともあります（笑）。

※聖公会の祭服については、292～298頁参照

**――よく受けてしまう誤解・勘違いなんてありますか？**

牧師さんが煙草を吸っていいんですか、とか、教会って誰でも行っていいんですか、

とか（笑）。教会の敷居が高いってことでしょうね。ええっ、あなたが牧師さんなの？というのも多い（笑）。あと、これは妻の話ですが、牧師の妻であるとわかったとたん、関わるのがいや、宗教に引っ張りこまれるからいや、という反応をされたことがあって。これにはがっかりしましたね。

**――聖公会では妻帯している司祭が多いようですが、牧師の奥さんに特別の位置づけがあるんでしょうか。**

妻帯者が多いですが、独身主義者もいます。そういう主義・立場も認められている世界です。独身者を切り捨てることはしません。

「牧師夫人」については、聖公会では信徒とまったく同じ立場で、特別の地位はありません。けれど、多くの人が、司祭も含めて、牧師の妻ならばこうあって当然だ、という役割があると思っています。実際にはなんの保証もないのに。だから難しい立場なんです。批判されたり圧力を受けたりして、教会のなかで人権が認められていない事実があると思います。その人がその人である前に、牧師夫人として見なされてしまう。教会においてそれぞれの立場を越えわかり合うことが解決の道ですので、そのためにともに頑張りたいと思います。多くの教役者夫妻が幸せな結婚生活を送り、信徒とともに支え合う関係ができるといいなと願っています。

――どういうきっかけで牧師の道に？

父親も同じ聖公会の牧師でしたが、親がそうだから当然自分も、ということではありませんでした。わたしの場合は順番が逆で、神学校に行った後に確信が来たんです。大学時代は経済を専攻して、家を出て自活しながら六年かけて卒業したんですけれど、その時代に牧師になろうかなと思うきっかけはありました。ハンセン病療養所の人びととの出会いがあったときです。そして、このような人びとの支えもあり、奨学金を得ながら神学校での生活を始めました。

でも（教会に仕えるように神から召されたという）確信、召命《しょうめい》感がないので苦しみましたよ。そのとき、開き直れるような出来事があったんです。「神さまが望まないことを、あなたがすることはできません」と、神の声を聞いたんですね。ということは、自分でやめようと思わなくても、神さまの意志でなければ神さまがやめさせようとするだろう、と思えたのです。一年目の終わりくらいでした。それまではいつやめようかと悩んでいましたが、その出来事があってからは、悩むのをやめました。その直後、いまの教区から聖職候補生認可の通知があり、教区から学費が出ることになったんです。これは偶然ではないと思っています。

ある司祭の言葉も心に残っています。神学校に入る前に召命なんか来るわけがない、それは現場で生まれるものだ、と。ひとつの考え方かもしれませんが、わたしもそう思います。召命は、いまはあると思っています。

教会外では、障碍をもっている子どもの親御さんとの関わりを「仕事」だと考えています。

**——実際に牧師になって、初めてわかったこと、想像していた通りだったことなどがあれば。**

想像していた通りのものは少なくて、違うことのほうが圧倒的に多かったですね。どういう点がといわれても困るんですが、実際に教会の運営に関わり、信徒として見てきたことと全然違うな、立場が違うということはこういうことなんだな、と。父の苦労がわかった部分もありました。この程度の仕事をしておけば、このレベルにいくだろう、と自分で判断してやっても、信徒から見ると全然低いレベルにしかなっていなかったり。また逆に、小さなことなのに感謝されたりといろいろです。今まで手を抜いてきたことも度々ありましたが、信徒の皆さんからはそれでも理解され赦されてきたから今のわたしがあるのだと思います。そういう意味でも、牧師は信徒から支えられていると思います。

（二〇〇一年四月談、二〇一二年三月一部改編）

※ご本人の要望により、教区・教会名、お名前は仮名とさせていただきました。

# シスターインタビュー　修道者の生活

ローマ・カトリック教会の修道会には、大きく分けて、「観想会」と「活動会」がある。修道院にこもって祈りや修行に専念するのが観想会。修道院に住みながらも、外に出て、一般の人たちと触れあいながら、教育、福祉、医療、出版、宣教などの活動を行うのが活動会だ。世界レベルで働く会もあれば、ある国で生まれ、そこだけで奉仕する会もあり、多種多様。

今回インタビューしたクリスティーナさんは、教育活動に従事するA修道女会に所属するシスターだ。修道会が経営する幼稚園や高校の教諭を経て、現在は修道院のなかの仕事をしているシスベールをなびかせて自転車で町を走る活動的な彼女に、シスターの生活をうかがってみた。

**――シスターとして、よく聞かれる質問ってありますか？**

そうですね、とくに子どもからよく聞かれることは、ベールの下はどうなってるの、寝るとき何着るの、シャワーするときどうする

ドミニコ会系修道女
（左・20世紀半ば　右・現代）
＊イラストは本文内容とは関係ありません

の、あとは、テレビは見るの、何を食べるの……。

**――実際にそのベールの下は？**

短く切っています。人に切ってもらったり、自分で切ったり。美容院に行くことはうちではほとんどありません。ベールをかぶらないシスターの方は、美容院に行くかもしれませんけど。

**――その他の質問の答えを聞かせていただけますか？**

寝るときはもちろんふつうのパジャマですし、シャワーのときは服を脱ぎます（笑）。テレビは見ることもありますよ。うちの修道院では、シスターみんなで一緒にすごす団欒《だんらん》の時間があるのですが、そんなときテレビをつけることもありますし、新聞のテレビ欄でいい特集を見つけたりすると、その団欒のあとでも一人で見たりします。

**――実は、シスターというととても厳格な生活を送っていて、テレビもラジオも禁止、禁酒禁煙はもちろん、食事は粗食、なんていう勝手なイメージがあったのですが……。**

料理は当番制で、院長さまも含め、交代で作るんですが、食費はそんなにかかっていないと思うし、凝ったお料理でもありません。ただ、修道院のなかの食の文化というのはあるかもしれませんね。量の制限は、とくにありません。

また、煙草を吸うシスターというのはわたしは見たことはありませんが（笑）、カトリック教会では、お酒そのものがいけないという考え方はありません。ですから、修道院のなかで、クリスマスや会のお祝いの日などには、ワインやシャンパンを開けたりすることもありますよ。もちろん、酩酊するほど飲むわけではありませんけれど（笑）。

——**修道院のなかのお部屋は大部屋なんでしょうか？　お化粧とかは？**

昔は大部屋もあったようですが、いまは個室です。お化粧は……私服の会でもふつうはしないと思いますが、しても、色をつけるようなメイクはしないと思います。わたし個人はまったくしません。石鹼で顔を洗うだけで、化粧水もなし。あとは、ハンドクリームとか、夏に外で仕事をするような時に日焼け止め程度です。

——**携帯電話とか、パソコンは？**

携帯はもっていません。うちの修道院では、まだ黒電話を使っています（笑）。パソコンというのは、会の活動内容によっては必要になる場合もあるかと思いますが……。修道者の生活そのものとコンピュータとは、合わないいんじゃないでしょうか。

——**修道院でのお祈り、つまり日課について教えていただけますか。**

あくまで、うちの修道院の場合、ということでお話しします。起床は朝五時四十分、六時からお聖堂《みどう》で朝の祈りが始まります。『教会の祈り』（聖務日課）の本を開き、祈りの心、礼拝の心で、声を合わせて祈りを唱えます。これが十五～二十分くらい。次に三十分ほど、個々のスタイルで黙想します。そして、お当番が「終わりの祈り」をして締めくります。

次に、あればミサなんですが、これが現状では時々難しいです。司祭の数が少なくなっているためです。どこをどう探しても無理、ということがあります。

昼の祈りは、うちの会ではありません。

夕べの祈りは、六時から三十分くらい。お告げの祈り、ロザリオ、『教会の祈りの晩課』などをします。寝る前の祈りも九時ごろ共同で祈ることがあります。

**――あとは、毎日曜日に教会でミサにあずかるわけですね。「お休みの日」というのはあるのですか？**

ゆっくりする時間はありますけれども……。終日の仕事後、友人と飲みに行くとか、日曜に一日中お買物、ということはないですね。すべて忘れてうさをはらす日、というのもありません。シスターは二十四時間シスターですから。主婦が二十四時間そうであることと似ているかもしれません。

**――「仕事」としてシスターをしているわけではないんですよね。**

もちろん、職業ではありません。生き方というのかな……。昔は「身分」といっていましたが、その言い方は誤解されやすいので。この生き方を選んだ、ということでしょうか。

**――では、書類の職業欄には何と書くのでしょう？**

「シスター」とは書きませんね。どういう書類かにもよりますが、そのときの仕事に応じて「教諭」「事務員」とか……。

**――学校や幼稚園の先生をしていたということですが、お給料は？**

もちろん出ますが、私用にはなりません。会計係が一括処理して、食費、交通費、寄附といった用途に分けます。もちろん、各自が必要な文房具や衣類などを買うことはできます。あまったお金は本部に回され、必要な地域に送られたりします。

**――外では必ずその制服ですか？**

最近では私服の修道会も増えてきています。国によっては、制服を着ていると危ない地域もありますし、一緒に働く修道者以外の人たちとの間に壁をつくらないため、制服を脱ぎ始めたという理由も聞いたことがあります。うちの会では、日本では着用するのが原則です。夏冬用の二種類あって、自分の制服は自分で管理します。子どもとキャンプで山登りするときなどは、私服ですけれど（笑）。

**――私物はもてるのでしょうか？**

ちょっとした文房具、下着とか、聖書や祈禱書とか。必要なものがあれば買えるよう、月々いただいているお金もあります。三千円くらいなら、自分の裁量で、ちょっと大きめのものは、院長さまにお話しして会計係からお金をいただきます。

**――どういうきっかけでシスターの道に？**

家族が信者で、わたしは幼児洗礼でした。小さいときから教会に通ってシスターに接していましたけれど、シスターになることが初めて身近に感じられたのは、大学の四年生、友人が修道院に入ると聞いたときです。その後一般の就職活動もしてみましたが、自分には合わない世界だとはっきりわかって……。そのころ、うちの会のシスターに出会って、生き方や考え方に触れました。宗教教育にもとても興味がありましたし……。

**――それで、教育事業に携わる会に惹《ひ》かれたわけですね。**

はい、迷ったときもあったんですが、割とすぐに決めました。自分の意志で「懸けてみようかな？」と思って。

**――修道院って、一度足を踏み入れたらもう後戻りはできないのですか？　持参金も必要だと聞いたことがありますが。**

入るときに、一応、定められたお金を持参しましたが、本当に少額で、持参金というイメージとは違うと思います。また、入会の絶対条件ではありません。お金をもたない人でも、事情によっては受け入れられることはあると思います。一年の志願期時代から、生活費や社会保障費などは全部会が負担してくれました。修練期は二年で、ここから会員として修道生活を開始します。会憲と会則をいただいてそれを学んだりしました。この時期まで名前は「さん」づけで、地味な私服姿です。

初誓願を立てて三年の有期誓願期に入ると、修道服（ベールも）を与えられ、修道名を新たにいただいて、シスターと呼ばれます。誓願は、「清貧・貞潔・従順」の三つです。三年が過ぎたら、以後は一年ごとに誓願を更新していきます。期限のある誓願ですから、この時点までで会を離れるのは自由です。わたしの場合、教員免許を取ったのは、有期誓願期でした。

※ローマ・カトリック教会修道会の修道者コースについては、282頁参照

**――そして、終生誓願を立てて、現在に至るわけですね。一生シスターでいようと確信した「瞬間」というのはあったのでしょうか。神の声が聞こえたとか？**

人間的な確信とも違うし、不思議な声が聞こえたのでもないです。神さまからの呼びかけというのは、ある特定の時期だけにあるものではなくて……生活と信仰は離れたものではないんですよね。ふつうの生活のなかで呼びかけを感じる、というのかな。

**――ご家族からの反対はありませんでしたか？　また、帰省の機会などは？**

あからさまな反対というのはなかったですね。むしろ、心配とか、離れて住む寂しさ、でしょうか。誓願を立てたシスターは、年に一回「家族訪問」をします。帰省とか、帰る、というより訪問です。時期は決まっていません。期間は一週間くらいです。

**――何歳くらいで入会する人が多いのでしょうか？**

一般的には二十～三十歳代前半でしょう。年齢制限は三十歳のところが多いけれど、それ以降も入れないわけではないし、いまは年齢を引き上げている会も増えています。それぞれ決める時期が遅くなっているんです。わたしの知っている範囲では、他の会で、五十歳代で入った方もいます。

※注：現行の教会法によると、修練期に十七歳未満の者、婚姻継続中の夫婦の一方は志願者として受け入れられない。

**――よく受けてしまう誤解・勘違いなんてあります？**

オウム事件のころはいろんなことをいわれました。電車に乗っていても、声をかけられて、「学校行かせてもらってるの？」とか、まるでだまされて入っているかのように（笑）。あと、修道院を駆け込み寺のようにとらえて、不幸とか大失恋をきっかけに入ったんだろうと思われたり……。

**――入ってみて、初めてわかったことなどあれば。**

修道院に入って、シスターたちと一緒に生活してみて、やはり神さまから呼ばれていたことを感じました。難しいことがあったとしても、そこに意味があったのかな、とか、神さまはこういうことをわたしに気づいてほしかったのかな、と感じることもあります。

外から見ていたのとは違ういろいろな難しさが仕事の面でも生活の面でもあるんだな、とも思ったし。

今後自分がどんな修道生活を送るのかは、わかりません。思わぬときに病気になることもあるでしょう。そうなったら、自分の考えていなかった修道生活になってしまうかもしれない。そんなときには、考え方を変えていかないといけないんでしょうね。シスターに、コースや決まったライフサイクルはありません。ここの会員として生きていくことは変わらないんですから。（二〇〇〇年九月談、二〇一一年十月一部改編）

**シスターインタビュー2**

十一年後、ふたたびクリスティーナさんにお話をうかがいました。

**――この十一年、クリスティーナさんの生活にどんな変化があったでしょうか？**

責任も増えて、徐々に忙しくなってきました。会の高齢化が進み、介護などの問題も身近に感じています。また、個人的に海外での活動が増え、行動範囲が広がりました。

**――海外での活動というとどういったものでしょう？**

うちは国際的な教育関係の会ですので、それに関係した活動です。

**――そういう場では英語が共通語ですか？**

必ず英語、ということはありません。修道会によってその会の言語がありますし、アジアでは日本語を学ぶ人が増えていて、日本語でコミュニケーションが取れることもあります。それぞれの使える言葉で、という感じですね。

**――国内の支部への異動が多いとうかがいましたが……。**

人によります。観想会では一生その修道院にいるのがふつうだし、活動会であるうちの会では五～六年、あるいは十年くらい同じところにいるケースが多いのですが、わたしはたまたま異動する機会が多くなっています。

**――逆に、変わらないことは？　黒電話はどうですか？**

基本的な生活スタイルと修道服。電話は、一部にプッシュホンを取り入れましたが、まだ黒電話も使っています。黒電話はこれからも大事にしたいですね（笑）。

**――電子メール（インターネット環境）や携帯電話については？**

私は個人のメールアドレスをもっています。スカイプで通話することもあります。どちらも海外との交信に役立ちます。それから事務処理のため、Office の Access を使っています。携帯はあまり必要な状況にないので私はもっていませんが、もっているシスターもいます。ただ、私も他のシスターたちも、必要に迫られないと「開けない」「使わない」感じです。

**――二〇一一年三月十一日、日本は未曾有の天災に見舞われました。多くの人が、生きていく意味や神の存在について考えたと思います。こうしたなかで、カトリックの修道者として思うことがありましたらお聞かせください。**

多くの方々が犠牲になり、心が痛みます。また、災害に遭われた方々のこれからの生活と原発の問題に協力できることを、真剣に探しています。そして何よりも人びとが希望を失わないように願っています。この世界のあらゆる苦しみと絶望よりも大きな希望を信じて、生きてほしいです。このことを私に示してくださった主イエス・キリストとともにこれからも祈り、働きつづけます。

（二〇一一年十月談）

※ご本人の要望により、修道会名とお名前は仮名とさせていただきました。

# 第5章

# 日本のクリスチャンの言い回しがわかるキリスト教会《ぎょうかい》用語表現集

あらゆる社会には独特の表現、言い回しがある。
日本のキリスト教会においても例外ではない。
クリスチャンがよく使う表現とはどういうものか、
プロテスタントを中心にピックアップしていく。

※この章における「カトリック」とは、日本におけるローマ・カトリックの教会あるいは信徒をさす
※最初の◆のあとに用例、次の◆のあとに聖書における使用例(引用出典)を示した
※聖書書名の略語は新共同訳聖書に準拠した

**アーメン【amen】**
ヘブライ語・アラム語で「真実に」「確かに」の意味。同意します、そうなりますように、との意を表すため、祈りに唱和するときや、信経の締めくくりなどに用いる。「エイメン」と発音する人もいる。◆——です。——とはいえない（＝賛同できない）。◆「民は、みな答えてアァメンと言わなければならない」（口語訳申27・15）。「アーメンである方」（＝イエス・キリスト）（新共同訳黙3・14）

**あいさんかい【愛餐会】**
礼拝後に食事をしながら行われる信仰的な親睦会。聖公会を含むプロテスタント用語。祝会と同じ。メソジスト教会では、四季ごとに、聖餐式に続いて皆で食事をともにし交流する会をさした。◆復活日の礼拝後の——。野外——。感謝の——が持たれた。聖餐式に引き続き、持ち寄りの——を楽しむ。◆「彼らは、あなたがたの愛餐に加わるが」（口語訳ユダ1・12）

**あかし【証し】**
他者に対して証明すること。はっきり告げること。証言すること。クリスチャンとしての自己告白、クリスチャンとして生きること、良き例を示すこと。とくに、本人が語るその体験談。◆になる。をする。を示す。世の——になるような態度。聖書はキリストを——している。回心の——を立てる。福音を——する教会共同体。◆「この人はあかしのためにきた」（口語訳ヨハ1・7）

**あくりょう➡あくれい**

**あくれい【悪霊】**
悪魔の支配下にあって働く、霊的存在。「あくりょう」とは読まない。◆の追い出し。にとりつかれる。に住み着かれている。を押さえる。——からくる心の働き。——どもよ、即刻手を引け。◆「主から来る悪霊が彼をさいなむようになった」（新共同訳サム上16・14）、「悪霊は娘から出てしまった」（口語訳マコ7・29）

**あんしゅ【按手】**
他人の体に片手または両手をおいて祈る行為。新約聖書の使徒6・6、1テモテ4・14に見られる。礼拝中や病床で聖職者が人に祝福を与えるときのほか、教会の正式の儀式（手続き）として、聖職に叙階したり、教職資格を与えるときなどにも行われる。後者の場合は、「按手礼」ともいう。通常は手を頭におくことが多いが、癒しの目的のときは、患部にかざす。

◆の恵みにあずかる。聖職――を受ける。――礼を領した者を教師と称する。――礼を施す。――礼を志願する。女性聖職が――された。司祭――が執り行われた。

**いげん【異言】**
聖霊に満たされた状態で語る外国語。◆が与えられる。で祈る。による祈り。の賜物がある。を語る。を強調する。を話す。◆「種々の異言を語る者」（口語訳1コリ12・28）

**いのり・いのる【祈り・祈る】**
祈禱。神に祈願すること。そのなかで、神と対話すること。◆を捧げる。が聞かれた。で支える。のうちに覚える。の課題（リスト）〔＝そのことを祈る具体的な項目〕。○○を皆さんの――に加えてください。とりなしの――。互いに――合う。主イエス・キリストの御名《みな》によってお――いたします、アーメン〔＝祈りを終える合図〕。◆「祈り求めるものはすべて既に得られたと信じなさい」（新共同訳マコ11・24）、「絶えず祈りなさい」（口語訳ほか1テサ5・17）

**いやし・いやす【癒し・癒す】**
背後に神の意志があることを含意。とくに、ペンテコステ派では聖霊の働きによる神癒。人間は神によって「癒される」。◆主の癒しのとき。多くの癒しと心の救いにあずかる。○○に癒しがなされた。○○に参加して癒された。◆「そしてみ手を伸ばしていやしをなし」（口語訳使4・30）、「いやしの賜物」（新改訳1コリ12・9ほか）

**うえる【植える】**
主に受動態で使い、主語は神であることを含意。◆○○教会に植えられた鈴木一郎です。小さな心のなかに植えられた思い。◆「わたしは彼らをその土地に植え付ける」（新共同訳アモ9・15）

**うつわ【器】**
神の目的のために用いられるもの。

*COLUMN*

**受動態**

思う、気づく、知る、起こる、現れる、変わる、のように能動態にしていいような表現でも、キリスト者は、思わされる、気づかされる、知らされる、起こされる、現される、変えられる、と受動態にすることが多い。自分の力、人間の意志によってそうなるのではなく、「神によって」という意味がつねにこめられている。

◆神の——。あなたの平和の——にしてください。◆「あなたがた自身とその手足を義の器として神にささげなさい」（新改訳ロマ6・13）

**えらび【選び】**

神が（救う人を）あらかじめ選択すること。カルヴァンの予定説と関連づけても用いる。◆神の——のなかにある人たち。自分の——を確信する。◆「神の選びの計画」（口語訳ロマ9・11）

**おいりよう【お入り用】**

神が必要としていること。◆「主がお入り用なのです」（口語訳マコ11・3ほか）

**おこる・おこす【起こる・起こす】**

現れる。生まれる。成る。導く。◆○○に主の御業が起こる。○○宣教に献身される兄姉《きょうだい》たちが起こされるように。牧師になる人が多く起こることを。信仰告白が起こる。○○は回心する者を起こした。人事が起こった。◆「別な王が、エジプトに起った」（口語訳使7・18）、「エッサイの根が起こる」（新改訳ロマ15・12）、「主は、時に応じて、ふさわしい人物を起こされる」（新共同訳続編シラ10・4）

**おぼえる【覚える】**

そのことを考える。思い出す。念じる。感じる。記憶する。認める。受け入れる。◆四十年の月日を覚え～。引き続きお祈りにお覚えください。（代禱のあとで）今、み前に覚えました教会は～。（説教で）最後に覚えたいと思いますことは～。お覚えありがとうございます。◆「安息日を覚えて、これを聖とせよ」（口語訳出20・8）、「主に覚えられている者たちよ」（新改訳イザ62・6）、「わたしを覚えてください」（口語訳ヨブ14・13ほか）

**おもに【重荷】**

神から与えられた任務。使命。◆○○活動による教会前進に——が与えられ、働いている。互いに——を負い合う。◆「めいめいが、自分の重荷を担うべきです」（新共同訳ガラ6・5）。

**かいしん【回心】**

新たに神の方向を向くこと。罪を悔い改め、イエス・キリストを救い主として受け入れること。クリスチャンにとっては、自分が再生する体験。◆——の証《あかし》を立てる。最初の——者を得た。多くの——者が起された。集団——。劇的な——を経験する。明確な——体験をもつ。◆「死んだ行ないからの

回心」（新改訳ヘブ6・1）、「回心を説くあなたの預言者たちを殺し」（新共同訳ネヘ9・26）

**かんわ【感話】**
「説教」ではない、信徒による話。その内容は、日々の生活のなかで感じたこと、神への感謝（証し）、その日のプログラムに対する感想、葬儀における弔辞など幅広い。クエーカーの礼拝では、会衆が聖霊のうながしを受けて語ること。状況によって意味に幅がある。

**きづき【気づき】**
発見。とくに、真理に近づくような覚醒。◆多くの方々の――を祈る。最後の鈴木一郎さんの――。いろいろな――がありました。新しい――が与えられる。

**きてん【帰天】**
死亡をさすカトリック用語。◆――する。鈴木一郎司教――。

**きょうかい【教会】**
信仰を同じくする人びとの組織体。◆で養われる。につながる。につらなるクリスチャン。を立て上げていく。因襲の深い○○の地に――は証しし、成長していった。

*COLUMN*

## 神父と牧師

「神父」と「牧師」とは、実は必ずしも対応した表現ではない。

プロテスタント教会では、「牧師」は職務をさす。職位とか資格という考え方がある教団では、「教師」または「正教師」がそれに相当する。

聖公会では、職務が「牧師」で、職位が「司祭」。カトリックでも職位は「司祭」という。ただし、小教区（教会）の司牧責任者を「主任司祭」、その補佐を「助任司祭」といい、こちらが職務に相当する。「神父」というのは、職務をさすわけではなく、司祭の総称であり、呼びかけ（敬称）なのである。聖公会を含むプロテスタント教会では、牧師への呼びかけには「先生」を使う。だから、より適切に対応させるなら、〈神父と先生〉または〈主任司祭と牧師〉となる。

プロテスタントの職務をさす語として、日本では「牧師」という表現ひとつでほぼ間に合うが、英語では minister、pastor、parson、rector、vicar などいろいろな種類があり、教派や時代、地域によって使い分けがされている。直接呼びかけるときも、日本では「先生」の一語で済んでしまうのに対し、英語では Reverend のほか、vicar などの職務名を使ったり、姓にミスターをつけて呼ぶ。もっとも、最近では信徒にファーストネームで呼ばれる牧師も多い。

◆「わたしはこの岩の上にわたしの教会を建てる」（新共同訳マタ16・18）

**きょうかいがっこう**【教会学校】
日曜学校（Sunday School）の代用語として、日本では第二次大戦後に一般的となった表現。現在は、救世軍以外のほとんどの教派で使う。英語のChurch Schoolを略してCSともいう。生徒は子どもに限らず、バプテスト教会などでは全信徒を対象にしたクラスがある。◆で教える。で奉仕する。に通う。に参加する。に出席する。の時間をもつ。の働きを拡大する。のリーダーとして活躍。の教師をする。中高校生向けの――分級。

**きょうせい**【教勢】
教会統計。信徒と教会の数。◆の発展。は著しい進展を見せる。は旧態依然としている。は次第に向上しつつある。は順調。は振るっているとはいいがたい。を維持する。――上打撃をこうむる。着々と――を進めている。

**きょうだい**【兄弟・兄】
同じ教会員や、他教派を含むクリスチャン同士の総称。また、公式の場や文書における男性教会員に対する敬称として、主にプロテスタント教会と正教会で使う。敬称の意味では、カトリックでは用いない。人名を入れた「鈴木兄」は「鈴木きょうだい」と読む。まれに「鈴木けい」「鈴木あに」とも。正教会では「鈴木けい」がふつう。ただし、直接本人にこう呼びかける教会は多くない。◆同じ主にある兄弟たち〔＝教派や所属教会の違うクリスチャン〕と食卓をともにする。委員長は鈴木一郎兄にお願いします。◆「兄弟たち、ぜひ知ってもらいたい」（新共同訳ロマ1・13）

**きょうだいしまい**【兄弟姉妹】
同じ教会員や、他教派を含むクリスチャン同士の総称。近年では、男性のみを連想させる「兄弟」の読み替え語として多用される。簡略化した「兄姉」（「けいし」と読む人あり）という表現もある。◆同じ主にある――としてのお交わり。◆「神の御心を行う人こそ、わたしの兄弟、姉妹、また母なのだ」（新共同訳マコ3・35）

**きょうどう**【協働】
ともに助け合って働くこと。聖公会でよく用いる。カトリックには「協働司教」の役職がある。◆――牧会。――体制をつくる。三教区――聖職司式の聖餐式。医療者と宗教者が――する。対立の中で

――し一致を保つ。宣教への――の道を探る。

**きょうゆう【教友】**

信仰を同じくする仲間。中国語では信徒を意味する。日本では主に無教会で使われる。

**クリスチャン【Christian】**

キリスト教徒。文語訳聖書では「キリステアン」、新共同訳では「キリスト者」となった語。日本では主にプロテスタント信者が自称する言葉。正教会では「ハリスティアニン」という。◆「このアンテオケで初めて、弟子たちがクリスチャンと呼ばれるようになった」（口語訳使11・26）

**クリスチャンホーム【Christian home】**

家族全員がクリスチャンである家庭。クリスチャン同士が結婚して築く家庭。家庭のあり方として理想的とされ、プロテスタントでよく用いる。英語ではほかにクリスチャンファミリー（Christian family）ともいう。◆に生まれる。を育つ。を形成する。を築く。を作る。を建てる。健全な――を育成する。周りはみんな――の方ばかり。うちは――です。

**けいかく【計画】**

神が定めた予定。◆主の――にあずかる。ご――に従って召された者。神の選びの――。主は驚くべき――を開かれた。〇〇は、主の良きご――と思わせられた。◆「時の満ちるに及んで実現されるご計画」（口語訳エフェ1・10）

**けいきょ【携挙（rapture）】**

終末において神を信じる者だけが天に引き上げられること（1テサ4・17）。携挙された者は、空中で主と出会う。福音派の終末観に基づく用語。◆――される。天国への――の約束。

**けんきん【献金】**

神への感謝を込めて、その教会の維持や伝道、その他の目的のためにささげられるお金。礼拝の席で

*COLUMN*

### キリスト者の死にまつわる表現

（天に／天父の御前に／神さまの御許に）召される、天に招かれる、天に帰る、主のもとで眠りにつく、永遠の休みにつく、永遠の休息に旅立つ、神のみもとへ旅立つ、天籍に移る、（天に／天の御国へと）凱旋する、霊魂を神に委ねる、霊を神に帰する、殉教の死を遂げる、〇〇を天に送る、天上の教会に送る、地上での歩みを終える

集めるほか、信徒が毎月決まった金額を自分で決めて納めるものは一般に月定（月例・月約・定額）献金という。◆――感謝の祈り。什一――（収入の十分の一をささげる献金）をすすめる。信施金のほかに月約――をささげている（聖公会の表現）。参加無料ですが自由――（それぞれが任意の金額を出す献金）があります。◆「各人がその割り当てに従って課された献金」（新共同訳王下12・5）

**けんしん【献身】**

その生涯を伝道や教会の活動に捧げること。一般に、牧師や伝道師になること。教派によって意味に幅がある。◆――者が起こされた。――へと導かれる。鈴木一郎兄のご――。キリストの子どもとして――する。◆「主に献身してナジル人となるならば」（新共同訳民6・2）

**けんそん【謙遜】**

神の前に自分を低くすること。「謙虚」と並んで多用される表現。◆に決断する。にさせられる。――と奉仕の模範を示す。とても――な先生。――な体験談。◆「わたしは柔和で謙遜な者だから」（新共同訳マタ11・29）

**こうだん【高壇】**

説教壇。講壇。とくに救世軍、無教会で使う。単に会堂内部で「高くなった場所」をさす場合もある。正教会では至聖所の意味で使われることがある。◆――を引き受ける。――に立つ。――の上より為す説教。――を守る。――を去る（以上、正教会以外の用例）。

**ことに【殊に】**

「とくに」の代わりに、祈りなどで多用される表現。◆日本、――東京の教会。

**ごよう【ご用・御用】**

仕事。とくに、神から与えられた使命。口語訳聖書愛読者に多い表現。◆主の――をさせていただく。主がそれぞれの賜物に従ってその――のためにお用いになる。鈴木師は第二礼拝で――してくださいます。第一礼拝は鈴木一郎牧師の――。◆「祈と御言のご用に当る」（口語訳使6・4）

**こんちょう【今朝】**

「けさ」の代わりに説教や祈禱で用いられる古い表現。◆――、私どもは○○の記念礼拝を守っております。

**ささげる【捧げる】**

神へ献上する。◆精一杯の働きを――。感謝の祭儀を――。一緒に礼拝を――恵み。献金は神さまへの捧げものです。◆「一同が主に

礼拝をささげ」（口語訳使13・2）、「感謝を込めて祈りと願いをささげ」（新共同訳フィリ4・6）

**さばく【裁く】**

相手の言動を批評すること。きわめてネガティブな響きのある表現。◆聖書をもって――。信徒同士が裁きあう。◆「人を裁くな。あなたがたも裁かれないようにするためである」（新共同訳マタ7・1）

**さんび【賛美・讃美】**

神を誉め讃えること。とくにプロテスタントでは賛美歌、またはその斉唱をさす場合がある。◆と感謝を捧げる。主の御名を――します。――にあふれた〔＝賛美歌を歌うことに熱心な〕元気な教会。◆「詩とさんびと霊の歌とをもって語り合い、主にむかって心からさんびの歌をうたいなさい」（口語訳エフェ5・19）

**し【師】**

聖職者・教職者の名前につける敬称。◆指導神父にカルメル会の鈴木一郎――を迎えた。鈴木一郎――より受洗。司祭鈴木一郎――をこの教会の牧師に任じる。

**しふ【師父】**

正教会では、古代の教父（church father）のほか、教会を導いてきた近代の聖職者や修道者、学者などに対する尊称。聖公会では主教への尊称。◆――学〔＝正教会以外の教派でいう「教父学」〕。東方教会聖――。聖――パウロ。サロ

*COLUMN*

**死と死者の表現、儀式・行事の種類、追悼の言い回しなど**

**【カトリック】**帰天〔きてん〕、帰天者　◆通夜、葬儀ミサ、告別式、追悼ミサ、帰天祈念ミサ、命日祭　◆永遠の安息が与えられますように。〇〇様の永遠の安息をお祈り下さい。

**【正教会】**永眠、永眠者　◆パニヒダ〔＝死者記憶の祈禱〕、通夜パニヒダ、埋葬式、納骨パニヒダ、墓地祈禱、〇日祭、〇年祭　◆永遠の記憶。〇〇様を記憶しつつ。

**【聖公会】**逝去、逝去者　◆通夜の式、葬送式、逝去者記念（聖餐）式、教会墓地礼拝、墓参の祈り　◆とこしえの平安。魂の平安を。

**【プロテスタント】**召天〔しょうてん〕、召天者　◆納棺式、前夜式、召天式、告別式、火葬（前）式、納骨式、召天者記念礼拝、教会召天者合同追悼礼拝、召天記念式、召天〇周年記念聖会、記念会、墓前礼拝（式）、墓前祈禱会、召天者記念愛餐会

フの奇跡者・聖セラフィム――（以上正教会）。○○教区主教鈴木一郎――司式。鈴木主教のお考えを聞く目的で――（＝鈴木主教）を訪問した（以上、聖公会）。

**しぼく【司牧】**

教会を治める役務。カトリックと聖公会で使う。◆にあたる。は七年間で三ヵ所の教会。各教会を――するのが司祭です。○○が、教区主教の――のもとで許される。小教区の――。司祭の――活動。

**しまい【姉妹・姉】**

「きょうだいしまい」に同じ。また、主としてプロテスタント教会と正教会で、公式の場や文書において女性教会員に対して使う敬称。敬称の意味では、カトリックでは用いない。人名を入れた「田中姉」は「田中しまい」と読む。一部の教会では「田中し」、まれに「田中あね」とも。正教会では「田中し」がふつう。ただし、直接本人にこう呼びかける教会は多くない。◆鈴木一郎兄と田中幸子姉の結婚式（＝兄・姉と呼んでも血縁関係を意味しない）。◆「わたしたちの姉妹フェベ」（新共同訳ロマ16・1）

**しめされる【示される】**

神から知らされること。神からの示しが与えられる（受ける、ある）こと。◆○○牧師を通して示された神への信仰。祈って示されたことに従う。○○がみこころだと示された。

**しゅうほう【週報】**

日本のプロテスタント教会が、その教会ごとに作成し、毎主日に礼拝出席者へ配布する、一枚刷りのプログラム。当日やその週の予定、連絡事項などが書かれている。昔はガリ版刷り、現在はパソコンとコピー機（簡易印刷機）で作製されたものが多い。

**しゅくかい【祝会】**

パーティをさすプロテスタント用語。祝賀会ではない。◆をする。クリスマス――を行う。イースター――を開く。記念――をもつ。◆「無数の天使の祝会」（口語訳ヘブ12・22）

**しゅじつ【主日】**

主が復活した週の第一日。主の日、すなわち日曜日。聖日ともいう。キリスト教徒の礼拝日。この日を「安息日」と解釈するかは教派によって違う。◆――礼拝。――説教の聖書箇所を読む。毎――に聖餐式がある。ご復活の――。

**じゅんかいきょうかい【巡回教会】**

カトリック教会において、定住司

祭がいない教会。近くの別の教会から司祭が出張して、ミサが立てられる。

**しょうてん【召天】**
死亡すること。主にプロテスタントで使う。おなじ「しょうてん」でも、「昇天」はイエスにしか使わないので注意。◆――する。鈴木一郎牧師のご――。

**しょうめい【召命】➡めし・めす**

**しょうれい【奨励】**
一般的な意味のほか、とくにプロテスタントでは、信徒が担当する礼拝での話をさす教会もある〔聖職・教職の場合は「説教」という〕。カトリック教会では「すすめの言葉」などという。◆月に一回――がある。

**しんこう【信仰】**
◆が妨げられる。に入る。に立つ。に導く。に生きる。の交わり。を強める。を揺るがせる。をためす。を強調する。を捨てる。去年――を持ちました〔＝洗礼を受けた〕。◆「あなたの信仰があなたを直したのです」〔新改訳マコ5・34ほか〕

**しんせ【信施】**
献金をさす聖公会の表現。とくに、礼拝時の席上献金をさす場合がある。◆――袋〔献金を入れる小さな布製の袋〕。本日の――は○○のために献げられる。――奉献先。

**すくい・すくう【救い・救う】**
動詞は受動態で用い、神を受け入れる、信仰をもつ、回心する、洗礼を受ける、すなわちクリスチャンになることを意味する。とくに、信仰告白をすること。教派によって意味に幅がある。◆救いに導く。救いを受け入れる。自分の家族の救いを願う。尊い救いにあずかる。多くの人を救いに入れる。鈴木一郎さんはこの教会で救われた〔＝洗礼を受けた〕。◆「すべて信じる者に、救を得させる神の力」〔口語訳ロマ1・16〕、「あなたとあなたの全家族とが救われる言

*COLUMN*

### キリスト者の挨拶・結びの言葉

主の御名/聖名を賛美します。(主イエスの) 御名/聖名を賛美いたします。
ハレルヤ！　主の平和。主の平安。
主にあって。主にありて。主の愛にあって。
在主平安。栄光在主。在主。主の祝福を祈りつつ。主に感謝。神に感謝。シャローム。

葉」（口語訳使11・14）

**せいか【聖化】**
聖潔《せいけつ》（「きよめ」とも読む）。キリストを信じて救われた者が、聖なる生活を実現していくこと。清くなること。とくに、メソジスト系諸派や福音派で多用する。◆の推進を使命とする。――運動。新生と――を目ざす。全き《まった》――〔＝完全な聖化の達成〕。◆「罪から解放されて神の奴隷となり、聖潔《せいけつ》に至る実を得たのです」（新改訳ロマ6・22）

**せいけつ【聖潔】**➡せいか

**せいしょてき【聖書的】**
聖書の教えに沿っていること。忠実なこと。これの反対語である「非聖書的」は、プロテスタントが用いる批判の言葉としては、もっとも厳しいもの。◆――な生活をする。○○という――教説に確信をもつ。○○教会がもつ非――要素。

**せいたい【聖体】**
ミサにおいて、キリストの肉に変わったパンをさすカトリックおよび正教会用語。聖公会でも使うことがある。◆を口で受ける。ご――を拝領する。初めていただくご――。司祭が――を授与する。初――の恵みを受ける。

**せいれい【聖霊】**
三位一体の第三位格。◆がくだる。が強く働く教会。がやどってくださる。が臨在《りんざい》してくださる。による取り扱いを受ける。の豊かなお働き。の導きにゆだねる。の業を否定する。の働きを切に求める。を深く悲しませる。――体験をする。素晴らしい――の満たし。◆「その方は聖霊で洗礼をお授けになる」（新共同訳マコ1・8）

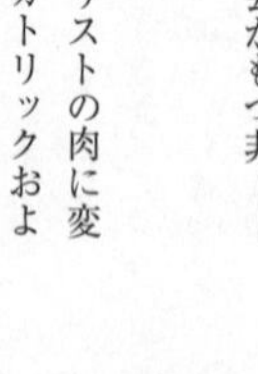

鳩は聖霊の象徴
（マコ1・10ほか）

**そなえ【備え】**
準備。用意。背後に神の意志があることを含意。◆総会を次週に控え、その――のために。主の与えてくださるすべての――をもって進む。○○教会にもふさわしい牧師が――られた。天の父が――てくださる。◆「主の山に、備えあり」（新共同訳創22・14）、「主の道を備えよ」（口語訳マコ1・3ほか）

**たつ【立つ】**
立脚する。生きる。◆御言葉《みことば》に――。真理に――。キリストにあって全き者として――。世界宣教にふさわしく――ことを願う。聖書信仰

に——宣教団体。◆「信仰に立ちなさい」（口語訳1コリ16・13）

**たてる**【立てる】

決める。任命する。背後に神の意志があることを含意。◆神は鈴木一郎先生を講師としてお立てくださいました。働きに立てられている人。執事は年会で監督の按手をうけて立てられる。◆「そこで十二人をお立てになった」（口語訳マコ3・14）、「あなたがたを群れの監督にお立てになったのです」（新改訳使徒20・28）

**たまもの**【賜物】

神から与えられた才能。タラント

*COLUMN*

## ありがちなワープロ誤変換

ワープロ（パソコン）が普及したため、誤変換を目にする機会が多くなった。「伝道」が「伝導」、「牧師夫人」が「牧師婦人」になっていてもさほど実害はないが、ちょっと困るのは旧約／旧訳、新約／新訳の変換ミス。新しい訳という意味で新訳聖書という表現はありうるので、これが新約の誤変換なのかは、よく文脈を見て判断しないといけない。

その他、気をつけたい語には以下のものがある。

**聖霊／精霊** キリスト教では意味が異なるので注意が必要。キリスト教関係書でさえ見られるほど、もっともありがちな誤変換。

**回心／改心** ふつう、教会で使うのは前者のほう。回心を「えしん」と読むと仏教用語になる。

**教会／協会** 組織名としては「協会」もあるので、まぎらわしい。

**三位一体／三身一体** 「三身《さんじん》」にすると仏教用語。

**創世記／創世紀** 聖書の書名の「――記」を「紀」にするミス（ただし、「民数記」「列王記」のみ「紀」を用いる邦訳もある）。

**正教／聖教** 日本の正教会では明治初年まで、仏教や儒教を連想させる「聖教」の字を使うことがあったが、現在では「正教」がふつう。なお、カトリックも一時「聖教」を名乗っていた時期がある（その後「公教」表記に移行した）。

**預言／予言** 神の言葉を預かることを「預言」、単に未来を予想することを「予言」と書いて、明確に区別して使う人もいる。ただし中国文学者の高島俊男によれば「豫（予）」と「預」は発音も意味も同一で、「預言」には「あらかじめ言う」の意味しかない。それを「言を預かる」と読むのは戦後に登場した珍妙な解釈だという（『お言葉ですが… 第11巻』連合出版・2006）。

(talent)。◆わたしはとくに○○に──があるわけではない。○○の──に恵まれる。恵まれた環境と──をいかす。◆「わたしたちは与えられた恵みによって、それぞれ異なった賜物を持っている」(口語訳ロマ12・6)

**ちゅうほしゃ**【仲保者】
仲介者。口語訳聖書の愛読者に多い表現。◆「神は唯一であり、神と人との間の仲保者もただひとりであって、それは人なるキリスト・イエスである」(口語訳1テモ2・5)

**つかえる**【仕える】
奉仕すること。◆御霊に──。キリストの主権に──。福音の仕え人。互いに仕え合う。◆「あなたがたの間で偉くなりたいと思う者は、みなに仕える者になりなさい」(新改訳マコ10・43ほか)

**つながる**【繋がる】
関係を保持する。◆教会に──者として。神さまにしっかりつながっている。彼女たちが教会につながったのはほんの数年前のこと。私は主につながれている。◆「わたしにつながっていなさい」(新共同訳ヨハ15・4)

**つまずき**【躓き】
人の信仰を揺るがせ、教会から足を遠のかせるような障害。教会運営や牧会に関わる悪い出来事、失敗。重い意味を含むが、たんなる「トラブル」「転機」という意味で使う例もある。動詞は「つまずく」。◆──から逃れることはできない。大きな──が訪れた。他者や自分に──を与える。○○が──になった。○○につまずいた。◆「わたしは彼の前につまずきを置く」(新改訳エゼキ3・20)、「わたしを信じるこれらの小さな者の一人をつまずかせる者は」(新共同訳マコ9・42ほか)

**つみびと**【罪人】
神に逆らう者。神の律法を守らない者。刑法上ではなく、宗教上の罪を犯した人。◆──たる我らのために祈りたまえ。すべての人間は生まれながらの──だ。教会は──の集まりです。◆「わたしがきたのは、義人《ぎじん》を招くためではなく、罪人を招くためである」(口語訳マコ2・17ほか)、「私はその罪人のかしらです」(新改訳1テモ1・15)

**つらなる**【連なる】
つながる。所属する。◆キリストのからだに──。主に──。○○教会に──ようになる。◆「キリストに連なる者となる」(新共同訳ヘブ3・14)

**でんどう【伝道】**
福音を伝えて、未信者に入信を促すこと。宣教。◆が進む。をする。路傍――〔＝道端などで短い説教などをしながら行う伝道〕。文書――〔＝印刷物を配布する伝道〕。開拓――〔＝まったく足がかりのない場所での新たな伝道〕。農村――。――集会。◆「伝道者のわざをなし」（口語訳２テモ４・５）

**どうてい【童貞】**
処女のこと。かつてカトリック教会でおとめマリアに冠していた形容のひとつ。処女のまま亡くなった聖女にも使い（たとえば「聖クララ童貞」）、シスターに「童貞さま（さん）」と呼びかけた時代もあった。正教会ではマリヤは「生神《しょうしん》童貞女《どうていじょ》」という。

**どうろう【同労】**
一緒に働くこと。◆――の兄姉方の健闘。――者の忠告。◆「キリスト・イエスにあって私の同労者であるプリスカとアクラ」（新改訳ロマ16・3）

**ととのえる【整える】**
より完全な状態にすること。準備をすること。背後に神の意志があることを含意。◆主の体を整えていく。神様は道を整えてくださっている。わたしたちが整えられていく。祈りによって会集の魂は整えられていた。◆「こうして、神に仕える人は、どのような善い業をも行うことができるように、十分に整えられるのです」（新共同訳２テモ３・17）

**となりびと・りんじん【隣人】**
全ての人間。とくに、助けを必要としている人びと。◆「隣人《りんじん》に関して偽証してはならない」（新共同訳出20・16ほか）、「自分を愛するようにあなたの隣り人を愛せよ」（口語訳マコ12・31ほか）

**にちようきょうかい【日曜教会 (Sunday chuch)】**
土曜日に安息日礼拝を行う教会の人が、日曜日に礼拝を行う教会をさしていう言葉。

**バージンロード【和製英語 virgin road】**
結婚式のとき、花嫁が歩く教会堂の中央通路、またはそこに敷くカーペットそのものをさす。日本でしか通じない和製英語。カーペットの色は白が多い。

**はたらき【働き】**
仕事。活動。活躍。作用。しわざ。◆に携わる。をともにする。を進める。医療の――をしている。どのようなお――をなさっている方ですか。○○教会のお――。地道な――を続けていく。神さまのお

――の役に立つ。聖霊の――は御言葉とともにある。○○は鈴木一郎の――の実である。○○県に――場を与えられている。○○に救世軍の――が再開された。○○部長として――をされた鈴木夫妻。サタンの――。◆「あなたがたは、主にあるわたしの働きの実ではないか」（口語訳1コリ9・1）

**はたらきびと【働き人】**
とくに、教会に奉仕する人。◆牧師が転任となり、今は専任の――がいない状態だ。教会の――の養成。◆「収穫は多いが、働き人が少ない」（口語訳マタ9・37）、「悪い働き人に気をつけてください」（新改訳フィリ3・2）

**バプテスマ【ギリシャ baptisma】**
洗礼をさす語として、主としてプロテスタントが用いる。水の洗礼にはいくつかのやり方があるが、とくに、バプテスト教会で用いる場合は、必ず「浸礼」の意味。◆を行う。を受ける。を受領する。を施《ほどこ》す。を志願する。を授かる。○――と聖餐の礼典を執行する。○名の――受領者があった。――授与者。◆「バプテスマのヨハネが荒野に現われて、罪の赦しのための悔い改めのバプテスマを宣べ伝えた」（新改訳マコ1・4）

**ひとりびとり【一人一人】**
「ひとりひとり」の代わりに、口語訳聖書の愛読者が用いる表現。◆「舌のようなものが、炎のように分れて現れ、ひとりびとりの上にとどまった」（口語訳使2・3）

**ふくいん【福音】**
喜ばしい知らせ。イエスの説いた教え。◆にあずかる。に従う。を語る。にふさわしく生活する。の僕《しもべ》。のために捕われている。のために立てられた。を証しする。をたずさえて来る。を伝える。を宣べ伝える。を説く。をゆだねられている。を弁明し立証する。神の――に従う。主イエスの――に聞き従う。◆「悔い改めて福音を信じなさい」（新共同訳マコ1・15）

**ほうし【奉仕】**
神に仕える目的で、具体的な仕事をすること。教会内部で特別の係になること。◆をする。更によいご――をなさってください。○○で長く宣教師としてご――されている。賛美のご――をしてくださった。◆「聖徒たちをととのえて奉仕のわざをさせ」（口語訳エフエ4・12）

**ぼくしゃ【牧者】**
羊の群を率いる者、転じて教会や教区の指導者・専任の世話係。狭

*COLUMN*

## 教会の教籍にまつわる用語

教籍（教会籍、救世軍では兵籍）という概念があり、名簿に名前を記載して成文規定に基づき会員資格を区分けする教会と、とくに規定のない教会がある。また、規定がある教会でも、その運用の厳格さや教籍簿整理の頻度は教会によって違う。以下は、ある時代の日本における大まかな説明にすぎないが、プロテスタント教会を理解する一助としてあげてみる。

**ばいさんかいいん【陪餐会員】** プロテスタント教会一般において、その教会のメンバーとして登録され、聖餐にあずかる資格のある正会員のこと。Communicant (member)。なお、教会の秩序を乱した信徒の戒規のなかには「陪餐停止」の規定がある。

**みばいさんかいいん【未陪餐会員】** 陪餐会員の子で、親の信仰に基づき小児洗礼を受けたが、聖餐にあずかる資格をもたない者（信仰告白前の子ども）。

**げんじゅうかいいん【現住会員（現住陪餐会員、現住未陪餐会員）】** 礼拝に出席して聖餐にあずかり、教会の経費を負担するなど、教会ごとの規定要件を満たしてその働きに参与している正会員。教会員としての全ての権利と義務をもつ active member。

**たじゅうかいいん【他住会員（他住陪餐会員、他住未陪餐会員）】** 不在会員ともいう。遠方地に転居するなどして所属教会に通えなくなり、他の教会に出席しているが、教籍は移動していない者。本人の同意のもとに専用の名簿に移す。あるいは、一定の期間を過ぎて現住会員の要件を満たさなくなった者を、本人の同意なく他住会員名簿に移す教会もある。その教会の会員数を数えるとき、この他住会員を含める教会と含めない教会がある。

**べっちょうかいいん【別帳会員】** かつて現住会員だったが、一定の期間（多くの場合1～3年）を超えて住所不明、または礼拝出席がなく献金もしない者。教会によっては、他住会員のうち現実に連絡が取れず消息が不明な者を「別帳に移す」規定のところがある。

**じょめい【除名】** 教籍を除いて（除籍して）教会員資格を奪うこと。信徒の戒規として教会が行うもっとも重い処分。この処分がない教会もある。

**きゃくいん（かいいん）【客員（会員）】** その教会の礼拝に（一時的に）出席して献金も納めているが、他の教会に籍があり、転籍手続きをしていない者。もしくは手続き進行中の者。Affiliated member。一定の条件下に客員の教会総会（教会の最高議決機関）への陪席を認める教会もある。

**じゅせいさんしゃ【受聖餐者】** Communicant を示す聖公会の用語。聖餐を受けているその教会のメンバー。教籍を有する教会で年に2回以上陪餐している者は「現在受聖餐者（active communicant）」と呼ばれ、16歳以上の者は受聖餐者総会（信徒総会）に議席をもつ。

義にはキリストをさす。◆魂の――。群れの――。教区の――としての主教。――として40年以上やってきた人。◆「主はわたしの牧者であって、わたしには乏しいことがない」（口語訳詩23・1）

**ぼっかい【牧会】**
意味は「司牧」に同じ。聖公会を含むプロテスタント教会全般と、正教会で用いる。◆に立つ。――する。○○で働き、帰国して――生活をする。地方教会を牧し誠実に伝道――に励む。○○教会は鈴木一郎兄の――。

**ボンクリ**
ボーンクリスチャン（born Christian）の略。広義にはクリスチャン家庭に生まれついた子ども、狭義には幼児洗礼を受けた者をさす日本独特の語。カトリック信者がよく使う。自覚的信仰の乏しい形式だけの信者として、揶揄的もしくは自嘲気味に用いられることがある。「ボーン」とも略すが、むろん「ボーン・アゲイン」とは無関係。英語では born Catholic の表現がある。

**まじわり【交わり】**
「お交わり」とも。人間あるいは共同体同士の親交、関係。たんなる社交的な談話をさすこともある。◆を通して○○を実現する。をもつ。○○教会と――を回復したい。親子三代にわたってお――をいただく。お――の時を与えられた。◆「信徒の交わりをなし」（口語訳使2・42）

**まなび【学び】**
勉強すること。学生となること。◆の途中で戦争に行く。聖書の――を深める。短期の――のために渡米。

**まぼろし【幻】**
神が人間に語りかけるために使う手段のひとつ。神が示したビジョン（vision）。神の顕現《けんげん》。◆を受ける。が○○に示された。日本伝道の――を語る。◆「天が開けて、神の幻を見た」（口語訳エゼ1・1）、「若者は幻を見、老人は夢を見る」（新共同訳使2・17）。

**まもる【守る】**
きちんと行うこと。予定が順調にいくこと。背後に神の意志と恵みがあることを含意。◆礼拝を守る（＝教会の礼拝が執り行われること。それに出席すること）。礼拝が守られた。鈴木一郎兄の滞在が守られ祝されるようお祈りください。◆「主の晩餐を守ることができないでいる」（口語訳1コリ11・20）

**みこころ【御心・聖心】**

神の意志。意図。カトリックでは、愛と犠牲の象徴である「イエスの聖心」(Sacred Heart of Jesus) をさす場合がある。◆――からはずれる。――なら……と祈ります。――にかなわない場合。主の――が成る。そこに主の――がある。神の――だと信じる。◆「天におられるわたしの父のみこころを行なう者は」(新改訳マタ12・50)、「神のみこころにかなって歩くように」(口語訳1テモ2・12)

イエスの聖心
(カトリックの御絵〔ごえ〕)

**みことば【御言(葉)・聖言(葉)】**
英語では the Word。福音または聖書(の言葉)。◆――に耳を傾ける。――の説き明かし。――を生きる。ご一緒に――を学んでいきましょう。◆「御言葉を聞いて受け入れる人たち」(新共同訳マコ4・20)

**ミサ【弥撒 missa; Mass】**
最後の晩餐、またキリストの死と復活を記念したカトリックの典礼。プロテスタントの聖餐式に相当する。聖公会の聖餐式をさして使われることもある。正教会の聖体礼儀には使わない。とくに女性は「御《ご》ミサ」という人が多い。日本で布教にあたったコリャード神父の『懺悔《さんげ》録《ろく》』(一六三二年)には「ごみさを拝む」という表現がある。

――をあげる　主語は司祭。◆自宅で――をあげる。鈴木一郎神父さまが――をあげに来てくださいます。共同で――をあげる。ラテ

*COLUMN*

## 「にっき」はどっち？

日本のキリスト者の会話(文章表現も含む)に接するとき、気をつけたい略語に「日基/日キ(にっき)」がある。

日本キリスト教会(長老派の組織)をさす略語として、当の日本キリスト教会、そして日本基督教団内部で用いる。日本基督教団の信徒は、自分たちの組織名を「教団」と略す。ところが、それ以外の教派、とくに福音派プロテスタントには、「日基」を日本基督教団の略称として使う人が非常に多い。「にっき」と聞いたときは、どちらをさして使われているのかよく確認しよう。

ン語で――をあげる。

――にあずかる　ミサに行く、とミサで聖体拝領する、の二種類の意味あり。必ずしも聖体拝領したことを意味しない。◆徹夜祭の御――にあずかる。

――を捧《ささ》げる　◆教会が――を捧げるとき。――を自国語で捧げるようになった。毎日違う国の神父が――を捧げた。

――を司式《しき》する　主語は司祭。◆――を司式する司祭。

――を立《た》てる　主語は司祭。◆墓の前で――を立てた。鈴木一郎神父さまをしのんで――を立てる。

◆にお邪魔する。に参加する。に出かける。に出席する。に列する。をやる。をする。第一――に出る。に〇万人が集まる。自国語で――を守る。ある共同体によって行われる――。

**みたま【御霊】**

「聖霊」に同じ。◆にすべてを明け渡す。の一致によって祈る。の知恵を欠いた。みことばが――とともに働く。ともにおられる――に感謝。――なる神よ。◆「御霊がはとのように天から下って」（口語訳ヨハ1・32）

**みちびき・みちびく【導き・導く】**

背後に神の意志があることを含意。◆〇〇と話して、〔信仰に〕導いた。ひとりの回心者を導く。バプテスマに導かれる。〇〇教会に導かれる。御心のうちに導かれる。私を導いてください。主が良き導きをくださる。主の導きのなかにある。聖霊の導きを受けながら。◆「神の霊によって導かれる者は皆、神の子なのです」（新共同訳ロマ8・14）

**ミッション【mission】**

使命。伝道（活動）。とくに、キリスト教の伝道団体。その団体が設立した学校（ミッション・スクール）。◆の支援を受ける。外国――に依存しない。〇〇系の――を母体とする。幼稚園から大学まで――系だった。

**むぼく【無牧】**

ある教会に、信徒はいても、専任牧会者（牧師）のいない状態をさすプロテスタント用語。◆――の教会。四月から――になる。今は――だ。二度にわたって――を経験した。〇〇までは、――を通す。

**むれ【群れ】**

信仰者の集まり、グループ、小さな組織のこと。分裂の多いプロテスタントでよく使う。羊とその牧者のイメージが背後にある。軽蔑的意味はまったくない。◆〇〇から分かれた――。私どもの教団は〇〇地区に六教会ある小さな――です。――全体はつねに支えられていた。◆「信じた者の群れ」(口語訳使4・32)

**めぐみ・めぐむ【恵み・恵む】**
神の恩恵。それがもたらされること。動詞は受動態で用い、神の意志を含意。◆大きな恵みです。恵み深い天の父なる神さま。神さまの恵みが豊かにありますように。家族そろって礼拝を守る恵み。受洗の恵みにあずかる。恵みを証しする。恵みから脱落する。ロマ書で恵まれた(=ローマの信徒への手紙を読んでいて、そのなかにある真理が自分の心に届いたように感じた)。◆「主が御顔をあなたに照らし、あなたを恵まれますように」(新改訳民6・25)、「主イエスのめぐみによって、われわれは救われるのだと信じる」(口語訳使15・11)

**めし・めす【召し・召す】**
神からの呼びかけ。特別の使命を与えられること。召命《しょうめい》。召しだし。招き。人間は神から「召される」。◆召しをこうむる。召しを受ける。召しにふさわしい歩み。献身への召しが与えられた。お召しがあれば、用いられたい。宣教に召された者。◆「神の賜物と召しとは、変えられることがない」(口語訳ロマ11・29)

**メッセージ【message】**
とくに、福音派の教会で「説教」の代用語として使われる。また、説教でとくに中心となる福音をさす場合もある。◆力強い――を取り次ぐ。第一礼拝では鈴木一郎先生の――がございます。

**もちいる【用いる】**
使う。背後に神の意志があることを含意。◆わたしを用いてください。主に用いていただく。学んだことを教会の働きに――。救世軍の士官として生涯を――。◆「キリストがわたしを用いて」(口語訳ロマ15・18)、「あなたがたが信仰にはいるために用いられたしもべ」(新改訳1コリ3・5)

**リバイバル【revival】**
信仰復興(運動)。沈滞していた信仰が(聖霊の働きにより)活性化され、集団的な規模で広がっていく覚醒運動。多くの場合、真剣な「悔い改め」が伴う。福音派でよく使う。◆が起こる。霊的――を求めて祈る。――の炎を消してしまう。――集会。――礼拝。

**りんじん【隣人】➡となりびと**

**れいてき【霊的】**
聖なる。宗教的な。教会的な。ス

ピリチュアル（spiritual）な。◆――なものばかりとはいえない。――な戦い。に生まれ変わる。に救われる。に燃えた教会。に渇いた状態。――覚醒。――祝福を受ける。――休眠状態。――指導者。◆「お互いの霊的成長に役立つことを追い求めましょう」（新改訳ロマ14・19）

**れいはい【礼拝】**
神を拝むこと。とくに、教会の主日礼拝。◆に集《つど》う。に行く。を捧げる。を守る。を中心にした生活。――の時をもつ。英語で――をやっている。速いテンポで――が進む。三位一体の神を――する。数カ月――を欠かしている。◆「彼らが主を礼拝し、断食していると」（新共同訳使13・2）

**れんたつ【錬達・練達】**
真正性が実証されること。◆「キリストにあって錬達なアペレ」（口語訳ロマ16・10）、「忍耐は練達を、練達は希望を生む」（新共同訳ロマ5・4）

**わかちあい・わかちあう【分かち合い・分かち合う】**
その場の人びとと考えや食べ物などを共有すること。思うところを披露すること。その時間。◆集いの後半に、分かち合いがあります。恵みの分かち合い。ひとつのパンを分かち合う。感想などありましたらお分かち合いいたしましょう。賛美と祈りと黙想の時を分かち合う。◆「持ち物をすべて分かち合いなさい」（新共同訳ガラ6・6）

**わざ【業】**
行い。行動。◆を成し遂げる。を次々になされる。宣教の――。力ある――。キリストのみ――。◆「神の業がこの人に現れるためである」（新共同訳ヨハ9・3）、「神は、おのおのに、そのわざにしたがって報いられる」（口語訳ロマ2・6）

**●聖書の出典**
口語訳聖書　日本聖書協会　1955年
新改訳聖書第三版　日本聖書刊行会　2003年
新共同訳聖書　日本聖書協会　1987、2000年

*COLUMN*

## 聖書の書名と略語

19－20頁でも触れたように、聖書は翻訳なので、版が違えば使われていることばも少しずつ異なる。たとえば同じ書を示す名称にしても、「傳道」「伝道の書」「伝道者の書」「コヘレトの言葉」といった表記がある。

ここでは、「新共同訳聖書」（1987年初版）の書名と略語を紹介してみよう。日本聖書協会が発行する同訳は、ローマ・カトリックとプロテスタントが共同で翻訳したもので、現在、日本ではもっとも多くの教会の礼拝で使われている。

**【旧約聖書】**

創世記（創）、出エジプト記（出）、レビ記（レビ）、民数記（民）、申命記（申）、ヨシュア記（ヨシュ）、士師記（士）、ルツ記（ルツ）、サムエル記上（サム上）、サムエル記下（サム下）、列王紀上（王上）、列王紀下（王下）、歴代志上（代上）、歴代志下（代下）、エズラ記（エズ）、ネヘミヤ記（ネヘ）、エステル記（エス）、ヨブ記（ヨブ）、詩編（詩）、箴言（箴）、コヘレトの言葉（コヘ）、雅歌（雅）、イザヤ書（イザ）、エレミヤ書（エレ）、哀歌（哀）、エゼキエル書（エゼ）、ダニエル書（ダニ）、ホセア書（ホセ）、ヨエル書（ヨエ）、アモス書（アモ）、オバデヤ書（オバ）、ヨナ書（ヨナ）、ミカ書（ミカ）、ナホム書（ハホ）、ハバクク書（ハバ）、ゼファニヤ書（ゼファ）、ハガイ書（ハガ）、ゼカリヤ書（ゼカ）、マラキ書（マラ）

**【新約聖書】**

マタイによる福音書（マタ）、マルコによる福音書（マコ）、ルカによる福音書（ルカ）、ヨハネによる福音書（ヨハ）、使徒言行録（使）、ローマの信徒への手紙（ロマ）、コリントの信徒への手紙一（一コリ）、コリントの信徒への手紙二（二コリ）、ガラテヤの信徒への手紙（ガラ）、エフェソの信徒への手紙（エフェ）、フィリピの信徒への手紙（フィリ）、コロサイの信徒への手紙（コロ）、テサロニケの信徒への手紙一（一テサ）、テサロニケの信徒への手紙二（二テサ）、テモテへの手紙一（一テモ）、テモテへの手紙二（二テモ）、テトスへの手紙（テト）、フィレモンへの手紙（フィレ）、ヘブライ人への手紙（ヘ）、ヤコブの手紙（ヤコ）、ペトロの手紙一（一ペト）、ペトロの手紙二（二ペト）、ヨハネの手紙一（一ヨハ）、ヨハネの手紙二（二ヨハ）、ヨハネの手紙三（三ヨハ）、ユダの手紙（ユダ）、ヨハネの黙示録（黙）

# 感謝（あとがき）

キリスト教の「教派」については、かなり前から関心をもち続けていたものの、集中的に調べものをするようになったのは一九九五年からである。この年、ロサンジェルス旅行中に訪問したいくつかの教会で親切にしてもらったことと、同じ年にパソコンを導入したことが大きなきっかけとなった。とくに、パソコン通信のニフティサーブ（現@nifty）内部のクリスチャン・フォーラム「ハレルヤ・ハレルヤ」（ＦＬＯＲＤ）と、聖書フォーラム（ＦＢＩＢＬＥ）との出会いがなければ、絶対にこの本は書けなかっただろう。

ほかにも、多くの聖職、教職、信徒の方々にお世話になった。発行物を分けてもらい、貴重な蔵書をお借りし、教会の図書室を利用させてもらい、直接会って、または電子メールや電話で質問に答えていただいた。礼拝のあとで教会の方々と交わしたちょっとした会話や、教会報の記事などから、どれだけ有益な示唆を受けたか、また、親しくなった方々との交流のなかでいかに力づけられたかは、とても書き尽くすことはできない。いちいち皆さんのお名前は記さないが、心から感謝申し上げる。もちろん、そうした情報から取捨選択したのは著者個人であり、最終的な文責（選択責任）は著者ひとりにあることも申し添えておく。

原稿のベースとなったのは、バベル・プレス発行の月刊誌『翻訳の世界』、およびその後続誌『eとらんす』における連載「くりちゃんホンヤク研究室」（略してくりホン）である。これに大幅に手を加え、構成し直した。イラストの九割以上は描き下ろしである。

雑誌連載のチャンスを与えてくれたバベル・プレスの方々、新潮社の三室洋子さん、面倒な図版を担当してくれた江口うり子さんにもお世話になった。なかでも、著者を叱咤激励し、まとまりのつかなかったアイデアをここまで整理してくれた編集担当の坂本久恵さんに感謝したい。

二〇〇一年十一月

八木谷涼子

## 後奏（増強改訂版のあとがき）

聖書、神学や教義、教会史、礼拝学、芸術、個人の伝記や信仰録――キリスト教を知るための切り口はさまざまだ。本書はそのなかでも「教会」に焦点を当てている。「外側の現象だけを見て、内側にある本質を見ていない」と評する人もいるかもしれないが、本書の主目的はまさに教会の現象――事象とことば――の描写にある。

むろん、本書に描かれた教会がキリスト教のすべてというわけではない。まえがき（招きのことば）でも少し触れたように、キリスト教の教会を唯一の完全な「見えない教会」と、部分的で不完全な「見える教会」に分けるなら、本書が扱ったのは後者である。「見える教会」は確かに不完全なものではあるが、しかし同時に、確実にキリスト教の一部分を成している。その部分部分をどう受け止めるかは、読者のあなた次第だ。少なくとも著者は、自分が熱心に英文学を読み始めた二十代のころ、わかっていたらよかったと思う情報をこの一冊に集めてみた（91頁に載せたものが、その意味で一番描きたかった図である）。

前作の刊行後に多くの方から問われたことへの答えを書いておくと、著者は過去においても現在も、いかなる宗教の信者ではない。求道者として教会に通った経験もないし、育った環境にもキリスト教的なものは皆無に近かった。教会について調べるようになったのは、キリスト教圏の文学や伝記を読むうちに積み重なった疑問をなんとか解明できないかという、自分ひとりの知的好奇心からである。アップデートした本書は、書物の文献はもちろんのこと、平凡社の『別冊太陽　日本の教会をたずねてⅠ・Ⅱ』（二〇〇二、二〇〇四）の取材などで新たに訪れた日本各地の教会や、海外で訪問した教会で見聞きしたこと、さらに、後述するネット情報にも多くを負っている。

ここ十年ほどの間に、キリスト教界にもさまざまな動きがあった。印象に残ったことをいくつかあげてみると、まずは、キリスト教の数的な重心が南半球に移動していること。信者数から見ると、もはやキリスト教は北半球（にある先進国）の宗教ではない。これは二十世紀のうちに始まっていたことだが、各教派や教団の人数統計を見ると実感できる。この重心移動で、欧米社会における文化基盤としてのキリスト教を理解することの重要性が減じるわけではないが、近い将来、南半球や一部のアジアにおける（教派別ではない）地域別のキリスト教研究のニーズが高まるかもしれない。それは、その地域がいかに外来宣教師の教えや旧宗主国の文化に適従したかではなく、いかに土着文化とキリスト教を融合し、独自に展開させたかを描くものになるだろう。

ほかには、アメリカのキリスト教原理主義に関する刊行物や報道が増えたこと。女性と同性愛教職受容を巡る論争とプロテスタント組織の分裂。教皇ヨハネ・パウロ二世の帰天とベネディクト十六世の即位。インターネットの進展により、教会組織や個人による情報発信が怒濤の勢いで増えていること。通信インフラの整った地域では、もはやサイトをもたない教会のほうが少数派かもしれない。信徒が発するブログやTwitterからは忌憚ない意見を聞くことができるし、投稿写真サイトやYouTube動画などで、世界各地の教会の礼拝や儀式の様子を目にすることも可能になった。

たとえば正教会の至聖所で聖パンを切り分ける主教、聖公会のラテン語ミサ（これは著者本人もロンドンで実際に参列する機会があった）、シスターの誓願式、聖歌隊の合唱、さまざまな教派の結婚式やバプテスマ、さらにはある組織のカルト性を警告する元信者の姿など、多種多様な画像にアクセスできる。礼拝のネット生中継も増えてきた。本書を読んで特定の教派に興味を感じた人は、インターネットからさらに多くの情報を得ることができるだろう（検索キーワードには英語を使うのがおすすめ。ただしネット情報は玉石混淆であり、ゴミや落とし穴、地雷さえ混じっていることに十分留意する必要がある）。

著者個人のパソコン環境も変化した。前作ではネットの常時接続もデジカメも利用できず、イラストのほとんどは紙の上にペンで描いていたのを思うと、隔世の感がある。

前のあとがきで触れたパソコン通信はサービス自体が終了してしまったが、当時のパソコン通信フォーラムで得られたものなくしては――今日のあまりに多くの「石」の交じったネット情報だけでは――本書はそもそも成り立たなかった。改めてそう感じる。

今回も教会の方々からは多大なご助力をいただいた。礼拝のあとで、電話で、メールで、ヤギタニからの情報提供の要請――それがどんなにしつこいものか、いまこの文章を読みつつ苦笑している方が何人もいらっしゃるはずだ――に応えてくださった皆さん、そしてごくふつうの新来者として訪問した教会で歓待してくださった皆さんには万謝の念に堪えない。本書のどのページをめくっても、皆さんの声がよみがえってくる。前作の刊行を喜んでくださった方のなかにはこの十年の間に永眠された方もいるが、限りある時間のなかで、お話を聞く機会を与えられたことに感謝している。

朝日新聞出版の皆さんにもお世話になった。オタク気質な著者のワガママに付き合い、山盛りの図版に用語集、索引までついているこんな七面倒な本を担当してくれた野村美絵さん、ＤＴＰやデザイン、校閲担当の方々にも御礼を申し上げたい。

二〇一二年三月

八木谷涼子

なんでもわかるキリスト教大事典《きょうだいじてん》 朝日文庫

2012年４月30日　第１刷発行
2023年４月30日　第６刷発行

著　者　八木谷 涼子《やぎたにりょうこ》

発行者　宇都宮健太朗
発行所　朝日新聞出版
〒104-8011　東京都中央区築地5-3-2
電話　03-5541-8832（編集）
03-5540-7793（販売）

印刷製本　大日本印刷株式会社


Published in Japan by Asahi Shimbun Publications Inc.
定価はカバーに表示してあります

ISBN978-4-02-261721-7

# 附　録

目　次

# ● 主 要 索 引 ●

●イラストや図表に関連したページは太字数字で示した

〈教派略称〉
【正】東方正教会　【RC】ローマ・カトリック教会　【ル】ルター派(ルーテル教会)　【聖】聖公会　【長】改革派／長老派　【会】会衆派／組合派　【バプ】バプテスト　【メソ】メソジスト　【ペン】ペンテコステ派　【メノ】メノナイト系　【友】クエーカー(フレンズ)　【U】ユニテリアン・ユニヴァーサリスト　【救】救世軍　【福】福音派　【SDA】セブンスデー・アドベンチスト　【JW】エホバの証人　【LDS】末日聖徒イエス・キリスト教会(モルモン教)　【CS】キリスト教科学(クリスチャン・サイエンス)　【無】無教会　【プ】プロテスタント教会一般

〈附録とそのほかの略称〉
附系　教派の系譜(附46－53頁)
附祝固定　4教派固定祝日対照表(附54－59頁)
附祝移動　4教派移動祝日対照表(附60－63頁)
附表　9教派対照表(附64－85頁)
附聖　東方正教会&ローマ・カトリック　聖職者対照表(附86頁)
【語】／第5章「キリスト教会用語表現集」に立項のある語

**——か　行——**

# ● 英和対照表 ●

- 索引に対応した項目を中心に，人名・地名をのぞき，「9 教派対照表」に取り上げた項目も一部加えた
- 英語以外の単語も交じっているが、言語の種類の表示は略した
- できる限り教派ごとの用語を示したが，ここに記した表記が必ずしも固定したものとは限らない
- 教派の略称は，主要索引のものと同一である。(現)は現在の表現，(旧)は旧い表現を示す

—— **A** ——

Aaronic Priesthood　【LDS】アロン神権(小神権　the lesser priesthood)

acolyte　【RC】(旧・下級聖品の)侍祭；侍者，祭壇奉仕者　【聖・ル】アコライト　→*altar boy, server*も見よ

active communicant　【聖】現在受聖餐者

adherent　【救】同友者

Advent　アドベント，アドヴェント　【RC・ル】待降節　【聖】降臨節　→*Second Advent*も見よ

Adventists　アドベンチスト(派)，再臨派

*Advices and Queries*　【友】「信仰反省のためのしおり」

advowson　【聖】聖職推薦権

aer　【正】太気〔たいき〕

affusion　潅礼〔かんれい〕，灌礼，灌水礼，注礼，注水礼(infusion; moistening; pouring)

alb(a)　【正】→*stichar(rion)*　【RC】アルバ(alba)，長白衣　【ル】アルブ(alb)，アルバ，アルパ　【聖】アルブ

altar　【正】宝座，聖台，プレストール(altar table; Lord's table; prestol)　【RC】祭壇(high altar)　【ル・聖】聖壇，祭壇

altar boy　【RC】ミサ答え，侍者(acolyte; server)

ambo(n)　【正】升壇〔しょうだん〕，高壇，アムヴォン，アムボン(amvon; pulpit)

amen　アーメン，アメン，エイメン　【正】アミン

American Friends Service Committee　【友】アメリカン・フレンズ奉仕団

American Rescue Workers　アメリカン・レスキュー・ワーカーズ

amice　【RC】アミクトゥス(amictus)，肩衣〔かたぎぬ〕　【ル・聖】アミス

amictus　→*amice*

Amish　アーミッシュ，アマン派(Amish Mennonite)

amvon →*ambo (n)*
Anabaptist アナバプテスト（Rebaptizer）
analogion 【正】アナロイ，経案〔きょうあん〕，誦経台（analoy）
analoy →*analogion*
Anglican cassock 【聖】アングリカン・キャソック →*cassock も見よ*
Anglican Churches 【聖】聖公会（Episcopal Churches），アングリカン教会
Anglican Consultative Council 【聖】聖公会中央協議会
Anglo-Catholic 【聖】アングロ・カトリック
annual conference 【メソ】年会
anointing of the sick 【正】聖傅〔せいふ〕 【RC】病者の塗油 【聖】病人の按手および塗油，抹油
anteri 【正】アンテリ，ポドリヤサ（anterion; cassock; podr[y]asnik/podriasnik; rason） →*cassock も見よ*
anterion →*anteri*
antidoron 【正】アンティドル，聖パン（eulogia）
antimens (ion) →*antimensim*
antimensim →*antimensim*
antiminsion 【正】アンティミンス，代案〔だいあん〕（antiminsion）
Apocrypha 外典，旧約続編 【正】不入典書 【RC】外典 【聖】アポクリファ，旧約続編
apostle 使徒 【LDS】（メルキゼデク神権の）使徒
Apostles' Creed 【正・RC・聖】使徒信経 【ル・プ】使徒信条
apostolic succession 使徒継承
appointments 【メソ】説教場（preaching appointments）
archbishop 【正・聖】大主教 【RC】大司教 【ル】大監督
Archbishop of Canterbury 【聖】カンタベリー大主教
archdeacon 【正】首輔祭 【RC】助祭長，司教代理 【聖】大執事
archimandrite 【正】掌院〔しょういん〕
archpriest 【正】長司祭〔ちょうしさい〕 【RC】主席司祭，司教代理司祭
area 【LDS】地域
Area Seventy 【LDS】地域七十人
Armenian Apostolic Church アルメニア使徒教会
Arminianism アルミニウス主義
*Articles of War* 【救】「軍中の約束」（Soldier's Covenant）
artophorion →*tabernacle*【正】
Ash Wednesday 灰の水曜日
aspersion →*sprinkling*
assistant clerk 【友】副書記
assistant priest 【RC】助任司祭
associate clerk 【友】準書記
Assumption 【RC】（マリアの）被昇天
asterisk →*star*
atonement 贖罪 【救】償罪
autocephaly 【正】独立正教会，アフトケファリア
autonomy 【正】自治正教会，アフトノミア
auxiliary bishop 【RC】補佐司教

auxiliary pioneer 【JW】補助開拓者
Ave Maria →*Hail Mary*

―― B ――

baculus →*crosier*
balustrade 【メソ】恵(み)の座(commuion rail)
band 【メソ】バンド，小会
band cincture 【聖】バンド・シンクチャー
baptism 洗礼 【バプほか】バプテスマ
baptismal font →*font*
baptismal robe 洗礼着，バプテスマ・ローブ
baptism in the(Holy)Spirit 聖霊のバプテスマ
Baptist Churches バプテスト教会
baptistery バプテストリー，浸礼槽(baptistry)
baptistry →*baptistery*
Beatitudes 【正】真福九端 【RC】真福八端(the Eight Beatitides)
belt 【正】ポヤス，帯(poyas; zone)
Beruf →*calling*
Bethel 【JW】ベテル〔支部事務所〕
Bible 聖書
Bible instructors 【SDA】伝道師
biretta 【RC・聖】ビレタ(四角帽)
birthright member 【友】生得会員
bishop 【正】主教 【聖】(現)主教；(旧)監督 【RC】司教 【ル・メソ】監督 【LDS】(現)ビショップ；(旧)監督
bishopric 【LDS】(現)ビショップリック；(旧)監督会
bishops' conference 【RC】司教協議会
bless 讃美する，恵む，祝福する
blessing 【RC】(旧：準秘蹟) 祝別；(現：準秘跡) 祝福
*Book of Common Prayer* 【聖】祈禱書
*Book of Mormon* 【LDS】(現)『モルモン書』；(旧)『モルモン経』
*Books of Discipline* 【友】「修養の手引」
born-again ボーン・アゲイン
branch 【JW・LDS】支部
branch committee 【JW】支部委員会
bread (聖体礼儀・聖体拝領・聖餐式の)パン
bread plate パン皿(聖餐式用の)
Brethren ブレザレン(Dunkers; German Baptists; Tunkers)
Broad Church 【聖】ブロード・チャーチ，広教会
brother 兄弟；ブラザー 【RC】(現)修道士；(旧)行者 【聖】修士

―― C ――

cadet 【救】士官候補生
calendar →*ecclesiastical calendar*
calix →*chalice*
calling 召命，天職，召し(vocation；Beruf)
calotte カロッタ(小型球帽)(zucchetto)
Calvinism カルヴァン主義，カルヴィニズム
camp meeting 野外集会，キャン

プ・ミーティング，聖会

candlestick　ロウソク立て

cappa　→*cope*

captain　【救】大尉

cardinal　【RC】枢機卿〔すうききょう〕

carnival　カーニバル，謝肉祭

cartridge　【救】(現)月定献金；(旧)弾薬金

cassock　カソック　【正】→*anteri*　【RC】→*soutane*　【ル・聖】キャソック

casula　→*chasuble*【RC】

catechism　カテキズム　【正】(現)正教要理；(旧)正教訓蒙　【RC】(現)カトリック要理，カトリック教理，カトリック教会のカテキズム；(旧)公教要理，教理問答書　【聖】(現)教会問答；(旧)公会問答　【ル】教理問答　【長】信仰問答，教理問答，教会問答　【バプ】教理問答書

catechist　【正】伝教者，伝教師　【RC】カテキスタ　【聖・プ】伝道師　→*missionary*

catechumen　洗礼志願者　【正】啓蒙者

cathedral　【RC】司教座聖堂　【聖】主教座聖堂

catholic　カトリック，普遍的　→*Roman Catholic* も見よ

Celestial Kingdom　【LDS】日の栄えの王国

censer　(振り)香炉

chairman　【ル】議長　【メソ】→*district superintendent*

chalice　【正】→*potirion*　【RC】カリス(calix)　【ル】チャリス，カリス　【聖】チャリス

chalice cover [veil]　【正】小袱

chapel　チャペル，礼拝堂

chaplain　チャプレン，(学校の)宗教主任，宗教主事

Charismatic (Renewal) Movement　カリスマ運動，聖霊刷新

charismatics　カリスマ派

chasuble　【正】→*felonion*　【RC】カズラ(casula)，幄衣〔あくい〕　【ル】カズラ，チャズブル　【聖】チャジブル，チャジュブル

Chicago-Lambeth Quadrilateral　【聖】ランベス四綱領

chief of the staff　【救】参謀総長

chief secretary　【救】書記長官

chimere　【聖】シミアー

choir　聖歌隊，クワイヤ　【正】詠隊　【救】→*songster brigade*

chorale　【ル】コラール

chotki　→*rosary*【正】

Chrismation　→*confirmation*【正】

Christian　クリスチャン，キリスト者，キリスト教徒，基督信徒　【正】ハリスティアニン

Christian family　クリスチャンファミリー

Christian home　クリスチャンホーム

Christian name　【正】聖名〔せいな〕　→*name-day* も見よ　【RC】霊名〔れいめい〕(洗礼名，堅信名)　【ル】洗礼名，教名　【聖】教名，洗礼名

Christian Science　クリスチャン・サイエンス(Church of Christ, Scientist)
Christian Scientist　【CS】キリスト教科学者
Christian year　→*ecclesiastical year*
Christmas　クリスマス，降誕祭
Christmas kettle　【救】社会鍋
church　チャーチ，教会(congregation)
Church Army　【聖】チャーチ・アーミー
church conference　【メソ】教会会議
church elder　【SDA】教会長老
Church Manual　【SDA】『教会指針』
Church of Christ, Scientist　キリスト教科学(Christian Science)
Church of England　イングランド(国)教会，イングランド聖公会
Church of Jesus Christ of Latter-day Saints, The　末日聖徒イエス・キリスト教会(Mormons)
Church of Pakistan　パキスタン教会
Church of Scotland　スコットランド(国)教会
Church of Utrecht　ユトレヒト教会
church polity　教会政治
church school　教会学校，CS
Church year　→*ecclesiastical year*
ciborium　【RC】聖体器，チボリウム，聖櫃〔せいひつ〕　【ル】シボリウム　【聖】チボリウム，シボリウム，サイボリウム
cincture　【RC】チングルム(cingulum)，紐帯〔ちゅうたい〕　【ル】シンクチャー　→*girdle*も見よ
cingulum　→*cincture*
circuit　【メソ】サーキット，伝道教区　【JW】巡回区
circuit overseer　【JW】巡回監督
circuit system　【メソ】サーキット・システム，巡回制度，巡回区方式
citadel　【救】小隊会館(corps hall)
class　【メソ】クラス，組会
classis　→*presbytery*【長】
class leader　【メソ】クラス・リーダー，組長
class meeting　【メソ】クラス・ミーティング
clergy　【正・RC】聖職者，教役者　【聖】聖職　【プ】教職者，教役者
clergy gown [robe]　牧師ガウン(pulpit gown)
clergyman　聖職者(とくにイングランド聖公会の牧師)
clergy shirts　聖職者シャツ，クラージー・シャツ，カラーシャツ，牧師シャツ
clerical collar　(聖職者用)カラー　→*clergy shirt*も見よ
clerk　【友】クラーク
coadjutor bishop　【RC】協働司教
collection　献金(offering)
collection plate　→*offering plate*
colonel　【救】大佐
command　【救】地区
commanding officer　【救】小隊長(corps commanding officer)

commissioner 【救】中将
committee on ministry and councel 【友】教務委員会
communicant 【プ】陪餐会員 【聖】受聖餐者
Communion 【RC】聖体 →*Holy Communion* も見よ
communion glass ぶどう液用のグラス，グラス，カップ，盃，聖餐杯(glass communion cup)
communion rail 【RC・ル・聖】コミュニオン・レール，聖体拝領台 【メソ】恵の座，恵みの座(balustrade)
communion spoon 【正】聖匙〔せいひ〕，さじ，ルジツァ(labis; lzhitsa)
communion table 【プ】聖餐テーブル，聖餐卓〔せいさんたく〕 → *Holy table* も見よ
Communion under both kinds 二種[両種]陪餐
community コミュニティ
comrade 【救】戦友
conclave コンクラーベ，選挙会
conference カンファレンス，会議 【メソ・SDAほか】年会 →*bishops'* —，*church* —，*district* —，*general* —，*quarterly* —，*Lambeth* —も見よ
confession 【正】痛悔 【RC】告解，懺悔〔ざんげ〕 【聖】懺悔〔さんげ〕，告悔 【プ】信仰告白 →*penance, reconciliation* も見よ
confessor 【RC】聴罪司祭
confirmation 【正】傅膏〔ふこう〕(chrismation) 【RC】(現)堅信；(旧)堅振 【ル】堅信 【聖】堅信，信徒按手 【プ】堅信，信仰告白
congregation (各個)教会，コングリゲーション 【JWほか】会衆 →*church* も見よ
Congregational Churches 会衆(組合)派教会
congregationalism 会衆(組合)制
conscientious objector(C.O.) 良心的兵役拒否者
consecration 【正】成聖 【RC】(旧：準秘蹟)聖別
convent 修道院，女子修道院 → *monastery, religious house, residence* も見よ
convention 聖会(Holiness convention)，大会
conversion 回心；改宗 【正・RC】(旧)帰正
coordinator of the body of elders 【JW】長老団の調整者
cope 【RC】カッパ(cappa) →*pluviale* も見よ 【聖】コープ
Coptic Orthodox Church コプト正教会
corporal(e) 【RC】コルポラーレ(corporale)，聖体布 【ル・聖】コーポラル(corporal)
corps 【救】小隊
corps commanding officer →*commanding officer*
corps hall →*citadel*
corps secretary 【救】書記
corps treasurer 【救】会計

cotta 【RC・聖】コッタ
council 公会議 【正】地方公会〔地域レベルないし一教会内の会議〕；全地公会（[O] Ecumenical Council）〔第7回まで〕
creationism 創造説
creation science 創世科学
crèche →*crib, presepio*
crest 【救】クレスト，紋章
crib 【聖】クリブ（crèche; nativity set; presepio）
crosier 【正】ジェズル，権杖（pateressa; zhezl） 【RC】バクルス（baculus），司教杖 【聖】牧杖（pastoral staff），主教杖
cross 十字架，クロス
crucifix （キリストの）磔刑像
crusade 【プ】クルセード，信仰復興伝道大会
crux pectoralis →*pectoral cross*
curate 【聖】副牧師，牧師補
cure of souls 【正・聖・プ】牧会 【RC・聖】司牧
Curia Romana 【RC】教皇庁，聖座，使徒座

―― **D** ――

dalmatic(a) 【正】→*sakkos* 【RC】ダルマチカ（dalmatica），帷衣〔いい〕 【聖】ダルマチック／ダルマティック（dalmatic）
deacon 執事【正】輔祭 【RC】助祭 【聖】（現）執事；（旧）会吏〔かいり〕 【LDS】（アロン神権の）執事 【SDA】男執事
deaconess 【SDA】女執事
Decalog(ue) 十戒［十誡］〔じっかい〕（Ten Commandments）
deism 理神論
denomination 教派
devotion デボーション
devotional exercises 【RC】信心業
diocesan clergy →*secular clergy*
diocese 【正】主教区 【RC】司教区 【聖】教区
dipping →*immersion*
discipline of the church 【長】教会規程［規定］
disfellowshipping 【JW】排斥
diskos 【正】ディスコス，聖盂〔せいう〕，聖皿（paten）
dispensation （神の）計画
dispensationalism 天啓史観，ディスペンセーション主義
Dissenter →*Nonconformist*
district 【メソ】部 【JW】地域区 【LDS】地方部
district conference 【メソ】部会，教区総会（synod）
district overseer 【JW】地域監督
district superintendent 【メソ】部長（chairman）
divine healing 神癒（healing）
Divine Liturgy 【正】聖体礼儀，リトゥルギヤ
division 【救】連隊
divisional commander 【救】連隊長
*Doctrine and Covenants* 【LDS】『教義と聖約』
doorkeeper 【RC】（旧・下級聖品の）守門〔しゅもん〕（ostiary）

double predestination　二重予定説

Doukhobors　ドゥホボル派(Spirit Wrestlers)

Dunkers　→*Brethren*

—— **E** ——

eagle(rug)　→*orlets[z]*

Easter　イースター，復活祭　【正】復活大祭(Pascha)

Eastern Church　東方教会

Eastern Orthodox Church　東方正教会，ギリシャ正教，正教会

Eastern-rite Catholics　東方典礼カトリック教会，帰一教会(Uniat[e] Church)

eastward position　【RC】(まれ)背面式　【聖】東面式

ecclesiastical calendar　教会暦(calendar)　【RC】典礼暦　【聖】(旧)公会暦

ecclesiastical year　教会暦年(Christian year; Church year)　【RC】典礼暦年(liturgical year)

ecumenical movement　エキュメニカル[教会一致／教会合同]運動

ecumenical patriarch　【正】エキュメニカル総主教

eikon　→*icon*

elder　長老　【長】長老(presbyter)　【LDS】(メルキゼデク神権の)長老

encolpion　→*panag(h)ia*

endowment　【LDS】エンダウメント

engolpion　→*panag(h)ia*

enkolpion　→*panag(h)ia*

Enrollment Ceremony　【救】兵士入隊式

Ephesus, council of　エフェソス[エフェソ，エフェゾス，エペソ]公会議　【正】エフェス[エファサス]全地公会

epigonation　→*palitsa*

epimanikia　→*porutchi*

episcopacy　監督制

Episcopal Churches　→*Anglican Churches*

epitrachelion　【正】エピタラヒリ，領帯(epitrachi[lion]/ epitrakhilion)

epitrachi(lion)　→*epitrachelion*

epitrakhilion　→*epitrachelion*

established church　国教会，法定教会(とくに，イングランド国教会)　→*state church*も見よ

Ethiopian Orthodox Church　エチオピア正教会

Eucharist　聖餐　→*Holy Eucharist* も見よ

eulogia　→*antidoron*

Evangelical(s)　福音派

Evangelical Friends　【友】福音派クエーカー

evangelism　伝道

evangelist　エヴァンジェリスト，伝道師[者]

evil spirit　悪霊

exaltation　【LDS】昇栄

exarch　【正】総主教代理

exorason　→*ryasa*

exorcism　【RC】(旧：準秘蹟)祓魔〔ふつま〕

exorcist　【RC】(旧・下級聖品の)祓魔師〔ふつまし〕

extreme unction　【RC】(旧)終油；(現)　→*anointing of the sick*

—— **F** ——

*Faith and Practice*　【友】「信仰と実践の手引」

fasting　断食　【RC】大斎〔だいさい〕→*great fast* も見よ

Father　【正・RC・聖】神父

feast　【正】祭日　【RC】祝日(Holy day)，祭日　【ル・聖】祝日　→*immovable feast, movable feast* も見よ

Fellowship　フェローシップ

felon(ion)　→*phelonion*

field　【SDA】伝道部会

First Communion　【RC】初聖体〔はつせいたい〕【プ】初陪餐

First Presidency　【LDS】大管長会

font　洗礼盤[台](baptismal font)

foot-washing　洗[跣]足〔せんそく〕

Free Christian　フリー・クリスチャン

Free Church　自由教会，フリー・チャーチ

Free Methodist　フリー・メソジスト

Free Methodist Church of North America　北米フリー・メソジスト教会

Free Will Baptists　自由意志バプテスト派

friend　【救】軍友

friends　【友】友会徒，フレンズ，フレンド

full immersion　→*immersion*

Fundamentalism　原理[根本]主義，ファンダメンタリズム

Fundamentalist(s)　原理[根本]主義者，ファンダメンタリスト

—— **G** ——

general　【救】大将

general synod　【聖】総会

general assembly　【長】総会

General Baptists　一般バプテスト，ジェネラル・バプテスト

general conference　【メソ】総会　【SDA】世界総会

Geneva bands　(聖職者用)垂れ襟

Geneva gown [robe]　ジュネーブ・ガウン

Genevan Psalter　ジュネーブ詩篇[編]歌

German Baptists　→*Brethren*

gift　賜物

gift of tongues　→*glossolalia*

girdle　【聖】ガードル(cincture)

glass communion cup　→*communion glass*

glossolalia　異言(の賜物)(gift of tongues)

godfather　→*godparents*

Godhead　【LDS】神会

godmother　→*godparents*

godparents　【正・RC】代父母(代父・代母)　【聖】教父母(教父・教母)，名親〔なおや〕　【ルほか】教保(sponsor)　【ほか】名親，名づけ親

Good Friday　聖金曜日，受難日　【正】聖大金曜日　【RC・ル】聖金曜日　【聖】受苦日

gospel music　ゴスペル音楽
governing body　【JW】統治体
grace　恵み
grape juice　ぶどうジュース〔液，汁〕
Great fast　大斎　→*fasting, Lent*も見よ　【正】大斎〔おおものいみ，たいさい〕
Greek Orthodox Church　ギリシャ正教
Gregorian calendar　グレゴリオ暦，グレゴリウス暦，グレゴリアン暦，新暦

—— **H** ——

Hail Mary　【RC(現)】アヴェ・マリアの祈り　【RC(旧)・聖】天使祝詞〔しゅくし〕，「めでたし」(Ave Maria)
hallelujah　ハレルヤ(halleluiah)，アレルヤ(alleluia)　【正】アリルイヤ
healing　いやし(divine healing)
hegumen　【正】典院
heresy　異端
hierarchy　【RC】位階制，ヒエラルキー
hierodeacon　【正】修道輔祭
hieromonach　【正】修道司祭
hieromonk　→*hieromonach*
High Church　【聖】ハイ・チャーチ，高教会，アングロ・カトリック
High Council　【救】最高会議
High Mass　【RC】荘厳ミサ(solemn mass; solemn high mass; high mass)，盛式ミサ，盛儀ミサ　【聖】ハイ・マス，唱詠聖餐式(Sung Mass)
High Priest　【LDS】(メルキゼデク神権の)大祭司
Holiness Churches　ホーリネス(系諸)教会
holiness meeting　【救】聖別会
Holiness Movement　ホーリネス運動
Holy Communion　【正】聖体　【RC】聖体拝領　【英国聖】聖餐式　【プ】聖餐式　→*Communion, Holy Eucharist*も見よ
Holy day　→*feast*
Holy Eucharist　【正】聖体機密(the Eucharist)　【RC】聖体　【米国聖】聖餐式　→*Holy Communion, Eucharist*も見よ
Holy Ghost　→*Holy Spirit*
holy orders　【正】神品〔しんぴん〕　【RC】聖品，品級，叙階(ordination)　【聖】聖職按手
Holy See　→*Curia Romana*
Holy Spirit　聖霊　【正】聖神〔せいしん〕
Holy table　【ル・聖】聖卓(communion table; Lord's table)
Holy Trinity　聖三位一体　【正】至聖三者〔しせいさんしゃ〕
holy unction　【正】聖傅〔せいふ〕
holy water font　聖水盤(stoup)
Holy Week　受難週(Passion Week)　【正】受難週間　【RC】聖週間　【ル】受難週　【聖】聖週
Host　聖体，ホスチア，ウェファー(wafer)

house　【メソ】ハウス（preaching house）

Huguenot　ユグノー〔フランスの改革派〕

humanist　ヒューマニスト

Hutterian Brethren　→*Hutterite*

Hutterite　フッタライト，フッター派

hymn　賛［讃］美歌，聖歌

hymnal　→*hymn book*

hymn board　聖歌（表示）板

hymn book　賛［讃］美歌集，聖歌集

hyperdulia　【RC】マリア崇敬

—— I ——

icon　イコン，聖像（画）【正】聖像（[e] ikon）

iconostas（is）　イコノスタ（シ）ス，聖障

ikon　→*icon*

Immaculate Conception　【RC】無原罪の御宿〔おんやど〕り

immersion　浸（水）礼（full [total] immersion; dipping）

immovable feast　固定祝日　【正】定祭日

incarnation　受肉　【正】籍身

indulgence　【RC】赦免状，免罪符；（現）免償；（旧）贖宥（pardon）

infant baptism　幼児［小児］洗礼，幼児バプテスマ

infusion　→*affusion*

inner light　【友】内なる光

inquisition　異端審問

International Headquarters　（IHQ）【救】万国本営

international secretary　【救】万国書記官

investigative judgment　【SDA】調査審判

inward light　→*inner light*

itinerant　→*travelling preacher*

—— J ——

Jacobite Church　ヤコブ派教会（Syrian Orthodox Church）

Jansenism　ヤンセン主義

Jansenist Church of Holland　オランダ・ヤンセン主義教会

Japan Union Conference of Seventh-day Adventists　セブンスデー・アドベンチスト教団（日本）

Jehovah's Witnesses　エホバの証人

Jesus Christ　イエス・キリスト，ジーザス・クライスト　【正】イイスス・ハリストス　【RC】（旧）イエズス・キリスト

Julian calendar　ユリウス暦，ユリアン暦，旧暦

jurisdictional conference　【メソ】地域会

justification by faith　信仰義認

—— K ——

kalimavkion　→*kamilavka*

kalymauki　→*kamilavka*

kalymmavchi　→*kamilavka*

kamilafki　→*kamilavka*

kamilavka　【正】カミラフカ，カラフマキオン，円帽子（kalimavkion / kalymauki/ kalymmavchi/ kami-

lafki/ kamilavkion)
kamilavkion →*kamilavka*
kirk-session →*session*
klobuk 【正】クロブーク，修道帽
kobilskini →*rosary*【正】
komboschoinia →*rosary*【正】
komvoskinion →*rosary*【正】
koukoulion 【正】クーコリ(kukol)
kukol →*koukoulion*

—— L ——

labis →*communion spoon*
Lambeth Conference 【聖】ランベス会議
Lambeth Quadrilateral →*Chicago-Lambeth Quadrilateral*
lance 聖戈〔せいか〕，ほこ(lonche; spear)
Lateran Council 【RC】ラテラノ公会議
Latin cross ラテン十字
lawn sleeves 【聖】ローン・スリーブ(rochetの袖)
lay paster レイ・パスター
lay brother 【RC】助修士
lay-evangelist 【メソ】福音士
lay preacher 【メソほか】信徒伝道者
lay reader 【聖】信徒奉事者
lay sister 【RC】助修女
laying of the hands 按手 →*holy orders, ordination*も見よ
lectern 【RC】朗読台，読書台，ミサ典書台 【ル】聖書朗読台 【聖】聖書台
lector 【RC】(旧・下級聖品の)読師〔どくし〕(reader)；朗読奉仕者
Lent 【正】大斎 【RC・ル】四旬節 【聖】大斎節 【ほか】大斉節，大斎節，レント，受難節
Liberal Christian リベラル・クリスチャン
liberals リベラル派
licensed minister 【SDA】牧師補
lieutenant 【救】中尉
lieutenant-colonel 【救】大佐補
light within →*inner light*
limbo 【RC】リンボ，古聖所
liturgical colo(u)rs 祭色，典礼色(vestment colo[u]rs)
liturgical year →*ecclesiastical year*
liturgy 【正】奉神礼(liturgia) →*Divine Liturgy* 【RC】典礼
local officer 【救】下士官
local preacher 【メソ】定住伝道師
lonche →*lance*
Lord's day 主日
Lord's Evening Meal 【JW】主の晩さん
Lord's prayer 主の祈り 【正】天主経，「天にいます」【RC】主禱文，主の祈り；(旧)「天にましますす」
Lord's table →*communion table, Holy table*
love feast 【メソ】愛餐会
Low Church 【聖】ロー・チャーチ，低教会，福音派
Low Mass 【RC】読誦ミサ
Lutheran Churches ルター派[ルーテル]教会
lzhitsa →*communion spoon*

## ——M——

major 【救】少佐

major orders 【RC】(旧)上級聖品

mandias →*mantia*

mandyas →*mantia*

maniple 【RC】マニプルス(manipulus), 腕帛 【聖】マニプル

manipulus →*maniple*

manse 【正】(主に北米で)司祭館 →*presbytery, rectory* も見よ 【プ】(とくに長老派, 組合派の)牧師館 →*parsonage* も見よ

mantia 【正】マンティヤ, 長袍〔ちょうほう〕(mandias/ mandyas; mantiya; mantle)

mantiya →*mantia*

mantle →*mantia*

*Manual of The Mother Church* 【CS】『母教会の規範』

marriage 結婚 【正】婚配 【RC】婚姻 【聖】聖婚 →*matrimony* も見よ

married deacon →*permanet deacon*

martyr 殉教者 【正】致命者〔ちめいしゃ〕

Mary マリア, マリヤ 【RC】マリア 【聖】(旧)マリア

Mass 【RC】ミサ聖祭(Holy Mass), ミサ, 御〔ご〕ミサ 【聖】マス, ミサ

matrimony 聖婚, 結婚 【RC】婚姻 【聖】聖婚(holy matrimony) →*marriage* も見よ

mediator 仲保者

meeting(for worship) 【友】礼拝会, ミーティング

meeting for business 【友】事務会

meeting-house 【友】会堂 【LDS】集会所(meetinghouse)

Melchizedek Priesthood 【LDS】メルキゼデク神権(大神権 the greater priesthood)

Memorial of Christ's death 【JW】キリスト[イエス]の死の記念式

Mennonites メノナイト(系教会)

mercy seat 【救】恵〔めぐみ〕の座

message メッセージ 【友】感話

Methodist Church メソジスト教会

metropolitan 【正】府主教 【RC】管区大司教(首都大司教)

Metropolitan Community Churches (MCC)メトロポリタン・コミュニティ教会

millenarianism 千年至福主義, 千年王国説, ミレニアニズム(millennialism)

millennialism →*millenarianism*

minister 【RC】奉仕者, 教役者, 執行者 【聖】奉仕者 【プ】牧師, 教師, 教職, 聖職 【友】伝教師, 教務委員, 宣教師, 宣教者, 牧師 【SDA】→*licensed minister*

ministerial servant 【JW】奉仕の僕〔しもべ〕

ministry 聖職, 聖職者, 教役者, 教職者 【聖】奉仕職 【友】伝道

minor orders 【RC】(旧)下級聖品

missal 【正】奉事経(service book; liturgy book; euchologio; ieratiko) 【RC】(現)ミサ典礼書;(旧)ミサ

典書
mission　ミッション，伝道団　【LDS】伝道部　【SDA】伝道部会
missionary　伝道師，宣教師　→*catechist*も見よ
miter　【正】ミトラ(mitra)，主教冠，宝冠，王冠，祭冠　【RC】司教冠，ミトラ　【聖】マイター(mitre)
mitra　→*miter*
mitre　→*miter*
mixed marriage　混宗婚，異宗婚
moderator　【長】総会議長
moistening　→*affusion*
monastery　修道院，男子修道院　→*convent, religious house, residence*も見よ
monastic vows　【RC】修道誓願〔清貧[poverty]，貞潔[chastity]，従順[obedience]〕
Monophysitism　単性論
monstrance　【RC】モンストランス，聖体顕示台(ostensorium)
monthly meeting　【友】月会
Moravians　モラヴィア兄弟団[派]
Mormons　モルモン教(会)(The Church of Jesus Christ of Latter-day Saints)
mortal sin　【RC】大罪〔だいざい〕
mother church　母教会
movable feast　移動祝日(moveable feast)　【正】不定祭日
mozzetta　【RC】モゼ(ッ)タ，肩衣(shoulder cape)

## N

nabedrennik　【正】ナベドレニク，股衣〔こい〕
name-day　【正】聖名〔せいな〕祝日　→*Christian name*も見よ
nativity set　→*crib, presepio*
negro spiritual　黒人霊歌
neighbo(u)r　隣人〔となりびと，りんじん〕
new birth　新生(regeneration)
New World Translation　【JW】新世界訳(聖書)
Nicaea, council of　ニケア[ニカイア，ニケヤ]公会議　【正】ニケヤ全地公会
Nicene Creed　ニケア[ニカイア，ニケヤ]信経[信条]【RC】ニケア信経　【聖】ニケヤ信経　【ル】ニケヤ信条
Niceno-Constantinopolitan Creed　ニケア[ニカイア，ニケヤ]・コンスタンチノープル信経[信条]　【正】ニケヤ・コンスタンチノープル信経
*Ninety-Five Theses, the*　「九十五箇条の提題」(ルター)
Nippon Sei Ko Kai　日本聖公会
Nonchurch [Non-Church] movement　無教会
Nonconformist　(イングランドにおける)非国教徒(Dissenter)
novice　【RC】修練者，修練士，修練女，ノビス
nun　→*sister*

## O

oecumenical movement　→*ecumenical movement*

offering →*collection*
offering plate 献金皿(collection plate)
officer 【救】士官
old calendar 旧暦(Julian calendar)
Old Catholic Churches 復古カトリック教会
Old Church Slavonic 【正】教会スラブ語(Church Slavonic)
Old Order Amish オールド・オーダー・アーミッシュ
Old Order Mennonite オールド・オーダー・メノナイト
omofor →*omophor (ion)*
omophor (ion) 【正】オモフォル，肩衣〔けんい〕(omofor; pall)
open-air meeting 【救】野戦〔路傍伝道〕
orar (ion) 【正】オラリ，大帯〔だいたい〕，聖帯(orarium)
orarium →*orar (ion)*
Orders and Regulations 【救】軍令及び軍律
ordinance 【バプほか】礼典
ordination 【正】叙聖(式) 【RC】叙階(式) 【聖】聖職按手(式) 【プ】按手(式) 【LDS】聖任 →*holy orders, laying of the hands* も見よ
original sin 原罪 【正】陥罪
orlets[z] 【正】オルレツ，鷲氈(eagle [rug])
orthodox 正統な，正統派，正教徒
Orthodox Church 正教会 →*Eastern—, Greek—も見よ*
Orthodox Church of Greece ギリシャ正教会
Orthodox Church of Russia ロシア正教会
ostensorium →*monstrance*
ostiary →*doorkeeper*
outer darkness 【LDS】外の暗闇
outpost 【救】分隊
overseer 【友】執事 【JW】監督

## —— P ——

pacifism 平和主義
palitsa 【正】パーリツァ，方佩〔ほうはい〕(epigonation)
pall (a) 【正】(祭服) →*omophor-[ion]* 【RC】パラ(palla)，爵蓋〔しゃくがい〕，聖杯布 【ル・聖】ポール(pall)
pallium 【RC】パリウム
panag (h) ia 【正】パナギヤ(胸間聖像)(engolpion/ encolpion/ enkolpion)
papal infallibility ローマ教皇の不可謬性
pardon →*indulgence*
parish 【RC】小教区，聖堂区，聖堂共同体 【聖】教会区
parish priest 【RC】教区[主任]司祭 【聖】(教会区)司祭，主任司祭[牧師]
parish register 【聖】教籍簿
parson 牧師 【英国聖】(教会区)牧師(rector)
parsonage 【プ】牧師館 →*manse* *【プ】も見よ*

Particular Baptists　【バプ】特定バプテスト，パティキュラー・バプテスト，特殊バプテスト派

party　【プ】祝会〔しゅくかい〕

Pascha　→*Easter*

Passion Week　→*Holy Week*

pastor　【プ・米国聖】牧師，牧者，牧会者，パスター

pastoral charge　【メソ】牧会区

pastoral staff　→*crosier*【聖】

paten (a)　【正】→*diskos*　【RC】パテナ (patena)　【ル・聖】パテン (paten)

paterissa　→*crosier*【正】

patriarch　【正】総主教　【RC】総大司教　【LDS】(メルキゼデク神権の) 祝福師

patriarchate　【正】総主教区　【RC】総大司教区

*Pearl of Great Price*　【LDS】(現)『高価な真珠』; (旧)『高価なる真珠』

pectoral cross　【RC】ペクトラ，クルス・ペクトラーリス (crux pectoralis)，佩用十字架　【聖】ペクトラルクロス (pectorale)

pectorale　→*pectoral cross*

penance　【正】痛悔　【RC】悔悛 →*confession, reconciliation* も見よ

penitent form　→*mercy seat*

Pentecost　聖霊降臨，ペンテコステ，五旬祭

Pentecostal Churches　ペンテコステ派教会

Pentecostal Movement　ペンテコステ運動

permanent deacon　【RC】終身助祭 (married deacon)

pew　ベンチ，会衆席

phelonion　【正】フェロン，祭袍〔さいほう〕(felon[ion]; chasuble)

Pietism　敬虔主義

*Pilgrim's Progress, The*　『天路歴程』(バニヤン)

pioneer　【JW】開拓者　→*auxiliary* —, *regular* —, *special* — も見よ

platform　【救】高壇

pluviale　【RC】プルヴィアーレ →*cope* も見よ

podrasnik　→*anteri*

podriasnik　→*anteri*

podriznik　→*stichar[rion]*

podryasnik　→*anteri*

Polish National Catholic Church of America　在米ポーランド国民カトリック教会

pope　【正】教区［主任］司祭 (parish priest)；アレキサンドリア総主教

Pope　ローマ教皇

porutchi　【正】ポル(ー)ルチ，籠手〔こて〕，套袖〔とうしゅう〕，掩腨〔こて〕(epimanikia)

post-Christian　ポスト・クリスチャン

postmillennialism　千年至福後再臨主義，後千年王国説，ポスト・ミレニアニズム

potirion　【正】ポティール，聖爵〔せいしゃく〕(chalice; vozduh)

pouring　→*affusion*

poyas　→*belt*

practitioner 【CS】実践士
praise 賛[讃]美，プレイズ
prayer 祈り，祈禱
prayer rope →*rosary*【正】
preacher on trial 【メソ】教職試補
preaching 説教(sermon)
preaching appointments →*appointments*
preaching bands(聖職者用)垂れ襟
preaching house →*house*
predestination 予定説 →*double predestination*も見よ
premillennialism 千年至福前再臨主義，前千年王国説，プレ・ミレニアニズム
preparative meeting 【友】準備月会
presbyter →*elder*【長】
Presbyterian Church(U.S.A.) 米国長老教会(PCUSA)
Presbyterian Churches 長老派教会
presbyterianism 長老制
presbytery 【長】中会(classis)；【正】(主に英国で)司祭館 【RC】司祭館，(まれ)神父館
presepio 【RC】プレゼピオ(crib; nativity set; crèche)
president 【ル】議長 【メソ】総理 【SDA】(世界)総理，監督，理事長 【JW】会長 【LDS】(大)管長，会長
presiding bishop 【聖】総裁主教
presiding overseer 【JW】(旧)主宰監督；(現) →*coordinator of the body of elders*
prestol →*altar*【正】
priest 【正・RC】司祭 【聖】(現)司祭；(旧)長老 【LDS】(アロン神権の)祭司
priesthood 【LDS】神権 →*Aaronic Priesthood; Melchizedek Priesthood*も見よ
primate bishop 【聖】首座主教
Primate of all England 【聖】イングランド首座主教(カンタベリー大主教)
Primitive Methodist プリミティヴ・メソジスト
private baptism 緊急洗礼 【正】摂行洗礼
probationer 【長・メソ】教職候補者，教職試補
promotion to Glory(pG) 【救】召天
prophet 預言者
prosfora →*prosphora*
prosforo →*prosphora*
prosphora 【正】聖パン，聖餅，供餅〔きょうへい〕，プロスフォラ(prosfora/ prosforo/ prosphoro)
prosphoro →*prosphora*
Protestant プロテスタント
protodeacon 【正】長輔祭
protopresbyter 【正】首司祭
province 【聖】管区
provincial churches 領邦教会，州教会(state [territorial] churches)
Psalter 詩篇[編] 【正】聖詠経
publisher 【JW】伝道者
pulpit 【正】→*ambo (n)* 【RC・聖】説教壇 【ルほか】説教壇[台]，講壇

pulpit gown [robe]　【プ】牧師ガウン(clergy gown)

purgatory　【RC】煉獄

purificator(ium)　【RC】プリフィカトリウム(purificatorium)，清浄巾〔せいじょうきん〕，清浄布　【ル・聖】ピュリフィケータ(ー)(purificator)

Puritan　ピューリタン

—— Q ——

Quadrilateral　→*Chicago-Lambeth Quadrilateral*

Quaker　クエーカー([Religious] Society of Friends)

Quakerism　【友】友会主義，クエーカリズム

quarterly conference　【メソ】四季会

quarterly meeting　【友】四季会

Queries　【友】クエリーズ

Quorum　【LDS】定員会

—— R ——

rabat　ラビ〔シャツの胸当て〕(rabbi)

rabbi　→*rabat*

rapture　携挙〔けいきょ〕

raso　→*ryasa*

rason　→*anteri*

reader　【正】誦経者〔しょうけいしゃ〕　【RC】(下級聖品の)読師〔どくし〕(lector)　【CS】朗読者

Rebaptizer　→*Anabaptist*

reconciliation　【RC】(現)ゆるしの秘跡；(旧)告解　【聖】個人懺悔〔さんげ〕，告悔〔こっかい〕　→*confession, penance も見よ*

rector　【正・RC】主任司祭，神学校長，(一部のRC修道会の)修道院長，修練院長　【聖】(教会区)牧師(parson)

rectory　【正】(主に北米で)司祭館　→*manse, presbytery も見よ*　【聖】牧師館，(まれ)司祭館　→*vicarage も見よ*

redemption　(イエスの)贖罪〔しょくざい〕，贖〔あがな〕い

Reformation　宗教改革

Reformed Churches　改革派教会

Reformed Presbyterian Churches　改革長老派教会

regeneration　→*new birth*

region　【LDS】地区

regular clergy　【RC】修道司祭

regular pioneer　【JW】正規開拓者

relic　【正】不朽体，モチーシ　【RC】聖遺物(sacred relic)

religious house　修道院　→*convent, monastery, residence も見よ*

Religious Society of Friends　→*Society of Friends*

requiem　【正】パニヒダ〔死者記憶の祈禱〕　【RC】レクイエム，死者ミサ(requiem Mass)

residence　修道院　→*convent, monastery, religious house も見よ*

retreat　修養会，リトリート

revelator　【LDS】啓示者

Reverend　師(敬称)

revival　リバイバル，信仰復興(運動)

Risen Christ crucifix　復活のキリス

ト像
rochet 【RC】ロシェトウム（rochetum） 【聖】ロチェット
rochetum →*rochet*
Roman cassock →*soutane*
Roman Catholic ローマ・カトリック
Roman Church ローマ教会
rosary 【正】チョトキ（chotki），コンボスキニオン（kobilskini; komboschoinia; komvoskinion），ロザリオ（prayer rope） 【RC】ロザリオ 【聖】ロザリオ，ロザリー
ruffle collar ひだ襟
ruling elder 【長】治会長老
ryas（s）a 【正】ラソ，エクソラソン，リヤサ，リャサ（raso; ryassa; exorason）

―― **S** ――

Sabbatarian →*Seventh Day Baptist*
Sabbath day 安息日〔あんそくにち，あんそくび〕
Sabbath school（SS） 【SDA】安息日学校
Sacrament サクラメント 【正】機密 【RC】（現）秘跡；（旧）秘蹟 【聖】聖奠〔せいてん〕 【ル・メソ】聖礼典 【長・会】礼典，聖礼典 【バプ・ペン】礼典
Sacramental rites 【聖】聖奠的諸式
Sacrament Meeting 【LDS】聖餐会
Sacred College of Cardinals 【RC】枢機卿会
sacred relic →*relic*
sacristy 【正】祭具室 【RC】香部屋〔こうべや〕 【ル】準備室，牧師準備室（vestry） 【聖】サクリスティ
saint 聖人
sakkos 【正】サッコス，聖衣（dalmatic）
salvation 救い
Salvation Army 救世軍
Salvationist 【救】救世軍人
sanctification 聖化，聖潔〔きよめ，せいけつ〕
Sanctuary lamp 聖体［吊り］ランプ，常明燈，永明燈
scapula（r） 【RC】スカプラリオ（scapula）
scarf 【聖】スカーフ（tippet）
*Science and Health with Key to the Scriptures* 【CS】『科学と健康――付聖書の鍵』
sealing 【LDS】結び固め
Second Advent キリストの再臨（Second Coming）
Second Coming →*Second Advent*
sect セクト，分派
secular clergy 【RC】教区司祭（diocesan clergy）
seeker （現）求道者；（旧）志願者
seer 【LDS】聖見者
sergeant 【救】軍曹
sergeant major 【救】曹長
sermon 説教（preaching）
server 【正】堂役〔どうえき〕 【RC】侍祭，侍者，ミサ答え 【聖】サーバー →*acolyte, altar boy*も見よ
service 礼拝，奉仕
session 【長】小会
seven deadly sins 七つの大罪

(seven capital sins)【正】七母罪＝驕傲〔きょうごう〕(pride; vainglory)，貪吝〔たんりん〕(covetousness)，姦淫(lust)，嫉妬(envy)，饕餮〔とうてつ〕(gluttony)，忿怒〔ふんぬ〕(anger)，怠惰(sloth)【RC】七つの罪源＝高慢，貪欲，邪淫，嫉妬，貪食，憤怒，怠惰
Seventh-day Adventist　セブンスデー・アドベンチスト
Seventh Day Baptist　セブンスデー・バプテスト(Sabbatarian)
seventy　【LDS】(メルキゼデク神権の)七十人
Shaker　シェイカー
shoulder cape　→*mozzetta*
shovel hat　シャベル帽
sinner　罪人〔つみびと〕
sister　姉妹；シスター(nun)【正・RC(現)・ル】修道女【RC(旧)】童貞【聖】修女
skoufos　→*skufia*
skufia　【正】スクフィヤ，球帽子(skoufos/ skufiya/ skuphia)
skufiya　→*skufia*
skuphia　→*skufia*
society　【メソ】会，ソサエティ
Society of Friends　キリスト友会〔ゆうかい〕(Religious Society of Friends; Quaker)
soldier　【救】兵士
*Soldier's Covenant*　→*Articles of War*
songster brigade　【救】唱歌隊
soutane　【RC】スータン(Roman cassock)　→*cassock も見よ*
Southern Baptist Convention　南部バプテスト連盟
spear　→*lance*
special pioneer　【JW】特別開拓者
Spirit baptism　聖霊のバプテスマ
spiritual　霊的
Spirit Wrestlers　→*Doukhobors*
sprinkling　滴(水)礼(aspersion)
stake　【LDS】(現)ステーク；(旧)ステーキ部
star　【正】星架〔せいか〕(asterisk; zvezditsa)
state church　法定教会(established church)，(ドイツの)領邦教会(provincial churches; territorial churches)
station　【RC・正】(十字架の道行の)留〔りゅう〕【メソ】ステーション(教区，説教場)
steward　【メソ】幹事
stichar[rion]　【正】ステハリ，祭衣(stichari[on]/stikharion; podriznik; alb)
stichari[on]　→*stichar[rion]*
stikharion　→*stichar[rion]*
stola　→*stole*
stole　【RC】ストラ(stola)，襟垂帯〔きんすいたい〕【ル】ストール，ストラ【聖】ストール
stoup　→*holy water font*
student　【JW】研究生
subdeacon　【正】副輔祭【RC】(旧・上級聖品の)副助祭
suffragan bishop　【RC】属司教

【聖】補佐主教

Sunday church　日曜教会

Sunday school（現）日曜学校；（旧）安息日学校　【長】（まれ）安息日学校　【友】（First Day School という）　【SDA】→*Sabbath school*

Sung Mass　【RC】歌ミサ，歌唱ミサ（Missa Cantata）

superpellicium　→*surplice*【RC】

surplice　【RC】（現）スルプリ，（旧）スペルペリチェウム（superpellicium）　【ル】サープレ［リ］ス　【聖】サープリス

Swiss Brethren　スイス兄弟団

synod　【正】主教会議，宗務院，聖務会院（Holy Synod）　【長】大会　【メソ】→*district conference*

Syrian Orthodox Church　シリア正教会（Jacobite Church）

—— T ——

tab collar　ミニカラー

tabernacle　【正】聖龕〔せいがん〕（artophorion）　【RC・聖】聖櫃〔せいひつ〕，タバナクル

teacher　教師　【LDS】（アロン神権の）教師

teaching elder　【長】宣教長老

Telestial Kingdom　【LDS】星の栄えの王国

televangelist　テレヴァンジェリスト

temple　神殿

Ten Commandments　→*Decalog(ue)*

Terrestrial Kingdom　【LDS】月の栄えの王国

territorial churches　（ドイツの）領邦教会，州教会（provincial [state] churches）territorial commander

territorial commander　【救】司令官

Territory　【救】軍国

testimony　証〔あかし〕し

theocracy　神政政治

Theocratic Ministry School　【JW】神権宣教学校

*Thirty-Nine Articles, the*　【聖】三十九箇条

tippet　【聖】ティペット（scarf）

tithe　十［什］分の一税

tithing　什一〔じゅういち〕献金，什分の一

titular bishop　【RC】名義司教

total immersion　→*immersion*

traveling overseer　【JW】旅行する監督

travelling preacher　【メソ】（巡回）伝道師（itinerant）

Trent, council of　【RC】トリエント公会議

Trinity　三位一体　→*Holy Trinity も見よ*

tunic(le)　【RC】（旧・副助祭用の）トゥニチェラ（tunicella），トゥニカ

tunicella　→*tunic(le)*

Tunkers　→*Brethren*

Uniat(e) Church　帰一教会

Unification Church　統一教会（世界基督教統一神霊協会）

unit　【メソ】ユニット

Unitarian Universalist Association of Congregations（UUA）　ユニテリ

アン・ユニヴァーサリスト協会
Unitarian Universalists　ユニテリアン・ユニヴァーサリスト
united church　合同教会
United Church of Canada（UCC）　カナダ合同教会
United Church of Christ（UCC）　米国キリスト合同教会
United Church of Christ in Japan　日本基督［キリスト］教団
United Methodist Church（UMC）　米国合同メソジスト教会
Universalism　ユニヴァーサリズム
Universalist　ユニヴァーサリスト
universal priesthood　万人［全信徒］祭司
Universal restoration　万人救済説，ユニヴァーサリズム（Universalism）

—— V ——

Vatican City　バチカン市国
Vatican Council　【RC】バチカン公会議
venial sin　【RC】小罪〔しょうざい〕
verbal inspiration　逐語霊感説
vestment colo(u)rs　→*liturgical colo(u)rs*
vestry　【聖】ベストリー　→*sacristy* *も見よ*
via media　中道
vicar　【聖】（教会区）牧師
vicarage　【聖】牧師館，（まれ）司祭館　→*rectory も見よ*
virgin birth　（イエスの）処女降誕
virgin Mary　【正】童貞女〔どうていじょ〕マリヤ　【RC】（現）おとめマリア；（旧）童貞〔どうてい〕（聖）マリア　【プ】おとめ〔処女〕マリヤ　【福】処女〔しょじょ〕マリヤ
virgin road　（和製英語）バージンロード
vocation　→*calling*
Volunteers of America　ボランティアーズ・オブ・アメリカ
vozduh　→*potirion*

—— W ——

wafer　→*Host*
Waldenser　ワルドー派
ward　【LDS】（現）ワード；（旧）ワード部
watch-night meeting　【メソ】除夜会，除夜祈禱会
*Watchtower*　【JW】『ものみの塔』
Watch Tower Bible and Tract Society, The　ものみの塔聖書冊子協会，ものみの塔協会
Western Church　西方教会
westward position　対面式
wine　ぶどう酒，ワイン
wine tray　（聖餐式の）グラス受け皿
*Word of Wisdom, The*　【LDS】「知恵の言葉」

—— Y ——

yearly meeting　【友】年会

—— Z ——

zhezl　→*crosier*【正】
zone　【正】（祭服）→*belt*　【JW】地帯区
zone overseer　【JW】地帯監督
zucchetto　→*calotte*
zvezditsa　→*star*

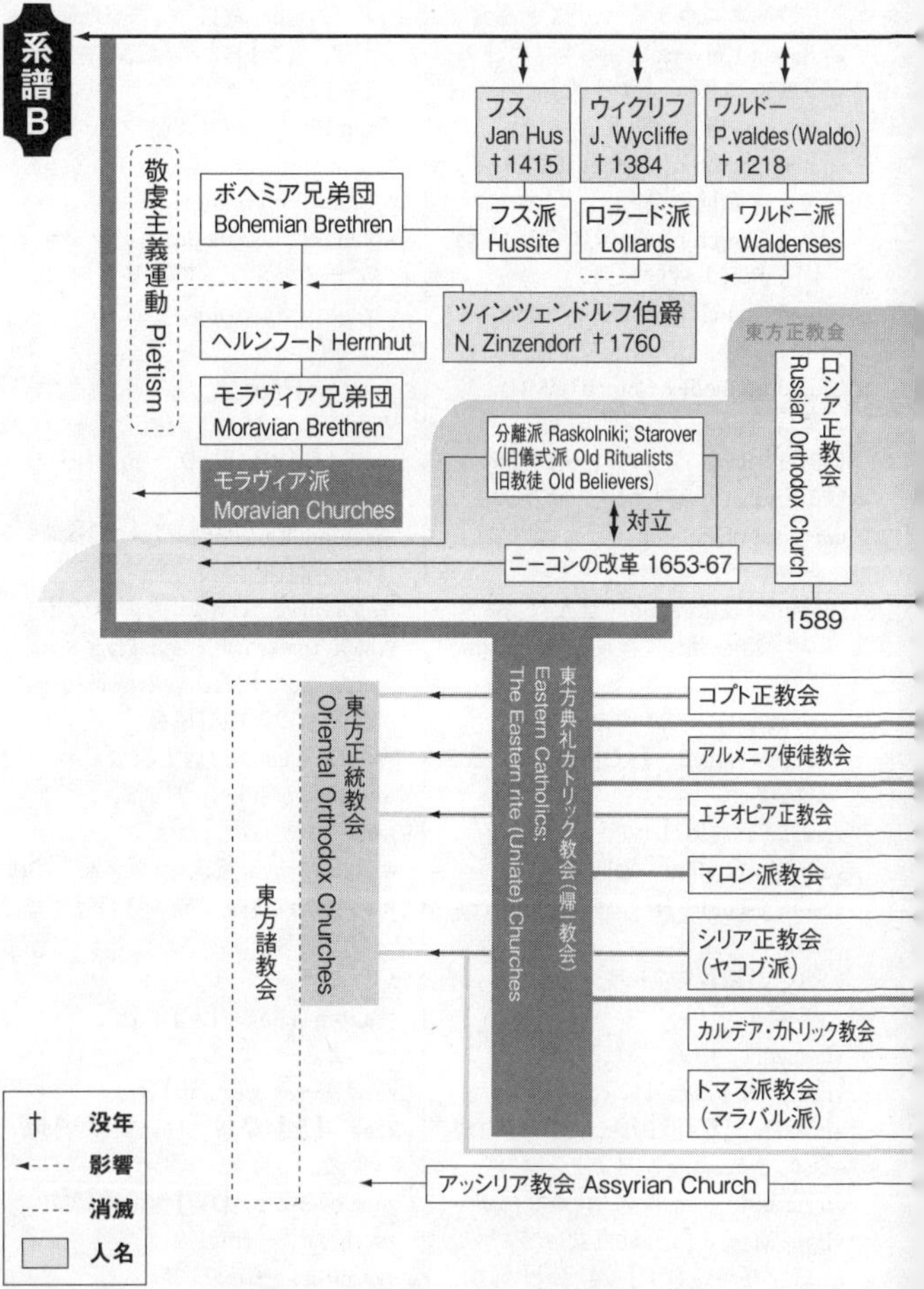
系譜B
フス
Jan Hus
†1415
ウィクリフ
J. Wycliffe
†1384
ワルドー
P.valdes (Waldo)
†1218
敬虔主義運動 Pietism
ボヘミア兄弟団
Bohemian Brethren
フス派
Hussite
ロラード派
Lollards
ワルドー派
Waldenses
ツィンツェンドルフ伯爵
N. Zinzendorf †1760
東方正教会
ヘルンフート Herrnhut
モラヴィア兄弟団
Moravian Brethren
ロシア正教会
Russian Orthodox Church
分離派 Raskolniki; Starover
(旧儀式派 Old Ritualists
旧教徒 Old Believers)
モラヴィア派
Moravian Churches
対立
ニーコンの改革 1653-67
1589
東方典礼カトリック教会(帰一教会)
Eastern Catholics;
The Eastern rite (Uniate) Churches
東方正統教会
Oriental Orthodox Churches
東方諸教会
コプト正教会
アルメニア使徒教会
エチオピア正教会
マロン派教会
シリア正教会
(ヤコブ派)
カルデア・カトリック教会
トマス派教会
(マラバル派)
アッシリア教会 Assyrian Church
† 没年
影響
消滅
人名

【系譜A】

# 教会の系譜

## 系譜A

## 東西教会

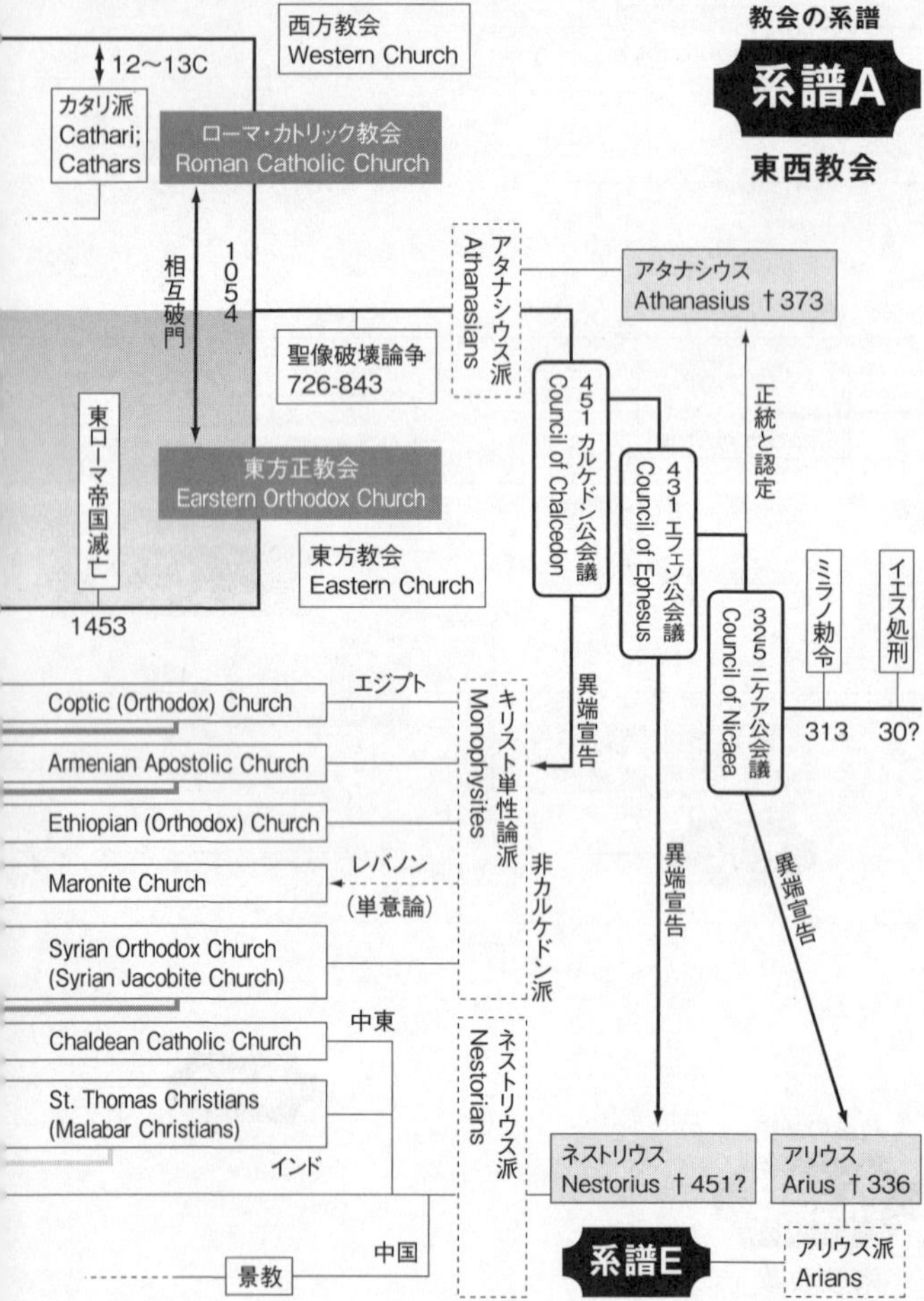

西方教会
Western Church
12〜13C
カタリ派
Cathari;
Cathars
ローマ・カトリック教会
Roman Catholic Church
1054
相互破門
アタナシウス派
Athanasians
アタナシウス
Athanasius †373
聖像破壊論争
726-843
東ローマ帝国滅亡
1453
東方正教会
Earstern Orthodox Church
東方教会
Eastern Church
451 カルケドン公会議
Council of Chalcedon
431 エフェソ公会議
Council of Ephesus
325 ニケア公会議
Council of Nicaea
正統と認定
ミラノ勅令
313
イエス処刑
30?
異端宣告
エジプト
Coptic (Orthodox) Church
Armenian Apostolic Church
Ethiopian (Orthodox) Church
キリスト単性論派
Monophysites
非カルケドン派
レバノン
(単意論)
Maronite Church
Syrian Orthodox Church
(Syrian Jacobite Church)
中東
Chaldean Catholic Church
St. Thomas Christians
(Malabar Christians)
インド
ネストリウス派
Nestorians
中国
景教
異端宣告
異端宣告
ネストリウス
Nestorius †451?
アリウス
Arius †336
系譜E
アリウス派
Arians

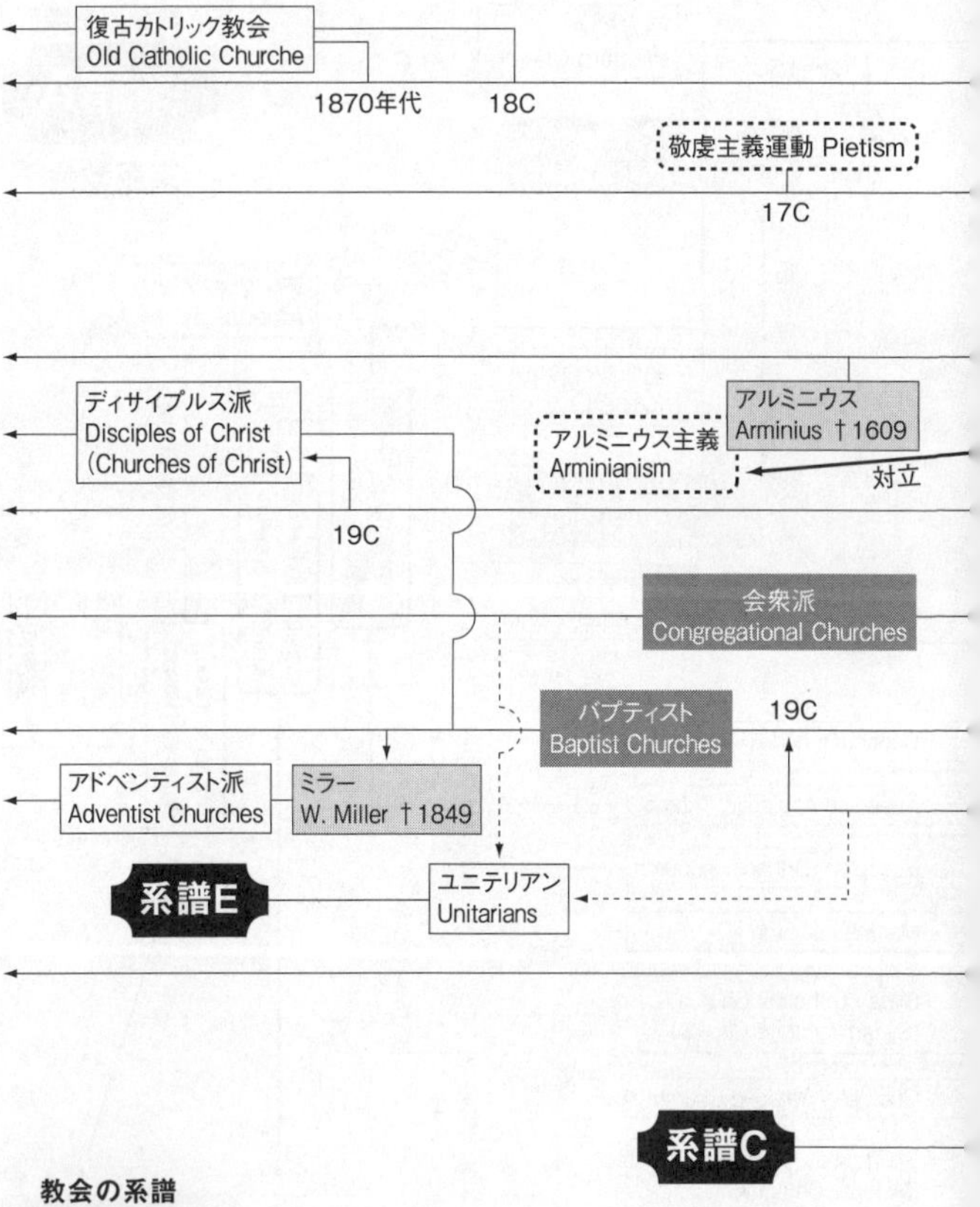
復古カトリック教会
Old Catholic Churche
1870年代
18C
敬虔主義運動 Pietism
17C
ディサイプルス派
Disciples of Christ
(Churches of Christ)
19C
アルミニウス
Arminius †1609
アルミニウス主義
Arminianism
対立
会衆派
Congregational Churches
バプティスト
Baptist Churches
19C
アドベンティスト派
Adventist Churches
ミラー
W. Miller †1849
ユニテリアン
Unitarians
系譜E
系譜C

教会の系譜

# 系譜B

宗教改革

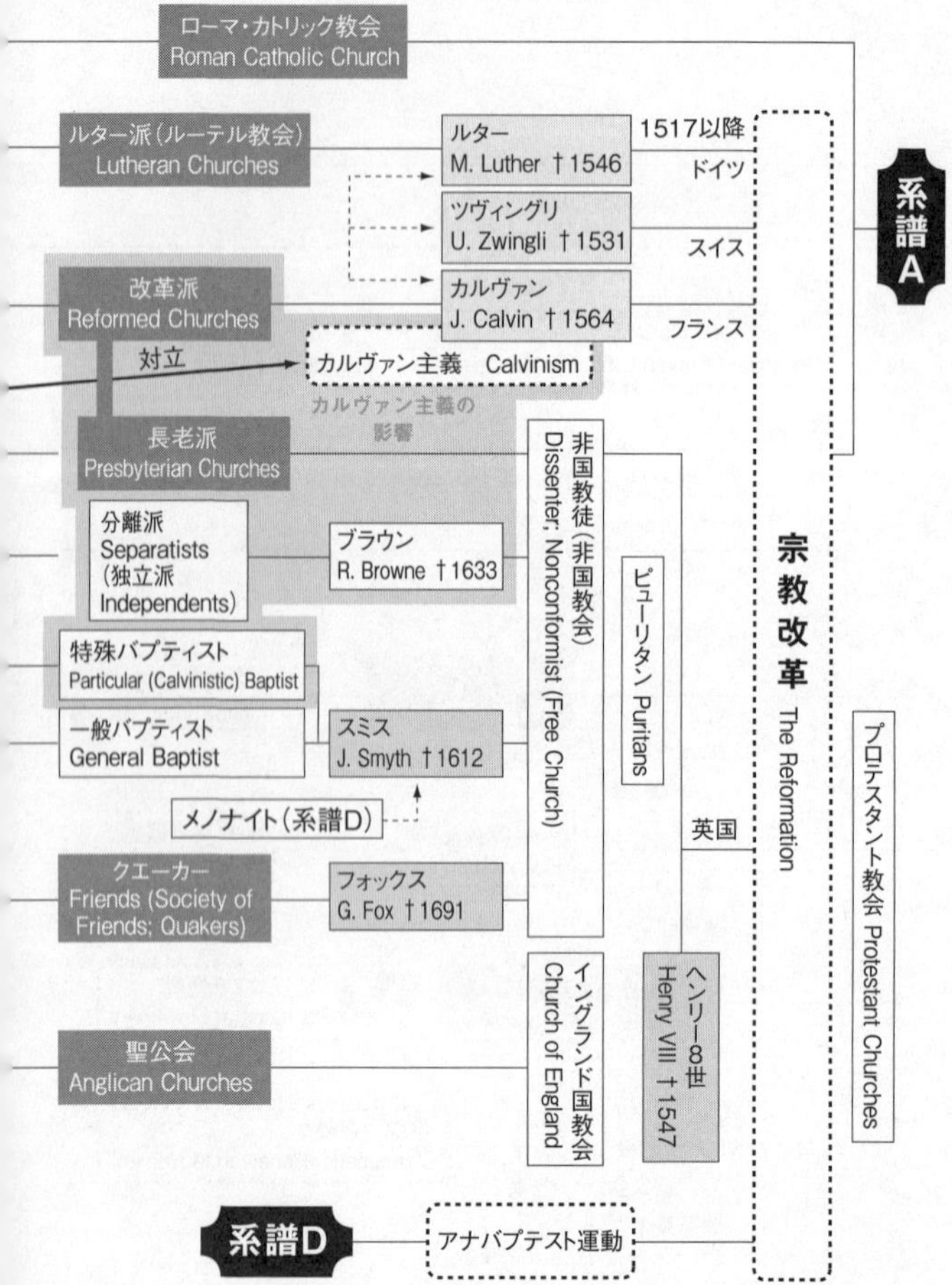
ローマ・カトリック教会
Roman Catholic Church
ルター派(ルーテル教会)
Lutheran Churches
ルター
M. Luther †1546
1517以降
ドイツ
ツヴィングリ
U. Zwingli †1531
スイス
カルヴァン
J. Calvin †1564
フランス
系譜A
改革派
Reformed Churches
対立
カルヴァン主義 Calvinism
カルヴァン主義の
影響
長老派
Presbyterian Churches
非国教徒(非国教会)
Dissenter; Nonconformist (Free Church)
分離派
Separatists
(独立派
Independents)
ブラウン
R. Browne †1633
ピューリタン Puritans
宗教改革
The Reformation
特殊バプティスト
Particular (Calvinistic) Baptist
一般バプティスト
General Baptist
スミス
J. Smyth †1612
プロテスタント教会 Protestant Churches
メノナイト(系譜D)
英国
クエーカー
Friends (Society of
Friends; Quakers)
フォックス
G. Fox †1691
イングランド国教会
Church of England
ヘンリー8世
Henry VIII †1547
聖公会
Anglican Churches
系譜D
アナバプテスト運動

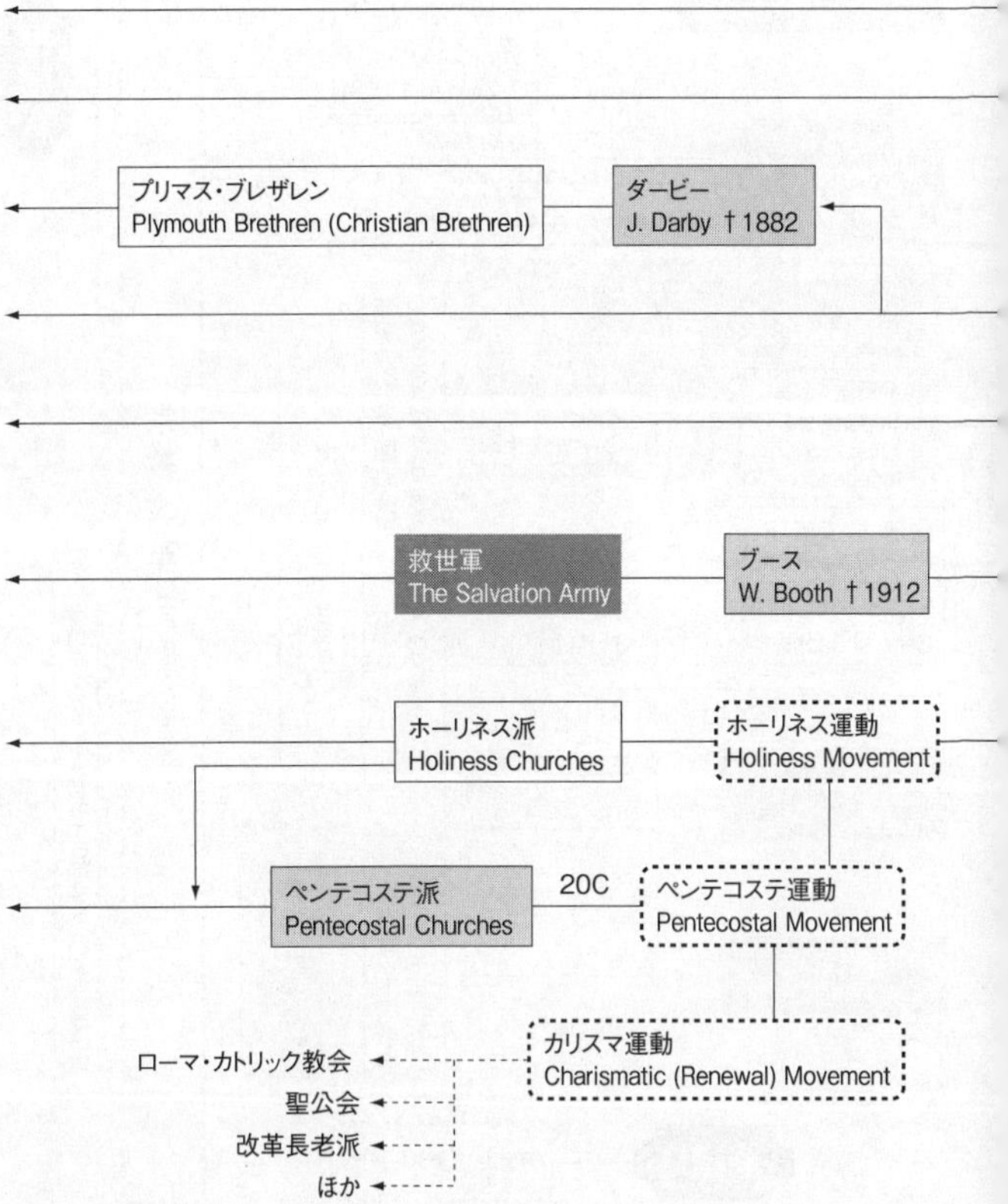
プリマス・ブレザレン
Plymouth Brethren (Christian Brethren)
ダービー
J. Darby †1882
救世軍
The Salvation Army
ブース
W. Booth †1912
ホーリネス派
Holiness Churches
ホーリネス運動
Holiness Movement
ペンテコステ派
Pentecostal Churches
20C
ペンテコステ運動
Pentecostal Movement
カリスマ運動
Charismatic (Renewal) Movement
ローマ・カトリック教会
聖公会
改革長老派
ほか

【系譜C】

教派の系譜

# 系譜C

## 聖公会の流れ

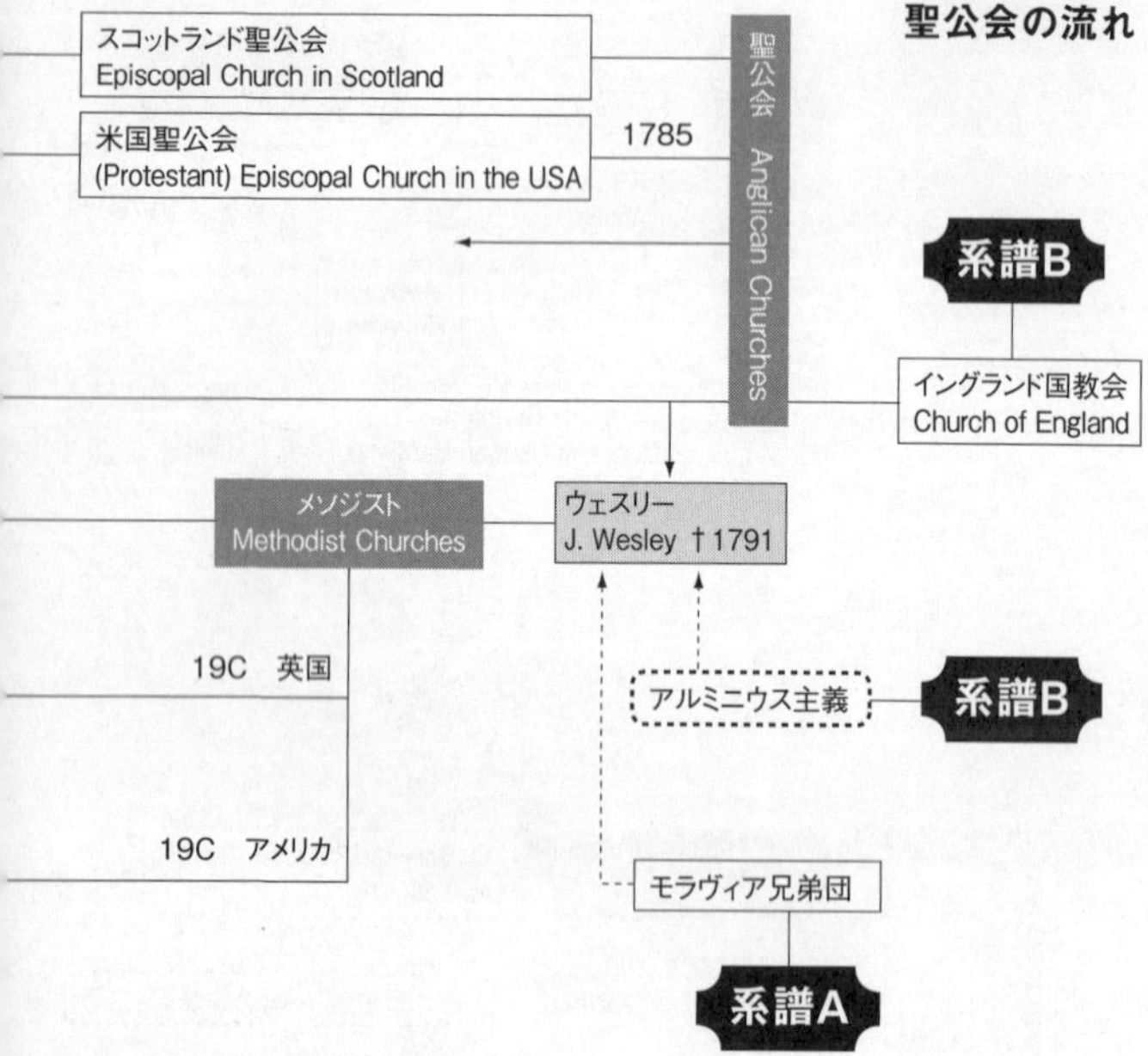
スコットランド聖公会
Episcopal Church in Scotland
米国聖公会
(Protestant) Episcopal Church in the USA
1785
聖公会 Anglican Churches
系譜B
イングランド国教会
Church of England
メソジスト
Methodist Churches
ウェスリー
J. Wesley †1791
19C 英国
アルミニウス主義
系譜B
19C アメリカ
モラヴィア兄弟団
系譜A

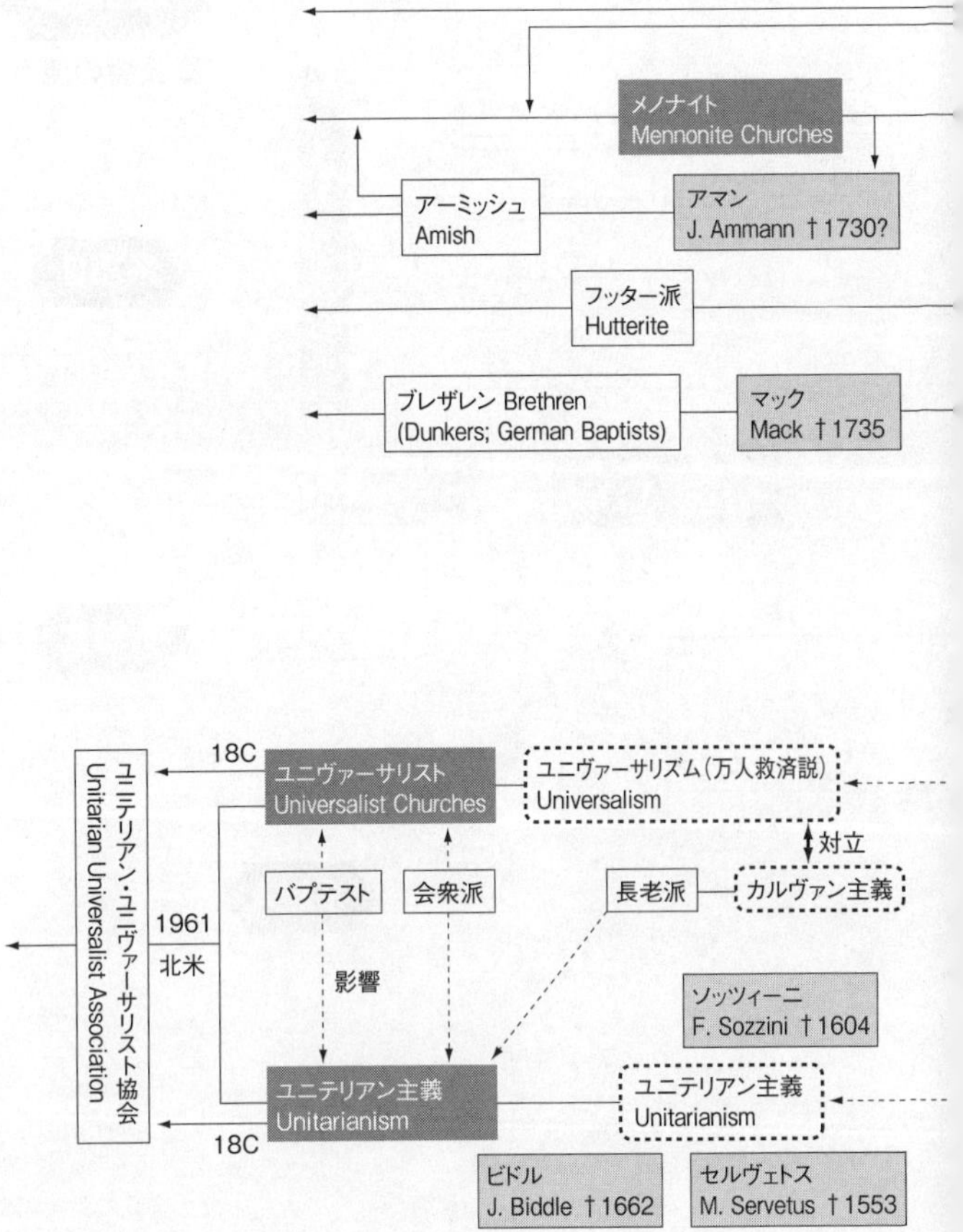
メノナイト
Mennonite Churches
アーミッシュ
Amish
アマン
J. Ammann †1730?
フッター派
Hutterite
ブレザレン Brethren
(Dunkers; German Baptists)
マック
Mack †1735
ユニテリアン・ユニヴァーサリスト協会
Unitarian Universalist Association
18C
1961
北米
ユニヴァーサリスト
Universalist Churches
ユニヴァーサリズム(万人救済説)
Universalism
対立
バプテスト
会衆派
長老派
カルヴァン主義
影響
ソッツィーニ
F. Sozzini †1604
ユニテリアン主義
Unitarianism
18C
ユニテリアン主義
Unitarianism
ビドル
J. Biddle †1662
セルヴェトス
M. Servetus †1553

教会の系譜

## 系譜D

## メノナイト系（アナバプテスト）

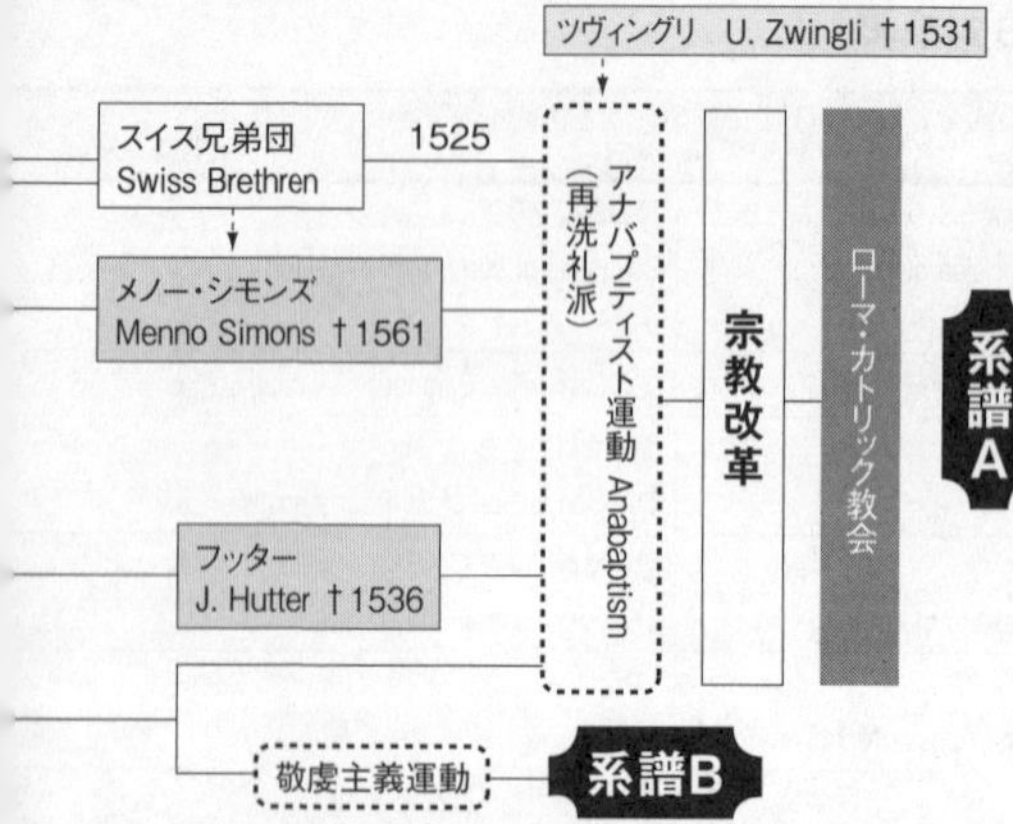


教会の系譜

## 系譜E

## ユニテリアン・ユニヴァーサリスト

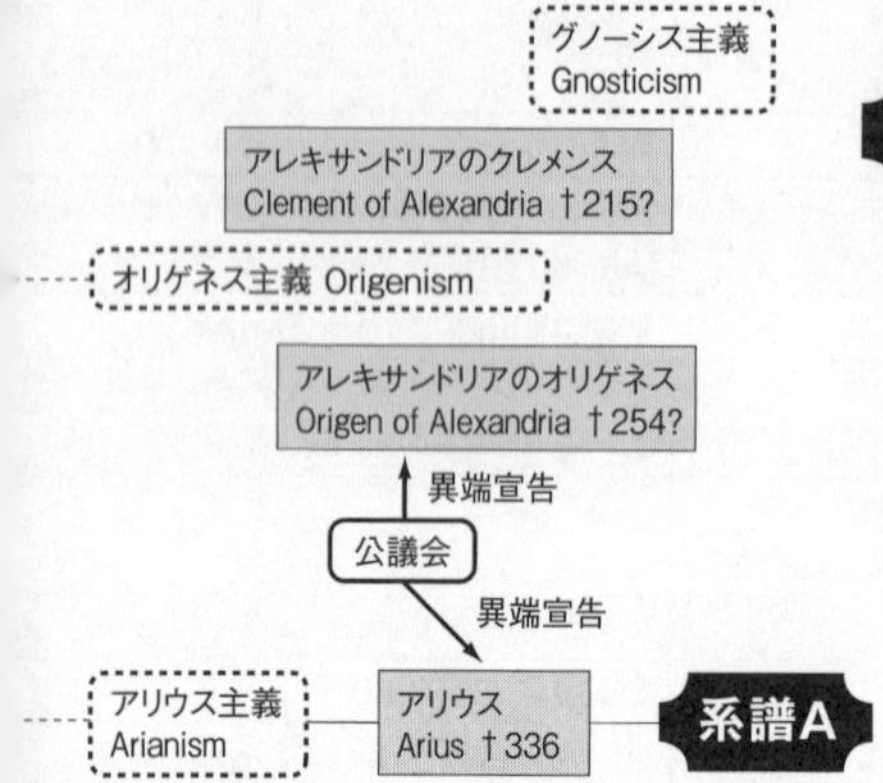

## ✚ 4 教派固定祝日対照表

| 日付 | 日本ハリストス正教会の大祭と中小の祭日・(聖人の日) The Orthodox Church in Japan | カトリック教会の祭日・祝日・(記念日) The Catholic Church in Japan |
|---|---|---|
| 1/01 | 主の割礼祭・聖大ワシリイ祭 Feast of Circumcision of Our Lord, St.Basil the Great | **神の母聖マリア** Solemnity of Mary, Mother of God |
| 1/06 | **主の洗礼祭(神現祭)** Feast of Theophany | **主の公現** The Epiphany of the Lord (*) |
| 1/25 | | 聖パウロの回心 The Conversion of St. Paul, Apostle |
| 2/02 | **主の迎接祭** Feast of the Meeting of the Lord | 主の奉献 (*) The Presentation of the Lord |
| 2/03 | 亜使徒聖ニコライ祭 Holy Equal-to-the Apostle Nicholas | |
| 2/05 | | 日本二十六聖人殉教者 St. Paul Miki and his Companions, Martyrs |
| 2/22 | | 聖ペトロの使徒座 St. Peter's Chair |
| 2/24 | (聖使徒マトフェイ 8/9) | [5/14参照] |
| 3/19 | | **聖ヨセフ** St. Joseph, Husband of the BVM (*) |
| 3/25 | **生神女福音祭** Feast of the Annunciation to the Theotokos (*) | **神のお告げ** The Annunciation (of the BVM); Lady Day |
| 4/25 | (聖使徒福音者マルコ 5/8) | 聖マルコ福音記者 St. Mark, Evangelist |
| 5/01 | (聖使徒フィリップ 11/14) | 聖フィリポ・聖ヤコブ使徒 St. Philip and St. James, Apostles |
| 5/09 | 奇蹟者聖ニコライ祭 (遷座祭) Nicholas the Righteous Martyr | |
| 5/14 | | 聖マチア使徒 St. Matthias, Apostle |
| 5/31 | | 聖母の訪問 The Visitation of the BVM |
| 6/11 | (聖使徒ワルフォロメイ、聖使徒ワルナワ) | (聖バルナバ使徒) St. Barnabas, Apostle |
| 6/24 | 前駆授洗イオアン誕生祭 | **洗礼者聖ヨハネの誕生** The Nativity of St. John the Baptist |

| | ルーテルの大祝日・祝日・記念日<br>Lutheran Church in Japan | 日本聖公会の主要祝日・祝日・(小祝日)<br>Nippon Sei Ko Kai | 注　釈 |
|---|---|---|---|
| | **主の命名日** | **主イエス命名の日**<br>The Holy Name | |
| | **顕現日**（＊） | **顕現日** | ＊1／02〜08間の主日に振替 |
| | 使徒パウロの日 | 使徒聖パウロ回心日 | |
| | | 被献日 | ＊旧称「聖マリアの御潔めの祝日」 Purification of the Virgin Mary; Candlemas |
| | | | |
| | | （日本の殉教者）<br>The Martyrs of Japan | |
| | | | |
| | 使徒マティアの日<br>St. Matthias, Apostle | 使徒聖マッテヤ日 | |
| | | 聖ヨセフ日 | ＊BVM＝Blessed Virgin Mary |
| | 受胎告知日 | 聖マリヤへのみ告げの日 | ＊Theotokos ＝ Mother of God |
| | 福音記者マルコの日 | 福音記者聖マルコ日 | |
| | 使徒フィリポと使徒ヤコブの日 | 使徒聖ピリポ・使徒聖ヤコブ日 | |
| | | | |
| | [2／24参照] | [2／24参照] | |
| | | （おとめ聖マリヤの訪問） | |
| | | 使徒聖バルナバ日 | |
| | 洗礼者ヨハネの日 | 洗礼者聖ヨハネ誕生日 | |

| 日　付 | 日本ハリストス正教会の大祭と中小の祭日・(聖人の日) The Orthodox Church in Japan | カトリック教会の祭日・祝日・(記念日) The Catholic Church in Japan |
|---|---|---|
| 6/29 | 聖使徒ペトル・パワェル祭 | **聖ペトロ・聖パウロ使徒**<br>St. Peter and Paul, Apostles |
| 7/03 | (聖使徒フォマ　10/6) | 聖トマ使徒日　St. Thomas, Apostle |
| 7/22 | (聖携香女マリヤ「マグダリナ」) | (聖マリア〔マグダラ〕) St. Mary Magdalene |
| 7/25 | (聖使徒イアコフ　10/9) | 聖ヤコブ使徒　St. James, Apostle |
| 8/06 | **主の変容祭 (顕栄祭)** | 主の変容　Transfiguration of the Lord |
| 8/10 | (聖致命者ラウレンティ) | 聖ラウレンチオ助祭殉教者<br>St. Laurence, Deacon, Martyr |
| 8/15 | **生神女就寝祭**<br>Dormition of the Theotokos | **聖母の被昇天**<br>The Assumption of the BVM |
| 8/24 | (聖使徒ワルフォロメイ　*) | 聖バルトロマイ使徒<br>St. Bartholomew, Apostle; Bartholomewtide |
| 8/29 | 前駆授洗イオアン斬首祭<br>The Beheading of St. John the Baptist | (洗礼者聖ヨハネの殉教) |
| 8/30 | モスクワの大公聖ダニイル祭 (*) | |
| 9/08 | **生神女誕生祭**<br>Feast of the Nativity of the Theotokos | 聖マリアの誕生日<br>The Nativity of the BVM |
| 9/14 | **聖十字架挙栄祭**<br>Adoration of the Holy Cross | 十字架称賛　Triumph of the Cross;<br>The Exaltation of the Holy Cross |
| 9/21 | (聖使徒福音者マトフェイ　11/16) | 聖マタイ使徒福音記者<br>St. Matthew, Apostle, Evangelist |
| 9/25 | 克肖者ラドネジの聖セルギイ祭<br>St. Sergius of Radonezh | |
| 9/29 | (天軍首聖ミハイルおよびその他の無形軍の会衆祭　11/8) | 聖ミカエル・聖ガブリエル・聖ラファエル大天使<br>Saints Michael, Gabriel and Raphael, Archangels |
| 10/01 | 生神女庇護祭<br>The Protecting Veil (Pokrov) | |

| | ルーテルの大祝日・祝日・記念日<br>Lutheran Church in Japan | 日本聖公会の主要祝日・祝日・(小祝日)<br>Nippon Sei Ko Kai | 注　釈 |
|---|---|---|---|
| | 使徒ペトロの日 | 使徒聖ペテロ・使徒聖パウロ日 | |
| | [12/21参照] | [12/21参照] | |
| | | マグダラの聖マリヤ日 | |
| | 長老使徒ヤコブの日 | 使徒聖ヤコブ日 | |
| | **主の変容日**（*） | **主イエス変容の日** | *顕現節最後の主日に振替 |
| | | （殉教者執事ローレンス） | |
| | | 主の母聖マリヤ日<br>St. Mary the Virgin, Mother of Our Lord Jesus Christ | |
| | 使徒バルトロマイの日 | 使徒聖バルトロマイ日 | *8/25、他に　6/11参照 |
| | | | |
| | | | *日本の首座主教の聖名祭り |
| | | （おとめ聖マリヤの誕生日） | |
| | | （聖十字架日）<br>Holy Cross Day | |
| | 福音記者・使徒マタイの日 | 福音記者使徒聖マタイ日 | |
| | | | |
| | 天使ミカエルの日 | 聖ミカエルおよび諸天使の日　St. Michael and All Angels; Michaelmas | |
| | | | |

| 日　付 | 日本ハリストス正教会の大祭と中小の祭日・（聖人の日）The Orthodox Church in Japan | カトリック教会の祭日・祝日・（記念日）The Catholic Church in Japan |
|---|---|---|
| 10/18 | （聖使徒福音者ルカ） | 聖ルカ福音記者　St. Luke, Evangelist |
| 10/28 | （*） | 聖シモン・聖ユダ使徒<br>St. Simon and St Jude, Apostles |
| 10/31 | | |
| 11/01 | ［移動祝日2012年版　6/03　参照］ | **諸聖人**　All Saints |
| 11/02 | | 死者の日　All Souls |
| 11/09 | | ラテラン教会の献堂<br>Dedication of the Lateran Basilica |
| 11/21 | **生神女進堂祭**<br>The Presentation of the Theotokos | |
| 11/30 | （初召命使徒聖アンドレイ） | 聖アンデレ使徒　St. Andrew, Apostle |
| 12/03 | | 聖フランシスコ・ザビエル司祭<br>St. Francis Xavier, Priest |
| 12/06 | 奇蹟者聖ニコライ祭 | （聖ニコラオ司教）St. Nicholas, Bishop |
| 12/08 | | **無原罪の聖マリア**<br>The Immaculate Conception of the BVM |
| 12/21 | | ［7/3　参照］ |
| 12/25 | **主の降誕祭**<br>The Nativity of Christ（*） | **主の降誕**<br>Christmas Day; The Nativity of the Lord |
| 12/26 | （聖使徒初聖致命者首輔祭ステファン　12/27） | 聖ステファノ殉教者<br>St. Stephen, The first Martyr |
| 12/27 | （聖使徒福音者神学者イオアン　5/8） | 聖ヨハネ使徒福音記者<br>St. John, Apostle, Evangelist |
| 12/28 | （一万四千人の聖嬰児　12/29） | 幼な子殉教者　The Holy Innocents, Martyrs |

| | ルーテルの大祝日・祝日・記念日<br>Lutheran Church in Japan | 日本聖公会の主要祝日・祝日・(小祝日)<br>Nippon Sei Ko Kai | 注　釈 |
|---|---|---|---|
| | 福音書記者ルカの日 | 福音記者聖ルカ日 | |
| | 使徒シモンと使徒ユダの日 | 使徒聖シモン・<br>使徒聖ユダ日 | ＊聖使徒主の義兄イウダ　6/19、<br>聖使徒シモン・ジロト　5/10 |
| | **宗教改革記念日**<br>Reformation Day（＊） | | ＊直前の主日に振替可 |
| | 全聖徒の日 | **諸聖徒日**（＊） | ＊直後の主日に振替可 |
| | | （諸魂日）　Commemoration of All Faithful Departed | |
| | | | |
| | | | |
| | 使徒アンデレの日 | 使徒聖アンデレ日 | |
| | | （アジアの殉教者とフランシスコ・ザビエル） | |
| | | （主教ニコラス） | |
| | | | |
| | 使徒トマスの日<br>St. Thomas, Apostle | 使徒聖トマス日 | |
| | **降誕日** | **降誕日** | ＊地域によっては1/7 |
| | 殉教者ステファノの日 | 最初の殉教者聖ステパノ日 | |
| | 福音記者・使徒ヨハネの日 | 福音記者使徒聖ヨハネ日 | |
| | | 聖なる幼子の日 | |

## ✚ 4 教派移動祝日対照表2012年版

| | 日本ハリストス正教会の大祭と中小の祭日など The Orthodox Church in Japan | カトリック教会の祭日・祝日・記念日など The Catholic Church in Japan |
|---|---|---|
| 2/22 | | 灰の水曜日 Ash Wednesday |
| 4/01-07 | 受難週間（4/09–4/15） | 聖週間 Holy Week; Passion Week |
| 4/01 | **聖枝祭（花の主日）** Palm Sunday; Feast of the Entrance of our Lord into Jerusalem （4/08） | 受難の主日（枝の主日） Passion Sunday; Palm Sunday |
| 4/02 | 聖大月曜日（4/09） | 受難の月曜日 Monday of Holy Week |
| 4/03 | 聖大火曜日（4/10） | 受難の火曜日 Tuesday of Holy Week |
| 4/04 | 聖大水曜日（4/11） | 受難の水曜日 Wednesday of Holy Week |
| 4/05 | 聖大木曜日 Holy Thursday（4/12） | 聖木曜日 Holy Thursday; Maundy Thursday; Mass of the Lord's Supper |
| 4/06 | 聖大金曜日 Great and Holy Friday; Burial of Jesus Christ（4/13） | 聖金曜日 Good Friday; The Passion of the Lord |
| 4/07 | 聖大土曜日 Great and Holy Saturday（4/14） | 聖土曜日 Holy Saturday |
| 4/08 | **光明なる主の復活大祭（聖大パスハ）** Holy Pascha （4/15） | **復活の主日** Easter; Easter Sunday; The Resurrection of the Lord |
| 5/17 | **主の昇天祭** （5/24） | **主の昇天** Ascension Day; Holy Thursday |
| 5/27 | **聖神降臨祭（聖五旬祭、至聖三者の主日）** （6/03） | **聖霊降臨の主日** Pentecost; Whitsunday |
| 6/03 | 衆聖人の主日 All Saints Day （6/10） | **三位一体の主日** Trinity Sunday; The Most Holy Trinity |
| 6/07 | | **キリストの聖体** Corpus Christi |
| 6/15 | | **イエズスのみ心** The Most Sacred Heart of Jesus |

| | ルーテルの大祝日・祝日・記念日など<br>Lutheran Church in Japan | 日本聖公会の主要祝日・祝日など<br>Nippon Sei Ko Kai | 注　釈 |
|---|---|---|---|
| | 灰の水曜日 | 大斎始日〔たいさいしじつ〕(灰の水曜日) | 復活祭46日前の水曜日。正教会では48日前の月曜日 (Clean Monday) から大斎が始まる |
| | 受難週 | 聖週 | 正教会では受難週間が1日短い |
| | 枝の主日 (受難主日) | 復活前主日 | 復活祭前主日 |
| | 聖月曜日 | 復活前月曜日 | |
| | 聖火曜日 | 復活前火曜日 | |
| | 聖水曜日 | 復活前水曜日 | |
| | 聖木曜日 | 復活前木曜日 (洗足木曜日) | |
| | 聖金曜日 | 聖金曜日 (受苦日) | |
| | 聖土曜日 | 聖土曜日 | |
| | **復活日** | **復活日** | (西方教会) 3/21後の満月の次の日曜日 |
| | **昇天日** | **昇天日** | 復活祭から40日目の木曜日。日本などではその直後の主日に祝う |
| | **聖霊降臨日** | **聖霊降臨日** | 復活祭から50日目 |
| | **三位一体祝日** | **三位一体主日** | 聖霊降臨後第1主日。東方では三位一体は聖神降臨祭に合わせて祝う |
| | | 聖餐感謝日 | 三位一体祝日直後の木曜日。日本などではその直後の主日に祝う |
| | | | 聖霊降臨後第2主日後の金曜日 |

| | 日本ハリストス正教会の大祭と中小の祭日など The Orthodox Church in Japan | カトリック教会の祭日・祝日・記念日など The Catholic Church in Japan |
|---|---|---|
| 11/25 | | **王であるキリスト** Christ the King |
| 12/30 | ハリストス降誕祭後の主日 | 聖家族日 Holy Family |

【附祝移動】

| ルーテルの大祝日・祝日・記念日など Lutheran Church in Japan | 日本聖公会の主要祝日・祝日など Nippon Sei Ko Kai | 注　釈 |
|---|---|---|
| 聖霊降臨後最終主日 | 降臨前主日 | (西方教会) 年間最後の主日 Last Sunday after Pentecost |
| 降誕後主日 | 降誕後第一主日 | First Sunday after Christmas |

## 【注釈】

・英語での名称は、必ずしも固定したものではない
・正教会の祝日の日付は旧暦 (ユリウス暦) のものである。従って、実際に祝うグレゴリオ暦の日は、13日うしろにずれる。ただし、移動祝日表の正教会の項目に書いた日付は、グレゴリオ暦のものである
・聖人の日は、時代や地域によって別の日になることがある

## 【参考文献】


『誰でも知っておきたい正教会の奉事と諸習慣』長司祭ペトル及川　淳編集発行・1996
『主降生二千一年　正教会暦』ぱんだね・2001
典礼司教委員会編『ミサ典礼書』カトリック中央協議会・1978
『ルーテル教会式文 (礼拝と諸式)』日本福音ルーテル教会・1996
『日本聖公会祈祷書』日本聖公会・1991
Eileen W. Lindner ed., *Yearbook of American & Canadian Churches* 2000 (68th ed.), Nashville: Abingdon Press, 2000
*The Book of Common Prayer,* The Episcopal Church, USA, 1990
Universalis (http://www.universalis.com/)
The Orthodox Church in America (http://oca.org/fs/calendar-of-feasts)
Greek Orthodox Archdiocese of America
(http://www.goarch.org/chapel/calendar/)
The Orthodox Church of the Nativity of the Mother of God, Bristol
(http://www.bristol-orthodox-church.co.uk/)
日本正教会／正教会の復活祭と12大祭
(http://www.orthodoxjapan.jp/saijitsu.html)

## ✚ 9 教派対照表①

| | ●起源 | ●名称の由来 |
|---|---|---|
| 東方正教会 | イエスの使徒たちによって各地に創設。1054年、西方教会と分裂 | ギリシャ語のOrthodoxは、「正しく(オルソス)」「神を賛美する(ドクサ)」ことを追求する態度に由来。5世紀ころに現れた「異端」の教会に対し、「正統」派とする立場。「東方」は「西方」のローマに対応 |
| ローマ・カトリック教会 | イエスの使徒ペトロを初代教皇(ローマ司教)とする。1054年、東方教会と分裂 | カトリック(Catholic)とはギリシャ語のKatholikosに由来する形容詞で、普遍的、公同の、万人のためという意味。その普遍性の中心をローマの司教座(ローマの司教がすなわちローマ教皇)におくことから、ローマ・カトリックと呼ばれる |
| ルター派(ルーテル教会) | ローマ・カトリックの修道司祭だったマルティン・ルターによる宗教改革(ドイツ、1517年以降) | ドイツの宗教改革者マルティン・ルター(Martin Luther)の名前に由来 |
| 聖公会(アングリカン教会) | イングランド国王ヘンリー八世が政治的動機でローマ・カトリック教会から分離した、国家レベルの宗教改革(イングランド、1534年) | イングランドの国教会Church of Englandを母教会とする一連の教会を、Anglican Church(Englishに対応するラテン語形anglicanusに由来)という。日本語の「聖公会」は、使徒信経およびニケア信経の一節"holy catholic church(聖なる公同の教会)に由来 |
| 改革派/長老派 | 神学者ツヴィングリ、カルヴァンらによる宗教改革(スイス、16世紀後半) | 大陸系のカルヴァン主義の教会をさす「改革派」は、「神の言によって改革された」教会の意。英国系の教会に使われる「長老派」は、教会政治において、主教ではなく、教会員のなかから「長老」(ギリシャ語のPresbyteros)を選んで代表とする制度に由来 |
| 会衆派/組合派 | イングランド国教会からの分離派(イングランド、16世紀後半) | 教会員(会衆)全体の合意に基づく教会政治に由来。日本では「組合派」ともいう |
| バプテスト | 宗教改革期のスイスやドイツのアナバプテスト、およびイングランド国教会からの分離派(オランダ、イングランド、17世紀前半) | 聖書に示された洗礼、すなわちバプテスマは、自覚的な信徒者のみが、全身を浸す浸礼で行うべきだとし、幼児洗礼を否定した教義に由来。幼児洗礼を認める者から、アナバプテスト(再洗礼者)あるいはバプテストと呼ばれた |
| メソジスト | イングランド国教会司祭ジョン・ウェスリーによる国教会内部の信仰覚醒運動(イングランド、18世紀半ば) | 教派の創設者ジョン・ウェスリーらに与えられたMethodist(メソッドを重んじる人/几帳面すぎる生活態度の人)というあだ名に由来。ウェスリー本人は、この名称を「聖書にいわれている方法〔メソッド〕に従って生きる人」と定義した |
| ペンテコステ派 | 主としてメソジスト系の教会を背景に、北米大陸においては、カンザス州の聖書学校で始まった霊的覚醒運動(アメリカ、1900年ころ) | 新約聖書・使徒書第2章に描かれた復活祭後50日目の「五旬祭」、すなわち聖霊降臨の日(Pentecost)に由来。この日、使徒たちに降ったのと同じ聖霊の働きを強調する立場を示す |

【附表①A】

| ●拠り所 | ●代表的な Creed や歴史的文書<br>◆Catechism（邦訳表現） |
| --- | --- |
| 聖伝と聖書。ニケヤ第一公会議(325)からニケヤ第二公会議(787)までの七回の公会議の信条 | ニケヤ・コンスタンチノープル信経(Niceno-Constantinopolitan Creed)　※西方教会がのちに挿入した「Filioque(および子から)」の句を含まない。聖神〔せいしん〕(聖霊)は「父より出で」る<br>正教の宗門(1640年)、ドシテウスの信仰告白(1672年)、フィロカリア(1782年)、正教(の総主教)書(1848年)　◆邦訳表現:(旧)正教訓蒙　(新)正教要理 |
| 聖書と聖伝。公会議の信条、教皇が発する教義 | (旧)使徒信経　(新)使徒信条(Apostles' Creed)<br>トリエント公会議要理問答(1566年)<br>◆邦訳表現:(旧)公教要理/教理問答書　(新)カトリック要理/カトリック教理/カテキズム |
| 聖書のみ | 使徒信条、ニケア信条(聖餐式など)、アタナシウス信条(三位一体主日)<br>アウクスブルク信仰告白(1530年)、アウクスブルク信仰告白の弁証(1531年)、ルターの大・小教理問答(1529年)、シュマルカルデン条項(1536年)、和協信条(1580年)　◆邦訳表現:教理問答 |
| 聖書と教会の伝統。教理は聖書のみから | 使徒信経(洗礼式)、ニケヤ信経(聖餐式)、アタナシウス信条<br>三十九箇条(1563年・イングランド国教会)、ランベス四綱領/聖公会綱憲(1888年・聖公会)<br>◆邦訳表現:(旧)公会問答　(新)教会問答 |
| 聖書のみ | 使徒信条(聖餐式)<br>ジュネーブ信仰問答(1545年)、ドルト信条(1618年)、ウェストミンスター信仰告白(1647年)、ウェストミンスター大・小教理問答(1648年)、スイス一致信条(1675年)、ベルギー信条(1562年)、ハイデルベルク信仰問答(1563年)など<br>◆邦訳表現:信仰問答、教理問答、カテキズム、教会問答など |
| 聖書のみ | ウェストミンスター信仰告白(1647年)、サヴォイ宣言(1658年) |
| 聖書のみ | オランダのアムステルダムに居留するイギリス人の信仰宣言(1611年)、第一ロンドン信仰告白(1644年)、第二ロンドン信仰告白」(1677年)、フィラデルフィア信仰告白(1742年)、ニューハンプシャー信仰宣言(1833年)など<br>◆邦訳表現:教理問答書 |
| 聖書のみ | (使徒信条)<br>二十五箇条(1784年) |
| 聖書のみ | |

## ✚ 9 教派対照表②

| | 教会政治／職制（Church Polity; Ministerium Ecclesiasticum）、組織に関する言葉 | 教義（Dogma）や教理（Doctrine）、教会史に関するキーワード |
|---|---|---|
| 東方正教会 | 監督制（Episcopacy）。地域ごとに自治独立し、トップは総主教、大主教、府主教など。コンスタンチノープル総主教は「エキュメニカル総主教（Ecumenical Patriarch）」と呼ばれ、名誉上、全主教の首座に位置する<br>宗務院/主教会議（Holy Synod）、大主教区（Archdiocese）、主教区（Diocese） | 皇帝教皇主義（Caesaropapism）奉神礼（Liturgy; Liturgia）、教会分裂（Schism）、独立正教会/アフトケファリア（Autocephaly）、自治正教会/アフトノミア（Autonomy） |
| ローマ・カトリック教会 | ローマ教皇を頂点とする監督制<br>枢機卿会（Sacred College of Cardinals）、司教協議会（Bishops' Conference）、大司教区（Archdiocese）、司教区（Diocese）、小教区（旧称:聖堂区）（Parish）、司教団（Synod of Bishops）、代牧区（Vicariate Apostolic）、知牧区（Prefecture Apostolic） | 位階制（Hierarchy）、使徒継承（Apostolic Succession）、教皇至上主義（Ultramontanism）、ミサ聖祭（Mass）、聖変化/聖別（Consecration）、教皇不可謬説（Papal Infallibility）、無原罪の御宿り（Immaculate Conception）、聖母被昇天（Assumption）、マリア崇敬（Hyperdulia） |
| ルター派（ルーテル教会） | 会議制、長老制、会衆制など、地域で異なる。監督、大監督、議長などがトップ | 「九十五箇条 The Ninety-Five Theses」、聖書のみ（Sola Scriptura）、恩恵のみ（Sola Gratia）、 |
| 聖公会（アングリカン教会） | 監督制（会議制）。地域ごとに独立自治し、アングリカン・コミュニオンで提携。大主教、総裁主教、首座主教などがトップ。管区（Province）、教区（Diocese）、教会区（Parish）、伝道区（Mission）、総会（General Synod） | 三十九箇条（Thirty-Nine Articles）、祈禱書（The Book of Common Prayer）、橋渡し的教会（Bridge Church）、中道（Via Media） |
| 改革派／長老派 | 長老制（Presbyterianism）。総大会（General Assembly）、大会〔だいかい〕（Synod）、中会（Presbytery; Classis）、小会（Session; Kirk-session）。日本の教会では大会（General Assembly）、中会（Presbytery）、小会（Session） | カルヴァン主義（Calvinism）、神政政治（Theocracy）、全的堕落（Total Depravity of Man） |
| 会衆派／組合派 | 会衆制（組合制　Congregationalism） | 独立派（Independents）、ピューリタン（Puritan） |
| バプテスト | 会衆制 | アナバプテスト（Anabaptist）、浸礼（Full [Total] Immersion） |
| メソジスト | 監督（Bishop; President）を立てる会議制が多い。年会（Annual Conference）、四季会（Quarterly Conference）、教区総会（Synod）。組会（Class; Unit）。牧会区/伝道教区（Pastoral Charge; Circuit）。部（District）、会（Society） | ウェスレアン（Wesleyan）、アルミニウス主義（Arminianism）、聖化/聖潔/きよめ（Sanctification）、回心（Conversion） |
| ペンテコステ派 | 教会によって異なる。メソジスト同様 Bishop を立てる教団あり | 聖霊のバプテスマ（Baptism in the [Holy] Spirit; Spirit Baptism） |

聖金口イオアンの聖体礼儀(Liturgy of St. John Chrysostom)、聖大ワシリイの聖体礼儀(Liturgy of St. Basil the Great)、イアコフの聖体礼儀(Liturgy of St. James)、イコン(聖像　Icon; Ikon; Eikon)◆神父〔かみちち〕(the Father)、神子〔かみこ〕(the Son)、神聖神〔かみせいしん〕(the Holy Spirit)。聖神/神〔しん〕(God)、主神〔しゅかみ〕(Lord God)、至聖三者(Holy Trinity)、陥罪(Original Sin)、生神女(Theotokos)マリヤの就寝(Dormition; Koimisis)、至聖女/パナギア(Panagia)◆大聖入(Great Entrance)、小聖入(Little Entrance)、アナフォラ(Anaphora)、成聖(Consecration; Sanctification)、聖パン/プロスフォラ(Prosphora)、聖パン/アンティドル(Antidoron; Eulogia)

聖人崇敬(Dulia)、聖遺物崇敬(Veneration of Relics)、煉獄(Purgatory)、リンボ(Limbo)、大罪(Mortal Sin)、小罪(Venial Sin)、破門(Excommunication)、断食(Fast)、贖宥状(免罪符 Indulgence)、聖ベネディクトゥス戒律/聖ベネディクトの修道院戒律(Benedictine Rule; The Rule of St. Benedict)、聖職売買/沽聖〔こせい〕(Simony)、異端審問(Inquisition)、教会法典(Canon Law)、『禁書目録』(Index Librorum Prohibitorum)、奉献文(Consecration Prayer; Eucharistic Prayer)、サンクトゥス(Sanctus)、グレゴリオ聖歌(Gregorian Chant)、ウルガタ訳聖書(Vulgate)、第二バチカン公会議(Second Vatican Council)、典礼刷新　◆めでたし/天使祝詞(Hail Mary)、イテ・ミサ・エスト(Ite,Missa est)、死者のための祈り(Prayer for the Dead)、射禱(Ejaculations)、レクイエム(Requiem)、アンジェラス(Angelus)、荘厳ミサ(High Mass; Solemn Mass)、歌ミサ/歌唱ミサ(Sung Mass; Missa Cantata)、読誦ミサ(Low Mass)◆聴罪司祭(Confessor)、修道誓願(Monastic Vows)＝清貧・貞潔・従順

信仰のみ(Sola Fide)、**信仰義認**(Justification by Faith)、**万人祭司/全信徒祭司**(Universal Priesthood)、天職/召命(Beruf; Calling; Vocation)、ドイツ・ミサ(Deutsche Messe; German Mass)、敬虔主義(Pietism)、十字架の神学(Theologia Crucis)、二王国論(Two Kingdoms)、「律法から福音へ」、コラール(Chorale)、政教分離

アングリカン・コミュニオン(Anglican Communion)、ランベス会議(Lambeth Conference)、ランベス四綱領([Chicago-Lambeth] Quadrilateral)、ハイ・チャーチ/高教会(High Church)、アングロ・カトリック(Anglo-Catholic)、ブロード・チャーチ/広教会(Broad Church)、ロー・チャーチ/低教会(Low Church)、福音派(Evangelical)、オクスフォード運動(Oxford Movement)◆特禱(Collect)、ルブリック(Rubric)、修士(Monk, Brother)、修女(Nun, Sister)、プロセッション(Procession)、アングリカン・チャント(Anglican Chant)、政教一致

(二重)予定説([Double] Predestination)、制限的贖罪、不可抗的な恵み(Irresistible Grace of God)、聖徒の堅忍(Perseverance of the Saints)、有効召命(Effectual Calling)、文化命令(Cultural Mandate)、ジュネーブ詩篇歌(Genevan Psalter)、教会規程/教会規定(Discipline of the Church)、安息日厳守。「福音から律法へ」「改革され続けていく教会」、政教一致

非国教徒(Dissenter; Nonconformist)、アメリカン・ボード(American Board)、リベラリズム(Liberalism)、政教分離

礼典(Ordinance)、回心(Conversion)、新生(New Birth; Regeneration)、ボーン・アゲイン(Born-again)、原理主義者(Fundamentalist)、逐語霊感説(Verbal Inspiration Theory)、聖書無謬説(Inerrancy)、政教分離

敬虔主義(Pietism)、野外説教、野外集会/キャンプ・ミーティング(Camp Meeting)、「キリスト者の完全」(Christian Perfection)、巡回制度(Circuit System)、恵みの座(Balustrade)、聖会(Convention)、組会(Class)、共励会(青年会)、伝道集会(Revival)、愛餐会(Love Feast)、除夜(祈禱)会(Watch-night Meeting)

異言(Glossolalia; Gift of Tongues)、癒し/神癒〔しんゆ〕(Divine Healing)、キリストの再臨(the Second Advent)、リバイバル(Revival)、千年王国論(Millenarianism)、前千年王国論(Premillennialism)、携挙(Rapture)、サタン(Satan)、証し(Testimony)、カリスマ運動/聖霊刷新(Charismatic [Renewal] Movement)

## ✚ 9 教派対照表③

| | ●典礼・式文に用いる言語 | ●式文、祈禱書、規程書などの名称<br>◆よく読まれる書 |
|---|---|---|
| 東方正教会 | 元来はギリシャ語だったが、早くから現地の言葉を採用。ただし、典礼用語を時代にあわせて改めることはないので、多くの地域で日常語とは違う言葉が使われている | 新約聖書は四福音書を**聖福音経**〔せいふくいんけい〕(Book of Gospels; Evangelion)、黙示録以外の使徒書を**聖使徒経**(Apostolos; Book of Epistles)という祈禱書にして、奉神礼で用いる。他の祈禱書に、奉事経・聖事経(Euchologion; Liturgy book)、時課経(Book of Hours; Horologion; Horologium)、月課経(Book of Monthes; Menaia; Menaion)、八調経(Octoechos)、五旬経(Pentecostarion)、聖詠経(Psalter)、三歌斎経(Triodion)<br>◆聖師父たちの著作、聖人伝 |
| ローマ・カトリック教会 | 1960年代まではラテン語が全世界の公用語。現在は現地の言葉が使われている。教皇庁発行の公文書などの原文はいまでもラテン語 | ミサ典礼書(Missal)、聖務日課(Divine Office)<br>◆アウグスティヌスの著作、トマス・アクィナス『神学大全』、教父たちの著作、聖人たちの生涯、トマス・ア・ケンピス『キリストにならいて』、リジューのテレジアなどの信心書、祈禱書 |
| ルター派(ルーテル教会) | 現地の言葉 | ◆ルターの大・小教理問答 |
| 聖公会(アングリカン教会) | 現地の言葉。アングリカン・コミュニオン内でもっとも強いのは英語 | ◆祈禱書(The Book of Common Prayer; Common Worship)、併用祈禱書(The Alternative Service Book, 1980)<br>※聖公会における「祈禱書」とは、礼拝式文や祈禱文(特禱)、カテキズム、旧約聖書の詩篇などを含む |
| 改革派/長老派 | 現地の言葉 | 教会規程/教会規定(Book of Church Order; Book of Discipline)、式文、教憲教規<br>◆カルヴァン『キリスト教綱要』 |
| 会衆派/組合派 | 現地の言葉 | |
| バプテスト | 現地の言葉 | |
| メソジスト | 現地の言葉 | Doctrines and Discipline; Book of Discipline、(旧)教会礼文(The Book of Worship; The Ritual; The Methodist Service Book)◆ウェスリーの著作(日記、説教集など) |
| ペンテコステ派 | 現地の言葉 | |

【附表③A】

| ❼聖書の正典の範囲と Apocrypha の扱い |
| --- |
| 旧新約聖書66巻、および不入典書(外典)<br>旧約は、いわゆる「七十人訳」を用いる。具体的にどの不入典書が入るか、全正教会にあてはまる定義はない。日本ハリストス正教会の1979年のカテキズムでは、以下の書をあげている。トビト、イウディヒ、ソロモンの英知書、シラフの子イイススの英知書、予言者ワルフの書、イエレミアの教書、エズドラの第二・三書、マッカウェイの第一・二・三書、第一五一聖詠、マナシャの祈禱書、エスフィルの書中で節の記入なき部分、ダニイル書の第一三・一四章<br>新約正典の範囲は他教派と同じだが、公同書簡がパウロ書簡の前におかれる。かつて正典性が疑われていたヨハネの黙示録は現在では正典とするが、典礼文のなかでは用いない |
| 聖書正典の範囲は、トリエント公会議の第四会期(1546年)で決定。旧新約聖書66巻を正典とし、七つの第二正典(外典)も旧約正典の一部として公認。トビト記、ユディト記、マカバイ記Ⅰ、マカバイ記Ⅱ、知恵の書(ソロモンの知恵)、シラ書(集会の書)、バルク書(エレミヤの手紙を含む)。ただし、エズラ第一、エズラ第二、マナセの祈りは入っていない<br>バルバロ訳の旧約の配列は以下の通り(第二聖典は**太字**で示した)。【歴史書】創世の書、脱出の書(出エジプト)、レビの書、荒野の書(民数)、第二法の書(申命)、ヨシュアの書、判事の書(士師)、ルトの書、サムエルの書下、サムエルの書下、列王の書上、列王の書下、歴代の書上、歴代の書下、エズラの書、ネヘミヤの書、**トビアの書**、**ユディトの書**、エステルの書、**マカバイの書上**、**マカバイの書下**　【教訓書】ヨブの書、詩篇、格言の書(箴言)、コヘレットの書(伝道)、雅歌、**知恵の書**、**シラ書**　【預言書】イザヤの書、エレミヤの書、哀歌、**バルクの書**、**エレミアの手紙**、エゼキエルの書、ダニエルの書、ホゼアの書、ヨエルの書、アモスの書　、アブディアの書、ヨナの書、ミカヤの書、ナホムの書、ハバククの書、ソフォニアの書、ハガイの書、ザカリヤの書、マラキアの書 |
| 旧新約聖書66巻のみを正典とする。地域によって外典(旧約続編)を用いる教会もある |
| 旧新約聖書66巻のみを正典とする。旧約外典(アポクリファ)は正典には入れないものの、「生活の模範、および行為についての教訓」のために教会で読まれるべき聖書として公認。聖餐式の聖書日課にも入っている。ただし教義の典拠にはしない。1968年聖公会訳のアポクリファは以下の通り。エズラ第一書、エズラ第二書、トビト書、ユデト書、エステル書残篇、ソロモンの知恵、ベン=シラの知恵、バルク書、エレミヤの書簡、アザリヤの祈りと三童子の歌、ベルと竜、マナセの祈り、マカビー第一書、マカビー第二書 |
| 旧新約聖書66巻のみ |
| 旧新約聖書66巻のみ |
| 旧新約聖書66巻のみ |
| 旧新約聖書66巻のみ |
| 旧新約聖書66巻のみ |

## ✚ 9 教派対照表④

| | ●サクラメント（Sacraments） | ●Baptism と Christian Name |
|---|---|---|
| 東方正教会 | **機密**（ミステリオン Mysterion）は7つ：洗礼（Baptism）、傅膏〔ふこう〕（Chrismation; Confirmation）、聖体（Eucharist）、痛悔（Penance）、神品〔しんぴん〕（Holy Orders）、婚配（Marriage）、聖傅〔せいふ〕（Anointing of the Sick; Holy Unction） | 幼児洗礼を認める。幼児の場合浸礼が基本だが、灌水の形式（Affusion）もある。代父母を立て、**聖名**〔せいな〕をつける |
| ローマ・カトリック教会 | （旧）**秘蹟**は7つ：洗礼（Baptism）、堅振（Confirmation）、聖体（Communion; Eucharist）、悔悛（Penance）、終油（Extreme Unction）、品級（Holy Orders）、婚姻（Matrimony）　※準秘跡として「聖別（Consecration）」「祓魔（Exorcism）」「祝別（Blessing）」<br>（新）**秘跡**：洗礼、堅信、聖体、ゆるし（Reconciliation）、病者の塗油（Anointing of the Sick）、叙階、婚姻（Marriage）　※準秘跡として「祝福（Blessing）」 | 幼児洗礼（Infant Baptism）を認める。**代父母**（Godparent; Sponsor; Godfather; Godmother）を立て、**霊名**（洗礼名・堅信名）をつける |
| ルター派（ルーテル教会） | 聖礼典：洗礼、聖餐の2つ | 幼児洗礼を認める。**教保**（Sponsor）を立てる。洗礼名/教名をつける場合あり |
| 聖公会（アングリカン教会） | **聖奠〔せいてん〕**（サクラメント）：洗礼、聖餐（Holy Communion; Holy Eucharist）の2つ。ほかに、聖奠的諸式（Sacramental Rites）として　堅信式/信徒按手式、聖職按手式、聖婚式、個人懺悔〔さんげ〕/告悔〔こっかい〕、病人の按手および塗油/抹油〔まつゆ〕がある | 幼児洗礼を認める。**教父母**（教父/教母）を立て、教名/洗礼名をつけるのが原則 |
| 改革派／長老派 | （聖）礼典：洗礼、聖餐の2つ | 幼児洗礼/小児洗礼を認める。教保を立てる場合はあるが、洗礼名は原則としてつけない |
| 会衆派／組合派 | （聖）礼典：洗礼、聖餐の2つ | 幼児洗礼を認める。洗礼名はつけない |
| バプテスト | 礼典：バプテスマ、主の晩餐の2つ | 幼児バプテスマは認めない。洗礼名はつけない。浸礼（Full [Total] Immersion）による**バプテスマ**を受けた者のみが教会員となる |
| メソジスト | 聖礼典：洗礼、聖餐の2つ | 幼児洗礼を認める。洗礼名はつけない |
| ペンテコステ派 | 礼典：洗礼、聖餐の2つ | 幼児バプテスマは認めない。洗礼名はつけない。水による洗礼のほか、**聖霊のバプテスマ**を重視 |

【附表④A】

| ●Eucharist のパンとぶどう酒理解 | ●Liturgical Calendar/Year/Color<br>◆教会暦の名称と主要祭日・祝日など◆祭色 |
|---|---|
| 聖爵に入った尊体尊血/聖体聖血(Body and Blood of Christ)は真にキリストの尊体、尊血に変化する | 教会暦(正教暦): ユリウス暦(旧暦)使用の教会が多いが、グレゴリオ暦(新暦)を用いる地域もある。9月1日から典礼暦年が開始<br>復活大祭/パスハ(Easter; Pascha)、光明週間(Paschal Week; Bright Week)、五旬節、大斎準備週間、大斎〔おおものいみ・たいさい〕(Great Fast; Lent)、大斎第一週(正教週間)、受難週間(Holy Week)　※十二大祭や中小の祭日→附54頁<br>◆期節や祭日ごとに規定の祭色あり |
| パンとぶどう酒は真にキリストの御体と御血に変わる(**実体変化**/**化体説** Transubstantiation) | 典礼暦(教会暦): 待降節(Advent)から典礼暦年が開始。降誕節(Christmas)、年間(Ordinary Time)、四旬節(Lent)、聖週間(Passion Week; Holy Week)、復活節(Easter)　※祭日や祝日→附54頁<br>◆期節や祭日ごとに規定の祭色あり |
| **共在説**/**実体共存説**(Consubstantiation) キリストの肉体としての存在は、パンとブドウ酒「のなかに、とともに、の下に」("in,with, and under" the bread and wine) | 教会暦: 待降節から開始。降誕節、顕現節(after Epiphany)、四旬節、受難週、復活節、聖霊降臨節/教会の季節(after Pentecost)宗教改革記念日(10月31日または直前の主日)※大祝日や祝日は→附54頁<br>◆期節や祝日ごとに規定の祭色あり |
| 『三十九箇条』では実体変化を否定したが、現場の聖餐理解には幅がある。ほとんどカトリックと同様に扱う教会も | 教会暦: 降臨節から開始。降誕節、顕現節、大斎節、聖週、復活節、聖霊降臨後の節　※主要祝日や祝日→附54頁<br>◆期節や祝日ごとに規定の祭色あり |
| ツヴィングリは**象徴説**(symbolism)、カルヴァンは**霊的臨在説**("real but spiritual presence") | 教会暦は用いず、クリスマス、イースター、ペンテコステ中心。教会によってはアドベントやレント、受難週のほか、公現日、昇天日、三位一体主日、世界聖餐日(World Communion Sunday)、宗教改革記念日、聖徒の日なども記念する |
| 象徴 | 改革長老派に同じ |
| 象徴 | 教会暦は用いない。クリスマス、イースター、ペンテコステ中心 |
| 象徴 | 聖公会とほぼ同じ教会暦や祭色を用いる教会もある。ジョン・ウェスリーの回心(1738年5月24日)を記念した礼拝も行う |
| 象徴 | バプテストに同じ |

## ✚ 9 教派対照表⑤

| | ●Eucharist の回数と形態／原則的な陪餐資格 |
|---|---|
| 東方正教会 | **領聖**は**聖体礼儀**毎に可能。両形色(聖爵に一緒に入っている)。**酵母入り**のパン(Leavened Bread)と、必ず赤ぶどう酒を用いる<br>洗礼と傅膏機密を受けた正教徒のうち、痛悔を済ませ、所定の時間禁食して領聖可となる。学齢前の子どもは、痛悔なしで領聖可<br>※聖体礼儀の最後に分けられる聖パンは、聖変化した聖体ではないので、現在は正教徒以外の受洗者、あるいは誰でも受けられる |
| ローマ・カトリック教会 | **聖体拝領**は毎日の**ミサ**/**ミサ聖祭**毎に可能。信徒はパンのみ拝領の時代が長かったが、現在はパンとぶどう酒の両形態の教会もある。パンは無酵母の白く丸い特製の**ホスチア**(Host)を用いる。ぶどう酒は赤のほか、白を用いる場合もあり、少量の水で割る<br>堅信の後に聖体を受けるのが基本だが、ローマ・カトリック教会で幼児洗礼を受けた者は、堅信前に**初聖体**(First Communion)がある。原則として告解を済ませ、所定の時間断食したカトリック信者のみ拝領可 |
| ルター派(ルーテル教会) | 聖餐式は主日礼拝毎が基本だが、地域差あり。両形態。パンは無酵母の白く丸い特製の**ウェファー**(Wafer、ウエハース、ホスチア、ホスト)を使うほか、一塊りのパンから分与することも。ぶどう酒は赤、白ともに用いる<br>堅信後に陪餐が許されていたが、最近は幼児洗礼を受けた者の初陪餐(First Communion)を堅信前に行う教会が多い |
| 聖公会(アングリカン教会) | **聖餐式**(ミサ　Holy Communion; Holy Eucharist; Mass)は主日礼拝毎が基本だが、年数回だった時代も。二種(両種)陪餐。パンは無酵母の白く丸い特製の**ウェファー**(wafer)が多い。ぶどう酒は赤、白ともに用い、少量の水で割る<br>その日の礼拝中の共同懺悔〔さんげ〕と赦しを済ませた受洗者のみ陪餐可。堅信後に陪餐が許されるが、堅信前にも認める場合あり |
| 改革派／長老派 | 時代と地域によって聖餐式(**聖晩餐**)は年1回、年3～4回、月1回など。両形態で、パンの種類にこだわりはなく、赤ぶどう酒もしくはアルコール抜きのぶどう液を用いる<br>信仰告白を済ませた受洗者のみ。それ以外の教会員は(幼児洗礼を受けた者を含めて)「未陪餐会員」として扱われ、陪餐は不可 |
| 会衆派／組合派 | 現在は月1、2回。形態は改革長老派と同じ<br>未受洗者も陪餐可の教会あり |
| バプテスト | **主の晩餐(式)**/主の食事(Lord's Supper)は現在は月1回が多い。両形態で、パンの種類にこだわりはなく、アルコール抜きのぶどう液を用いることが多い。牧師による「聖別」はない<br>受洗者か信仰告白をした人のみだが、未受洗者も陪餐可の教会あり |
| メソジスト | 聖餐式(主の晩餐)の回数は時代と地域によって異なる。両形態で、パンの種類にこだわりはなく、アルコール抜きのぶどう液を用いることが多い<br>未受洗者も陪餐可の教会あり。堅信式前の幼児の陪餐も認める場合あり |
| ペンテコステ派 | バプテストと同じ。毎週聖餐式がある教会も |

【附表⑤A】

| ●教会堂のなかの名称◆祭具・聖具など |
| --- |
| 至聖所(Altar; Sanctuary)、聖所(Nave)、アナロイ/経案〔きょうあん〕/誦経台(Analogion; Analoy)、宝座/聖台/プレストール(Altar Table; Lord's Table; Prestol)、高所/ソレヤ(Solea)、升壇〔しょうだん〕/高壇/アムヴォン/アムボン(Ambon; Amvon; Pulpit)、聖障/イコノスタス(Iconostasis; The Screen)、王門/天門(Holy Doors; Royal Doors)、北門(North Door; Deacon's Door; Deaconal Door)、南門(South Door; Deacon's Door; Deaconal Door)、香炉(Censer; Thymiato)、祭具室(Sacristy)、洗礼盤(Baptismal Font; Kolymbethra)、祭台/奉献台/プロセシス(Prothesis; Table of Oblations)、啓蒙所(Narthex)、聖鐘　◆聖福音経、聖盂〔せいう〕/聖皿/ディスコス(Diskos; Paten)、聖爵〔せいしゃく〕/ポティール(Chalice; Potirion; Vozduh)、聖戈〔せいか〕/ほこ(Lance/Lonche; Spear)、聖匙〔せいひ〕/さじ、ルジツァ(Communion Spoon; Labis; Lzhitsa)、聖龕〔せいがん〕(Artophorion; Tabernacle)、星架〔せいか〕(Asterisk; Star)、小袱〔しょうふく〕(Chalice Veil [Cover])、太気〔たいき〕(Aer)、聖十字架、聖体(Altar Bread; Prosphora)、アンティミンス/代案(Antimens; Antiminsion)　◆祭具→262頁 |
| 至聖所〔しせいしょ〕(Sanctuary)、祭壇(Altar; High Altar)、内陣(Choir)、説教壇(Pulpit)、香部屋〔こうべや〕(Sacristy)、聖体拝領台(Communion Rail)、香炉(Thuribulum; Censer)<br>◆カリス(Calix)、聖体器/チボリウム/聖櫃(Ciborium)、パテナ(Patena)、パラ/爵蓋/聖杯布(Palla)、コルポラーレ/聖体布(Corporale)、プリフィカトリウム/清浄巾/清浄布(Purificatorium)<br>◆祭具→259頁 |
| 聖壇/祭壇(Altar)、聖卓(Holy Table)、説教壇/説教台/講壇(Pulpit)、聖書朗読台(Lectern)、準備室/牧師準備室(Sacristy; Vestry)<br>◆チャリス/カリス(Chalice)、シボリウム(Ciborium)、パテン(Paten)、グラス(Grass)、お皿/プレート(Plate)<br>◆聖具→259頁 |
| 至聖所(Sanctuary)、祭壇(Altar)、聖卓(Holy Table)、チャンセル/内陣/聖陣(Chancel)、説教壇(Pulpit)、聖書台(Lectern)、コミュニオンレール(Communion Rail)、ベストリー/ヴェストリー([House of] Vestry)、サクリスティ(Sacristy)<br>◆祭壇→263頁<br>◆聖櫃(Tabernacle)、チャリス(Chalice)、チボリウム/シボリウム/サイボリウム(Ciborium)、パテン(Paten)、ポール(Pall)、コーポラル(Corporal)、ピュリフィケータ(ー)(Purificator)　◆聖具→259頁 |
| 聖餐テーブル、聖餐卓〔せいさんたく〕(Communion Table)、説教壇/講壇(Pulpit)<br>◆聖壇→263頁　◆聖餐用具→260頁 |
| 改革長老派に同じ |
| 改革長老派に同じ |
| 恵みの座(Balustrade; Commuion Rail)、ほかは改革長老派に同じ |
| 説教壇/講壇(Pulpit) |

## ✚ 9 教派対照表⑥

| | ●礼拝と教会堂（Church/ Chapel）の特徴 |
|---|---|
| 東方正教会 | 奉事経、時課経、八調経などの祈禱書に定められた儀式と領聖が中心の礼拝。説教の比重は高くない。聖書日課(Lectionary)を用いる。イコン(Icon)、ロウソク(台)を中心にした絢爛豪華な聖堂装飾。不朽体(Relic)を安置する。立体の彫像やオルガンはなく、ロシア系正教会では椅子を基本的においていない(ギリシャ系では椅子をおくところが多い) |
| ローマ・カトリック教会 | 典礼書に定められた儀式と聖体拝領が中心の礼拝で、説教の比重は高くない。聖書日課を用いる。装飾的で、キリスト磔刑像(Crucifix)や聖人の彫像、ステンドグラス(Stained-Glass)、聖体ランプ(Sanctuary Lamp)、聖遺物(Relic)、聖水盤(Holy water Font; Stoup)、洗礼盤(Baptismal Font)がある聖堂/御聖堂〔おみどう〕 |
| ルター派（ルーテル教会） | 説教が中心。聖書日課を用いる。礼拝様式はローマ・カトリックに近い。一部の教会堂の様式も同様だが、聖像はない |
| 聖公会（アングリカン教会） | 説教の比重はローマ・カトリックよりやや高め。聖書日課を用いる。礼拝様式はカトリックに近い。一部の教会堂/聖堂/チャペルの様式も同様 |
| 改革派／長老派 | 説教が中心で、厳粛な雰囲気。礼拝、教会堂ともにシンプルで、オルガンや十字架すらおかないところも |
| 会衆派／組合派 | 説教が中心。教会によって雰囲気が違う。礼拝、教会堂ともにシンプル |
| バプテスト | 説教が中心。礼拝、教会堂ともにシンプル。バプテストリー/浸礼槽(Baptistery; Baptistry)を備えた教会が多い。賛美歌重視の教会も |
| メソジスト | 説教が中心だが、聖公会に近い礼拝様式の教会も。多くの教会堂には「恵みの座」がある。賛美歌重視傾向あり |
| ペンテコステ派 | 説教や賛美が中心。教会堂はシンプル。音楽に力があり、熱狂的雰囲気の礼拝になることも |

【附表⑥A】

| ●職位／位階（Hierarchy）／聖職位（Order） | ●Clergy の主な称号・職務（Office）（左の項目にあげたものを除く） |
|---|---|
| 主 教(Bishop)、司 祭(Priest; Presbyter)、輔 祭(Deacon)　※使徒継承に基づく主教 | 総主教(Patriarch)、府主教(Metropolitan Bishop)、大主教(Archbishop)、首司祭(Protopresbyter)、長司祭(Archpriest)、長補祭(Protodeacon)、掌院(Archimandrite)、典院(Hegumen)、修道司祭(Hieromonk)妻帯を許されない修道士を黒僧(Black Clergy)、妻帯した聖職者を白僧(White Clergy)ともいう **※聖職者対照表→附83頁** |
| 司教(Bishop)、司祭(Priest)、助祭(Deacon) ※使徒継承に基づく司教 (旧)上級聖品(Major Orders)：司祭、助祭、副助祭(Subdeacon)、(旧)下級聖品(Minor Orders)：侍祭(Acolyte)、祓魔師(Exorcist)、読師(Lector; Reader)、守門(Ostiary) | 教皇(Pope)、枢機卿(Cardinal)、大司教(Archbishop)、主任司祭(Rector)、助任司祭(Curate)、宣教師(Missionary)、チャプレン(Chaplain)　**※聖職者対照表→附83頁** |
| 監督(Bishop)、牧師(Pastor)、執事(Deacon)　※職位を分けないところでは、牧師(Pastor)または教師(Minister)。一部の地域の監督は使徒継承に基づく | Bishop(監督:ドイツや北欧)、Archbishop(大監督:パプアニューギニア、ロシア、バルト3国)、President(議長:アメリカ)、Chairman(議長:英国)　※その他は会衆派に同じ |
| (現)主教、司祭、執事　※使徒継承に基づく主教 (旧)監督/エピスコポ(Bishop)、長老/プレスブテロ(Priest)、執事/デアコノ(Deacon) ※日本聖公会の法規上の改称は「主教」が1945年、「司祭」は1950年 | 大主教(Archbishop)、首座主教(Primate Bishop)、総裁主教(Presiding Bishop)、補佐主教(Suffragan Bishop)、牧師(Rector; Vicar)、管理司祭(Priest in Charge)、副牧師・牧師補(Curate)、伝道師(Missionary)、チャプレン(Chaplain)　※英国ではほかに　Dean、Archdeacon、Canon、Rural Dean　など。日本聖公会では、司祭が「副牧師」に、執事が「牧師補」になる |
| 宣教長老(Teaching Elder)、治会長老(Ruling Elder; Lay Elder)　※前者には教師(Minister)が就任、後者は信者。「教職、長老(Elder)、執事(Deacon)」という区分けをした場合、長老と執事は信徒 | 総会議長(Moderator)　※その他は会衆派に同じ |
| 牧師または教師(Pastor; Minister)　※教会によって、正教師と補教師の区別がある | 主任牧師(Senior Minister/Pastor; Minister/Pastor in Charge)、牧師(別に主任牧師がいる場合はAssociate Minister/Pastor)、副牧師(Assistant Minister/Pastor)、宣教師(Missionary)、チャプレン(Chaplain)　※チャプレンを「宗教主任」「宗教主事」と呼ぶ施設も |
| 会衆派に同じ | 会衆派に同じ |
| 会衆派に同じ　※旧日本メソヂスト教会では長老(正教師)と執事(補教師) | 監督(Bishop; President)、Superintendent Minister(英国)、District Superintendent(部長/教区長:アメリカ)　※その他は会衆派に同じ |
| 会衆派に同じ | 会衆派に同じ。Bishop のいる教団もある |

## ✚ 9 教派対照表⑦

| | ●Ordained Clergy; Ministry | ●もっとも一般的な Clergy の通称 ◆呼びかけ◆住まい |
|---|---|---|
| 東方正教会 | 「叙聖された」**神品**/教役者/聖職者が牧会(管轄)する<br>※「教役者」は神品のほか、信徒で聖務に従事する者も含む | 神父(Father)◆神父(さま/さん)(Father; Father Smith)◆司祭館(Manse; Presbytery; Rectory) |
| ローマ・カトリック教会 | 「叙階された」聖職(者)/祭司職/教役者が司牧する<br>※「教役者」には、叙階されていない信徒も含む | 神父(Father)◆神父さま(Father; Father Smith)◆司祭館(Presbytery)、まれに神父館 |
| ルター派(ルーテル教会) | 「按手された/按手を受けた」教職(者)が牧会する | 牧師(Pastor)◆先生(Reverend Smith; Pastor Smith; Mr Smith)◆牧師館(Parsonage) |
| 聖公会(アングリカン教会) | 「按手された/按手を受けた」聖職(者)/教役者/奉仕職が牧会する」<br>※「司牧」の語も使われる。「教役者」は聖職と伝道師をさす | 牧師(Rector; Vicar; Pastor)◆先生(Mr Smith; Father Smith; Reverend; Vicar) ※修士会に属する司祭や、ハイ・チャーチの司祭の一部は神父(Father)という◆牧師館、司祭館(Vicarage; Rectory; Parsonage) |
| 改革派/長老派 | 「按手された/按手礼を受けた」教職(者)/教役者が牧会する<br>※「教役者」は原則として教職をさす | 牧師(Minister; Pastor)◆先生(Reverend Smith; Pastor Smith; Mr Smith)◆牧師館(Parsonage; Manse) |
| 会衆派/組合派 | 改革長老派に同じ | 牧師(Minister; Pastor)◆先生(Reverend Smith; Pastor Smith; Mr Smith)◆牧師館(Parsonage) |
| バプテスト | 改革長老派に同じ | 会衆派に同じ |
| メソジスト | 改革長老派に同じ | 会衆派に同じ |
| ペンテコステ派 | 改革長老派に同じ | 会衆派に同じ |

| ●現代の Clergy の服装◆主な祭服（Vestment） | ●Clergy の独身制（Celibacy）と Clergywoman |
|---|---|
| 袖のぴったりした下衣（インナー・カソック/アンテリ/ポドリヤサ）に、袖のたっぷりした上衣（アウター・カソック/ラソ/リヤサ）を羽織るのが基本。西方教会風の聖職者カラーを着用する人もいる<br>**◆主な祭服**→290—291頁 | 司祭までは叙聖前の妻帯可（再婚は不可）。修道士、修道司祭は独身。主教は独身（修道士や、寡夫の司祭から選出）。女性司祭は認めない |
| ローマン・カラー（Roman Collar）着用が基本<br>**◆主な祭服**→292—294頁 | 司祭は独身が原則。妻帯が認められるのは、ごく一部の地域（叙階前のみ）と東方典礼カトリック教会の司祭、聖公会から転会した司祭など。終身助祭も妻帯可。女性司祭は認めない |
| 聖職者カラー（Clerical Collar）を着用する人が多いが、人により異なる<br>**◆主な祭服**→292—294, 296頁 | 妻帯可。女性牧師、女性監督を認める教団あり |
| ドッグ・カラー（Dog Collar）かアングリカン・カラー（Anglican Collar）のクラージマン・シャツ着用が多い<br>**◆主な祭服**→292—294, 296頁 | 修士会のブラザーや修道司祭を除き妻帯可。女性司祭、女性主教を認める管区・教区あり |
| 平服が基本。人によっては、聖職者カラー（牧師シャツ/カラーシャツ）や黒いローブ、とくにジュネーブ・ガウン（Geneva Gown）、ストール（Stole）、洗礼時には洗礼用ローブなど<br>**◆牧師服**→295—296頁 | 妻帯可。女性牧師を認める教団あり |
| 改革長老派に同じ | 妻帯可。女性牧師を認める教会が多い |
| 改革長老派に同じ | 会衆派に同じ |
| 改革長老派に準じるが、他プロテスタント教派に比べて、牧師シャツやガウンを用いる比率が高い | 妻帯可。女性牧師や女性監督を認める教団が多い |
| 改革長老派に準じるが、牧師シャツの着用率は低い | 会衆派に同じ |

## ✚ 9 教派対照表⑧

| | ●修道制 Monasticism（修道院／修道会） | ●信徒（Layman; Layperson）の主な役職 |
|---|---|---|
| 東方正教会 | 起源は3～4世紀。修道会制度はないが、男女ともに修道院あり。ギリシャのアトス山(Mount Athos)は有名 | 副輔祭(Subdeacon)、誦経〔しょうけい〕者(Reader)、伝教師/伝教者(Catechist; Missionary)、レーゲント/詠隊指揮者(Choirmaster)、堂役〔どうえき〕(Acolyte; Altar Boy; Server)執事(ただし、神品も執事に入る)、役員、聖堂奉仕者など。※神品を補助する奉仕者を封堂者、堂務者、**教衆**、教役者ともいう |
| ローマ・カトリック教会 | 6世紀に確立。男女とも、数多くの修道会あり | 侍者/ミサ答え/ミサ仕え(Altar Boy; Mass Server)、教会委員、教会奉仕者/祭壇奉仕者、宣教奉仕者/朗読奉仕者、信徒奉仕者、聖体奉仕者、カテキスタ(Catechist)、香部屋係 |
| ルター派（ルーテル教会） | 数は少ないが男女ともに修道院あり(独・北欧・米) | 執事、教会役員、教会奉仕者、アコライト(Acolyte) |
| 聖公会（アングリカン教会） | ヘンリー8世による修道院解体で一時断絶したが、1845年に女子、1866年に男子の修道会が再興。現在は50を超す修女会/修士会あり　※修女会の長は「霊母」という | 教会委員(Member of the Vestry)、信徒奉事者(Lay Reader; Lay Worker)、アコライト(Acolyte)、オーガニスト(Organist)、サーバー(Server)、アッシャー(Usher)、オールター(祭壇を準備する当番をさす日本の表現)、Churchwarden、Parish Clerk |
| 改革派／長老派 | なし | 教職候補者/教職試補(Probationer)、長老(Elder)、執事(Deacon) |
| 会衆派／組合派 | なし | 執事 |
| バプテスト | なし | 役員、執事 |
| メソジスト | なし | 信徒伝道者(Lay Preacher)、巡回伝道師(Travelling Preacher; Itinerant)、定住伝道師(Local Preacher)、教職試補(Preacher on Trial; Probationer)、勧士(Exhorter)幹事(Steward)、組長(Class Leader) |
| ペンテコステ派 | なし | バプテストに同じ |

【附表⑧A】

| ●礼拝や信仰上の固有の慣習（動作）や信心行 | ●一般的な信徒の行動・慣習・関心 |
| --- | --- |
| 領聖は前に出て行う。お辞儀をする機会が多い。軽く頭を屈めるほか、右手が床につくまで腰を曲げる弓拝〔きゅうはい〕、額を地につける伏拝〔ふくはい〕がある(→249ページ)<br>三本指で十字を切る(上下右左)。ロシア系聖堂では女性が頭をスカーフなどで覆い、全員**立ったまま参祷**する(とくに、聖書朗読、パンとぶどう酒を成聖する祝文が唱えられているとき、信経や主の祈りを詠うとき)。ギリシャ系は聖堂内に椅子があり、陪餐前に信徒同士が挨拶のキスを交わす。イコンや十字架、聖爵や聖職者の手への接吻。チョトキ(ローマ・カトリックでいうロザリオのこと)での祈り。領聖前のほか、毎週水曜日と金曜日にはいくつかの食物(肉、魚、乳製品、ぶどう酒、オリーブオイルなど)を断ち、大斎の40日間にはとくにこれを守る。部屋にイコンを飾り、ロウソクをともす。聖名祝日を盛大に祝う地域も | ローマ・カトリックとほぼ同じで、離婚は原則不可。婚配機密は生涯3回まで。火葬も原則不可だが地域の法律に従う |
| 聖体拝領は前に出て行う。跪き、十字を切る(上下左右)、聖体拝領前に信徒同士による平和の挨拶(抱擁、キス、握手、お辞儀など)、司教の指輪への接吻。定められた斎日の大斎(食事の量を減らす)と小斎(肉食を控える)、聖体拝領(現在は1時間)前の断食。ロザリオ(Rosary)の祈り、ロウソクを立てての祈り、十字架の道行(Stations of the Cross)。地域によっては霊名の祝日を盛大に祝う。1918～83年は教会法で、ミサ参加の女性に頭を覆うことを義務づけていたが、現在は無帽も可 | 離婚・産児制限(中絶)不可。教義は厳格だが、生活規範は寛容で、飲酒喫煙は罪悪視しない。厳禁されていた火葬は1963年より認可 |
| 陪餐は前に出て行う。跪き。十字を切る(上下左右)人もいる。陪餐の前に信徒同士が平和の挨拶(握手など)を行う教会も | 全体的に保守的だが、飲酒喫煙は罪悪視しない |
| 陪餐は前に出て行う。跪き(跪拝)。十字を切る(上下左右)人もいる。陪餐の前に「主の平和」(Peace be with you)といいながら、信徒同士が平和の挨拶(握手など) | 比較的寛容。離婚は認めても「離婚相手が存命中は再婚不可」としていたが、緩和傾向にある。飲酒喫煙は罪悪視しない。社会事業への関心が高い |
| 陪餐は着席のまま | 伝統的には教会規律を重んじ、自制心が強い。禁酒禁煙が基本だが、比較的寛容な人も |
| 陪餐は着席のまま | ピューリタンと呼ばれた時代の生活様式は禁欲的で、厳格そのもの。現代ではリベラルなところが多い |
| 陪餐は着席のまま | 禁酒禁煙が基本で、しばしば保守的な価値観をもつ |
| 聖公会風に前に出て「恵みの座」に跪き、倍餐する慣習の教会も | 敬虔。聖潔を旨とする。厳格な禁酒禁煙。社会事業への関心が高い |
| 陪餐は着席のまま。賛美のとき、手のひらを上にして(両)手をあげる人も | 聖潔を重視。禁酒禁煙 |

## ✚ 9 教派対照表⑨

| | ●世界的な連絡機関 | ●日本における組織／主な教団組織（＊印は現存せず） |
|---|---|---|
| 東方正教会 | すべての正教会が参加する組織はない。多くの教会は、1948年に結成されたWCC/世界教会協議会（World Council of Churches）に加盟したが、その後、一部プロテスタント教会の極端に自由主義的な動きに抗議し、脱会した教会もある | 日本ハリストス正教会教団、ロシア正教会モスクワ総主教庁駐日ポドウォリエ |
| ローマ・カトリック教会 | （WCC/世界教会協議会には部分的に協力しているが、正式には未参加） | カトリック中央協議会（カトリック教会） |
| ルター派（ルーテル教会） | 1947年設立のLWF/ルーテル世界連盟（Lutheran World Federation） | 日本福音ルーテル教会、近畿福音ルーテル教会、西日本福音ルーテル教会、日本ルーテル教団など |
| 聖公会（アングリカン教会） | 聖公会の全管区がアングリカン・コミュニオン（Anglican Communion）を構成。1867年以降、ほぼ10年に一度ランベス会議を開催 | 日本聖公会 |
| 改革派／長老派 | 1875年設立の改革派教会連盟が国際会衆派協議会を併合して1970年にWARC/世界改革教会連盟に、これが2010年改革派エキュメニカル教会と合同したWCRC/改革派教会世界共同体（World Communion of Reformed Churches） | 日本キリスト教会、日本キリスト改革派教会、日本長老教会、カンバーランド長老キリスト教会、日本基督教団など |
| 会衆派／組合派 | 1891年設立の国際会衆派協議会（International Congregational Council）は1970年にWARC/世界改革教会連盟と合併、2010年にはWCRC/改革派教会世界共同体が成立 | 日本組合基督教会＊、日本基督教団など |
| バプテスト | 1905年設立のBWA/バプテスト世界連盟（Baptist World Alliance） | 日本バプテスト連盟、日本バプテスト同盟、日本バプテスト教会連合、日本バプテスト・バイブル・フェローシップなど |
| メソジスト | 1881年世界メソジスト会議（Ecumenical Methodist Conference）として組織。1951年にWMC/世界メソジスト協議会（World Methodist Council）と改称 | 日本メソヂスト教会＊、日本基督教団など ◆ほかに流れを汲む教団として、日本ホーリネス教団、救世軍、イムマヌエル綜合伝道団など |
| ペンテコステ派 | 1947年に第1回会議を開催したPWC/ペンテコスタル世界会議（Pentecostal World Conference）。近年PWF/Pentecostal World Fellowshipと改称したが、旧称も併用中 | 日本アッセンブリーズ・オブ・ゴッド教団、日本福音ペンテコステ教団、日本ユナイテッド・ペンテコステ教団など |

**●主な関連学校（現在も教会が運営に関わっているとは限りません）**

Aristotle University of Thessaloniki（ギリシャ）、University of Belgrade（セルビア）、Ludwig-Maximilians-University（ドイツ）、St. Tikhon Orthodox Theological Institute（ロシア）、St. Sergius Orthodox Theological Institute（フランス）、The Institute for Orthodox Christian Studies, Cambridge（英国）、Hellenic College and Holy Cross Greek Orthodox School of Theology（アメリカ）　※以上、正教の神学部のある大学、および神学校
桜丘学園

Pontifical Gregorian University（イタリア）、Laval University（カナダ）、St. Joseph University（レバノン）、Boston College、The Catholic University of America、DePaul University、Fordham University、College of the Holy Cross、Saint Francis University（以上アメリカ）
白百合学園、ノートルダム清心学園、上智学院、聖心女子学院、藤学園、南山学園、鹿児島純心女子学園、純心女子学園、清泉女子大学、東京純心女子学園、天使学園、エリザベト音楽大学、海星女子学院

Augustana College（IL, SD）、Concordia University、Gettysburg College、Roanoke College、Valparaiso University（以上アメリカ）
ルーテル学院、九州学院、九州女学院、聖望学園、浦和ルーテル学院

Oxford University、Cambridge University（以上イングランド）、Trinity College（Dublin）（アイルランド）、Bard College、Kenyon College、St. John's College、Trinity College（CT）（以上アメリカ）
平安女学院、プール学院、香蘭女学校、立教学院、立教女学院、聖路加看護学園、柳城学院、桃山学院、松蔭女子学院

Edinburgh University、Glasgow University（以上スコットランド）、Queen's University at Belfast（北アイルランド）、Agnes Scott College、Austin College、Coe College、Davidson College、Lafayette College、Princeton University、University of Tulsa（以上アメリカ）、Queen's University at Kingston（カナダ）
フェリス女学院、女子学院、梅光女学院、大阪女学院、宮城女学院、北陸学院、北星学園、金城学院、明治学院、東北学院、宮城学院、頌栄女子学院、四国学院

Amherst College、Harvard University、Mount Holyoke College、Oberlin College、Olivet College、Yale University（以上アメリカ）
神戸女学院、松山東雲学園、共愛学園、同志社、梅花学園、新島学園

Baylor University、Brown University、Mississippi College、University of Richmond（以上アメリカ）
尚絅女学院、捜真学院、関東学院、日ノ本学園、西南学院

Albion College、Duke University、Emory University、Wesleyan University、Wilberforce University、Wheaton College（IL）、University of the Pacific（以上アメリカ）
青山学院、横浜英和女学院、遺愛学院、東洋英和女学院、福岡女学院、広島女学院、弘前学院、東奥義塾、静岡英和女学院、山梨英和学院、名古屋学院、関西学院、広島女学院、活水学院、鎮西学院、啓明学院、酪農学園

Emmanuel College（GA）、Evangel University、Oral Roberts University、Vanguard University、Southwestern Christian University（以上アメリカ）

## ✚ 9 教派対照表⑩

| | ●主な地域（＊印は法定教会、もしくはそれに準ずる地位をもつとしている地域） |
|---|---|
| 東方正教会 | 東欧、中東中心。ロシア、ギリシャ＊、ウクライナ、グルジア、セルビア、マケドニア、モンテネグロ、ルーマニア、ブルガリア、キプロス、アルバニア、ポーランド、チェコ、アメリカ、イスラエル、シリア、ヨルダン、トルコ(コンスタンチノープル)、エジプト(アレキサンドリア)、フィンランド、カナダ、アフリカ諸国ほか |
| ローマ・カトリック教会 | 南米と南欧中心。ブラジル、メキシコ、アメリカ(とくにペンシルヴェニア、ロードアイランド、マサチューセッツ、ニュージャージー、カリフォルニア、ニューヨーク)、イタリア(1985年まで国教)、アルゼンチン＊、コロンビア、ペルー＊、ベネズエラ、フランス、スペイン(1978年まで国教)、ポーランド、ドイツ(とくにババリア、ザール地方)、スロヴァキア、ポルトガル、ベルギー、アイルランド、オランダ、リトアニア、スロベニア、クロアチア、カナダ(とくにケベック以東)、スイス、ルクセンブルク、オーストリア、ハンガリー、マルタ＊、リヒテンシュタイン、モナコ、サンマリノ、アンドラ、オーストラリア、ザイール、フィリピン、エクアドル、パナマ、プエルト・リコ、チリ、ウルグアイ、トリニダード・トバゴ、ボリビア＊、コスタリカ＊、エルサルバドル、パラグアイ、グアテマラ、ホンジュラス、ハイチ、キューバ、ドミニカ、ケニア、ザイール、ジンバブエ、タンザニア、ブルンジ、ルワンダ、ヴェトナムほか |
| ルター派(ルーテル教会) | 北欧とドイツ中心。ドイツ(とくに北部と東部)、ノルウェー＊、フィンランド＊、スウェーデン＊、デンマーク＊、スロヴァキア、エストニア、ラトビア、アイスランド＊、アメリカ(とくにミネソタ、ノースダコタ、サウスダコタ、ウィスコンシン、ネブラスカ)、カナダ、ナミビア、フランス(アルザス地方)ほか |
| 聖公会(アングリカン教会) | 旧英国植民地、現英連邦諸国を中心とした世界165カ国。イングランド＊、スコットランド、ウェイルズ、北アイルランド、アメリカ(とくにロードアイランド、マサチューセッツ、ニューハンプシャー、サウスカロライナ、ニューヨーク)、カナダ、オーストラリア、ナイジェリア、ウガンダ、スーダン、タンザニア、南アフリカ、ケニア、ルワンダほか |
| 改革派／長老派 | スイス(ジュネーブ、チューリッヒ)、ドイツ(東フリースラント、リッペ、ベルリン)、オランダ、スコットランド＊、北アイルランド、南アフリカ、韓国、ニュージーランド、カナダ、アメリカ(とくにワイオミング、ペンシルヴェニア、テネシー、ウエストバージニア、オレゴン)、ハンガリー、フランス、カメルーン、インド、フィリピン、ザンビア、オーストラリア、パキスタンほか |
| 会衆派／組合派 | アメリカ、カナダ、英国ほか |
| バプテスト | アメリカ(とくにミシシッピ、アラバマ、ジョージア、ノースカロライナ、サウスカロライナ)、コンゴ、ナイジェリア、ウガンダ、タンザニア、ブラジル、インド、ミャンマー、韓国、ウクライナ、英国、メキシコほか |
| メソジスト | アメリカ(とくにデラウェア、アイオワ、ウエストバージニア、カンザス、メリーランド)、英国、アイルランド、ニュージーランド、スーダン、東アフリカ、南アフリカ、ナイジェリア、ガーナ、スリランカ、ミャンマー、サモア、フィジー、西インド諸島、ケニア、シエラレオネ、香港、ジンバブエ、イタリア、象牙海岸、トンガほか |
| ペンテコステ派 | アメリカ(とくにミシシッピ、テキサス、テネシー、サウスカロライナ)、メキシコやチリなどのラテンアメリカ諸国、北欧、イタリア、英国、南アフリカ、ロシア、インドネシアほか |

【附表⑩A】

| ●参考組織・教団名 | ●外部から指摘される要素の一部 |
|---|---|
| The Ecumenical Patriarchate of Constantinople(コンスタンチノープル総主教庁/エキュメニカル総主教庁)、Patriarchate of Alexandria(アレクサンドリア総主教庁)、Bulgarian Orthodox Church(ブルガリア正教会)、Georgian Orthodox Church(グルジア正教会)、Greek Orthodox Church; Church of Greece(ギリシャ正教会)、Russian Orthodox Church(ロシア正教会) | 時代にそぐわない伝統尊重主義。偶像崇拝的。儀式しかない。聖書をあまり読まない。社会改革運動や伝道に弱い |
| Roman Catholic Church(ローマ・カトリック教会) | 聖書以外の伝統を重視。偶像崇拝的。聖書をあまり読まない。形式重視による霊的不毛。離婚と産児制限(中絶)の禁止。司祭の独身主義 |
| Evangelical Lutheran Church(福音ルーテル教会)、Lutheran Church - Missouri Synod(ルーテル教会ミズーリ・シノッド) | 現世の伝統秩序に妥協しがちな体制順応傾向。「恵みのみ」で救われるため、具体的な善き業に消極的 |
| Church of England(イングランド聖公会/国教会)、Episcopal Church in Scotland/Scottish Episcopal Church(スコットランド聖公会)、Church of Ireland(アイルランド聖公会)、Church in Wales(ウェイルズ聖公会)、(Protestant) Episcopal Church in the USA(米国聖公会) | 広がりすぎた多様性。中道ならぬ中途半端さ。女性司祭や同性愛問題をめぐる近年の混乱 |
| Church of Scotland(スコットランド国教会)、Free Church of Scotland (1843—1929)(スコットランド自由教会)、Presbyterian Church(USA)(米国長老教会)、Reformed Church in America(アメリカ改革派教会)、Cumberland Presbyterian Church(カンバーランド長老教会) | 教条主義的。予定説からくる傲慢さと排他性。書かれた文字と理性を重視しすぎて、感性を軽視する傾向 |
| (United Church of Christ　米国キリスト合同教会) | 神学が弱い。許容範囲が広すぎて、ルーズになりがち。全体の合意まで時間がかかる効率の悪さ |
| American Baptist Churches in the USA(アメリカ・バプテスト教会)、Southern Baptist Convention(南部バプテスト連盟)、National Baptist Convention,USA(アメリカ・ナショナル・バプテスト連盟) | 神学が弱い。反知性主義。自らの価値観を絶対とする保守派や一部の原理主義者たちの過激さ、視野の狭さ |
| Methodist Episcopal Church(メソジスト監督教会)、Methodist Protestant Church(メソジスト・プロテスタント教会)、United Methodist Church(米国合同メソジスト教会)◆ホーリネス系　Church of the Nazarene(ナザレン教会) | 神学が弱い。自己の体験を絶対視する熱狂的な主観主義。知的鍛錬を軽視する傾向。敬虔すぎる禁欲主義 |
| Church of God in Christ(チャーチ・オブ・ゴッド・イン・クライスト)、Assemblies of God(アッセンブリーズ・オブ・ゴッド)、International Church of the Foursquare Gospel(フォースクエア福音国際教会) | 十字架のイエスよりも聖霊体験を重視する姿勢。反知性主義。無秩序で騒がしい礼拝。「貧者の宗教」 |

## ✚ 9 教派対照表⑪

| | ●ゆかりの人びと |
|---|---|
| 東方正教会 | イヴァン雷帝、ピョートル大帝、ニーコン総主教、ニコライ大主教、チャイコフスキー、リムスキー＝コルサコフ、ケーベル、皇帝ニコライ2世、シャリャーピン、ラフマニノフ、スターリン、モロゾフ(チョコレート製造業者)、中井木菟麿、山下りん、瀬沼夏葉、昇曙夢、高浜虚子の妻・糸子、エリアナ・パブロワ、小野アンナ、鷲巣繁男、川又一英 |
| ローマ・カトリック教会 | エラスムス、ピサロ、ミケランジェロ、T・モア、ロヨラ、ラブレー、ザビエル、パレストリーナ、グレコ、スコットランド女王メアリー、ガリレイ、デカルト、スウェーデン女王クリスティナ、英国王ジェイムズ2世、パスカル、カスティリオーネ、ヴィヴァルディ、モーツァルト、イダルゴ、モレロス、リスト、エンゲルス、メンデル、ファーブル、G・M・ホプキンズ、エルガー、A・C・ドイル、マーラー、キュリー夫人、M・モンテッソリ、G・K・チェスタートン、テイヤール・ド・シャルダン、ヒトラーの生家、ハイデッガー、J・R・R・トルキーン、コルベ神父、マザー・テレサ、女優G・ケリー、元米国大統領J・F・ケネディ、マッカーシー上院議員、元西独首相のアデナウアーとコール、元韓国大統領金大中、元英国首相T・ブレア、天草四郎、原敬、吉田茂、モルガンお雪、北原怜子、遠藤周作、安岡章太郎、有吉佐和子、三浦朱門、曾野綾子、犬養道子、緒方貞子、加賀乙彦、小川国夫、田中澄江、井上ひさし |
| ルター派(ルーテル教会) | ライプニッツ、J・S・バッハ一族、ヘンデル、カント、ゲーテ、ヘーゲル、フレーベル、アンデルセン、メンデルスゾーン、キルケゴール、シュリーマン、イプセン、ブラームス、ニーチェ、シュヴァイツァー、トーマス・マン、神学者ブルトマン、神学者ティリッヒ、神学者ボンヘッファー、ロケット科学者フォン・ブラウン、女優I・バーグマン、映画監督ベルイマン、レーナ・マリア(ゴスペルシンガー) |
| 聖公会(アングリカン教会) | トマス・クランマー、ヘンリー8世、エリザベス1世、作曲家パーセル、作家スウィフト、力織機のカートライト、L・スターン、医師ジェンナー、ジェイン・オースティン、ブロンテ姉妹、C・キングズリー、ロセッティ、ルイス・キャロル、トマス・グラバー、登山家ウェストン、D・マッカーサー、登山家G・マロリー、T・S・エリオット、C・S・ルイス、ツツ大主教、コリン・パウエル、アメリカ大統領のうちG・ワシントン、F・ローズヴェルト、G・フォード、G・ブッシュ(父)など。津田梅子、沢田美喜 |
| 改革派／長老派 | ツヴィングリ、カルヴァン、アンリ4世、レンブラント、オランダ王室、グリム兄弟、ファラデー、D・リヴィングストン、ヘボン、フルベッキ、デュナン、M・トウェイン、パール・バック、ユング、神学者バルト、レイチェル・カーソン、G・グールド、元台湾総統李登輝、元韓国大統領金泳三、アメリカ大統領ではT・ローズヴェルト、W・ウィルスン、アイゼンハワーなど。植村正久、片山哲、島崎藤村、野口英世、賀川豊彦、森有正 |
| 会衆派／組合派 | オリヴァー・クロムウェル、ジョン・ミルトン、コットン・マザー牧師、賛美歌作家アイザック・ワッツ、ストウ夫人、ロバート・ブラウニング、作家アンブローズ・ビアス、英国首相ハロルド・ウィルスン、アメリカ大統領ではカルヴィン・クーリッジ。孫文、新島襄、安部磯雄、海老名弾正 |
| バプテスト | 『天路歴程』のバニヤン、トマス・クック、J・ロックフェラー、ビリー・グレアム(グラハム)牧師、女優E・ガードナー、マーティン・ルーサー・キングJr.牧師、P・ロバートスン牧師、J・ジャクスン牧師、アメリカ大統領ではG・ハーディング、H・トルーマン、J・カーター、ビル・クリントン |
| メソジスト | 作家エドワード・エグルストン、作家スティーヴン・クレインの生家、蔣介石とその妻・宋美齢、孫文夫人宋慶齢、マーガレット・サッチャー、ヒラリー・クリントン、アメリカ大統領ではユリシーズ・グラント、ウィリアム・マッキンリー、ジョージ・W・ブッシュ(息子)。徳富蘆花、鈴木正久 |
| ペンテコステ派 | エイミー・マクファースン牧師、オーラル・ロバーツ牧師、エルヴィス・プレスリー、ジミー・スワガート牧師、ビスマルク(サッカー選手) |

## ●ゆかりの小説や映画など

ドストエフスキー『罪と罰』『カラマーゾフの兄弟』『地下室の手記』、レスコーフ『僧院の人々』『封印された天使』、チェーホフ『僧正』、トルストイ『復活』『アンナ・カレーニナ』『懺悔』、メーリニコフ『森のなかで』『山地にて』、カザンザキス『キリストはふたたび十字架に』『ミハリス大尉』、ゴッデン『台所のマリアさま』、ヴォルコフ『寝がえり』、入江麻木『バーブシカの宝石』、『少年たち』(90年ソ連映画)、プリーシヴィン『巡礼ロシア』、リョーヴィン恵美子『ヴァレンティーナ』

スタンダール『赤と黒』『パルムの僧院』、モーパッサン『女の一生』、イヴァシュキェヴィッチ『尼僧ヨアンナ』、イーヴリン・ウォー『ブライズヘッド再訪』、グレアム・グリーン『権力と栄光』『事件の核心』、ジョルジュ・ベルナノス『田舎司祭の日記』『悪魔の陽のもとに』、A・J・クローニン『天国の鍵』、グァレスキ『ドン・カミロ』、マリア・フォン・トラップ『サウンド・オブ・ミュージック』、イニャツィオ・シローネ『葡萄酒とパン』、モーヴ・ビンキー『祈りのキャンドル』、フランク・マコート『アンジェラの灰』、シェイマス・ディーン『闇の中で』 ◆以下映画『少年の町』(38年米)、『我が道を往く』(44年米)、『私は告白する』(53年米)、『汚れなき悪戯』(55年西)、『尼僧物語』(59年米)、『銀河』(68年仏・伊)、『ブラザーサン・シスタームーン』(72年伊)、『エクソシスト』(73年米)、『エル・スール』(83年スペイン)、『テレーズ』(86年仏)、『天使にラブ・ソングを…』(92年米)、『尼僧の恋』(93年伊)、『司祭』(94年・・英)、『デッドマン・ウォーキング』(95年米)、『僕たちのアナ・バナナ』(2000年米)、『ダ・ヴィンチ・コード』(2006年米)、『ダウト～あるカトリック学校で』(2009年米)

アンデルセン『赤い靴』、ヘルマン・ヘッセ『車輪の下』、ディーネセン『バベットの晩餐会』、『ファニーとアレクサンデル』(82年スウェーデン・仏・西独合作映画)、『日曜日のピュ』(92年スウェーデン映画)

ゴールドスミス『ウェイクフィールドの牧師』、A・ブロンテ『アグネス・グレイ』、C・ブロンテ『ヴィレット』、T・ハーディ『テス』『日陰者ジュード』『狂おしき群をはなれて』、S・モーム『人間の絆』、G・オーウェル『牧師の娘』、D・セイヤーズ『不和の種、小さな村のメロドラマ』『ナイン・テイラーズ』、C・デクスター『死者たちの礼拝』、P・D・ジェイムズ『死の味』、K・チャールズ『災いを秘めた酒』、R・ウェストール『クリスマスの猫』、J・アーヴィング『オウエンのために祈りを』、『わが命つきるとも』(66年米・英映画)、『オスカーとルシンダ』(97年米映画)

スピリ『アルプスの少女ハイジ』、アンドレ・ジッド『狭き門』、L・M・モンゴメリ『赤毛のアン』シリーズ、ノーマン・マクリーン『マクリーンの川』、『炎のランナー』(81年英映画)、『奇跡の海』(96年デンマーク映画)

ホーソーン『緋文字』、エリザベス・ギャスケル『従妹フィリス』、アーサー・ミラー『るつぼ』、キャサリン・パターソン『悪童ロビーの冒険』

ソーントン・ワイルダー『終着地は天国』、『野のユリ』(VS.カトリック)(63年米映画)

シャーロット・ブロンテ『シャーリー』、ジョージ・エリオット『アダム・ビード』、トマス・ハーディ『当惑した牧師』、エドワード・エグルストン『巡回牧師』、J・L・カー『ひと月の夏』(VS.国教会)、ルーシー・M・ボストン『意地っぱりのおばかさん』、ウィリアム・メイン『闇の戦い』(VS.国教会)

ジャネット・ウィンターソン『オレンジだけが果物じゃない』

# ● 東方正教会＆ローマ・カトリック　聖職者対照表 ●

※左端の英語に対応する日本語表現を示した。必ずしも両教会で、その役職が同じものをさすとは限らない

| 英語 | 東方正教会の神品【敬称】 | 妻帯 | ローマ・カトリック教会（ラテン式典礼）の聖職者 | 妻帯 |
|---|---|---|---|---|
| Pope | ローマ総主教（東西教会分裂前）・アレキサンドリア総主教 | × | ローマ教皇 | × |
| pope（小文字） | 教区司祭 | ○ | － | － |
| ecumenical patriarch | エキュメニカル総主教[1]（コンスタンチノープル総主教）【聖下 His All-Holiness】 | × | － | － |
| patriarch | 総主教【聖下 His Beatitude/ His Holiness】[2] | × | 総大司教 | × |
| metropolitan | 府主教【座下 His Eminence】[3] | × | 管区大司教（首都大司教） | × |
| archbishop | 大主教【座下 His Beatitude/His Eminence】[3] | × | 大司教 | × |
| **bishop** | **主教【座下 His Grace】** | × | **司教** | × |
| exarch | 総主教代理〔職務名〕 | × | － | |
| cardinal | － | － | 枢機卿〔すうききょう〕 | × |
| suffragan bishop | － | － | 属司教 | × |
| coadjutor bishop | － | － | 協働司教 | × |
| auxiliary bishop | 定訳なし | × | 補佐司教 | × |
| titular bishop | 定訳なし | × | 名義司教 | × |
| archimandrite | 掌院〔しょういん〕【神父】 | × | － | |
| hegumen | 典院【神父】 | × | － | |
| hieromonach; hieromonk | 修道司祭【神父】 | × | － | |
| protopapas; protopope; protopresbyter | 首司祭〔しゅしさい〕【神父】 | ○ | － | |
| archpriest | 長司祭〔ちょうしさい〕【神父】 | ○ | 主席（司教代理）司祭 | × |
| **priest** | **司祭【神父】** | ○ | **司祭** | × |
| archdeacon | 首輔祭 | △ | 助祭長（司教代理） | × |
| protodeacon | 長輔祭 | △ | － | |
| hierodeacon | 修道輔祭 | × | － | |
| **deacon** | **輔祭** | ○ | **助祭** | △[4] |
| subdeacon | 副輔祭[5] | ○ | ［旧・上級聖品］副助祭 | × |
| catechist | 伝教者／伝教師 | ○ | カテキスタ[6] | ○ |
| reader | 誦経者〔しょうけいしゃ〕 | ○ | ［旧・下級聖品］読師（lector） | ○ |
| server | 堂役〔どうえき〕 | ○ | ［旧・下級聖品］侍祭（acolyte）<br>侍者、祭壇奉仕者（acolyte）[6]<br>ミサ答え（altar boy） | ○ |

［1］　儀礼的敬称。実質的な権威はもたない

［2］　グルジア正教会の総主教は Catholicos-Patriarch という

［3］　スラブ系の正教会では大主教の上に府主教が位置するが、ギリシャ系の正教会では逆になる

［4］　妻帯が認められる終身助祭（Permanent Deacon; Married Deacon）の制度がある

［5］　副輔祭以下は「神品」には入らない。ただし、下級聖職者的な奉仕者である副輔祭、伝教者、（時には誦経者まで）、「聖職者」に含めて用いられることもある

［6］　カテキスタ以下、侍者やミサ答えは聖職者ではなく信徒

# ● 参考文献リスト ●

テーマを区切り、発行年代の古いものから洋書・和書（パソコンソフト含む)、ウェブサイトの順に並べました（★印は、イラストを描くにあたって参考にした本です）


## ■一般的な辞書・事典・年鑑類

*OED2* on CD-ROM Ver.1.10, Oxford University Press, 1994

*Britannica CD97 ver.1.1,* Encyclopaedia Britannica, 1996

『世界大百科事典・年鑑・便覧』ver 2.01.0, 1998–2000　日立デジタル平凡社

リチャード・ケネディ『カラー版　世界宗教事典』田丸德善監修・山我哲雄編訳／教文館・1991★

研究社リーダーズ＋プラス　EPWING CD-ROM 版／研究社・1996

Wikipedia（http://en.wikipedia.org/wiki/Main_Page）

## ■キリスト教関係の包括的な辞書・事典・資料・年鑑類

J. G. Davies ed., *The New Westminster Dictionary of Liturgy and Worship*, Philadelphia: The Westminster Press, 1986

*The Oxford Dictionary of the Christian Church,* 3rd ed., Oxford: Oxford University Press, 1997

『キリスト教大事典』教文館・1963

『文部省編　学術用語集　キリスト教学編』日本学術振興会・1972

倉田清・波木居純一『仏英独日対照　現代キリスト教用語辞典』大修館書店・1985

『世界キリスト教百科事典』教文館・1986

『日本キリスト教歴史大事典』教文館・1988

『新キリスト教辞典』いのちのことば社・1991

『図説　世界の宗教大事典』ぎょうせい・1991

高尾利数『キリスト教を知る事典』東京堂出版・1996

ニコル・ルメートル他『図説　キリスト教文化事典』蔵持不三也ほか訳／原書房・1998

『キリスト教年鑑』1948年・2011年版ほか　キリスト新聞社

『岩波キリスト教辞典』岩波書店・2002

## ■教派・キリスト教会史・歴史一般

Frank S. Mead and Samuel S. Hill eds., *Handbook of Denominations in the United States, 10 th ed.,* Nashville: Abingdon Press, 1995

Eileen W. Lindner ed., *Yearbook of American & Canadian Churches 2000, 68th ed.,* Nashville: Abingdon Press, 2000

松本亨『英語学習者のためのキリスト教入門』英友社・1978

原恵『賛美歌――その歴史と背景』日本基督教団出版局・1980
R・H・ベイントン『世界キリスト教史物語』気賀重躬、気賀健生訳／教文館・1981改訳版
H・リチャード・ニーバー『アメリカ型キリスト教の社会的起源』柴田史子訳／ヨルダン社・1984
ホセ・ヨンパルト『カトリックとプロテスタント――どのように違うか』中央出版社・1986
ブライアン・ウィルソン『宗教セクト』池田昭訳／恒星社厚生閣・1991
共立基督教研究所編『宣教ハンドブックQ&A130』共立モノグラフNo.4／いのちのことば社・1991
百瀬文晃編『諸教派のあかしするキリスト――福音宣教と宗教教育の新しい視点』中央出版社・1991
百瀬文晃『キリスト教に問う　65のQ&A』女子パウロ会・1992
S・F・ブラウン『キリスト教』秦剛平訳／青土社・1994
八代崇監修『キリスト教資料集――キリスト教史・新共同訳聖書・聖公会　改訂版』聖公会出版・1994
ジェフリー・バラクラフ編『図説　キリスト教文化史Ⅲ』上智大学中世思想研究所監修／別宮貞徳訳／原書房・1994
小田垣雅也『キリスト教の歴史』講談社学術文庫・1995
徳善義和・今橋朗『よくわかるキリスト教の教派』キリスト新聞社・1996
『キリスト教の本（下）　聖母・天使・聖人と全宗派の儀礼』学研・1996
上智大学中世思想研究所編訳・監修『キリスト教史』全11巻／平凡社ライブラリー・1996–97
徳善義和・百瀬文晃『カトリックとプロテスタント――どこが同じで、どこが違うか』教文館・1998
ヴィリアム・ナーゲル『キリスト教礼拝史』松山與志雄訳／教文館・1998
ポール・ジョンソン『キリスト教の二〇〇〇年』上下巻／別宮貞徳訳／共同通信社・1999
『キリスト教2000年史』井上政己監訳／いのちのことば社・2000★
今関恒夫ほか『近代ヨーロッパの探究（3）　教会』ミネルヴァ書房・2000
棚村重行『現代人のための教理史ガイド――教理を擁護する』教文館・2001
森安達也『近代国家とキリスト教』平凡社ライブラリー・2002
水垣渉・小高毅編『キリスト論論争史』日本キリスト教団出版局・2003
S・F・ブラウン『シリーズ世界の宗教　プロテスタント』五郎丸仁美訳／青土社・2003
フスト・ゴンサレス『キリスト教史（下）宗教改革から現代まで』石田学・岩橋常久訳／新教出版社・2003
荒井献・出村彰監修、栗林輝夫・西原廉太・水谷誠著『総説　キリスト教史（3）　近・現代篇』日本キリスト教団出版局・2007
アリスター・E・マクグラス『総説　キリスト教――はじめての人のためのキリスト教ガイド』本多峰子訳／キリスト新聞社・2008

アリスター・E・マクグラス『キリスト教思想史入門——歴史神学概説』神代真砂実・関川泰寛訳／キリスト新聞社・2008
松本宣郎編『キリスト教の歴史（1） 初期キリスト教～宗教改革』山川出版社・2009
高柳俊一・松本宣郎編『キリスト教の歴史（2） 宗教改革以降』山川出版社・2009
A・E・マクグラス『プロテスタント思想文化史——16世紀から21世紀まで』佐柳文男訳／教文館・2009
越川弘英『礼拝探訪——神の民のわざ』キリスト新聞社・2009

## ■東方正教会（ロシア正教会）・東方諸教会

**〈日本ハリストス正教会関係発行物〉**

『我主イイススハリストスの新約』正教本会版・1985
『主日奉事式』
牛丸康夫『日本正教史』日本ハリストス正教会教団府主教庁・1978
『新稿　正教の手引き』仙台ハリストス正教会・1979　※初版1967
『正教要理』日本ハリストス正教会教団・1980
ルーマニア正教会主教トリファン師『誰でも知っておきたい正教会の奉事と諸習慣』長司祭プロクル牛丸康夫訳／長司祭ペトル及川淳編集発行・1996
『東京復活大聖堂修復成聖記念誌』日本ハリストス正教会教団　東京復活大聖堂教会・1998★
『正教会の奉神礼・機密・伝統』日本ハリストス正教会教団　府主教庁・1998
『正教時報』正教時報社
『正教会の手引』日本ハリストス正教会教団　全国宣教委員会・2004

**〈その他〉**

オリヴィエ・クレマン『東方正教会』冷牟田修二、白石治朗訳／白水社文庫クセジュ・1977
高井寿雄『ギリシア正教入門』教文館・1978改訂版
高橋保行『ギリシャ正教』講談社学術文庫・1980
ロナルド・ヒングリー『19世紀ロシアの作家と社会』川端香男里訳／中公文庫・1984
森安達也『東方キリスト教の世界』山川出版社・1991
原卓也監修『読んで旅する世界の歴史と文化　ロシア』新潮社・1994
中村健之介『宣教師ニコライと明治日本』岩波新書・1996
高橋保行『知られていなかったキリスト教——正教の歴史と信仰』教文館・1998
I・S・ベーリュスチン『十九世紀ロシア農村司祭の生活（付　近代ロシアの国家と教会）』白石治朗訳／中央大学出版部・1999
Fotios K. Litsas, *A Dictionary of Orthodox Terminology*（http://www.fatheralexander.org/booklets/english/dictionary_terminology.htm）
Frederica Mathewes-Green, *12 Things I Wish I'd Known...First Visit to an Orthodox Church*（http://www.frederica.com/12-things/）
Russian Orthodox Church（http://www.mospat.ru/en/）★

Serbian Orthodox Church（http://www.spc.rs/eng）★
St. John the Wonderworker Orthodox Church（OCA）（http://saintjohnwonderworker.org/）★
日本正教会（http://www.orthodoxjapan.jp/）
東方正教会（http://www.eastern-orthodox.net/）
名古屋ハリストス正教会（http://www.orthodox-jp.com/nagoya/）
イコンの在る世界（http://www.orthodox-jp.com/pandane/cyril/index.html）
しんがくほうろうき（http://plaza.rakuten.co.jp/johninsvots/）

## ■ローマ・カトリック教会

**〈事典、カテキズム、祈禱書、教会法関係〉**

『公教要理』天主公教会・1934改訂7版
小林珍雄編『キリスト教用語辞典』東京堂出版・1954
小林珍雄編『キリスト教百科事典』エンデルレ書店・1960
『ジュニアカトリック教理』J・アブリ訳／エンデルレ書店・1961
『カトリック要理の友』河原町カトリック教会心のともしび運動YBU本部・1965
ドミニコ会研究所編『カトリックの教え——新カテキズムのまとめ』本田善一郎訳／ドン・ボスコ社・1994
カトリック中央協議会編『公教会祈祷書』中央出版社・1958
カルメル修道会『カトリック祈祷書　祈りの友』中央出版社・1980
典礼司教委員会編『ミサ典礼書』カトリック中央協議会・1978
南山大学監修『第2バチカン公会議公文書全集』サンパウロ・1986
『カトリック新教会法典——羅和対訳』日本カトリック司教協議会教会行政法制委員会訳／有斐閣・1992
『新カトリック大事典』研究社・1996–2009
ホセ・ヨンパルト『教会法とは何だろうか』成文堂・1997
新要理書編纂特別委員会編『カトリック教会の教え』カトリック中央協議会・2003
*The Catholic Encyclopedia,* New York: Robert Appleton Co.,c1907–1912; The Encyclopedia Press, inc. c1913–1914（http://www.newadvent.org/cathen/）

**〈その他〉**

中央出版社編『日本における女子修道会紹介』中央出版社・1979
中央出版社編『日本における男子修道会・宣教会紹介』中央出版社・1987
早船洋美『赤坂・修道女の飛翔（パスカ）』文園社・1998
植田重雄『ヨーロッパ歳時記』岩波新書・1983
ピエール・ジュネル『ミサ　きのうきょう——ミサがよくわかるために』中垣純監修／菊地多嘉子訳／ドン・ボスコ社・1988
井上洋治『キリスト教がよくわかる本』PHP研究所・1989
森一弘『手作りの教会』編集部編『素顔の信仰生活〈生活編〉』中央出版社・1990
森一弘『手作りの教会』編集部編『素顔の信仰生活〈教会編〉』中央出版社・1990
松原秀一『異教としてのキリスト教』平凡社・1990

景山あき子『うれしいはつせいたい――初聖体テキスト』女子パウロ会・1991
泉富士男『カトリック冠婚葬祭』中央出版社・1992
『巨きな木の舟――聖イグナチオ教会』聖イグナチオ教会献堂45周年記念写真集刊行委員会・1992★
岩下壮一『カトリックの信仰』稲垣良典校訂／講談社学術文庫・1994
甚野尚志『世界史リブレット（20） 中世の異端者たち』山川出版社・1996
紅山雪夫『ヨーロッパの旅とキリスト教』創元社・1996
P・G・マックスウェル－スチュアート『ローマ教皇歴代誌』高橋正男監修／月森左知、菅沼裕乃訳／創元社・1999
サンパウロ編『イラストで知るカトリック教会生活』サンパウロ・1999
景山あき子ほか『カトリックの信仰生活がわかる本』女子パウロ会・1999
小高毅『よくわかるカトリック――その信仰と魅力』教文館・2002
白浜満、齊藤賀壽子・共著『香部屋係のハンドブック――主よ、どこに過越の準備を』教友社・2005
カトリック中央協議会（http://www.cbcj.catholic.jp/jpn/index.htm）

## ■ルター派教会／ルーテル教会

小牧治、泉谷周三郎『人と思想（9） ルター』清水書院・1970
マルティン・ルター『小教理問答書』日本福音ルーテル教会・1980
『心を高くあげよう――ルーテル教会の礼拝の手引き』日本ルーテル教団・1987
ハンス－ヨアキム・ビルクナー『プロテスタンティズム――潮流と展望』水谷誠訳／日本基督教団出版局・1991
松浦純『十字架と薔薇――知られざるルター』岩波書店・1994
『教会員ハンドブック』日本福音ルーテル教会・1995
『ルーテル教会式文（礼拝と諸式）』日本福音ルーテル教会・1996
小泉徹『世界史リブレット（27） 宗教改革とその時代』山川出版社・1996
『るうてる』日本福音ルーテル教会
永田諒一『宗教改革の真実――カトリックとプロテスタントの社会史』講談社現代新書・2004

## ■聖公会／アングリカン教会

〈カテキズム、祈禱書関係〉

聖ヨハネ修士会編『信者祷文書』日本聖公会東北教区文庫・1957初版／1993版
『日本聖公会祈祷書／詩篇』日本聖公会・1959
相澤誠四郎『カテキズムの研究――聖公会要理（公会問答）の講解』聖公会出版・1988
森紀旦編『聖公会の礼拝と祈祷書』聖公会出版・1989
『教会問答――アメリカ聖公会祈祷書による』輿石勇訳／聖公会出版・1990
『日本聖公会祈祷書』日本聖公会・1991
竹内謙太郎『教会に聞く――新祈祷書による教会問答』聖公会出版・1998

〈その他〉
八代崇『イギリス宗教改革史研究』創文社・1979
Ｊ・Ｒ・Ｈ・ムアマン『イギリス教会史』八代崇ほか訳／聖公会出版・1991
竹内淑子・写真、竹内謙太郎・文『私たちと礼拝』聖公会出版・2003
塚田理『イングランドの宗教――アングリカニズムの歴史とその特質』教文館・2004
『日本聖公会法憲法規』日本聖公会管区事務所・2008
西原廉太『聖公会が大切にしてきたもの』聖公会出版・2010
The Church of England（http://www.churchofengland.org/）
Anglicans Online（http://anglicansonline.org/）
St Peter's London Docks（http://peterite.blogspot.com/）★
日本聖公会東京教区（http://www.nskk.org/tokyo/index.html）
日本聖公会北海道教区聖マーガレット教会（http://nskk.org/hokkaido/st-margaret/index.html）

## ■改革派／長老派

渡辺信夫『人と思想（10）　カルヴァン』清水書院・1968
『日本基督改革派教会式文』日本基督改革派教会大会出版局・1984
加藤常昭『雪ノ下カテキズム――鎌倉雪ノ下教会教理・信仰問答』教文館・1990
加藤常昭『教会生活の手引き――鎌倉雪ノ下教会』教文館・1994
日本基督改革派教会大会出版委員会編『ウェストミンスター信仰基準』新教出版社・1994
『長老教会の手引き』全国連合長老会出版委員会・1991
Ｉ・ジョン・ヘッセリンク『改革派とは何か』廣瀬久允訳／教文館・1995
『教会規程』日本基督改革派教会大会事務所・1997
『ハイデルベルク信仰問答』吉田隆訳／新教出版社・1997
木崎喜代治『信仰の運命――フランス・プロテスタントの歴史』岩波書店・1997
Ｊ・Ｈ・スマイリー『長老教会の歴史』山口俊夫訳／教文館・2006

## ■会衆派／組合派

新島学園女子短期大学／新島文化研究所編『安中教会史――創立から100年まで』日本基督教団安中教会・1988
塩野和夫『日本組合基督教会史研究序説』新教出版社・1995
上田惟一著、山川雄巳編『ピューリタン革命史研究』関西大学出版部・1998

## ■バプテスト

William H. Brackney ed., *Historical Dictionary of the Baptists,* 2nd Edition, Maryland: Scarecrow Press, 2009（http://www.scribd.com/doc/43312185/Historical-Dictionary-of-the-Baptists）
佐藤彰『教会員こころえ帖』いのちのことば社・1988
高野進『近代バプテスト派研究』ヨルダン社・1989
森島牧人『バプテスト派形成の歴史神学的意味』燦葉出版社・1995

斎藤剛毅『バプテスト教会の起源と問題――信仰の自由を求めた人々』ヨルダン社・1996
大島良雄『日本につくした宣教師たち――明治から昭和初期のアメリカ・バプテスト』ヨルダン社・1997
日本バプテスト連盟50年史編纂委員会編『日本バプテスト連盟50年史』日本バプテスト連盟・1997

## ■メソジスト

*Doctrines and Discipline of the Methodist Church 1960,* Nashville: The Methodist Publishing House, 1960
Nolan B. Harmon, ed., *The Encyclopedia of World Methodism,* 2 vols., Nashville: United Methodist Publishing House, 1974
ジョン・ウェスレイ『標準ウェスレイ日記Ⅰ』山口徳夫訳／イムマヌエル綜合伝道団・1984
佐々木蔵之助『米国合同メソヂスト教会の組織と伝道』更新伝道会出版委員会・1988
山中弘『イギリス・メソディズム研究』ヨルダン社・1990
野呂芳男『人と思想95　ウェスレー』清水書院・1991
森文次郎『メソジストの伝統　その信仰の特色』更新伝道会出版委員会・1988
『日本メソヂスト教会禮文資料』西堂昇解説／更新伝道会出版委員会・1991
深町正信『ウェスレーの信仰とメソジスト教会』更新伝道会出版委員会・1996
野村誠『ウェスレーの神学思想――18世紀英国民衆とメソジズム』白順社・1998
澤田泰紳『日本メソヂスト教会史研究』日本キリスト教団出版局・2006

## ■ペンテコステ派／カリスマ派

弓山喜代馬『聖霊論』福音出版社・1958
ジョン・L・シェリル『異言を語る人々』生ける水の川・1975
「シリーズ『宗教』　キリスト者たち　カリスマ運動」1979年7月毎日新聞朝刊
手束正昭『キリスト教の第三の波――カリスマ運動とは何か』キリスト新聞社・1986
手束正昭『続　キリスト教の第三の波――カリスマ運動とは何か』キリスト新聞社・1989
池上良正『悪霊と聖霊の舞台――沖縄の民衆キリスト教に見る救済世界』どうぶつ社・1991
「カトリックの世界に新しい波」NEWSWEEK 日本版1991年7月18日号
パウロ秋元『預言――その実際と運用』雲の間にある虹出版・1999
ジョージ・ケアリー『広場の中の教会』手束正昭監修／辻節子訳／生ける水の川・1994
日本キリスト教団聖霊刷新協議会（http://seirei-sasshin.com/）
Pentecostals: Christianity reborn, *The Economist,* Dec 19th 2006

## ■メノナイト／アーミッシュ

榊原巌『信仰を生きる――共同体との出会い』シャローム出版・1991
アラン・クライダー『〈聖〉をめざす旅――シャロームを生きる神の民』棚瀬多喜雄訳

／東京ミッション研究所・2000
坂井信生『アーミシュの文化と社会――機械文明に背を向けるアメリカ人』ヨルダン社・1973
池田智『アーミッシュの人びと――「従順」と「簡素」の文化』サイマル出版会・1995
菅原千代志『アーミッシュ――もう一つのアメリカ』丸善ブックス・1997
栗原紀子『プレイン・ピープル――アーミッシュの世界』愛育社・1998
菅原千代志『アーミッシュの食卓』丸善ブックス・1999
ドナルド・B・クレイビル『アーミッシュの昨日・今日・明日』杉原利治、大藪千穂訳／論創社・2009
Third Way Café（http://www.thirdway.com/）

## ■クエーカー

ヴァイニング夫人『ウィリアム・ペン　民主主義の先駆者』高橋たね訳／岩波新書・1950
ハワード・H・ブリントン『基督友會の實踐』鞍馬菊枝訳／基督友會日本年會・1955
ハワード・H・ブリントン『クェーカー三百年史――その信仰の本質と実践』高橋雪子訳／基督友会日本年会・1961
マーガレット・ホープ・ベイコン『フェミニズムの母たち――アメリカのクエーカー女性の物語』岩田澄江訳／未來社・1993
村田邦子『アメリカ教育理念の形成――植民期ペンシルヴェニア・クエーカー研究』亜紀書房・1993
ルイス・ベンスン『クエーカー信仰の本質――創始者ジョージ・フォックスのメッセージ』小泉文子訳／教文館・1994
山本通『近代英国実業家たちの世界――資本主義とクエイカー派』同文舘出版・1994
『日本友会の歴史――宣教七十年後から』キリスト友会日本年会・1997
『友（THE FRIEND）』キリスト友会日本年会機関誌
soc.religion.quaker Answers to Frequently Asked Questions（http://www.faqs.org/faqs/Quaker-faq/）

## ■ユニテリアン・ユニヴァーサリスト

ポーロ・B・スミス『異端について』松代恵美訳／いのちのことば社・1971
デーヴィド・B・パーク『ユニテリアン思想の歴史――自由宗教の歴史の原史料による述作』紺野義継訳／アポロン社・1978
今岡信一良『わが自由宗教の百年――人生大学に卒業なし』大蔵出版・1982
井上秀夫『イエスを師と仰いで』成甲書房・1990
赤司道雄編『同仁キリスト教伝道百年史』キリスト教同仁社団・1990
ベルント・フリーズマン『クリスチャンの友へ――ユニテリアンからの38信』紺野義継訳／ダビデ社・1998
土屋博政「なぜ日本ユニテリアン・ミッションは伸展しなかったのか」～『慶應義塾大学日吉紀要　英語英米文学』No.39・2001

土屋博政『ユニテリアンと福澤諭吉：Unitarian＝自由キリスト教』慶応義塾大学出版会・2004
Unitarian Universalist Association of Congregations（http://uua.org/）
Unitarian Universalist Church of Nashua, *100 Questions That Non-Members Ask About Unitarian Universalism*（http://www.uunashua.org/100quest.shtml）

## ■救世軍

*The Salvation Army Year Book*, The Salvation Army International Headquarters, 1997, 1999, 2011
『救世軍教理便覧』救世軍出版供給部・1977
山谷真「19世紀英国の信仰復興運動――東ロンドンの福音主義伝道者の活動を中心に」1988
『神と人とに奉仕する救世軍　活動概要』救世軍本営・1989
『救世軍のルーツ探訪』救世軍出版供給部・1993
ウィリアム・ブース『最暗黒の英国とその出路』山室武甫訳、岡田藤太郎監修／救世軍本営刊行／相川書房発行・1987
村山幸輝『キリスト者と福祉の心』新教出版社・1995
『救世軍日本開戦100年記念写真集』救世軍本営・1997★
『わたしたちの信仰――救世軍教理ハンドブック』救世軍出版供給部・2000
『選ばれて兵士となる――救世軍　軍令及び軍律　兵士の巻』救世軍出版供給部・2001
『ときのこえ』救世軍本営
The Salvation Army International（http://www.salvationarmy.org/）
The Salvation Army, United Kingdom with the Republic of Ireland（http://www1.salvationarmy.org.uk/uki/www_uki.nsf）★
The Salvation Army Community（http://www.salvationist.org/）★

## ■福音派＆原理主義者

大村英昭・西山茂編『現代人の宗教』有斐閣・1988
グレース・ハルセル『核戦争を待望する人びと――聖書根本主義派潜入記』越智道雄訳／朝日選書・1989
ジル・ケペル『宗教の復讐』中島ひかる訳／晶文社・1992
井上順孝、大塚和夫編『ファンダメンタリズムとは何か――世俗主義への挑戦』新曜社・1994
宇田進『福音主義キリスト教と福音派』いのちのことば社・1993
アリスター・マグラス『キリスト教の将来と福音主義』島田福安訳／いのちのことば社・1995
レイモンド・エドワード・ブラウン『聖書についての101の質問と答え』裏辻洋二訳／女子パウロ会・1995
坪内隆彦『キリスト教原理主義のアメリカ』亜紀書房・1997

杉本智俊監修／田川佐和子著『クリスチャン英会話ハンドブック』いのちのことば社・1998
小原克博、中田考、手島勲矢『原理主義から世界の動きが見える――キリスト教・イスラーム・ユダヤ教の真実と虚像』PHP 新書・2006
スーザン・ジョージ『アメリカは、キリスト教原理主義・新保守主義に、いかに乗っ取られたのか？』森田成也・大屋定晴・中村好孝共訳／作品社・2008
小川忠『原理主義とは何か――アメリカ、中東から日本まで』講談社現代新書・2003
河野博子『アメリカの原理主義』集英社新書・2006
上智大学アメリカ・カナダ研究所編『キリスト教のアメリカ的展開――継承と変容』上智大学出版・2011

### ■アメリカ教会事情　＊既出文献を除く

曽根暁彦『アメリカ教会史』日本基督教団出版局・1974
Ｓ・Ｅ・ミード『アメリカの宗教』野村文子訳／日本基督教団出版局・1978
生駒孝彰『アメリカ生れのキリスト教――モルモン教　エホバの証人　キリスト教科学・過去と現況』旺史社・1981
マーティン・Ｅ・マーティー『アメリカ教会の現実と使命――プロテスタント主流派・福音派・カトリック』三宅威仁訳／新教出版社・1990
佐伯真光『アメリカ教の風景』悠飛社・1991
生駒孝彰『神々のフェミニズム――現代アメリカ宗教事情』荒地出版社・1994
森孝一『宗教からよむ「アメリカ」』講談社選書メチエ・1996
大西直樹『ピルグリム・ファーザーズという神話――作られた「アメリカ建国」』講談社選書メチエ・1998
越智道雄『ワスプ（WASP）――アメリカン・エリートはどうつくられるか』中公新書・1998
ハロラン芙美子『アメリカ精神の源――「神のもとにあるこの国」』中公新書・1998
棚村恵子『アメリカ　心の旅――自由と調和を求めて』日本基督教団出版局・1998
生駒孝彰『インターネットの中の神々――21世紀の宗教空間』平凡社新書・1999
Ｓ・ハワーワス、Ｗ・Ｈ・ウィリモン『旅する神の民――「キリスト教国アメリカ」への挑戦状』東方敬信、伊藤悟訳／教文館・1999
リチャード・Ｖ・ピラード、ロバート・Ｄ・リンダー『アメリカの市民宗教と大統領』堀内一史、犬飼孝夫、日影尚之訳／麗澤大学出版会・2003
越智道雄「アメリカ生まれの宗教」～『事典現代のアメリカ』大修館書店・2004
荒このみ編『史料で読むアメリカ文化史（2）　独立から南北戦争まで　1770年代－1850年代』東京大学出版会・2005
藤原聖子『現代アメリカ宗教地図』平凡社新書・2009
堀内一史『アメリカと宗教――保守化と政治化のゆくえ』中公新書・2010
United States Census Bureau（http://www.census.gov/）

## ■英国・アイルランド関係

*This England*, Summer 1986, This England
石田憲次『英国と英国人』弘文堂書房・1943
『斎藤勇著作集（7） キリスト教思潮』研究社・1977
安東伸介、小池滋、出口保夫、船戸英夫編『イギリスの生活と文化事典』研究社出版・1982
P・ミルワード『スタンダード英語講座（11） イギリス風物誌』舟川一彦訳／大修館書店・1983
村岡健次、川北稔編『イギリス近代史――宗教改革から現代まで』ミネルヴァ書房・1986
浜林正夫『イギリス宗教史』大月書店・1987
小嶋潤『イギリス教会史』刀水書房・1988
ノーマン・サイクス『イングランド文化と宗教伝統――近代文化形成の原動力となったキリスト教』野谷啓二訳／開文社出版・2000
松浦高嶺『イギリス近代史を彩る人びと』刀水書房・2002★

## ■セブンスデー・アドベンチスト　＊既出文献を除く

*Seventh-day Adventist Church Manual,* 2000, 2005, 2010, The Secretariat, General Conference of Seventh-day Adventists
SDA 世界総会『アドベンチストの信仰――セブンスデー・アドベンチスト教団信仰の大要』セブンスデー・アドベンチスト教団・1995
世界総会委員会編『セブンスデー・アドベンチスト教団　教会指針』福音社・2004
岡藤米蔵『希望への歩み――セブンスデー・アドベンチスト教団日本宣教百年史』セブンスデー・アドベンチスト教団・2006
白石尚『そこが知りたい SDA――57の Q&A』福音社・2007
Seventh-day Adventist Church（http://www.adventist.org/）
セブンスデー・アドベンチスト教会（http://www.adventist.jp/）

## ■エホバの証人　＊既出文献を除く

稲垣真美『兵役を拒否した日本人――灯台社の戦時下抵抗』岩波新書・1972
大泉実成『説得――エホバの証人と輸血拒否事件』現代書館・1988
ウィリアム・ウッド『エホバの証人　ものみの塔聖書冊子協会――マインド・コントロールの実態』三一書房・1993
柿田睦夫『現代こころ模様――エホバの証人、ヤマギシ会に見る』新日本出版社・1995
江原錠治著、ペトロ・ネメシェギ監修『カトリックとエホバの証人』聖母の騎士社・1995
ウィリアム・ウッド『エホバの証人　カルト集団の実態』三一書房・1997
レイモンド・フランズ『良心の危機――「エホバの証人」組織中枢での葛藤』樋口久訳／せせらぎ出版・2001
林俊宏『「エホバの証人」の悲劇――ものみの塔教団の素顔に迫る（増補改訂版）』わらび書房・2007

ものみの塔聖書冊子協会刊行物：『聖書から論じる』1985、『永遠の命に導く知識』1995、『あなたのことを気づかう創造者がおられますか』1998、『偉大な教え手から学ぶ』2003、『聖書は実際に何を教えていますか』2005、『エホバの証人　どんな人たちですか　何を信じていますか』『ものみの塔』『目ざめよ！』『2011エホバの証人の年鑑』ほか
Jehovah's Witnesses（http://www.watchtower.org/）

## ■末日聖徒イエス・キリスト教会（モルモン教）　＊既出文献を除く

森孝一「アメリカに国教は存在するのか――『アメリカの見えざる国教』とモルモン教」～井門富二夫編『USA guide（8）Religion　アメリカの宗教――多民族社会の世界観』弘文堂・1992
高山真知子「アメリカ史の謎――モルモン教における叙事詩の発生と一夫多妻制度の意味」～井門富二夫編『アメリカの宗教（2）　多元社会の宗教集団』大明堂・1992
高橋弘『素顔のモルモン教――アメリカ西部の宗教　その成立と展開』新教出版社・1996
末日聖徒イエス・キリスト教会刊行物：『モルモン書／教義と聖約／高価な真珠（合本）』2009、『真理を守る――福音の参考資料』2005、『福音の原則』2009、『リアホナ』2011年10・11月号ほか
The Church of Jesus Christ of Latter-day Saints（http://lds.org/?lang=eng）
Mormon.org（http://mormon.org/）
Mormon Church（http://mormonchurch.com/）
MormonWiki（http://www.mormonwiki.com/）
MORUMON.NET（http://morumon.net/）
末日聖徒イエス・キリスト教会（http://www.ldschurch.jp/）

## ■キリスト教科学（クリスチャン・サイエンス）　＊既出文献を除く

メリー・ベーカー・エディ『科学と健康――付聖書の鍵』The First Church of Christ, Scientist, 日本版1976
『母教会の規範』第一科学者キリスト教会　日本語版1984
『メリー・ベーカー・エディ――その真価』The Christian Science Publishing Society, 1973
Christian Science（http://christianscience.com/）
The Mary Baker Eddy Library（http://www.marybakereddylibrary.org/）

## ■無教会

矢内原忠雄『キリスト教入門』角川新書・1952
黒崎幸吉『無教会早分かり』1961（http://gakuryo.or.jp/bookmkyokai01.html）
由木康『私の内村鑑三論』教文館・1978
『内村鑑三全集（35）（日記3）』岩波書店・1983
鈴木範久『内村鑑三』岩波新書・1984
内村美代子『晩年の父内村鑑三』教文館・1985
武田友寿『正統と異端のあいだ――内村鑑三の劇的なる生涯』教文館・1991

高橋三郎『無教会とは何か』教文館・1994
稲場満・山下幸夫編『内村鑑三の継承者たち――無教会信徒の歩み』教文館・1995
量義治『無信仰の信仰――神なき時代をどう生きるか』ネスコ／文芸春秋発売・1997
小原信『内村鑑三の生涯――日本的キリスト教の創造』PHP 文庫・1997
マーク・R・マリンズ『メイド・イン・ジャパンのキリスト教』高崎恵訳／トランスビュー・2005
一粒のぶどう　無教会というキリスト教信仰のあり方について（http://www.mukyokai.net/index.php?FrontPage）

## ■その他

マックス・ヴェーバー『プロテスタンティズムの倫理と資本主義の精神』大塚久雄訳／岩波文庫・1989
井出定治・稲垣久和監修『クリスチャンのための諸宗教ハンドブック』いのちのことば社・1995
清水雅人編、大泉実成・生駒孝彰ほか著『新宗教時代（4）』大蔵出版・1995
櫻井圀郎『日本宣教とキリスト教の用語』いのちのことば社・1997
井門富二夫『叢書現代の宗教(15)　カルトの諸相――キリスト教の場合』岩波書店・1997
竹下節子『カルトか宗教か』文春新書・1999
世界キリスト教情報（http://cjcskj.exblog.jp/）

## ■イラストを描くにあたって参考にさせていただいた、その他の資料

Barewalls.com（http://www.barewalls.com/）
C. M. Almy & Son, Inc. Catalog, 1997–1998, 2000–2001（http://www.almy.com/）
Eastern Christian Supply Company（http://www.easternchristiansupply.biz/）
flickr（http://www.flickr.com/）
Kaufer's Religious Supplies Catalog, 1999–2000, 2000–2001（http://www.kaufers.com）
Hayes & Finch（http://www.hayesfinch.com/home.asp）
Montgomery Ward & Co. Catalogue and Buyers' Guide, Spring & Summer 1895, New York: Dover Publications, 1969
Picasa　ウェブアルバム（http://picasa.google.com/）
Slabbinck Catalog, 2001（http://www.slabbinck.be/）
YouTube（http://www.youtube.com/）

※この他にも、多くの資料やウェブ上の情報を参考にさせていただきました。心より感謝申し上げます。ページの都合でここに載せられなかった文献のリスト、リンク集、用語集などは八木谷のウェブサイト「くりホン　キリスト教教派の森」でご覧ください。（アドレスは「くりホン」で検索）